民族文化研究叢書 149

검열, 실종된 작품과 문학사의 복원

民族文化研究叢書 149

검열, 실종된 작품과 문학사의 복원

문한별 지음

高麗大學校
民族文化研究院

이 책은 高麗大學校 民族文化硏究院이 새로운 民族文化의 暢達과 國學振興을 위하여 제정한 『芝薰國學硏究造成費』와 『民族文化硏究叢書刊行計劃』에 의하여 출판되었습니다.

책머리에

한국 현대문학 분야 가운데에서도 소설사에 관심이 많은 나는 석·박사과정을 거치면서 지도교수이신 송하춘 선생님과 꽤 긴 기간 동안 학계에 소개되지 않은 소설 작품을 발굴하고 정리하는 연구를 진행해왔다. 그 과정에서 소설 연구자라면 한번쯤은 크게 놀랄만한 새로운 소설을 만나기도 하였고, 어느 문학관 한 구석에서 아무에게도 관심을 받지 못하던 작품을 발견하기도 하였다.

어느 한 분야를 연구한다는 것은 생각보다 단순 작업의 반복인 경우가 많은데, 나 역시 대학부터 대학원까지 공부 과정에서 주로 만났던 작품들을 이리저리 다시 분석하면서 선배 연구자들의 발자취를 쫓거나 어떻게 하면 다른 시각으로 볼 것인가에 대해서만 골몰하는 경우가 많았다. 이 과정에서 살펴본 소설들은 이미 많이 알려지거나 분석된 것들이 대부분이어서, "아. 한국 현대소설은 그 역사가 짧아서 그런지 역시 작품이 한정될 수밖에 없구나."하고 실망하고 여전한 반복 작업으로 되돌아가고는 했다.

그러던 중 지도교수님과 함께 했던 한국연구재단의 토대사업 과정에서 내가 보지도 듣지도 못했던 수많은 소설들이 어떤 외적인 힘에 의하여 실종되거나 망실되었을지도 모른다는 단초를 발견했고, 이 같은 작품들을 발굴하고 소개해야겠다는 마음을 갖게 되었다. 실종된 작품들은 국권상실 이후 조선총독부에 의해 검열의 과정에서 삭제, 압수, 출판금지 된 것들이며, 이 자료들에 대해서는 이 책에서 상세하게 설명하고자 하였다.

이미 지나가버린 시간을 되돌릴 수 없는 한, 역사적인 맥락에서 '만일'이라는 가정은 불필요할지도 모른다. 내가 관심을 갖는 것이 이 '만일'이라는 것에 대한 해답이라면 나는 존재하지도 않은 작품들을 들쑤시고 다니는 허황된 연구자임에 분명하다. 그러나 이 '만일'이라는 가정이 단지 가설에 지나지 않는 것이 아니라 실증할 수 있는 것이라면 이야기는 달라질 수 있다. 어떤 작품들이 외적인 통제나 불평등한 억압에 의해 정당하게 발표되거나 소개될 수 없었다면, 그 결과 그 작품들이 현재의 우리가 만날 수 없는 것이라면, 그것은 존재하지 않았던 것이 아니라 '실종된' 것이고 '감춰진' 진실에 해당한다.

이 책은 내가 그동안 지속적으로 추적했던 '실종된' 문학 작품에 대한 소박한 존재 증명이다. 아직 연구자로서 과문하고 부족하지만 이제 실마리를 조금이나마 찾았으니 더 깊게 진실을 향해 파고들어가야 할 것이다. 명형사나 명탐정까지는 아니더라도 깊고 깊게 파면 언젠가 실종의 이면에 있는 진실의 무게를 감당할 수 있을지도 모르기 때문이다.

전임교수로 나가기 전, 4~5년을 기쁘게 머물렀던 고려대학교 민족문화연구원에서 지훈인문저술의 기회를 받아 이 책을 낸다. 책이 나오면 옛 지인들과 함께 소박한 진실을 안주로 술 한 잔 기울여야겠다. 민연 사람들에게 감사하다는 말을 전한다.

문한별

차례

서론

한국 현대문학사에 있어서 일제강점기가 갖는 의미는 단순하지 않다. 전근대를 지나 근대전환기를 거쳐 근대와 현대로 접어드는 길목에 강점의 시기가 집중되어 있고, 그 과정에서 우리 문학 역시 심한 부침을 겪어야 했기 때문이다. 전근대라 불릴 수 있는 조선의 역시와 대한제국을 전후로 한 근대전환기의 흐름, 국권상실과 강점 후 식민지로 전락한 아픈 역사들이 한국 문학에는 오롯이 각인되어 있다.

한국 현대문학의 역사는 그 출발부터 식민지시기와의 관련성을 언급하지 않고는 해명될 수 없으며, 수많은 외부의 압력과 그에 대한 저항을 설명하지 않고는 실체를 마주하기 어렵다. 아직도 일제강점기의 한국 문학에 주목해야 하는 이유는 분명하게 해명되지 못한, 혹은 분명하게 해명해야만 할 숙제가 여전히 남아있기 때문이다.

일제의 조선 식민지 정책은 우리가 일반적으로 생각하고 있는 것보다 훨씬 치밀하고 체계적이었다. 단지 식민지민으로 전락한 조선인에 대한 일방적이고 물리적인 탄압에 그치지 않고, 그들은 아주 오랫동안 조선을 지배하려고 계획하고 있었고, 그것은 철저하게 체계화된 제도와 규정, 법령을 통하여 발현되었다.

타국을 지배하려는 불순한 의도를 가진 한 국가가 다른 나라를 장기간 관리하는 방법은 무엇이고 어떤 형태로 드러나는가. 그리고 그 폭압적인 지배의 결과는 현 시점의 우리에게 무엇을 남기고 있는가. 이 책이 주목하려는 지점은 여기에 있다.

1907년 일본은 이완용 내각을 활용하여 신문지법을 제정하고 일본에 비판적인 신문들을 집중적으로 규제하기 시작한다. 최초 조선인이 발행하는 신문에 대해서만 사전 규제를 목적으로 하던 이 법은 1908년 이후에는 외국인들이 발행하는 조선 내의 신문에 대해서도 그 검열의 폭을 확대하였으며, 1909년에는 이 법을 강화한 출판법을 공포함으로써 국내외의 모든 신문과 잡지, 단행본, 선전물에 대한 사전 검열과 납본 검열을 진행하였다.

일제가 조선을 식민지로 전락시킨 1910년 8월 29일은 우리에게는 나라를 빼앗긴 국치일이자 식민지 조선에 대한 그들의 철저한 탄압의 시발점이었다. 조선총독부의 첫 업무는 일제의 식민지 정책에 반한다고 판단되는 모든 신문과 단행본들을 출판금지하고 압수하는 일이었으며, 그 결과는 조선을 강점하기 시작한 바로 다음날 『조선총독부관보』에 공개되었다. 이 문건의 1910년 8월 30일자 고시에는 조선에 수입된 신문들에 대한 압수조치 내용이 담겨있는데, 여기에는 신문지규칙 제13조에 의거하여 치안방해를 명분으로 출판금지 및 압수 조치된 수십 종의 신문 목록이 적혀있다. 또한 조선에서 출간된 출판물에 대한 처분 기록은 1910년 9월 6일자 『조선총독부관보』에 수록된 『양의사합전』부터 확인된다.

1910년대의 언론과 출판물에 대한 검열 조치는 일제가 35년이라는 긴 기간 동안 식민지 조선을 어떻게 대할 것인가에 대한 준비 과정의 단면이라고 할 수 있다. 매일 발행되는 『조선총독부관보』에는 시시때때로 검열을 통해 출판 금지되거나 압수된 신문과 단행본의 목록들이 공개되었고, 이 같은 조치는 1920년대 초반까지 지속적으로 이어졌다.

1919년은 한국 현대사에 있어서 중요한 기점이 되는 시기이다. 3·1운동의 촉발과 저항 운동의 본격화, 임시정부의 수립이 가져온 충격은 조선인에게 뿐만 아니라 일제에게도 그 파급력을 분명하게 가져왔다. 일제가 겉으로는 1920년대를 문화 통치라는 명분을 앞세워 식민지 조선을 달랬던 것처럼 보이지만 실제로는 이 기간 동안 그들은 조선을 장기 점령하기 위한 제도적인 제계화를 준비히였고, 언론과 출판에 대한 매우 조직적이면서도 체계적인 관리를 시작했다.

1926년을 전후로 하여 총독부 경무국 산하에 설치된 도서과와 출판경찰의 존재는 한 국가의 모든 문화와 정신을 철저하게 통제하기 위한 첫 걸음이었다. 앞선 시기 총독부 산하의 각 부시에서 개별적으로 진행하던 통제를 통한 탄압의 방식을 일원화하였고, 체계화된 기준을 통하여 모든 언론과 출판을 철저하게 관리하였다. 이 같은 통제의 대상은 단순히 활자화된 것에만 한정되지 않았다. 새롭게 대중들에게 호응받기 시작한 음반과 영화, 공연물에 대한 검열도 이 시기부터 체계화되어 조직적으로 관리되기 시작하였던 것이다.

총독부 도서과의 존재는 식민지에 대한 체계적인 통제와 관리라는 측면 이상을 의미한다. 그것은 기존의 출판법과 출판규칙을 넘어선 보다 세밀하고 치밀한 통제의 세부 기준이 만들어질 수 있는 체제가 정비되었다는 것이고, 이는 일제의 조선 지배가 장기화되고 지속될 것이라는 점을 보여주는 방증이었기 때문이다.

한국 현대문학을 탐구하는 한 명의 연구자로서 스스로에게 항상 던지게 되는 질문이 하나 있다. 그것은 만일 대한제국이 국권을 침탈당하지 않고 독립 자주국으로 근현대를 맞이하게 될 수 있었다면, 우리의 현대문학은 어떤 모습을 가지고 있을 것인가에 대한 물음이다. 아마도 식민지가 되지 않았다면, 일제 강점기 친일의 오욕을 남겼던 수많은 문인들의 삶과 그들의 작품들은 지금과는 다른 모습을 지니고 있었을 것이고, 현재 우리는 완전히 다른 문학 작품들을 접하고 감상하고 누리고 있었을 것이다.

하지만 지나간 역사에 대한 상상은 그 정도가 적당하다. 지울 수 없는 오욕과 고통의 역사는 억지로 지우려고 한다고 해서 지워지는 것이 아니며, 감추려고 한다고 덮어지는 것은 더더욱 아니다. 오히려 상흔처럼 보이는 그 시기에 대한 확실하고도 선명한 고증과 발굴만이 오욕과 치욕을 정당하게 치유하고 스스로 일어설 수 있는 가장 확실한 방법이라는 것을 자각해야 한다.

과거와 현재, 그리고 미래가 연결되어 있다는 것을 망각하는 사람들에게는 지나간 어느 시점의 과오가 이제는 더 이상 무가치한 것으로 받아들여질 수 있다. 그것은 한국 문학을 연구하는 연구자들뿐만 아니라 조선을 강제로 점령한 일본에게도 동일하다. 현재와 미래를 지향한다며 상생을 명분으로 과거를 덮는 일은 정치인들에게나 해당되는 일이다. 연구자들은 달라야 한다. '왜'라는 질문에 대한 분명하고도 납득할만한 충분한 대답이 스스로에게 던져지지 않는 한, 연구자들은 끊임없이 감춰진, 덮어진, 망각된 과거를 마주하고 답을 찾아야 한다.

한국 현대문학사를 연구하며 일제강점기의 검열과 통제의 결과에 대해 관심을 갖는 것은 이 같은 질문에 대한 해답을 찾기 위한 과정이다. 결론은 아직 나오지 않았다. '왜' 그들은 식민지 조선의 언론과 출판,

문화와 문학을 그렇게도 치밀하게 통제하고 탄압했으며, '왜' 식민지 조선에는 치열한 저항의 흔적이 충분히 남아있지 못했으며, '왜' 우리가 현재 마주할 수 있는 수많은 문학 작품들은 그렇게 서술되어야만 했는가.

'만일' 식민지 조선의 문학인들이 탄압과 통제를 받지 않았다면, 그들이 본래 하고 싶었던 이야기들은 무엇이며, '만일' 검열을 받지 않았다면 현재 그 작품과 작가는 어떻게 평가받아야 하며, '만일' 그 검열과 통제의 과정에서 훼손된 작품이 있다면 그 실체는 무엇인가.

본고는 이 질문에 대한 소박하고 부족하지만 현재 시점에서 답할 수 있는 결과들이다. 그리고 그 질문은 여전히 유효하고, 결과는 파편적이며, 스스로에게 던진 답을 찾기 위한 여정은 계속될 것이다.

식민지 검열 제도의 정착과 실종된 작품들

1910년 8월 29일 조선은 일세에 의해 식민지가 되었다. 그리고 1945년 8월 15일 광복을 맞이할 때까지 이 땅에서 발간되거나 유통되는 거의 모든 활자화된 신문과 잡지, 단행본, 음반, 영화 심지어 전단지까지 총독부의 검열을 통해 통제되었다.

최초 총독부의 검열은 지배국에 대한 부정적인 여론을 잠재우거나 드러나지 않도록 하는 언론 매체에 집중되었다. 1910년대에 잡지와 신문을 집중적으로 압수했던 조치들은 이 같은 식민지 초기의 통제 양상을 보여준다.

조선에 대한 지배가 본격화된 후에 총독부는 이 같은 검열 제도를 체계화할 필요성을 느낀다. 각 지방 관청과 산하 부서에서 산발적으로 진행되고 있었던 검열과 통제의 방식을 일원화할 필요성을 깨달은 것이다.

1926년 4월 총독부 경무국 산하 도서과의 설치는 이 같은 통제의 일원화를 알리는 신호탄이었으며, 이 기구를 바탕으로 체계화된 검열의 방법이 본격적으로 적용되기 시작하였다. 제1부에서 우선 살펴보려고 하는 부분은 이 같은 식민지 검열 제도의 정착이 어떤 방식으로 이루어졌는가에 대한 과정을 다양한 자료를 통하여 확인해보는 것이다.

지금까지 확인되는 총독부의 조선 관련 검열 자료는 매우 방대하다. 1990년대 후반 정진석 선생에 의해 총독부 출판 경찰의 비밀 문건인 『조선출판경찰개요』, 『조선출판경찰월보』가 소개되면서부터 본격적으로 연구되기 시작한 검열 자료는 그 후 『신문지요람』, 『신문지출판물요항』, 『언문신문차압기사집록』 등이 잇달아 확인됨으로써 범위가 확장되었다.

현재까지 확인되는 검열 자료들은 대부분 1927년 이후에 간행된 것들이 대부분이고, 단행본까지 포함한 본격적인 검열의 집성체에 해당하는 『조선출판경찰월보』(1928.9~1938.12)가 20년대 후반에 본격적으로 작성되기 시작한 점을 보았을 때, 식민지 시기 최초의 압수 기록이 수록된 『조선총독부관보』(1910.08.30~)와 1927년 사이에는 상당히 큰 시간적인 차이가 있다는 사실을 확인할 수 있다.

1부에서는 우선 같은 검열 자료가 누수 되고 있던 시기에는 어떤 방식의 언론 검열과 통제가 이루어지고 있었는가를 확인하고자 하였다. 그 과정에서 아직까지 미 공개되었던 새로운 자료를 확인할 수 있었고, 이를 바탕으로 일제강점기 중기의 검열 제도와 결과가 어떤 방식으로 『조선출판경찰월보』에 반영되었는가를 확인하고자 한다.

1. 검열 제도의 실습과 정비

1) 『불온소년소녀독물역문(不穩少年少女讀物譯文)』과 『언문소년소녀독물의 내용과 분류(諺文少年少女讀物の內容と分類)』

일제강점기의 출판물 검열에 대한 실체적 내용을 확인할 수 있는 자료는 한정되어 있다. 지금까지 확인된 신문과 잡지, 단행본과 선전물 등을 모두 포괄하여 목록은 물론 현황과 검열 후 처분 사유까지 자세하게 기록되어 있는 것으로는 『조선출판경찰월보』(1928.9~1938.12)가 거의 유일하며[1], 단행본의 목록과 발행인, 처분 사유만 간단하게 확인할 수 있는 자료로는 『조선총독부 금지단행본목록』(1941)이 확인되는 정도이기 때문이다.

그러나 국권이 상실된 1910년부터 총독부의 출판 검열은 실제적 내용을 확인할 수 있는 자료에 보이는 것 이상으로 지속적이고 광범위하게 진행되어왔으며, 부분적으로나마 이를 확인할 수 있는 자료들도 존재한다. 『조선총독부관보』의 1910년대 자료에는 총독부에 의해 압수 조치된 도서의 목록이 수록되어 있고, 경무국 도서과의 설치 이후인 1927년부터는 『신문지요람』, 『신문지출판요항』 등이 만들어져 총독부의 출판 검열 현황을 확인할 수 있기 때문이다.[2]

그럼에도 불구하고 이 같은 신문, 잡지, 출판물 등에 대한 검열에 대한 현황 자료는 일제가 실제로 어떤 자료들을 어떻게 검열했고, 어떤 사유를 들어 삭제와 금지 조치 등을 진행했는지 확인하기 어렵다는 점

---

1) 『조선출판경찰월보』에 대한 연구 성과는 다음과 같다.
이상경, 「조선출판경찰월보에 나타난 문학 작품 검열 양상 연구」, 『근대문학연구』 17, 한국근대문학회, 2008, 389-422면.
박헌호·손성준, 「한국 근대문학 검열연구의 통계적 접근을 위한 시론 – '조선출판경찰월보'와 식민지 조선의 구텐베르크 은하계」, 『외국문학연구』 38, 한국외국어대학교 외국문학연구소, 2010, 193-224면.
이혜령, 「식민지 검열과 식민지 제국 표상」, 『대동문화연구』 72, 성균관대학교 대동문화연구원, 2010, 491-534면.

2) 이 두 자료에 대한 연구는 다음의 자료를 참조하기 바란다.
정진석, 『극비 조선총독부의 언론 검열과 탄압』, 커뮤니케이션북스, 2007, 174-187면.

에서 자료의 한계가 있다. 『조선출판경찰월보』처럼 체계화된 검열의 내용이 담겨있어야만 각 출판물의 실체를 확인할 수 있기 때문이다. 특히 지금까지의 검열 자료들은 매체별이나 언어별로 구분되어 있는 것[3]이 대부분이었으며, 특정한 대상을 표적 삼아 검열을 진행한 경우는 확인되지 않았다. 포괄적인 검열의 양상만 확인할 수 있었던 것이다.

이 같은 자료의 한계 속에서 필자는 최근 연구 과정에서 아동 출판물을 대상으로 한 총독부의 검열 자료 두 편을 확인할 수 있었고, 이번 장에서는 이를 대상으로 논의를 전개하고자 한다. 본고가 새롭게 확인한 일제의 아동 출판물 검열 자료는 조선총독부 경무국 도서과에서 1927년 11월에 작성한 『불온소년소녀독물역문(不穩少年小女讀物譯文)』과 1928년 9월에 작성된 『언문소년소녀독물의 내용과 분류』 두 편이다.

먼저 『불온소년소녀독물역문』은 1926년 10월 27일부터 1927년 10월 12일 사이에 검열 후 행정 처분을 받은 24건의 출판물에 대한 검열의 내용이 담겨있는 총독부의 비밀문서이다. 여기에는 기존의 검열 자료에서는 확인되지 않았던 해당 시기 아동 출판물의 검열 양상이 자세하게 수록되어 있다.

이에 비하여 『언문소년소녀독물의 내용과 분류』는 1928년 9월에 작성되기는 하였으나 그 직전 시기인 1927년 12월부터 1928년 8월까지 총독부 도서과에서 집중 관리 대상으로 삼은 아동 출판물 88종에 대한 갈래별 분류와 상세 내용들이 담겨있다. 직접적인 검열 행위 이전에 총독부가 체계적으로 관리하던 문제적 출판물들의 내용과 동향이 조사되어 있는 자료인 것이다.

---

3) 조선어 출판물은 출판법의 적용을 받았고, 일본어 출판물은 출판규칙의 적용을 받았다.

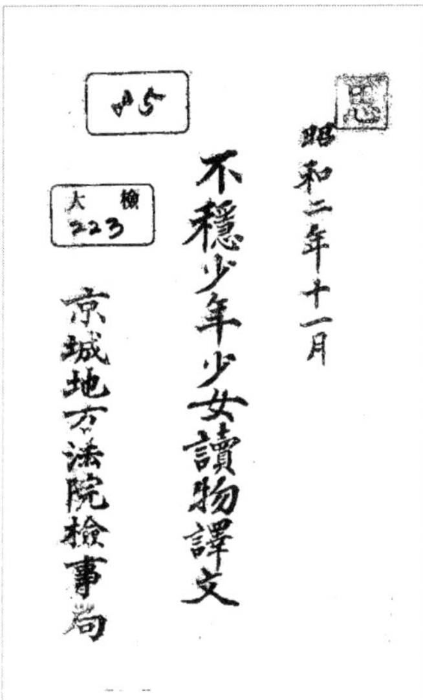

〈그림 1〉『불온소년소녀독물역문』 표지

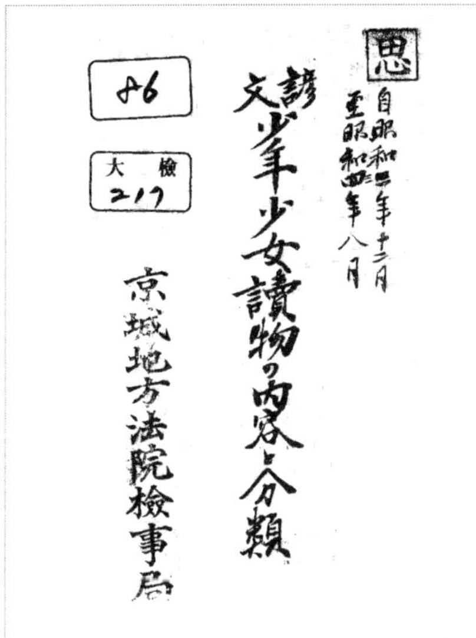

〈그림 2〉『언문소년소녀독물의 내용과 분류』

현재 이 두 자료에 대한 연구는 진행된 바 없다. 필자는 이 두 자료가 특히 아동 출판물에 초점이 맞추어져 있다는 점에서 일제강점기의 검열이 단순히 모든 출판물을 포괄하여 관리하는 것이 아니라 특정한 독자, 세대에 초점이 맞추어져 있다는 사실을 우선 확인할 수 있었다. 자료의 작성 시기로는 『불온소년소녀독물역문』이 『언문소년소녀독물의 내용과 분류』가 1년 정도 앞서지만 앞의 자료는 검열의 실제 기록에 해당하고, 뒤의 자료는 검열을 위한 관리 자료이기 때문에 먼저 후자를 분석하여 제시한 후, 실제 검열의 양상을 확인하고자 한다.

(1) 아동 출판물의 관리 체계

아동 출판물에 대한 검열 자료는 앞에서 언급한 바와 같이 『조선출판경찰월보』에 산재되어 수록되어 있기 때문에 총독부가 특별히 이를 집중적으로 관리하고 있었다는 사실은 아직 밝혀진 바 없다. 특히 『조선출판경찰월보』의 발행 시기인 1928~1938년 사이 이외의 자료는 그 존재조차 확인되지 않았다. 그런 이유로 『언문소년소녀독물의 내용과 분류』라는 비밀 문건은 이보다 앞선 시기에도 출판 검열이 조직적으로 진행되어 있었고, 특히 아동 출판물만을 대상으로 총독부가 집중적인 관리를 하고 있었다는 점에서 특수성을 지닌다.

『언문소년소녀독물의 내용과 분류』는 전체 88건의 관리 대상에 대한 정보를 수록하고 있는데, 그 1차적인 분류 체계는 아동을 대상으로 한 출판물들을 세 가지 구분 기준에 맞추어 놓은 것이다. 사상과 성향을 분류하여 제시하고 있는 이 세 기준은, 각각 '민족주의적 독물(民族主義的 讀物)', '사회주의적 독물(社會主義的 讀物)', '주의 명시 없이 양자 활용이 가능한 독물'이며, 각 분류별로 20~30여종의 출판물들이 제목과 함께 내용이 정리되어 있다.

가. 민족주의적 독물

『언문소년소녀독물의 내용과 분류』에서 제일 먼저 기록되어 있으며 가장 많은 종수를 차지하고 있는 것은 '민족주의적 독물'이다. 전체 88건 가운데 34건으로 38.6%를 차지하고 있으며, 여기에는 아동을 대상으로 한 잡지와 단행본 등에 대한 문제적 내용이 자세하게 수록되어 있다.

총독부가 작성한 이 자료가 체계적이고 치밀하다는 점은 '민족주의적 독물'로 분류한 출판물들을 다시 다섯 가지 갈래로 분류를 하였고, 그에 따른 내용 분석이 자세하게 진행되었기 때문이다. '민족주의적 독물'의 하위 항목은 다음과 같다. 첫째 "조선의 역사적 인물을 상양(賞揚)"하는 내용, 둘째 "조선의 위대성을 드러내"는 내용, 셋째 "외국인을 통해 조국을 위한 희생을 강조"하는 내용, 넷째 "조선인의 현재 지위와 비관, 절망을 드러내는" 내용, 다섯째 "위정자에 대해 질시하고 반감을 드러내는" 내용 등이다.

총독부는 이 다섯 가지 내용에 해당하는 자료들이 '민족주의적 독물'의 성격을 지니고 있는 것으로 판단하였고, 이 같은 내용을 담고 있는 출판물들을 집중 관리하였다. 각각의 세부 항목을 통해 확인할 수 있는 바와 같이 총독부는 이 출판물들의 독자인 아동들이 이 같은 글과 책을 읽거나 접근할 수 없도록 사전에 관리하고자 한 것이다.

34건의 관리 기록을 각각의 세부 항목에 따라 확인하면 다음과 같다. 우선 "조선의 역사적 인물을 상양"하는 내용으로 분류된 출판물은 1종이고, 고병돈(高丙敦)[4]이 간행한 잡지 『새벗』[5] 6권 7호이며, 그 관리 대상이 된 글은 「사담(史談) 홍경래양(洪景來樣)」이다. 자료에 정리된 부분에는 홍경래가 성장하던 당시 사회가 사색당파의 귀족에 의해 국가가 파탄에 이르렀음을 지적하고 있다. 즉 홍경래의 등장과 관련한 역사적 내용을 아동들이 접할 경우 문제가 될 수 있다고 판단하고 있다는 것이다.

그 다음 항목인 "조선의 위대성을 드러내"는 내용에 해당하는 출판물은 2종이며, 『조선소년』 2권 1호와 『조선소년웅변집』이 그것이다. 먼저 『조선소년』은 아동을 대상으로 한 잡지로서 박윤원(朴潤元)[6]이 발행인으로

---

4) 고유상이 설립한 '회동서관'에서 활동하였으며, '조선도서주식회사'의 이사로도 활동하였다. '회동서관'의 대구 지점을 운영 관리한 전문 도서 발행인이다.

5) 1925년에 창간된 어린이 잡지로 고병돈, 이원규(李元珪) 등이 발행인이다. 1933년에 종간되었으며, 1929년에는 아동잡지 사상 최초로 3만부 이상의 발행 부수를 기록하기도 하였다.

6) 박윤원에 대해서는 『조선출판경찰월보』18호에도 기록이 남아있는데, 평안남도 의주군에서 발행된 『조선소년』의 일부 글이 삭제 조치를 당했음이 확인된다. 또한 『동아일보』 12월

되어 있다. 관리 자료에 수록된 이 잡지의 문제적 내용은 단군이 조선을 기원하며 배달민족이 만들 터전과 문화를 세웠다는 서술 부분이다. 현재는 제목을 알 수 없는 이 글은 그 내용을 통해 유추해 보았을 때, 역사를 통해 조선 아동의 민족의식을 불러일으키려는 논설일 것으로 추정된다.

또 다른 자료인 『조선소년웅변집』은 현재 검열 기록 이외에는 출간이 확인되지 않는 단행본이며, 발행인도 미상인 상태이다. 『언문소년소녀독물』[7]에 수록된 이 단행본의 문제된 내용은 독일이 세계대전 패망 후에도 국민의 근면을 통해 재기하였다는 점이며, 이를 볼 때 웅변을 채록한 논설적 성격의 글일 것으로 보인다.

세 번째 항목인 "외국인을 통해 조국을 위한 희생을 강조"하는 내용으로 분류된 출판물은 10건에 해당하며, 단행본 2종에 수록된 4편의 글과 잡지 수록 6편의 글이 기록되어 있다. 먼저 2종의 단행본은 『소공독본(小供讀本)』과 『세계미담보옥집(世界美談寶玉集)』이며, 앞의 책에 수록된 글이 1편, 뒤의 3편이 관리 대상으로 기록되어 있다. 특이한 점은 이 4편의 글은 모두 '동화'나 '미담'에 해당하는 것이라는 점이며, 각 항목에 수록된 내용을 보았을 때 서양 역사물의 번역 서사인 것으로 보인다.[8]

『소공독본』에 수록된 「국가」라는 글은 한 프랑스 소년이 독일 점령기에 강요된 독일국가의 연주를 거부하다가 죽음을 당한 이야기를 담고 있으며, 『세계미담보옥집』에 수록된 「조국을 위하여」, 「고귀한 희생」, 「충

31일자 기사에 그의 이름이 동아일보 의주국 기자로 발령된 명단에 포함되어 있는 것으로 보아 기자이자 잡지 발행인으로 보인다.

7) 이하 『언문소년소녀독물의 내용과 분류』는 『언문소년소녀독물』로 축약하여 명명하기로 한다.

8) 자세한 내용은 부록에 정리해두었으니 참조 바란다.

렬의 작은 용사」는 각각 '가리발디'의 일화와 프랑스 소년의 희생담 등을 담고 있다. 모두 타국이 지배하는 상황 속에서 용기를 보인 인물들의 이야기를 담고 있는 것이다.

잡지에 수록된 6편의 글 역시 서양의 역사적 사건이나 인물을 통해 조국을 위한 희생을 강조하고 있다는 점에서 유사하다. 먼저 『별나라』[9] 12월호에 수록된 「라마(羅馬)의 용녀(勇女)」는 카르타고와 로마의 전쟁 중 로마를 위해 희생한 여자 아이의 이야기를 다루고 있으며, 『무궁화』[10] 5월호에 수록된 「진리의 승리」라는 글은 민족의식과 애국심을 강조하는 내용을, 『새로운 벗』[11] 4권 7호에 수록된 「용감한 소녀」라는 글은 적의 동태를 알리다가 죽임을 당한 아이의 이야기를, 『별나라』 6월호에 수록된 제목이 확인되지 않는 글에서는 운동과 문학에 재능이 있었던 한 소년의 불행한 죽음을 다루고 있으며, 『어린이』[12] 6권 4호에 수록된 「御前ハ英雄デアル」라는 글은 미국독립 당시 영국군에게 죽음을 당한 소년의 이야기를 다루고 있다.

이처럼 '민족주의적 독물' 가운데 "외국인을 통해 조국을 위한 희생을 강조"하는 내용으로 분류되어 관리된 출판물들은 대부분 역사담을 통해 조선의 현실을 직시하도록 하고 아동들에게 민족의식의 함양을 유도하고 있다는 점이 총독부의 관리 대상이 되었던 이유이다.

네 번째 분류인 "조선인의 현재 지위와 비관, 절망을 드러내는 내용"에

---

9) 안준식(安俊植)에 의해 1926년 6월에 창간되어 1935년에 2월에 폐간된 어린이 잡지이다.

10) 이원규(李元珪)가 발행한 어린이 잡지. 이원규는 소년 운동 단체인 '오월회'에서 활동한 인물이다.

11) 『새벗』과는 다른 잡지이며, 현재 발행인이 확인되지 않는다.

12) 방정환이 1923년 3월에 창간하여 1934년 7월에 폐간된 아동 잡지이며, 개벽사에서 발행되었다.

해당하는 글들은 8편이며, 글의 성격도 시와 동화, 논설 등으로 다양하다. 먼저 『백웅』[13] 창간호에 수록된 「두만강변의 추야(秋夜)」라는 시에 대해서는 국경 강안의 적막한 밤을 통해 조선 백성들의 공포와 불행을 이야기하고 있다는 점이 문제점이라고 기록되어 있다. 또한 같은 잡지에 수록된 또 다른 시 「국경을 넘는 사람들」은 민요시 형식을 통해 조국을 이탈하는 조선인의 모습이 그려지고 있다는 점이 문제적이라고 지적되었다.

『소년조선』[14] 3월호에 수록된 「돼지와 양과 염소」라는 동화는 이솝우화를 번역한 것이며, 앞에서도 등장한 『소공독본』에 수록된 「백조촌」이라는 동화, 『무궁화』 5월호에 수록된 「닭의 모험」, 『소년조선』 3월호의 「소와 백정」 등의 동화들은 문학 작품을 통해 민족의 현실을 빗대어 드러낸다는 점에서 총독부의 관리 대상이 되었다.

'민족주의적 독물'의 마지막 항목인 "위정자에 대해 질시하고 반감을 드러내는" 내용이 담긴 출판물은 13종이며, 여기에는 아동 소설과 동화, 논설 등이 다양하게 수록되어 있다. 먼저 단행본 소설인 「처녀의 애상」은 현재 발행과 실존 여부가 확인되지 않는 새로운 작품으로 이 작품에 대한 『언문소년소녀독물』의 기록에는 아무 혐의도 없이 경찰에 끌려간 한 가족이 모두 죽음을 맞이하고 파멸에 이른다는 이야기가 문제가 되었음이 지적되었다.

『조선소년』 2권 5호에 수록된 「누(淚)의 공과(工課)」[15]라는 제목의 작

---

13) 충북 공주 지역에서 창간된 아동 잡지. 『동아일보』 1927년 12월 9일 기사에는 충북 공주 지역의 한글 연구자들을 중심으로 이 잡지가 창간될 것이라는 내용이 기록되어 있다.

14) 정홍교(丁洪敎)가 1927년에 창간한 아동잡지이다.

15) 『중외일보』 연재분에는 이명식(李明植) 저로 되어 있다. 이명식은 '중앙기독교청년회'의 일원으로 알려져 있다.

품은 『언문소년소녀독물』의 기록에 '단편소설'로 표기가 되어 있으며, 그 내용에 조국을 등지고 중국 땅에서 고생하는 동포들을 구해야 한다는 것이 문제가 되었다고 기록되어 있다. 이 작품은 특이하게도 『중외일보』에 1928년 7월 9일부터 14일까지 다시 연재되었으며 치안 방해 처분으로 다시 삭제 조치를 당하였다.

또한 『조선소년』 2권 6호에 수록된 「涙ノミ殘ツタ福實」이라는 작품은 단편소설로 일본군에 의해 집안이 몰락한 '복실'이라는 소녀가 북간도로 떠나는 이야기를 다루고 있다는 점이, 『별나라』 3권 7호에 수록된 아동소설 「어린 장사 돌이」라는 작품은 위정자에 대해 저항하는 내용이 문제가 되었음이 기록되어 있다.

이와 같이 『언문소년소녀독물』에는 잡지와 단행본 등에 수록된 문학작품과 논설 가운데 민족주의적 성격을 지니고 반일 성향을 보이는 것들을 체계적으로 정리하여 관리한 내용들이 꼼꼼하게 기록되어 있음이 확인된다.

나. 사회주의적 독물

『언문소년소녀독물』의 세 가지 큰 분류 가운데 '사회주의적 독물'은 전체 88건의 관리 대상 출판물 가운데 27종이며 30.7%의 비중을 차지하고 있다. '사회주의적 독물'의 하위 항목은 "계급의식을 환기시키는 내용", "현대 사회조직의 불합리함을 지적하는 내용", "혁명운동을 장려하는 내용" 세 가지로 나누어져있으며, 각각에 포함되는 출판물들은 다음과 같다.

먼저 "계급의식을 환기시키는 내용"에 해당하는 것이다. 27종 중 9종이 여기에 해당한다. 그 첫 번째는 『백웅』 창간호에 수록된 「편상(片想)」

이라는 제목의 시이며, 탐욕, 성욕, 명예욕에 대해 투쟁하라는 내용을 담고 있다는 점이 관리의 이유이다. 두 번째는 이원규 발행의 『무궁화』에 수록된 「日記短想」이라는 제목의 글로 수필 종류일 것이라 추정된다. 이 글은 태양은 공평하게 세상을 비추지만 인간 세상은 공평하지 않다는 지적이 문제가 되었다고 기록되어 있다.

특히 이 항목에 수록된 글은 문학 작품이 많은데, 『조선소년』 2권 2호에 수록된 「母様ノ頼ミ」라는 제목의 동화는 고아인 '숙자'라는 하녀가 불쌍한 노파에게 온정을 베풀다가 주인에게 쫓겨나는 내용을 담고 있는 것이 문제가 되었다. 『무궁화』 3월호에 수록된 「투쟁과 사랑」은 단편소설로 공장노동자의 아들인 효남이 공장주의 딸인 은순을 사랑하지만 계급적인 차이 때문에 갈등을 겪는 내용을 담고 있다고 기록되어 있다.

단행본 문학 서적도 2권이 포함되어 있는데, 먼저 학생 시집으로 표기된 발행인 미상의 『조선의 봄』은 수록된 「단장(斷腸)의 적(笛)」이라는 시 때문에 관리 대상이 되었다. 이 시는 공장노동자의 척박한 삶을 기차의 기적 소리에 빗대어 표현한 것이 문제로 지적되었다. 단행본 가운데에는 신문에 연재되었다가 단행본으로 발행된 것도 있다. 단행본 동화 『진리의 성』이라는 작품인데, 이 동화는 금철(琴澈)[16] 역으로 되어 있으며, 『중외일보』에 1928년 5월 6일부터 13일까지 7회간 연재된 것이다. 이 작품은 한 부자가 방탕하게 생활하던 중 가난한 노인을 돕지 않자 화를 입는다는 내용을 담고 있는 점이 문제가 되었다.

아동 소설인 「용성(龍成)의 꿈(夢)」과 「준선(俊善)의 죄(罪)」는 각각 『소년조선』 8호와 『신소년』[17] 6권 8호에 수록된 것들이다. 앞의 작품은 자

16) 금철은 『어린이』 잡지에서 방정환과 함께 활동하던 인물인 방금철(方琴澈)이다.

산가의 아들인 '용성'이 임금 때문에 아버지와 노동자의 모습을 본 후 꿈을 꾸었는데 계급에 대한 인식을 하게 된다는 내용을 담고 있고, 뒤의 작품은 공장 직공들에게 악행을 저질렀던 공장 감독관이 무죄 방면되자 직공인 준선이 분노한다는 내용을 담고 있다.

다음 항목인 "현대 사회조직의 불합리함을 지적하는 내용"의 항목에 수록된 출판물은 11종으로 가장 많다. 여기에는 문학 작품과 논설이 고르게 분포되어 있는데, 먼저 문학 작품에 해당하는 것으로 주목되는 것은 '희곡' 작품으로는 유일하게 수록된 「녀(女)」라는 작품이다. 『백웅』 창간호에 수록된 이 희곡은 어떤 아버지가 딸이 낙태를 하려고 한 사실을 감추려다가 경찰과 의사에게 추궁당하는 내용이 문제가 되었다.

앞의 항목에서도 등장한 학생 시집 『조선의 봄』에 수록된 「가애상한 것」이라는 제목의 시도 현대 사회를 비판한다는 점이 문제가 되었다. 안타깝게도 이 시의 자세한 내용은 현재 확인되지 않는다. 현재 발행인이 확인되지 않는 『신동화전선』이라는 잡지에 수록된 두 편의 동화도 사회 비판의 내용이 문제가 되어 관리 목록에 수록된 경우이다. 먼저 「성냥 이야기」라는 제목의 동화는 어떤 사람은 산속 별장에서 호화롭게 살고 어떤 사람은 초가집에서 힘겹게 산다고 말한 부분이 문제가 되었으며, 「수병(水甁)의 이야기(話)」라는 제목의 동화는 사회의 문제를 개혁하기 위해서는 사회조직과 사회주의가 필요하다고 이야기한 점이 문제가 되었다. 이 항목에 수록된 글들 가운데 문학 작품 이외의 것들은 대부분 수기와 편지글, 논설 등이며, 학대받는 조선인 아동에 대한 내용과 사회의 불합리한 측면 등을 지적하는 내용들이 문제가 되었다.[18]

---

17) 국어학자인 신명균(申明均)이 운영하던 중앙인서관(中央印書館)에서 발행한 아동 잡지이다.

한편 '사회주의적 독물' 항목의 '혁명운동을 장려하는 내용'에 해당하는 출판물은 7종이며, 5편의 문학 작품과 2편의 논설이 담겨있어서 관리 대상이 된 경우이다. 먼저 문제적 문학 작품이 담겨있는 잡지로 『새벗(新友)』이 3차례나 등장한다는 점이 특징적이다. 먼저 현재 권 호수가 확인되지 않는 『새벗』에 수록된 「鳥ガ飛ンデ往ツタ所ヘ」라는 제목의 동화는 어떤 인자한 왕이 다스리는 한 나라가 적국의 침입을 받자 국민들이 앞장서서 이를 물리친다는 내용을 담고 있는 것이, 「소년 고수의 이야기」라는 동화는 이탈리아 소년의 애국심을 다루고 있다는 점이 문제가 되었다고 기록되어 있다.

또한 학생 시집 『조선의 봄』에 수록된 「행진곡」이라는 제목의 시는 암울한 토굴 속 현실에서 살고 있지만 희망을 가지고 앞으로 전진 하자는 내용을 담고 있다는 점이 혁명을 부추긴다는 이유가 되었고, 『새벗』 4권 9호에 수록된 「개미의 궁전」이라는 동화는 개미집을 닭이 짓밟자 개미들이 합심하여 이를 물리친다는 내용이 문제로 지적되었다.

이처럼 혁명을 유도한다는 내용에 수록된 글들은 사회의 부조리에 맞서 행동하는 내용이 담겨있으면 모두 문제적인 것으로 지적되었으며, 이 내용들은 추후 『조선출판경찰월보』(1928.9~1938.12)의 시대에 이르러서는 검열을 통해 삭제와 출판 금지라는 처분을 받기에 이른다. 특히 사회주의적 성격을 지닌다고 판단한 출판물들은 대부분 출판 불허가의 처분을 받게 된다는 점에서 『언문소년소녀독물』과 같은 치밀한 관리 체계는 검열과 언론 탄압의 기준을 선명하게 보여주고 있다.

---

18) "현대 사회조직의 불합리함을 지적"하는 내용을 담고 있는 비문학 글들이 수록된 잡지는 『어린이』 5월호, 『조선소년』 2권 6호, 『신소년』 6권 7호, 『소년계』 5월호 등이다.

다. 주의 명시 없이 양자 활용 가능 독물

『언문소년소녀독물』의 마지막 분류 항목인 '주의 명시 없이 양자 활용 가능한 독물'은 분류 기준 가운데 그 의미가 가장 포괄적이기에 그만큼 문제적이다. 민족주의 혹은 사회주의 어디에도 해당하지 않지만 다소간의 반체제, 반사회적인 성향을 보인다고 생각하는 경우를 모두 포함하고 있기 때문이다.

이 항목에는 모두 27종의 글이 포함되어 있으며, 세부 항목으로는 "단결의 미덕을 알리거나 촉구하는 내용", "소년소녀의 큰 각성과 노력을 촉구하는 내용"이 제시되어 있다. 두 항목 모두 정치적이거나 사상적인 의도로 읽지 않을 수 있는 교훈적 내용을 담고 있음에도 불구하고 관리 대상에 넣었다는 점이 문제적인 것이다.

먼저 "단결의 미덕을 알리거나 촉구하는 내용"의 항목에 수록된 글은 5편이며, 동화 1편과 논설 4편이 기록되어 있다. 「鍾ガ鳴テネバ」라는 제목의 동화는 『어린이』 6권 7호에 수록되어 있으며, 근대문물에 의해 파괴되어가는 한 마을의 이야기를 다루고 있다. 논설 4편은 『조선소년』 2권 1호에 1편, 『조선소년웅변집』에 3편이 수록되어 있으며, 앞의 잡지에 수록된 「신년에 소년 제군에게 알림」이라는 글은 소년소녀들에게 조선어와 글, 역사 등을 잊지 말라고 당부한 것이 문제적 내용으로 지적되어 있다. 뒤의 단행본에 수록된 3편의 글은 제목은 나와 있지 않으며, 각각 소년들의 각성을 촉구하는 내용, 힘을 기르자는 내용, 단결할 것을 강조하는 내용 등이 문제가 된다고 지적하고 있다.

이에 비하여 "소년소녀의 큰 각성과 노력을 촉구하는 내용"에 해당하는 글은 모두 22종이며, 여기에는 문학 작품으로 분류할 수 있는 글 4편과 18종의 논설이 포함되어 있다. 먼저 문학 작품에 해당하는 작품은

『소년계』 3권 1호에 수록된 「天下二難事ナツ」라는 글로서 손문의 일대기를 다루고 있는 역사담이며, 『소년조선』 창간호에 수록된 「정월에 준비한 세계일주」라는 아동소설은 김귀남이라는 이름의 소년이 정월을 맞아 세계 일주를 하는 꿈을 꾸며 새로운 사고와 결심을 한다는 내용이다. 또한 『소녀계』 2권 2호에 수록된 「만리 해외에서 활동하고 있는 백의무산소년에 대한 미담」이라는 글은 해외에서 민족 차별에 저항하면서 살아가는 소년의 이야기를 다루고 있다는 점이 문제가 되었다.

『어린이』 5월호에 수록된 「少年デ−ノ歌」는 동요로서 어린이날을 기념해서 만들어진 것이다. 이 동요는 무궁화 3천리 안에서 원기 있게 성장하는 소년들의 모습을 그리고 있다는 점이 검열을 위한 관리 대상에 오르게 한 원인이었다.

이 항목에 수록된 글들은 위의 4편의 문학 작품을 제외하고는 대부분 신년 새해를 맞이해서 조선 소년소녀들에게 자각과 노력을 강조하는 논설들이다. 이 가운데에는 새 학기를 맞이해서 학교생활을 성실하게 해야 한다는 교훈적인 이야기도 속해 있다.[19] 즉 조선의 아동과 학생들에게는 당연한 교육적인 이야기조차 반일, 반사회적인 것으로 취급당해야 했던 것이다.

(2) 아동 출판물의 검열 양상

『언문소년소녀독물의 내용과 분류』(1927.12~1928.8)에 수록된 88종의 출판물들은 총독부 도서과에서 검열을 위해 작성한 기초 자료에 해당한다. 실제 이 비밀문서에 수록된 글들에 대한 검열 결과는 동일한 시기에

19) 『새벗』 4권 3호, 4호 수록 논설.

작성된 『불허가출판물병삭제기사개요역문』(1927.8~1928.8)에 일부 수록되어 있다.[20] 이 자료에는 226종의 검열 후 처분 내용이 담겨있어서 그 실제 관리 및 검열 결과의 추이를 일부 확인할 수 있다.

그러나 아동 출판물만을 대상으로 진행한 검열 결과를 확인할 수 있는 실제 자료는 『불온소년소녀독물역문(不穩少年少女讀物譯文)』(1927.12)가 유일하다. 아직 연구에서 다루어진 바 없는 이 자료를 기초로 하여 아동 출판물의 실제 검열 양상이 어떻게 진행되었는가를 살펴보고자 한다.

먼저 이 자료는 행정 처분일을 기준으로 1926년 10월 27일에서 1927년 10월 12일까지 1년여에 걸쳐 진행된 검열 결과를 담고 있으며, 그 세부 건수는 24종에 달한다. 24종 가운데 잡지 검열 결과에 해당하는 것은 18건으로 75%이며, 신문 검열 결과가 5종 20.8%, 단행본 검열 결과가 1종 4.2%이다.

또한 이 자료에 수록된 24종의 검열 결과 가운데 문학 작품의 처분 내역은 8건이며, 16건은 비문학 글의 검열 결과에 해당한다. 행정 처분 결과는 삭제, 차압, 불허가 등으로 나누어지는데, 문제적인 부분만 삭제하는 경우, 이미 출간된 것을 차압하는 경우, 납본으로 출간 시도된 것을 불허가하는 경우이다.

이 자료가 아동 출판물 검열에 대한 실체를 파악하는 데에 무엇보다 주목되는 이유는 자료가 작성되기 이전 조선총독부 경무국장 명의로 경성지방법원 검사국에 「불온소년소녀독물역문 송부의 건」이라는 비밀문서[21]가 한 통 발송되었다는 것 때문이다. 이 문서에는 경무국 도서과가

---

20) 이 자료는 아동 출판물만을 대상으로 한 것이 아니어서 다음 장에서 그 내용을 고찰하고자 한다.

21) 조선총독부 경무국, 조도비(朝圖秘) 제2234호, 「불온소년소녀독물역문 송부의 건」, 1927.

아동 출판물을 관리하는 과정에서 파악한 동향이 기록되어 있다. 그 내용에는 최근 소년소녀의 한글 잡지와 동화, 동요집의 내용이 외국의 애국적 미담이나 독립 사상, 사회주의 사상 등을 다루고 있어서 특별한 관리가 필요하다는 점이 명시되어 있다. 즉 지속적으로 아동 출판물들을 관리하는 과정에서 반체제적 성향이 증가되는 것이 보고되었고, 그 결과 검열을 통한 언론 탄압이 진행되었음을 확인해주고 있는 것이다.

그렇다면 이 같은 조직적인 동향 관리를 통해 실제로 진행된 검열과 탄압은 어떤 방식으로 진행되었고, 그 이유는 무엇 때문인지 아래에서 상세하게 살펴보기로 한다.

가. 매체별 검열 양상

『불온소년소녀독물역문』의 체제는 ① 매체의 제목, ② 처분일, ③ 처분 결과의 순서로 기록되어 있으며, 처분 사유에 해당하는 내용이 상세하게 뒤에 붙어 있는 형식으로 되어 있다. 특히 이 자료가 작성되기 이전에 확인되는 다른 검열 자료와는 달리 처분에 따른 이유가 상세하게 기록되어 있다는 점이 이 문건의 가장 큰 특징이라 할 수 있다.

이 문건에 수록된 24종의 검열 처분 결과에서 가장 많은 수를 차지하고 있는 매체는 잡지이다. 잡지 검열 결과는 모두 18종이나 되며, 여기에는 많은 수의 아동 잡지에 수록된 글들이 수록되어 있다.

검열 후 행정 처분의 대상이 된 잡지는 모두 8종으로 『소년계』, 『별나라』, 『어린이』, 『신인간』, 『동아소년』, 『조선소년』, 『학창』, 『무궁화』 등이다. 이 가운데 가장 많은 행정 처분을 받은 잡지는 『소년계』로 5차례

11.20.

이며, 『별나라』가 4차례, 『신인간』, 『조선소년』, 『학창』이 각 2번, 나머지 잡지가 각 1번의 행정 처분을 받았다.

행정 처분을 받은 잡지들의 면면을 간단히 살펴보면, 『소년계』는 『소년순보(少年旬報)』와 『실업지조선(實業之朝鮮)』의 발행인인 최영휘(崔永澤)[22]가 간행한 아동잡지이며, 발행인이 관계한 다른 잡지의 성격을 보았을 때 사회주의적 성향의 아동 잡지로 추정된다. 이에 비해 『별나라』[23]는 안준식(安俊植), 박세영(朴世永) 등이 발행한 사회주의적 성향의 아동 잡지로 1926년 6월부터 1935년 2월까지 통권 80호가 간행되었다.

또한 잡지 『신인간』은 천도교 계열의 아동 잡지로 분류할 수 있으며, 발행인은 이돈화(李敦化)[24]이며, 『조선소년』은 동아일보 의주국 기자였던 박윤원(朴潤元)이 창간하였고, 『무궁화』는 '오월회' 창립의 중요 인물이었던 이원규(李元珪)가 창간한 잡지이며, 『학창』은 '동양서원'에서 재직하던 민대호(閔大鎬)가 발행인인 아동 잡지이다.

『동아소년』은 창간과 관련한 상세한 기사가 나와 있어서 주목되는 잡지인데, 김진구(金振九)가 주간인 이 잡지는 창간 과정에서 총독부의 허가를 받지 못하여 몇 차례의 좌절을 겪은 것으로 나온다. 『중외일보』의 1927년 5월 16일 기사에는 이 잡지의 창간 예고와 관련한 기사가 나오는데, 실제 발행은 이루어지지 못했고, 다시 『동아일보』 1927년 5월 27일 기사에

22) 최영휘와 그가 발행한 잡지에 대한 또 다른 검열 기록은 『조선출판경찰월보』 3호와 9호에 남아있으며, 이 검열 사유에는 러시아 혁명 관련 내용과 계급 차별에 대한 내용 등이 지적되고 있다.

23) 이 잡지의 6호 기념사에는 안준식이 "가난한 동무를 위하여 값싼 잡지로 나오자."는 천명이 담겨있으며, 주로 활동한 문인에는 이기영, 송영 등이 있다.

24) 1920년 6월에 창간된 『개벽』의 주간으로 있었으며, 천도교청년당을 창설하는 데에 관여하기도 하였다.

원 제호였던 『조선소년신보』가 당국의 허가를 받지 못하여 『동아소년』으로 이름이 바뀌어 출간될 예정이라고 기록되어 있다. 이 잡지의 실제 발간은 2달 뒤에나 이루어진 것으로 보인다.[25] 이처럼 『불온소년소녀독물역문』에 수록된 잡지들은 사회주의적 성향을 지닌 것이 가장 많으며, 천도교 계열의 것과 전문 출판업자의 것도 존재하고 있음이 확인된다.

이 자료에 수록된 신문 검열의 기록은 5건이며, 모두 기사 삭제의 처분을 받았다. 가장 먼저 등장하는 『동아일보』에 대한 1927년 6월 1일 처분 기록은 「실행(實行)에 철저(徹底)하라, 아동보호자회(兒童保護者會)를 보고」라는 기사에 대한 것이다. 이 기사에는 학교 교육에서 차별받는 조선인 학생들을 보호하려고 학부형들이 당국에 월사금을 직접 징수하기를 요구하고 조선어 교육을 확대하라는 요청을 했다는 내용이 담겨있었다고 검열 사유에 기록되어 있다. 이 기사 때문에 『동아일보』는 차압 조치를 당해야했다.

1927년 8월 1일에 삭제 처분을 받은 『중외일보』는 「조선학생과 하기휴학」이라는 기사가 조선의 비참한 현실을 자각하고 민족의 단결을 촉구하고 있다는 내용이 담겨있었음이 검열에서 문제가 되었음이 기록되어 있으며, 1927년 8월 20일에 차압 처분을 받은 『동아일보』는 「보통학교 동창회 문제」라는 기사가 문제가 되었음이 사유에 기록되어 있다. 이 기사에서 문제 제기된 보통학교장이 동창회장을 맡는 것에 대한 비판적 내용이 치안 방해에 해당한다는 것이다.

또한 1927년 9월 28일에 차압 처분을 받은 『조선일보』에는 학교 교

---

25) 『동아일보』 7월 5일 기사에는 『동아소년』의 창간호 발행 예정에 대한 내용이 기록되어 있다.

장의 횡포에 대해 학부모들이 문제를 제기한 것을 경찰이 무마한 사건을 기사화한 「길주고보(吉州高普)와 경찰간섭(警察干涉)」이 문제가 되었으며, 『중외일보』 1927년 10월 12일자에 수록된 「학교투쟁(學校鬪爭)」이라는 기사는 자본주의 계급지배를 용이하게 하는 학교 교육을 비판한 점이 문제가 되어 차압 처분을 받았다.

신문에 대한 검열 결과를 통해서 확인되는 바와 같이 잡지나 신문에 수록된 기사나 논설 가운데 반제국주의적 성격을 가지고 있거나 조선인의 부당한 대우와 관련한 내용들은 철저하게 삭제, 차압 처분이 진행되었다. 조금의 비판적인 어조도 허용되지 않았던 것이다.

나. 문학 작품의 검열 양상

아동 출판물을 대상으로 하는 검열은 그 독자의 특성상 문학 작품이 다수를 차지할 확률이 높다. 논설을 통해 직접적으로 의견을 전달하는 성인 대상의 글에 비하여 비유와 서사 기법의 활용이 이해도를 높일 수 있기 때문이다. 검열의 주체였던 총독부 역시 이 같은 아동 출판물의 성격을 분명하게 인지하고 있었고, 앞에서 살펴본 『언문소년소녀독물』과 같은 자료를 통하여 검열을 위한 출판물에 대한 관리를 세밀하게 진행하고 있었다. 『불온소년소녀독물역문』에 수록된 검열 결과물에는 이 같은 철저한 준비를 통해 행정 처분을 받은 8편의 문학 작품에 대한 처분 사유가 자세하게 기록되어 있다.

먼저 『소년계』 3월호에 수록된 단편소설 「길룡(吉龍)의 비애(悲哀)」라는 작품의 경우를 들 수 있다. 안타깝게도 현재 이 작품의 작가는 확인되지 않으나 수록된 매체의 성격상 사회주의적 성향의 작가가 창작한 작품일 것으로 추정된다. 이 소설에 대한 검열 결과 처분 사유에는 지주를 위해 일하나 굶주려야만 하는 소작인의 삶을 목격한 소작인의 아들 '길룡'이 지주를 공격한다는 내용이 담겨있다고 기록되어 있다. 이를 통해 보았을 때 이 소설은 반계급주의적 성격을 가지고 있을 것으로 보인다. 결국 총독부는 이 작품에 대해 출판 '불허가' 처분을 내렸고 끝내 제목만 남고 사라져버린 소설이 되고 말았다.

『별나라』 2권 7호에 수록되었던 「북간도를 떠나 돌아오는 임순」이라는 제목의 작품도 아동 소설로 추정된다. 조선을 떠나 북간도로 이주했다가 힘든 삶을 견디지 못하여 다시 조국으로 돌아오는 '임순'이라는 인물의 심정을 그리고 있다는 점이 삭제 처분을 당한 사유가 되었다.

아동 잡지라는 특성은 동화와 미담에 대한 검열이라는 특수한 경우도 만들어내었다. 동화의 속성이 정치적인 의도나 사상성보다는 교훈을 통한 교육의 목적이 강하다는 점을 고려할 때, 총독부의 검열은 아동의 사고 형성에 있어서도 직접적인 영향을 미치고 있었던 것이다.

『학창』 창간호에 수록된 「용감한 소년」이라는 제목의 동화는 나라를 위해 임무를 충실하게 수행하는 소년들의 이야기를 다루고 있다는 점이 검열에서 문제가 되어 출판 '불허가'라는 처분을 받아야했다. 구체적인 지명이나 인물명, 국가명 등이 등장하지 않는 일반적인 내용을 다루고 있음에도 그 잠재적인 내용의 유추를 통해 과도한 검열이 진행되었던 것이다.

구체적인 역사담이나 미담을 수록했다는 이유로 행정 처분을 받은 경우도 있다. 먼저 『별나라』 2권 2호에 수록된 「소년 나팔수」라는 글은 러시아와 폴란드의 전쟁 당시 폴란드 소년의 희생을 다루고 있는 점이 문제가 되었다. 애국미담이라는 부제가 붙어 있는 것으로 보아 번역 역사서사일 것으로 추정된다. 『소년계』 2권 8호에 수록된 「애국의 눈물」이라는 글 역시 독일과 프랑스 전쟁 당시 희생된 프랑스 소년의 이야기를 다루고 있다는 점이 삭제 처분의 이유가 되었는데 이 역시 번역 서사일 것으로 추정된다.

서양의 역사적인 인물이나 사건을 다룬 서사들이 검열의 대부분을 차지하고 있는 것에 비해, 번역이 아닌 순수 창작 동화 혹은 아동 소설로 추정되는 작품이 검열된 경우도 드물지만 존재한다. 『조선소년』 1권 1호에 수록된 「고향을 떠난 두 명의 아이」라는 작품은 그 서사 내용 중에 한 소년이 순사보다 더 높은 사람이 되어서 불쌍한 사람을 돕겠다는 다짐이 문제가 되어서 삭제 처분을 당해야만 했다.

1년 남짓의 기간 동안 아동 출판물만을 대상으로 한 검열 기록이 이와 같이 상당한 수를 보이고 있고, 검열을 위한 관리 대상으로 삼았던 아동 대상의 출판물이 88종에 이른다는 사실은 일제의 언론 탄압이 특정한 세대, 특히 아직 역사관과 민족관, 정체성 등이 충분히 형성되지 못한 아동을 대상으로 하고 있다는 점에서 문제적이다. 특히 아동만을 대상으로 한 동화와 미담, 소설에 대한 검열이 치밀하게 진행되고 있다는 점은 그들이 검열을 통해 얻고자 하는 목적이 무엇인가에 대해 많은 것을 시사하고 있다. 특정한 세대의 독서물에 대한 검열은 어떤 의도를 지니고 있는 것인가.

다. 아동 출판물 검열의 의도

지금까지 1926년부터 1928년까지 진행된 아동 출판물에 대한 검열과 그 관리 양상을 두 편의 새로운 자료를 통해 살펴보았다. 『언문소년소녀독물의 내용과 분류』는 조선 총독부 경무국 도서과의 출판 경찰이 아동을 대상으로 한 출판물들이 당시 보이고 있던 경향을 추적하여 검사국에 보고한 자료이며, 총독부는 이 자료를 기반으로 하여 검열을 통한 언론 탄압을 진행하였다.

이 과정에서 확인할 수 있었던 것은 아동 출판물에 대한 관리 체계가 지금까지 알려진 것보다 매우 체계적이고 치밀하게 이루어지고 있었다는 사실이다. 사상적인 성향으로 세 가지 큰 기준을 만든 후, 그 하위 항목을 세부적으로 만들어 출판물들과 글이 가지고 있는 성격을 규정하고 있는 점은 그 후속 행위인 검열의 치밀함으로 곧바로 이어지는 것이기 때문이다.

『불온소년소녀독물역문』은 그 같은 조직적 관리가 만들어낸 탄압의 흔적이자 결과물이다. 1년 정도에 불과한 검열 기록에는 문학 작품은 물론 잡지와 신문에 수록된 다양한 글들에 실린 일말의 반체제적 성격의 문구도 남겨두지 않았다. 그것이 실질적으로 반일과 반제국의 성향을 가지고 있는지 불확실하더라도 포괄적이고 임의적인 해석을 통해 삭제와 출판 금지 등의 조치를 취했던 것이다.

문제는 이 같은 검열이 왜 하필이면 1926~27년 사이에 발간된 출판물들을 대상으로 진행되었는가에 있다. 이는 1928년 이후 검열 관련 개별적인 성격의 자료들이 합해져 발행되는 『조선출판경찰월보』라는 문건의 존재를 통해 일차적인 유추가 가능하다. 우선 『조선출판경찰월보』의 체제와 『불온소년소녀독물역문』과 『언문소년소녀독물의 내용과 분류』의 체제는 상당 부분 일치한다. 이 두 자료에는 제호-처분일-처분내용-처분 이유가 세밀하게 기록되었고 그 체제는 곧장 『조선출판경찰월보』의 내용 체제로 이어졌다. 이를 보았을 때 아동 출판물 검열과 관련된 이 두 자료는 이후 10여 년에 걸쳐 매우 조직적으로 진행된 출판물 검열과 관리의 기초이자 기본 틀이 되었던 것이다.

그렇다면 아동을 대상으로 한 출판물에 대한 특정한 성격의 검열 자료가 1920년대 중반 이후부터 작성되기 시작한 것은 어떤 의미를 담고 있는 것인가. 그 이유 가운데 하나는 국권이 상실된 1910년 이후에 출생한 세대들을 일제가 이와 같은 자료를 통해 조직적으로 관리할 대상으로 판단하고 있었다는 점에서 확인할 수 있다. 즉 국권을 상실한 이후 식민지민으로 성장한 새로운 세대들에 대한 보다 조직적인 사상 관리가 그들에게는 반드시 필요했던 것이다. 앞에서 살펴본 것처럼 이 두 검열 기록에 담긴 글 가운데에는 단순히 사회주의나 민족주의로 설명할 수 없는 식민지 이전의 조선에 대한 역사와 자부심을 드러내는 것들이 상당수 포함되어 있다. 이와 같은 정보를 근원적으로 차단하는 것, 이는 일제가 아동들을 다른 세대와는 달리 왜곡된 식민사관을 주입하고 식민지민으로 조련하기 위한 일차적인 대상으로 삼고 있다는 것을 의미하며, 장기적인 지배에 대한 조직적인 준비를 진행하고 있었음을 보여주는 증거인 것이다.

2) 『불허가출판물병삭제기사개요역문(不許可出版物並削除記事概要譯文)』

서론에서 언급한 것처럼 1907년 이완용 내각에 의해 제정된 신문지법과 1909년에 공포된 출판법 등은 일제강점기 조선의 모든 출판물을 검열하는 기준이 되었다. 강점기 이후에는 일본인들이 발행하는 출판물을 대상으로 한 출판규칙과 조선인들의 출판물을 대상으로 한 출판법으로 구분되어 본격적인 검열이 진행되었다.

지금까지 일제강점기의 검열 상황에 대한 연구는 대략 세 가지 정도의 자료를 기반으로 하여 진행되어 왔다. 강점기 초기의 자료는 주로 『조선총독부관보』를 통해 확인이 가능하며, 1928년 9월부터 1938년 12월까지는 『조선출판경찰월보』[26]에 검열 기록이 수록되어 있고, 단행본 검열에 대한 자료에는 1941년에 조선총독부경무국에서 발행한 『조선총독부 금지단행본 목록』[27]이 있다. 우선 국권 상실 이후 1910년대 식민지 조선의 언론 통제 상황을 확인할 수 있는 『조선총독부관보』에는 신문지법과 출판법에 의해 압수된 단행본 52종의 목록이 수록되어 있고, 여기에는 애국계몽 목적의 역사 관련 교과서와 서사물들이 포함되어 있다. 이를 보면 일제강점기 초기에는 주로 한일강제병합 이전에 발행된 반제국, 반일 성향의 서적들을 압수하는 방향으로 진행되었음을 확인할 수 있다.

압수 서적 목록이 단순 나열되어 제시되었던 『조선총독부관보』에 비하여 『조선출판경찰월보』는 본격적인 검열의 현황과 체계, 그 사유 등이 자세하게 수록된 자료이다. 출판경찰이라는 특수한 목적을 가진 비밀경찰조직에 의해 체계화되어 진행된 검열의 기록에는 검열을 받기 위해 제출된 납본의 목록과 수량, 출판 허가 및 불허가 수량, 삭제 및 불허가 요지 등이 일목요연하게 정리되어 있으며, 그 목록 또한 방대하다. 여기에는 신문, 잡지, 단행본, 선전물 등을 모두 포괄하여 진행된 10여 년의 검열 기록이 수록되어 있다.

앞에서 지적한 것처럼 1910년대 일부와 1928~1938년 사이의 기록을 제외하고, 검열의 대상이 구체적으로 제시된 경우는 현재까지 『조선총독부 금지단행본 목록』이 유일하였다. 1941년에 간행된 이 자료에는 1928년 10월부터 1941년 1월까지 발행 금지된 단행본의 목록이 연도별·언어별

26) 1928년 9월부터 1938년 12월까지 전체 123권이 발행되었다.

27) 1920년대 중반부터 1940년 초까지의 단행본만을 대상으로 하고 있다.

로 구분되어 제시되어 있다.[28] 『조선출판경찰월보』에 금지 및 삭제 사유가 비교적 자세하게 제시되어 있는 것에 비하여 이 자료에는 '치안방해'와 '풍속괴란' 등의 사유만이 간단하게 수록되어 있다는 점이 차이이다.

문제는 검열의 실제 양상을 구체적으로 확인할 수 있는 자료가 현재까지는 이 세 종류에 불과했다는 점이다. 1910년대 중반 이후, 1920년대 초·중반까지의 기록, 1941년 이후의 검열 기록 등은 현재 확인하지 못하고 있었던 것이다. 이에 대한 연구 역시 아직은 미진하여 주로 『조선출판경찰월보』에 집중되어 진행되고 있으며, 실체를 파악하는 초기 단계에 있다고 할 수 있다.[29]

필자는 이 같은 기록 자료의 부재 속에서 경성지방법원검사국에서 검열을 위해 작성한 비밀 검열 문건인 『불허가출판물병삭제기사개요역문』[30]

---

28) 이 자료에 수록된 일본어 단행본의 금지 수량은 2,360종이며, 조선어와 중국어 단행본의 금지 수량은 432종이다.

29) 『조선출판경찰월보』의 발굴과 소개가 늦어진 것이 이 자료에 대한 연구가 초기에 머무르게 된 직접적인 원인이라 할 수 있다. 2006년 정근식·최경희 등에 의해 소개된 이 자료는 2007년 언론학자인 정진석에 의해 그 해제가 진행되었고, 최근 들어 연구자들의 관심도 높아지고 있다. 이 자료 관련 연구 성과는 다음과 같다.

정근식·최경희, 「도서과의 설치와 일제 식민지 출판경찰의 체계화 1926-1929」, 『한국문학연구』 30, 동국대학교 한국문학연구소, 2006, 103-169면.

이상경, 「조선출판경찰월보에 나타난 문학 작품 검열 양상 연구」, 『근대문학연구』 17, 한국근대문학회, 2008, 389-422면.

박헌호·손성준, 「한국 근대문학 검열연구의 통계적 접근을 위한 시론 - '조선출판경찰월보'와 식민지 조선의 구텐베르크 은하계」, 『외국문학연구』 38, 한국외국어대학교 외국문학연구소, 2010, 193-224면.

이혜령, 「식민지 검열과 식민지 제국 표상」, 『대동문화연구』 72, 성균관대학교 대동문화연구원, 2010, 491-534면.

문한별, 「조선출판경찰월보를 통해서 고찰한 일제강점기 단행본 소설 출판 검열의 양상」, 『한국문학이론과비평』 58, 한국문학이론과비평학회, 2013, 187-206면.

문한별, 「'조선총독부 금지단행본목록'과 '조선출판경찰월보'의 대비적 고찰」, 『국제어문』 57, 국제어문학회, 2013, 441-464면.

을 찾을 수 있었다. 이번 장에서는 이 자료를 바탕으로 하여 일제강점기 출판 검열의 또 다른 양상을 확인하고자 한다.

우선 1927년 8월부터 1928년 8월까지 13개월 동안의 검열 기록인 이 자료는 1928년 9월부터 간행된 『조선출판경찰월보』의 전신에 해당하며 지금까지 앞의 세 자료에서는 확인되지 않았던 당대 출판물들에 대한 검열 양상이 구체적으로 제시되고 있다는 특징이 있다. 이 자료는 압수 및 금지 목록만 제시된 『조선총독부관보』나 『조선총독부 금지단행본 목록』에 비해 구체적인 금지 및 삭제 사유가 수록되어 있다는 점에서 『조선출판경찰월보』와 닮아있으며 검열 체계의 확립 과정이라는 측면에서 관련성도 확인된다.

(1) 『불허가출판물병삭제기사개요역문』의 특징

조선총독부에 의해 '사상문건'으로 구분되었고, 비밀 자료 표기가 되어 있는 『불허가출판물병삭제기사개요역문』은 1927년 8월부터 월간으로 작성되었다. 월간으로 작성된 기초 자료는 이후 5개월 단위로 2번, 3개월 단위로 묶여서 수록되었으며, 그 첫 번째 묶음은 표지에 소화(昭和) 3년(1927년) 1월~5월이라고 표기되어 있으며, 그 안에는 각 월별로 동일한 제목의 자료가 표지로 제시되어 있다. 표지 뒤에는 검열 대상 목록에 해당하는 목차와 금지 및 삭제 사유가 자세하게 기록되어 있다.

이 자료의 실제 표지와 내부 표지는 다음과 같다.

---

30) '개요역문(概要譯文)'이라는 제목이 붙어 있는 것으로 보아, 총독부 검·경찰들이 일본어로 회람하고 숙지하기 위해 작성된 것으로 보인다.

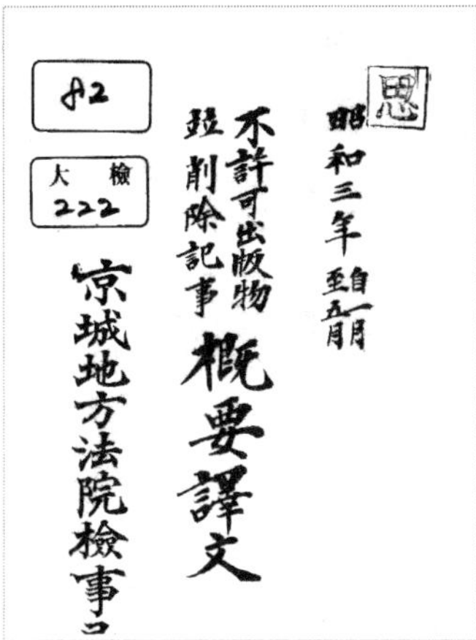

〈그림 1〉『개요역문』 첫 표지

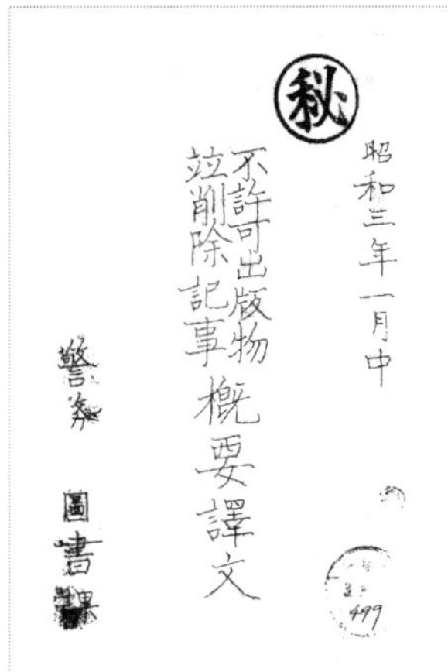

〈그림 2〉『개요역문』 속표지

〈그림 1〉과 〈그림 2〉를 통해 확인할 수 있는 것처럼, 이 자료는 검사국 산하 경무 도서과에서 사상 동향을 확인하기 위해 만든 자료이며, 사상과 관련하여 비밀 문건으로 취급되고 있었음을 알 수 있다. 1-13호까지의 세부 내용을 보면, 검열을 거친 후 삭제 및 출판 금지 조치를 당한 신문, 잡지, 단행본, 선전물[31] 등의 목록이 제시되어 있으며 전체 수량은 226건에 달한다.

삭제 및 금지 사유가 수록되어 있는 자료의 내용 부분은 2가지로 구분되어 있는데, 가장 앞에는 처분의 행정적 내용에 해당하는 출판물의 '제호'와 발행인 정보에 해당하는 '출판자 주소씨명', '처분연월일', '처분 내용' 등이 순서대로 기록되어 있다. 행정 처분 내용 기록 뒤에는 실제 검열 대상이 된 출판물의 '기사개요'가 기록되어 있는데, 삭제 및 금

31) 선전물, 선언문 등에 대한 검열 기록에는 1928년 4월호에 수록된 「경성청년동맹발기선언서」와 같은 것이 있다.

지 사유에 대한 해제에 해당하는 것이다.

특이한 점은 행정 처분 기록 가운데 발행인 및 발행소 정보에 해당하는 기록이 1927년 10월호부터는 생략되어 있다는 점이다. 이는 출판 자료의 실체를 파악하는 데에 어려움이 있게 하는데, 이 책에서는 출판물의 제목과 내용, 『조선출판경찰월보』와 『조선총독부 금지단행본 목록』 등의 자료를 확인하여 최대한 이를 밝히고자 하였다.

검열된 대상은 크게 세 부류로 나눌 수 있으며, 잡지, 단행본, 선전물이 각각 그것이다. 이는 이 자료 이후에 나온 『조선출판경찰월보』가 신문을 포함하고 있다는 점을 고려할 때 이 기록이 제한적인 대상만을 수록하고 있다는 점을 보여준다. 또한 신문에 대한 행정 처분 자료가 1927년에 경무국 도서과에서 간행한 『신문지요람』[32]에 수록되어 있다는 점을 고려할 때 두 자료의 합본에 해당하는 것이 『조선출판경찰월보』라고 볼 수 있다.[33]

'잡지', '단행본', '선전물'을 대상으로 진행된 검열 결과는 세부적으로는 6가지 정도로 그 성격을 구분할 수 있다. 잡지류는 대략 세 가지 성격으로 구분되는데, 문학잡지, 사상잡지, 경제잡지가 각각 그것들이다. 단행본은 사상서와 문학서로 구분되며, 기타의 경우로는 동창회보나 학보, 선전물 등이다.

그렇다면 이렇게 세분화할 수 있는 검열 결과물들은 어떤 처분을 받아서 삭제와 출판 금지 조치를 당했으며, 그 사유는 무엇인가. 아래에서

---

32) 『신문지요람』에 대한 자세한 고찰은 정진석의 『극비 조선총독부의 언론검열과 탄압』, 커뮤니케이션북스, 2007, 174-180면을 참조하기 바란다.

33) 그러나 『조선출판경찰월보』가 신문 기사 삭제의 사유도 기록하고 있는 것에 비하여 『신문지요람』은 행정 처분 기록만이 남아있어서 실제 어떤 사유로 삭제 및 금지가 되었는지는 확인하기가 어렵다.

구체적으로 살펴보기로 한다.

(2) 검열의 대상과 내용

『불허가출판물병삭제기사개요역문』에 수록된 226건의 검열 결과는 크게 세 부류로 구분하여 그 양상을 살펴볼 수 있다. 먼저 문학서와 문학잡지에 해당하는 것이다. 여기에 해당하는 자료들은 주로 이 시기에 출간되던 문학잡지에 수록된 일부 내용과 글들이 삭제 대상이 된 것을 정리한 것이며, 문학 단행본의 경우 대부분 삭제 대신 출판 불허가 조치를 당한 것을 수록하였다.

또 다른 한 부류인 사상서와 사상잡지는 단행본으로 출간된 사상 관련 서적들과 종교, 사회주의, 민족주의 계열의 잡지들이며 삭제와 출판금지 조치를 당한 것들이다. 다른 한 부류인 경제잡지와 동창회보 등은 검열 대상 가운데 특수한 경우에 해당하는데, 경제잡지의 경우 각 산업분야의 동향을 다루는 것들이어서 검열에서 비교적 자유로울 것으로 예상되었으나 매우 구체적으로 검열되고 관리되었음을 보여주는 예이다. 동창회보나 각종 학교에서 발행하는 학보 역시 검열의 대상이 되었는데 실제 판매가 되지 않는 것들도 있어서 검열이 얼마나 광범위하게 진행되었는가를 확인할 수 있게 한다.

먼저 살펴볼 것은 문학 단행본과 문학잡지의 검열 양상이다.

가. 문학서와 문학잡지

『개요역문』[34]에 수록된 잡지 및 단행본, 선전물의 건수는 모두 226건

---

34) 이하 이 자료의 인용은 축약하여 『개요역문』으로 통일하여 지칭하기로 한다.

이다. 이 가운데 1건은 목록만 있고 실제 내용은 없어서 실제 삭제 및 금지 사유를 확인할 수 있는 것은 225건이다. 이 가운데 문학잡지 및 단행본 관련 자료는 전체 93건이며 41%에 달한다.

본고에서 문학잡지로 분류한 것들은 다음과 같은 기준이 적용되었다. 먼저 순수 문학 목적의 잡지이다. 여기에는 『백웅』, 『동방문예』, 『동광』 등과 같은 문학동인지가 포함된다.

먼저 『백웅(白熊)』은 『개요역문』에 세 번의 검열 기록이 등장한다. 1928년 1월, 3월, 5월에 1-3호의 일부 내용이 삭제되었다는 기록이다. 이 잡지에 대한 정보는 1927년 12월 9일 『동아일보』의 기사를 통해 확인되는데, 『백웅』 창간호가 충북 공주의 각 학교 연구자들이 중심으로 조직된 한글 연구회에 의해 발행될 것이라는 기록이 남아있다.[35] 또한 이 잡지의 편집 겸 발행인은 윤상갑(尹相甲)으로 그에 대한 기록은 1929년 1월 11일자 종로경찰서의 사상 조사 서류에 등장하는데, 그가 '조선소년군대사령장'의 직위를 맡고 있었으며 '조선소년군대대장회의'에 참석한 것이 이유가 되어 조사를 받았다고 나와 있다. 또한 1927년 3월의 경찰 기록에는 그의 이름이 '조선소년연합회 발기대회' 참석 명단에 포함되어 있고, '공주소년군' 소속임이 표기되어 있어서 동일한 인물임을 확인할 수 있다.

이에 비하여 『동방문예』에 대한 『개요역문』의 기록은 한 번 등장한다. 먼저 1928년 5월호 『개요역문』에는 이 잡지의 2호 내용 가운데 일부가 친일 잡지사와 그 기자의 횡포를 고발한다는 내용이 문제가 되었음이 기록되어 있다. 안타깝게도 이 잡지에 대한 기록은 현재까지 확인되지

35) 이에 대해서는 부록에서 설명하였다.

않아서 발행인과 발행소에 대한 정보 등이 불분명한 상태이다. 또 다른 잡지인 『동광』은 주요한에 의해 발행된 것인데, 『개요역문』 1927년 8월호에는 이 잡지 17호 내용의 삭제 사유에 대해 무궁화에 대한 의미 및 애국가에 대한 소개가 문제가 되었다는 사실이 기록되어 있다.

이처럼 순수 문학잡지의 성격에 해당하는 것이라도 그 검열의 대상이 된 것은 단순히 문학 작품에만 국한된 것은 아니었다. 잡지의 성격이라는 것이 다양한 여러 성격의 글들이 수록된다는 점을 감안할 때에 본고에서 구분한 문학잡지라는 것은 발행인의 성격과 전반적인 성격에 따른 것이기 때문이다.

이 책에서는 아동을 대상으로 한 잡지 등은 이 같은 점에서 여러 성격으로 구분될 수 있음에도 문학잡지로 구분하여 다루었다. 그 이유는 우선 아동을 대상으로 한 잡지들이 교육과 계몽의 성격을 강하게 드러내고 있으며, 이 같은 목적성 때문에 문학적 성격의 텍스트를 자주 활용하고 있기 때문이다. 역사 서사와 동화, 우화, 아동소설, 시 등이 자주 등장한다는 점에서 아동 잡지들은 다른 잡지에 비해 문학적 성격이 강할 수밖에 없는 것이다.

『개요역문』에 수록된 아동 잡지는 『소년계』, 『소녀계』, 『조선소년』, 『어린이』, 『별나라』 등이 대표적이며, 그 비중은 성인 독자를 대상으로 한 문학잡지의 검열 기록의 5~6배 이상을 차지한다. 먼저 『개요역문』에 『소년계』에 대한 검열 기록은 4번이나 등장하며, 대부분 소년소녀들을 위한 교훈적, 계몽적 서사가 문제가 되었음이 확인된다. 1927년 9월 『개요역문』에는 『소년계』 7호에 대한 삭제 기록이 남아있는데, 조선의 혼을 담은 소년용사가 지상에 평화의 왕국을 건설하자고 주장하는 내용이 삭제되었다고 기록되어 있으며, 1927년 12월호에는 이 잡지 3권 1호의 내용 가운데 민족을 위해 자신의 땀과 노력을 바치자는 내용이 삭제되었다고 나와 있다. 이 잡지의 발행인인 최영택(崔永澤)에 대한 기록은 현재 또 다른 검열 기록인 『조선출판경찰월보』에서 확인되는데, 『경찰월보』[36) 1928년 11월호에는 그가 『조선순보(朝鮮旬報)』의 발행인으로 등장한다. 이 자료의 검열 후 삭제 사유에는 이 잡지의 내용 중 러시아 소년들의 혁명 전후의 변화상을 다룬 것이 문제가 되었음이 치안방해가 되었다고 기록되어 있다. 이를 보았을 때 그는 사회주의적 성향을 가진 아동잡지의 발행인으로 활발하게 활동한 인물인 것으로 추정된다.

이에 비하여 『소녀계』에 대한 『개요역문』의 검열 기록은 두 번이 등장한다. 먼저 『개요역문』 1927년 10월호 기록에는 삭제 사유로 조국을 떠나 만주나 간도로 간 동포를 도와야한다는 내용이 문제가 되었음이 제시되어 있다. 또한 1928년 1월호 『개요역문』에는 이 잡지의 2권 2호 내용 가운데 일본에서 민족차별을 버티며 살아가고 있는 소년의 일화가 삭제되었음이 기록되어 있다. 『소녀계』의 발행인은 현재 다른 기록에서는 확인되지 않으나 『중외일보』의 1927년 6월 1일자 기사에 "우리 사회에 소녀 본위로 한 소녀 잡지가 하나도 업슴을 유감으로 생각하야 잡지 『소녀계』를 발간하리라는 바 창간호는 오는 십오일에 나오리라 하며, 대금은 오전이라 한데 집필동인은 문학에 만흔 소양을 가진 녀류들로 씨명은 알에와 갇다더라"라고 기록되어 있음을 확인할 수 있다. 특히 이 기사를 통해 확인되는 집필진에는 모윤숙, 장덕조 등이 포함되어 있는 것으로 보아 아동을 대상으로 한 순수 문학잡지의 성격이 강한 것을 알 수 있다.

또 다른 아동잡지인 『조선소년』은 박윤원(朴潤元)이 발행한 것으로,

36) 『조선출판경찰월보』의 명칭도 간략하게 『경찰월보』로 통일하여 사용하기로 한다.

『개요역문』에는 검열 기록이 7차례나 등장한다. 발행인인 박윤원은 『조선출판경찰월보』 1930년 2월호에서 확인되는데, 10여 건 이상의 기록이 이 잡지와 관련하여 『경찰월보』에 등장하는 것으로 보아 경무국에 의해 집중적으로 관리된 인물로 보인다.[37] 특히 이 잡지의 검열 및 삭제 사유에는 민족의식을 고취하는 시와 논설 등이 기록되어 있어서 매체와 발행인의 성격을 추정할 수 있게 한다.

『어린이』는 일제강점기의 아동잡지 가운데 대표적인 것으로 방정환이 1923년 3월부터 1934년 7월까지 발행한 잡지이다. '개벽사'에서 발행된 이 잡지는 방정환과 차상찬이 발간에 지속적으로 관계하였고, 천도교 계열의 매체로 분류할 수 있다. 『개요역문』의 검열 기록에는 4번 삭제 사유가 등장하며, 주로 민족의식을 고취시키는 역사적 서사나 논설 등이 집중적으로 삭제되었다. 『별나라』 역시 유사한데, 민족주의적 성격을 강하게 지닌 잡지로서 『개요역문』에는 8차례나 검열 기록이 남아 있나. 13개월 동안 8차례나 검열되있다는 것은 이 집지 내용의 대부분이 일제의 입장에서는 매우 문제적이었음을 보여준다. 또 하나 이 잡지가 특징적인 것은 다른 아동잡지에 비하여 검열된 대부분의 내용이 동화와 우화 등 서사가 포함된 것이라는 점이다. 1927년 8월호 『개요역문』에 수록된 삭제 사유에는 1895년 프랑스와 오스트리아 전쟁 시 척후병이었던 소년의 이야기가 애국사상을 고취시킨다는 이유로 치안방해 혐의가 적용되었음이 기록되어 있으며, 같은 해 10월호 검열 기록에는 독일이 프랑스를 공격할 때 국경에 거주하던 소년의 애국심을 다룬 이야기가 문제가 되었음이 사유로 제시되어 있다. 이를 통해서 보았을 때

37) 그는 또한 『동아일보』 1930년 12월 31일 기사에 의주국 기자로 발령이 되었다는 것이 기록되어 있어서 기자 출신의 아동잡지 발행인으로 추정된다.

이 잡지는 다양한 번역 서사를 활용하여 민족의식을 고취하고 있다는 점이 검열과 삭제 사유가 되었다는 것을 확인할 수 있다.

이처럼 아동잡지의 검열은 민족주의나 사회주의적 성향을 구분할 것 없이 일부 민족의식을 고취하거나 반제국주의적 성향을 지니고 있는 내용들을 가차 없이 삭제하는 것으로 진행되었다. 특히 아동 잡지는 역사나 미담, 동화와 우화 등을 활용한다는 점에서 문학 검열의 양상을 매체의 성격과 함께 살필 수 있다는 특징이 있다.

이에 비하여 문학 단행본은 잡지에 비하여 검열 결과가 가혹하게 적용되었다. 대부분 삭제보다는 출판 금지라는 조치를 당했기 때문이다. 역사 서사를 포함하여, 소설, 시집, 문집 등이 대부분인 문학 단행본은 『개요역문』에 모두 30건의 검열 기록이 등장하며, 전체 비중은 13.3% 정도에 달한다. 물론 문학 작품의 검열 비중은 다음 장에서 다룰 사상서와 사상잡지, 경제잡지 등을 포괄할 때 보다 늘어나는데, 그 이유는 매체의 성격이 문학적인 것이 아닌 것에도 상당수의 문학 작품들이 포함되어 있으며, 이들 역시 검열되어 삭제나 출판 금지 조치를 당했기 때문이다. 이를 아우를 경우 전체 226건 가운데 문학 작품의 검열은 56건이나 되며, 이는 24.8%에 달하는 비중이 된다.

문학 작품에 대한 검열은 다음 장에서 집중적으로 살펴보기로 하며, 간단하게나마 문학 단행본 가운데 검열된 것들 가운데 대표적인 것을 살펴보면 다음과 같다. 우선 1927년 8월호 『개요역문』에는 노영호(盧永鎬) 『조선역사창가집』이 출판 금지되었음이 나오며 그 사유는 치안방해로 명기되어 있다. 조선의 명인과 명승지를 소개했다는 점이 구체적인 삭제 사유로 제시되어 있는데, 1921년 4월 21일자 『동아일보』 신간 소개란에는 노영호가 '근화사(槿花社)'에서 발행한 『근화창가 제1집』에 대한 기록이 남아있다. 이 창가집은 "조선의 자랑 을지문덕 등 칠 편의 창가를 편집한" 것이라 기록되어 있어서 『개요역문』에 기록된 것은 이 책자의 증보판이거나 개정판 정도로 생각할 수 있다.

단행본 소설 가운데에는 『개요역문』 1927년 8월호에 조재선(趙在善) 발행의 『독불장군』이라는 작품과 1927년 10월호에 『임진동란 사명당전』이 검열되었음이 기록되어 있고, 1927년 11월호에는 『동트는 조선』이라는 제목의 작품이 출판 금지되었음이, 같은 호에는 『유장군 극량실기』라는 역사 서사가 출판 불허가 되었다고 기록되어 있다. 이 같은 경우를 보았을 때 민족의식을 고취하는 역사 소설과 서사들, 창작 소설들이 주로 검열되었음을 확인할 수 있다. 문학 작품의 검열에 대해서는 보다 자세하게 아래에서 다루기로 한다.

나. 사상서와 사상잡지

『개요역문』에서 가장 많은 검열 기록이 등장하는 것은 사회주의와 종교 관련 서적들이다. 이 책들은 단행본으로 출간된 사상서와 특정한 사상적 지향을 보이는 사상 잡지인데, 전체 226건의 검열 기록 가운데 104건으로 전체 46%를 차지하고 있다. 이는 1920년대 중후반에 활발하게 진행된 사회주의 사상의 확대 때문일 것으로 보이며, 상대적으로 종교 관련 단행본이나 잡지들은 소수인 것으로 보아 시대적인 정황을 유추케 한다.

『개요역문』에 수록된 삭제 및 출판 금지 기록 가운데 사상 관련 단행본은 19종으로 대부분 사회주의적 성향의 도서들이다. 예를 들어 1927년 9월 검열 기록에는 『대중신어사전』에 대한 내용이 등장하는데, 이 자료가 일부 삭제된 이유는 이 책에 '노동운동', '노동계급', '노동권' 등에 대한 용어가 등장했기 때문이다. 또한 같은 달에 수록된 금지 단행본 목록에는 신철호(辛哲鎬) 발행의 『과격파의 유래』라는 책 제목이 수록되어 있는데, 러시아 공산당의 유래와 사회민주노동당 관련 내용이 출판 금지의 이유가 되었다고 밝히고 있다. 뿐만 아니라 1927년 11월 검열 기록에는 『노농로국혁명헌법개론(勞農露國革命憲法槪論)』이라는 단행본이 수록되어 있다. 현재 발행인을 확인하기 어려운 이 단행본은 러시아 3월 혁명을 소개하고 있어서 치안 방해 혐의로 출판 금지되었다.

이처럼 치안 방해를 빌미로 출판이 금지된 서적은 대부분 사회주의 관련 서적에 집중되었다. 1928년 2월 검열 기록의 『노농로서아의 교육(勞農露西亞의 敎育)』이나 같은 해 3월호에 수록된 『마르크스 사상의 진상』, 『유물사관해설』, 6월호의 『자본주의의 발달』, 7월호의 『사회진화의 과정』 등은 모두 사회주의 사상이 내용에 담겨있다는 이유로 출판 금지되었다.

이에 비하여 사상 잡지의 검열은 크게 두 가지로 구분된다. 우선 천도교와 대종교 등 민족주의적 성격의 종교 단체에 의해 발간된 잡지들에 대한 검열이다. 『개벽』의 발행인이기도 한 천도교 사상가 이돈화에 대한 기록은 『개요역문』에 모두 10차례나 등장한다. 이는 그가 새롭게 발행한 잡지 『신인간』 때문인데, 이 잡지 2권 7호는 조선의 사회제도 개혁과 대중운동에 관한 내용이 삭제 조치 당하였고, 1927년 10월 검열 기록에는 지상천국의 건설은 사회제도의 개혁에서부터 시작된다는 내용이 문제가 되었으며, 1927년 12월에는 조선인이 식민지하에서 경제적인 착취를 당하고 있다고 고발한 내용이 삭제 사유가 되었다.

종합 잡지의 성격이 강하기는 하지만 사상과 관련한 내용이 문제가 된 『별건곤』 역시 천도교 계열의 매체이다. 잡지 『개벽』의 기자이자 천도교 청년당 간부였던 차상찬이 발행인인 이 잡지는 『개요역문』에 4차례의 검열 기록이 남아있으며, 그 내용은 대부분 식민지 언론 자유에 대한 비판, 육십만세운동 등에 대한 것이어서 검열된 사유를 파악할 수 있게 한다.

한편 대종교 계열의 잡지인 『한빛』도 『개요역문』에 8차례의 삭제 기록이 등장한다. 발행인이 이호(李灝)로 알려진 이 잡지에 대해서는 1927년 11월 23일자 『동아일보』의 기사에 창간 관련 내용이 기록되어 있어 그 정황을 확인하게 한다. "대종교 남일도본사에서는 우리로서 알아야할 역사 지리와 한글에 관한 지식을 일반인에게 보급시키고자 오는 십이월부터 『한빛』"을 발행한다는 것이다. 특히 집필진으로 소개된 인물들에 최남선, 이능화, 문일평 등이 거론되고 있어서 조선 역사에 대한 많은 내용들이 수록될 것임을 예상하게 한다. 검열 기록 역시 이 같은 집필진의 성격과 유사하게 1927년 12월 검열 기록에는 조선인은 역사가 있는 민족이라는 내용이 삭제되었고, 1928년 2월 기록에는 만주의 옛 영토를 회복하자는 내용이 문제가 되었다는 점이 기록되어 있다.

개신교 관련 잡지에는 목사이자 독립운동가인 오기선(吳基善)이 발행한 『절제생활』이 1회 검열 삭제되었음이 등장하고, 불교 계열에서는 승려이자 불교학자인 권상로(權相老) 발행의 『불교』라는 잡지가 3회 검열 삭제되었음이 확인된다. 또한 신흥종교인 '시천교(侍天教)'[38]의 기관지인 『룡천검』 창간호에 대한 삭제 기록도 등장하는데 이 잡지는 사현필(史鉉必)에 의해 발행되었고, 조선사회의 개혁을 위해서는 동학이 필요하다는 내용이 문제가 되었다고 명기되어 있다.

---

38) 1906년에 이용구(李容九)에 의해 설립된 동학 계열의 신흥 종교이다.

이처럼 대부분의 종교 계열 잡지들은 식민지 조선의 문제적인 상황을 각각의 종교 교리에 맞추어 비판하고 개혁하고자 하는 내용들을 충실히 전개하였다. 그 결과 상당수의 잡지들이 총독부 경무국에 의해 삭제 조치를 당해야만 했다.

다. 경제잡지와 동창회보

『개요역문』에 수록된 검열 기록 가운데 특징적인 것은 앞에서 살펴본 문학잡지나 단행본, 사상서와 사상잡지 이외에도 각 경제 분야의 특수 목적 잡지나 사보[39], 일반 독자들에게 판매되지 않는 각 학교의 동창회보와 교지 등에 대해서도 검열을 진행했다는 점이다.

우선 특수한 목적성을 지닌 경제잡지들의 경우 당대의 경제 동향이나 산업 분야에 대한 기록과 통계를 중심으로 내용이 편성되었는데, 그 내용에 포함된 반제국주의적 논조나 사회비판적 성격의 글들을 무차별적으로 검열한 것으로 보인다.

먼저 『개요역문』에 수록된 경제잡지의 검열 기록은 14건으로 전체 226건 가운데 6.2%에 해당한다. 가장 많이 검열을 당한 잡지는 『조선상업휘보』로서 4번의 삭제 기록이 남아있다. 특수목적의 잡지인 탓에 현재로는 발행인인 김영철(金英喆)에 대해 확인이 어려운 상태인데, 제목 그대로 조선 상업계의 동향을 기록하는 용도로 발간되었던 것으로 보인다. 첫 삭제 기록은 1927년 9월 검열 기록에 등장하며, 그 내용으로는 「경제운동에 대한 고구」라는 글이 조선의 자본가들이 기업 경영에 착수해서 다수의 생활을 구제해야 한다는 것이 문제가 되었음이 삭제 사유에 나와 있다.

---

39) 사보에 대한 검열로는 1928년 7월의 검열 기록에 수록된 『한성도서출판시보』에 대한 것을 꼽을 수 있다.

또한 같은 해 10월 검열 기록에는 무산계급과 유산계급의 조화를 위해서는 먼저 유산계급이 반성해야 한다는 내용이 문제가 되었으며, 12월에는 점원들이 충분한 배당을 받지 못하고 있다는 점이 삭제 사유로 등장한다.

또 다른 경제잡지인 『고려양조』는 양조회사의 사보이거나 업계의 동향을 수록한 잡지일 것으로 추정된다. 유공민(劉公民)이 발행인으로 되어 있는 이 잡지는 1927년 9월에 창간호의 내용이 삭제되었는데, 그 사유는 일본인의 조선 이주가 조선 경제를 파탄시킨 원인이라는 점이 내용에 담겨있었기 때문이다.

『상계타임즈』는 상업인들을 대상으로 한 잡지로서 『개요역문』의 검열 기록에는 1사례의 검열 기록이 있으며, 「산업혁명사관」이라는 글에서 부익부 빈익빈의 심화가 계급투쟁의 원인이라는 부분이 삭제되었다. 김동환(金東煥) 발행의 『실업계』라는 잡지도 특수 분야의 독자들을 대상으로 한 잡지로 추정되는데, 1회의 삭제 기록이 등장하며, 제약 업계를 대상으로 한 잡지인 발행인 민인복(閔仁復)의 『동화약보』 역시 1회의 삭제 기록이 등장한다. 특징적인 것은 『동화약보』의 삭제 부분이 주장이나 동향이 담긴 논설류의 글이 아니라 우화라는 점이다. 이 잡지의 6호에 수록된 「거미를 잡은 벌의 이야기」는 그 내용이 치안방해에 해당하여 삭제하였음이 1928년 4월 검열 기록에 등장한다.

일제강점기 출판 검열이 얼마나 조직적이고 광범위하게 진행되었는가를 확인할 수 있는 자료는 무엇보다도 동창회보와 학보 등에 대한 검열 기록의 존재이다. 『개요역문』에서 확인되는 이 같은 검열의 양상은 이후 『조선출판경찰월보』를 통해서 확인되는 것처럼 잡지, 신문, 단행본, 선전물 등을 가리지 않고 광범위하게 진행된 언론 탄압의 기반이 된다는 점에서 특징적이다.

먼저 중앙학원 산하 졸업생들의 교우회보인 『중앙교우회보』에 대한 검열 기록은 1928년 2월호 『개요역문』에서 확인된다. 삭제 내용은 중앙고등보통학교 학생들의 육십만세운동의 경과와 현황을 소개하는 부분이며, 교우회보가 비매품이라는 점을 고려할 때 광범위한 총독부의 검열 양태를 확인하게 해준다.

중앙중고등학교의 교지인 『계우(桂友)』에 대한 검열 기사도 2차례나 확인되는데, 1928년 3월 검열 기록에는 이 교지에 수록된 「의문의 소포」라는 소설이 문제가 되어 삭제되었음이 확인되며, 7월 기록에는 인류를 위해 목숨을 걸고 희생해야 한다는 내용의 글이 문제가 되었음이 치안방해 혐의로 삭제되었다고 기록되어 있다.

『개요역문』의 또 다른 검열 기록에 등장하는 『동창』이나 『학창』과 같은 잡지도 현재는 확인할 수 있는 정보가 부족하여 발행인이나 발행처는 확인되지 않으나 각 학교의 교지이거나 교우회보[40] 혹은 학생들을 대상으로 한 잡지일 것으로 추정된다. 이에 대한 대부분의 삭제 기록이 학생들의 반체제적 동향이나 민족주의 운동에 대한 것에 관련되어 있다는 점은 이 같은 광범위한 언론 검열의 치밀함을 확인하게 해주는 것이다.

(3) 문학 검열의 양상

필자가 문학 단행본과 문학잡지, 사상서와 사상잡지 등으로 구분하여 살펴본 이유는 1927~1928년 사이의 검열 양상이 조선 출판의 어떤 분야를 중심으로 진행되었는가를 확인하기 위함이었다. 그러나 이 분야별

---

40) 또 다른 교우회보 검열에는 1928년 3월호에 수록된 『루씨학우』의 경우도 있다. 원산 루씨여자고등학교 교우회에서 발간한 것으로 비매품이며, 여권신장을 위해 경제적 운동에 동참하자는 내용이 삭제되었다.

검열 양상으로는 확인되지 않는 것이 문학 작품의 검열 양상이다. 이는 각 계열별 잡지나 단행본이 가진 매체별 성향과는 달리 문학 작품은 계열이나 분야에 상관없이 다채롭게 흩어져 수록되었기 때문인데, 이 장에서는 검열 기록 가운데 문학 작품에 대한 검열만을 추출하여 살펴보기로 한다.

먼저 『개요역문』에 수록된 검열 기록에서 확인되는 문학 작품은 모두 56종 64편에 달한다. 종수와 편수가 차이가 나는 것은 동일한 잡지 내에 수록된 2편 이상의 문학 작품이 삭제된 경우가 존재하기 때문이다. 여기에는 동화가 32종, 소설이 23종, 몽유서사가 1종, 시가 8종 수록되어 있으며, 시사 관련 56종 가운데에는 16종이 그 내용상 번역 및 번안 작품으로 추정된다.

검열 기록 가운데 동화가 32편으로 절반 이상을 차지하는 이유는 앞에서 살펴본 바와 같이 이 작품들이 수록된 아동 잡지에 대한 검열 내용이 상당수이기 때문이다. 검열을 통한 삭제 기록이기 때문에 현재는 그 존재가 확인되지 않는 작품들이 대부분이지만, 그 검열 내용을 살펴보면 다음과 같다.

먼저 살펴볼 것은 1928년 3월 검열 기록에 등장하는 『조선소년』에 수록된 두 편의 동화이다. 「돼지와 양과 새끼양」과 「소와 백정」이라는 제목을 가지고 있었다는 이 동화는 그 구체적인 내용은 확인이 되지 않으나 동물을 통하여 일본의 침략을 비판하고 있다는 점이 삭제 사유로 등장한다. 또한 『세계미담보옥집』이라는 단행본에는 세 편의 동화가 수록된 후 삭제되었는데, 그 각각의 삭제 사유에는 각각의 내용으로 이탈리아가 오스트리아의 지배에 있을 때 한 소년이 비밀결사를 조직하여 독립운동을 하였다는 내용과 프랑스 마을을 점령한 독일군이 인질을 요구하자 한 소년이 유서를 남기고 자결한 후 주민들이 항전에 나섰다는 내용, 독일에 군사기밀을 팔아넘긴 아버지를 고발한 프랑스 소년의 이야기가 삭제되었다고 기록되어 있다.

1928년 4월 검열 기록에 등장하는 단행본 동화 『진리의 성』이라는 작품은 삭제된 기록 이외에도 실제 연재 당시의 내용을 확인할 수 있다는 점에서 주목된다. 『개요역문』의 삭제 사유에는 이 동화의 내용이 금전은 진리 앞에서 무너질 수밖에 없다는 점이 문제적이어서 치안 방해로 출판 금지되었음이 기록되어 있는데, 이 작품은 단행본 발간 이전 『중외일보』에 연재되었음이 확인된다.

금철(琴澈)[41]이라는 인물이 번역한 것으로 기록되어 있는 이 작품은 1928년 5월 6일부터 13일까지 7회에 걸쳐 연재되었다. 이 작품의 내용은 어느 넓은 정원을 가진 주인이 정원에 궁을 세우고 크게 잔치를 열지만 가난한 노인을 돕지 않아서 불행을 만나게 되고 이 과정을 통해 부유한 사람들과 권력을 가진 사람들을 비판하는 것으로 되어 있다. 연재분의 내용을 보았을 때 『개요역문』에 수록된 사유가 유사하여 동일 작품일 것으로 보인다.

연재된 작품이 단행본 출간 시에 출판 금지되었다는 점은 『개요역문』의 검열 기록에 수록된 것들 가운데 일부는 실제 출간이 되었거나 앞서 연재가 되었을 수도 있다는 점을 시사한다. 현재 확인되지는 않지만 이는 추후의 연구를 통해 추가 확인하도록 기약한다.

한편 소설 작품의 검열도 상당수인데, 대부분의 작품이 현재는 전해

---

41) 방정환과 함께 소년 운동을 하던 방금철(方琴澈)으로 추정되며, 그는 이 작품 연재 이후에도 『중외일보』에 이 동화의 후속편에 해당하는 「속 진리의 성 : 이상한 벽」이라는 작품을 1928년 5월 29일부터 6월 2일까지 5회 동안 연재하였다.

지지 않는 것들이다. 발행인이 분명하게 표기되지 않는 경우가 많은 『개요역문』의 특성 때문에 현재 확인되는 것은 소설의 제목과 삭제 사유에 불과하지만, 내용에 대한 유추와 추적을 통해 구체적인 실체가 밝혀지기를 기대한다.

먼저 단행본 소설 가운데에는 1927년 8월 검열 기록에 남아있는 『독불장군』이라는 작품이 제일 먼저 확인된다. 조재선(趙在善)이라는 인물이 발행한 것으로 되어 있는 이 작품은 임진왜란 당시 사명당의 활약상을 그리고 있다는 것이 치안 방해로 출판 금지 조치를 당하였다. 사명당에 대한 또 다른 소설로 1927년 10월 검열 기록에 발행인 미상의 『임진동란 사명당전』과 1928년 4월에 『사명당전』이 출판 금지되었다고 나와 있어서 유사한 내용의 구활자본 고소설일 것으로 추정된다. 이 같은 성격의 작품으로는 1928년 6월 검열 기록에 수록된 『임진병화 절대명기 계월향전』도 확인된다.

현대 소설로 추정되는 단행본 가운데에는 1927년 11월 검열 기록에 등장하는 『동트는 조선』이라는 제목의 작품이 확인된다. 이 작품에 대한 검열 기록에는 발행인이나 발행처가 나와 있지 않아 안타까우나 그 삭제 내용은 구체적인데 다음과 같다. 대동인쇄소 사장 남백작의 아들 남상훈과 여동생 남상순이 피서를 위해 석왕사를 방문하여 여관에 추숙하는데, 괴한을 만나 조선 노동자의 현실 이야기를 듣고 개심한다는 내용으로 기독교의 희생정신을 통해 현실을 개혁하자는 내용을 담고 있다는 점이 삭제 사유로 나와 있다. 이를 보면 이 작품은 기독교적 혹은 사회주의적 성격을 지닌 소설로 보이는데, 내용으로 보아 당대의 전문 작가가 집필했을 확률이 높을 것으로 추정된다.

1927년 12월 검열 기록에 수록된 『처녀의 애상』도 현대소설에 해당하는 것으로 추정된다. 제목으로 보았을 때 당시 유행하던 신파적 성격의 작품일 가능성도 배제할 수는 없으나 그 출판 금지 사유에 사회주의자로 구속된 가족의 파멸을 그리고 있다는 내용이 문제가 되었다는 점이 있는 것으로 보아 『동트는 조선』과 주제의식이 유사한 작품일 것으로 보인다.

1928년 1월 검열 기록에 등장하는 『최영숙의 눈물』이라는 작품도 현재는 그 존재가 확인되지 않는 단행본 소설에 해당한다. 삭제 사유에 3·1운동으로 복역한 애인을 환영한다는 이야기가 문제가 되었다는 것으로 보아 반일 성향의 내용이 출판 금지의 원인이 되었을 것으로 추정되는 작품이다. 1928년 8월 검열 기록에 수록된 『비련의 곡』이라는 작품도 유사하다. 이 작품의 검열 사유에는 삼일만세운동을 다루고 있어서 출판 금지 조치를 당했다는 것이 적혀있다.[42)]

출판 금지를 당한 단행본 소설들은 다른 시기에 재출간이 시도되거나 최초 출판본이 남아있을 가능성도 존재한다. 그러나 잡지에 수록된 소설 작품은 삭제 조치를 당했다는 점에서 현재는 그 존재를 제목으로만 확인할 수 있다. 『개요역문』에 수록된 소설 작품 중에 잡지에 실린 작품에는 『조선주보』 23호에 수록된 「숙부와 형제」라는 작품이 노동자들의 처지에 대해 분개한다는 내용이 문제가 되어 삭제 조치 당했음이 1928년 8월 검열 기사에서 확인되며, 1928년 4월 검열 기록에는 『생의 성』이라는 잡지에 수록된 「朴君の死ンダ日」이라는 제목의 작품과 「애착(愛着)」이라는 소설이 삭제되었다고 나와 있다. 앞의 작품은 독립운동을 하다가 죽은 박군에 대한 이야기이며, 뒤의 작품은 지주를 죽이고 도망한 청년의 이야

42) 이 외에도 번역 소설로 추정되는 작품 가운데 검열 기록에 남아있는 『열풍』이라는 작품은 영국군에 저항하는 인도인의 이야기를 다루고 있다는 점이 문제가 되어서 1928년 1월에 출판 금지 조치를 당했다는 것이 『개요역문』에 수록되어 있다.

기를 다루고 있다.

경상남도 하동 지역의 청년 사회주의 운동가들이 발행한 『하동청년』의 창간호(1928년 3월)에는 소설 「동천홍」이라는 작품이 등장하는데, 현재 작가는 확인되지 않는다. 삭제 사유를 통해 그 내용만은 일부 확인이 가능한데, 가족과 친구 관계를 극복하고 새로운 운동선을 재조직하자는 내용이 문제가 되었다는 점으로 보아 매체의 성격과 유사한 사회주의 계열의 단편 소설일 것으로 추정된다.

이처럼 단행본과는 달리 잡지에 연재된 소설들은 삭제 사유만이 남아 있고, 잡지의 발행인만 일부 확인될 뿐이어서 실제 작가와 제목 등은 구체적으로 확인하기가 어렵다. 이는 보다 자세한 잡지 자료의 실물 확인을 통해 조금 더 분명하게 고찰되어야 할 것으로 보인다.

한편 『개요역문』에 수록된 시 검열 기사는 4종 8편이다. 먼저 단행본 시집으로는 1928년 4월 검열 기록에 『조선의 봄』이라는 것이 확인된다. 작가와 발행인 모두가 현재는 확인되지 않는 이 시집은 3편의 시가 치안방해 혐의를 받아 출간되지 못하였다. 삭제 사유에는 「斷腸の笛」, 「可愛相ナモノ」, 「행진곡」이라는 시 제목이 나와 있으며, 그 내용에는 비참한 노동자의 삶을 다룬 시와 고향을 떠난 사람의 비애, 선구자의 삶을 다룬 시 등이라고 설명되어 있다.

잡지에 수록된 시 가운데 검열의 대상이 된 것은 『백웅』 창간호에 수록된 「편상(片想)」과 「두만강변의 추야」라는 작품이다. 1928년 1월 검열 기록에는 이 작품들의 삭제 사유에 인간의 투쟁을 다룬 시(「편상」), 두만강을 건너는 조선인의 마음을 그린 시(「두만강변의 추야」)라는 내용이 기록되어 있다.[43]

이처럼 『개요역문』에는 다양한 성격의 매체에 수록된 소설과 시에 대한 검열 기록이 확인된다. 검열 대상이 된 대부분의 작품들이 반일과 반제국주의적 성격을 강하게 드러내고 있다는 점은 이 같은 문학 작품들이 당대에 발표되었다면 현재 남아있는 한국 현대문학의 부족한 자리를 충분히 채워줄 수 있을 것이라는 측면에서 아쉬움을 갖게 한다. 그러나 이 작품들에 대한 정보가 지금까지는 확인조차 되지 않았다는 점에서 그 제목과 서지 정보만으로도 추가 발굴의 가능성은 물론 문학사의 보완 자료로서 활용될 수 있을 것으로 기대한다.

(4) 출판 검열의 체계화와 신자료의 관계

지금까지 확인된 출판 검열 자료 가운데 실제 매체와 작품의 제목, 발행인, 내용 정보 등을 확인할 수 있는 것은 1928년 9월부터 1938년 12월까지 총독부 출판 경찰에 의해 간행된 『조선출판경찰월보』가 유일했다.

앞에서 언급한 바와 같이 이 같은 검열 자료의 한계는 1910년대 중반 이후부터 1928년 9월 이전까지는 어떤 검열과 탄압이 이루어졌는가를 선명하게 확인하지 못하게 하는 원인으로 작용하였다. 본고는 이 같은 검열 기록을 추적하면서 그 한계를 일부 보완할 수 있는 『불허가출판물병삭제기사개요역문』이라는 새로운 자료를 확인할 수 있었고, 이를 통해 보다 앞선 시기의 검열 양상을 확인할 수 있었다.

1927년 8월부터 1928년 8월까지 13개월 동안 경성지방법원검사국 경무 도서과에서 발행한 비밀 검열문서인 『개요역문』은 226종의 잡지 및 단행본에 대한 삭제와 출판 금지 사유가 수록된 것으로서 문학잡지

---

43) 이 외에도 1927년 9월 검열 기록에는 『조선소년』에 수록된 「돌아온 자의 비애」라는 제목의 시와 1927년 10월에는 『문우』라는 잡지에 수록된 「양인의 죽음」이라는 시가 삭제되었음이 확인된다. 두 편 모두 독립의식과 조선인의 비애를 다루고 있었던 것으로 보인다.

에서 사상, 경제 및 학보에 이르기까지 광범위한 검열의 양상을 확인하게 해준다.

특히 그 시기로 보았을 때 『개요역문』이 발행 중단된 뒤 그 다음 달부터 본격적으로 『조선출판경찰월보』가 간행되었고, 잡지와 단행본에 국한되던 검열 자료의 내용이 신문은 물론 선전물, 납본 자료의 현황과 통계에 이르기까지 확대되었다는 점에서 식민지 조선의 출판 검열에 대한 탄압의 체계화 과정을 보여주는 자료로 『개요역문』이 지닌 상당히 중요한 시사점을 보여준다.

그것은 1920년대 중반 이후부터 일제의 식민지 지배 체제가 출판 분야에 있어서는 조직적이고 체계적으로 구축되었다는 것이며, 그 이전에 느슨하게 기록되어 관리되던 출판 정보들이 세밀하고 구체적으로 수집 정리되었다는 점에서 식민지의 장기적인 지배를 위한 자료로서 활용할 수 있었을 것이라는 점이다. 특히 『개요역문』이 구체화되어 『조선출판경찰월보』로 넘어가면서 납본 및 불허가 자료의 발행인, 발행소, 사유, 행정 처분 내역 등이 기록되기 시작했다는 점은 일제가 조직적으로 언론 및 출판 분야를 장악해가고 있었다는 사실을 보여준다.

검열 자료를 확인하는 과정에서 발견된 많은 수의 문학 작품들은 아이러니하게도 이 같은 탄압의 과정 속에서 기록으로나마 살아남은 한국문학의 또 다른 단면이다. 현존하는 작품들이 가지고 있는 식민지 문학으로서의 한계를 보완하고 한국 문학사를 보다 풍부하게 하기 위하여 삭제되고 출판 금지된 작품들에 대한 연구는 이 같은 의미에서 조금 더 지속적이고 체계적으로 이루어져야 할 것이다.

2. 체계화된 검열의 기록과 양상

1) 『조선출판경찰월보』의 납본 목록에서 발견된 새로운 소설들

일제강점기, 총독부에 대한 출판물의 규제는 시간이 지날수록 점차 강화되는 방향으로 진행되었다. 국권 상실 이전 친일 내각에 의해 공포된 신문지법과 이를 강화한 출판법의 제정과 공포에 이르기까지, 검열의 대상은 조선인 발행의 신문에서 내외국인 발행 모두를 포함한 국내 신문으로, 신문과 잡지, 단행본 모두를 포함한 출판법으로 강화되어 적용되었다. 심지어 출판법은 단행본은 물론 선전물과 광고, 신문과 잡지류를 모두 포괄하여 대상으로 설정하였기 때문에 출판물 전체에 대한 빠짐없는 검열이 이루어지게 하였다.

그러나 이 같은 출판법의 적용은 조선인에 의한 조선어로 발행되는 출판물에 해당하는 것이었고, 일본인 발행의 출판물에는 이보다 느슨한 출판규칙이 적용되었다. 검열 기준과 잣대가 차별적이었던 것이다.

일제강점기의 이 같은 출판물 규제는 출판금지와 삭제 처분 등의 결과를 양산하였고, 그 결과물에 대한 기록은 총독부 출판경찰이 비밀리에 발행한 『조선출판경찰월보』에 상세하게 기록되었다. 1928년 9월부터 1938년 12월까지 123호에 걸쳐 발행된 『조선출판경찰월보』(이하 『월보』)에는 일제강점기 10여 년의 출판 검열 현황이 담겨있다.

총독부 출판경찰의 검열 결과보고서인 『월보』에 수록된 정보는 대략 7~8가지 항목에 분산되어 있다. 각 항목 등은 ① 전체 출판물 납본[44] 수 및 출판 출원 기록, ② 출판물 행정처분 건수표, ③ 신문지 행정처분

44) 출판을 위해 제출한 단행본을 말하며, 일제강점기에는 이 납본을 대상으로 검열이 진행되었다.

건수표, ④행정처분 통계, ⑤주의 통계, ⑥차압 삭제 및 불허가 출판물 목록, ⑦차압 삭제 및 불허가 출판물 기사요지, ⑧조선 내 출판 단행본 납본 목록으로 나누어져있다. 『월보』에 대한 최근 연구에서 주목한 부분은 ①~⑤에 해당하는 검열과 관련한 통계들이다.

그러나 『월보』가 2006년에 처음 연구자들에 의해 처음 소개되었고, 아직은 충분한 분석이 이루어지지 않아 통계적 결과물에 대한 연구 성과 이외에 검열 대상 자료의 구체적인 목록과 사유에 해당하는 ⑥~⑧항목에 대한 연구는 이루어지지 못하고 있다. 특히 ⑧항에 해당하는 실제 납본 목록과 ①~⑤항 사이의 관계는 충분히 밝혀지지 못한 상태이다. ⑧항에 해당하는 실제 납본 목록에는 1920년대 후반부터 30년대까지 조선에서 매월 출판되거나 출판을 목적으로 납본된 자료들의 기록이 상세하게 남아있다. 즉 어떤 단행본들이 이 시기에 출판을 시도하였고, 검열되었는가에 대해 기록되어 있는 것이다. 특히 1930년 6월부터 1931년 3월까지의 『월보』에는 당시에 출판 검열된 거의 모든 단행본의 목록이 기록되어 있다. 『월보』의 납본 목록은 일제강점기 출판 현황과 검열 양상을 매우 상세하게 살펴볼 수 있는 유용한 구체적인 자료인 것이다.

본고는 이 같은 문제의식에서 출발하여 1928년부터 1938년까지의 『월보』에 수록된 납본 목록을 중심으로 일제강점기의 출판과 검열의 관계에 대해 살펴보고자 한다. 본고가 우선 주목한 것은 단행본 출판물의 구체적인 목록이 수록된 ⑧항의 자료이며, 이를 중심으로 ①~⑦항에 해당하는 검열의 기록들이 어떤 연관성을 가지고 있는가를 살펴보려고 한다.

박헌호·손성준의 연구[45]에 따르면, 『월보』에 수록된 검열 대상 출판

45) 박헌호·손성준, 같은 글, 215면.

물 가운데 단행본 관련 자료에는 출판법 관련 8,102건, 출판규칙 관련 7,820건 등 전체 15,922건이 기록되어 있다고 하였다. 이 가운데 『월보』가 처음 작성된 1928년 9월부터 1931년 11월(39호)까지는 출판물 납본에 대한 처분 기록이 매우 상세하게 붙어 있어서 그 현황을 구체적으로 파악하기가 어렵지 않으나 그 이후의 기록에는 ⑦항에 해당하는 불허가 기사 요지와 ⑧항에 해당하는 납본 목록이 많은 부분 생략되어 있어서 실제로 어떤 책들이 출간되기 위해 납본을 제출했는지, 그 가운데 어떤 책들이 삭제 및 불허가 등 행정 처분을 받았는지를 확인하기가 어렵다.

그렇기에 검열을 위해 제출된 납본 목록이 구체적으로 수록된 『월보』의 앞 시기 자료는 일제강점기 조선 출판의 구체적인 실태는 물론 단행본으로 출간 시도된 문학, 특히 소설 작품의 실체를 확인할 수 있다는 점에서 중요하다. 특히 단행본으로 출간되기 위해 납본된 자료를 통하여 이 시기 소설의 출간과 검열에 대한 양상을 살펴볼 수 있다는 장점이 있는 것이다.

이번 장에서는 이 같은 연구 목적을 위하여 『월보』에 기록된 단행본 납본 목록과 행정 처분 목록을 대조 비교하여 소설 작품의 현황과 검열 결과, 그 원인 등에 대하여 살펴보도록 한다. 또한 납본 목록에 수록된 단행본 목록 가운데 소설로 분류되는 것들을 추적하여 작품의 실체와 내용에 대해서 확인하여 『월보』 발행 시기의 한국 소설의 특징을 구체적으로 확인하고자 한다.

(1) 『조선출판경찰월보』의 성격과 단행본 납본 현황

『월보』에 기록된 1928년부터 1938년 사이의 단행본 검열 수량은 1만 6천여 건 가까이 된다. 이 가운데 구체적인 목록이 수록된 1930년 6월부터 1931년 3월까지의 자료에 기록된 단행본의 수량은 1,567건에 달한다.[46] 조선어[47]로 된 단행본 출판에 적용되는 출판법의 검열 대상이 752종이며, 일본어로 된 출판물을 검열하는 출판규칙에 의한 검열 대상이 815종에 달한다. 이 가운데 납본 목록으로 정리된 자료는 출판법 대상이 505종이어서 67.2% 정도가 구체적으로 확인되며, 일본어로 된 자료는 295종이 기록되어 있어서 36.2% 정도가 확인된다.

조선인에 의해 조선어로 발행된 단행본의 70% 정도를 구체적으로 확인할 수 있다는 것은 이 시기 출판 양상을 비교적 자세히 확인할 수 있다는 점에서 특징적이다. 일제강점기 출판물의 많은 수가 망실되거나 미발굴 되어 그 구체적인 발행일이나 발행자, 저자 등을 확인할 수 없다는 현실에서 볼 때 실증적인 자료로서의 가치를 충분히 가진다 할 수 있는 것이다.

그렇다면 이 같은 납본 목록에는 어떤 단행본 자료들이 포함되어 있으며, 그 구체적인 행정 처분의 결과는 무엇인가. 아래에서 살펴보도록 한다.

가. 검열을 위한 단행본 납본 제출 현황

1909년 출판법의 제정과 공포에 의해 일제강점기의 모든 출판물은 원고에 대한 사전 검열과 출간을 위한 검열의 이중 검열을 받아야 했다. 여기에는 신문은 물론 잡지, 선전물, 단행본 등이 모두 포함되었으며, 그 가운데 단행본 소설은 신문이나 잡지에 연재될 때부터 단행본으로 출간되고 재판본이 나올 때까지 2~3차례 이상의 검열을 통과해야만 했다.

납본 목록이 구체적으로 수록된 『월보』의 1930년 6월호에는 납본 수

46) 1930년 11월호(27호) 자료가 발견되지 않는 상태여서 전체 9호에 대한 수량이다.

47) 자료의 특성상 『월보』에 표기된 '鮮文', '鮮語' 표기를 그대로 활용하여 표기하기로 한다.

량이 출판법 관련 107건과 출판규칙 관련 43건으로 기록되어 있다. 출판을 위해 검열을 위한 납본 2부를 제출하고 검열을 통해 출판 출원을 허가받는 형식으로 되어 있는 식민지 조선의 출판 과정에서 매달 얼마나 많은 단행본들이 출간되기 위해 총독부에 제출되었고, 허가와 불허가 조치를 받았는가는 검열의 강도를 확인할 수 있다는 점에서 중요하다.

1930년 6월호 『월보』에 기록된 납본 자료의 실제 출판 출원 현황은 허가 146건 불허가 4건 등이다. 이 가운데 목록으로 적시된 납본 목록에는 일본어로 된 단행본 34종, 조선어로 된 단행본 65종이 기록되어 있다. 이 가운데 조선어 단행본 목록은 납본된 102종 가운데 절반 이상에 해당한다. 단행본 납본 목록 65종 가운데에는 주로 실기(實記) 등 역사 관련 서적과 기독교 관련 서적, 소설, 문집 등이 수록되어 있으며 대략적 현황은 아래의 표와 같다.

〈표 1〉『월보』 수록 1930년 6월 조선어 단행본 납본 현황

분류	족보	역사	문학	예술	교육	문집	종교	기타	계
수량	13	2	6	4	18	12	7	3	65
비중(%)	20	3.1	9.2	6.2	27.6	18.5	10.8	4.6	100

〈표 1〉을 살펴보면 1930년 6월 검열을 받기 위해 총독부에 납본이 제출된 단행본의 종류별 특징이 드러난다. 가장 많은 비중을 차지하고 있는 단행본의 성격은 교육을 목적으로 출간된 것이었으며, 이 가운데에는 『한일선시문신독본(漢日鮮時文新讀本)』(경성, 황응두 발행), 『일어자해(日語自解)』(경성, 강의영 발행), 『농업지도고문(農業指導顧問)』(경성, 장연각 발행) 등과 같은 어학관련 도서와 산업 교육 관련 책 등이 포함되어 있다.

종교 관련 서적은 주로 기독교와 관련된 것이며, 예술 관련 단행본들은 대부분 민요와 가요 등을 소개한 책자이다. 문학에 해당하는 단행본들은 소설로 추정되는 작품이 2편, 시집과 시가집이 4편 등이다. 특이한 점은 당시 각 지역별로 문중이 편찬한 세보(世譜)나 족보(族譜)의 발행이 상당수를 차지하고 있다는 점이다. 이는 납본 목록이 구체적으로 제시되고 있는 1930년 3월호까지 지속적으로 보이는 현상이어서 당시 각 지역과 성씨별로 이 같은 출판을 진행하는 것이 일반적인 것이었음을 보여준다.

납본 목록에서 주목할 점은 이 목록에 상당수의 사상서들이 빠져있다는 점이다. 그 이유는 출판 목적으로 납본 제출된 단행본 가운데 사상서들은 대부분 '삭제 및 불허가 목록'에 포함되어 있어서 출간되지 못했기 때문으로 보인다. 1930년 6월호의 출판 불허가 목록 중에는『사회주의와 아편중독자』(경성, 신태삼 발행),『약소민족사정(弱小民族事情)』(경성, 김기전 발행),『인도의 혁명과 간디의 사상』(경성, 강범형 발행) 등이 포함되어 있어서, 최초 납본으로 제출되었으나 검열에 의해 출간되지 못한 것임을 확인할 수 있다. 이 같은 서적의 검열 사유로는 예를 들어 김기전 발행의『약소민족사정』과 같은 경우 인도와 필리핀의 자치운동과 독립운동을 소개했기 때문이라는 점이『월보』의 불허가 기사요지에 기록되어 있다.

이를 통해 살펴보았을 때 납본된 단행본들이 검열을 통과하여 출간으로 이어지는 것이 결코 쉽지 않았던 것임을 확인할 수 있다.『월보』의 납본 목록에 포함된 서적들이 대부분 족보나 단순 어학 관련 서적 비중이 많다는 점은 이 같은 검열의 결과가 반영되었기 때문인 것이다.

『월보』에 납본 목록이 붙어 있는 1930년 6월부터 1931년 3월호 가운데 이 같이 검열을 통과하지 못하고 출판 금지되거나 압수된 자료들이 목록에서 누락된 경우는 1931년 1월호까지이다. 1931년 2~3월호는 납본 제출된 자료와 납본 목록의 수량이 일치한다. 납본된 모든 자료가 목록에 기록된 것이다. 『월보』 1931년 2월호에는 출판법 관련 납본 43종과 출판규칙 관련 납본 29종이 통계로 제시되어 있으며, 납본 목록에는 일본어 단행본 29종과 조선어 단행본 43종이 모두 수록되어 있다. 또한 1931년 3월호에도 출판법 관련 43종, 출판규칙 관련 44종이 납본 목록에 일본어 단행본 44종, 조선어 단행본 43종으로 구분되어 기록되어 있다. 이를 통해서 볼 때 최초 납본으로 제출된 도서 가운데 납본 목록에 수록되지 못한 상당수의 도서들, 즉 1930년 6월호의 조선어 관련 37종(전체 102종 가운데 65종만 목록에 있음), 같은 해 7월호의 20종(전체 61종 가운데 41종만 목록 수록), 8월호의 58종(전체 95종 가운데 37종만 목록 수록) 등은 대부분 출판 불허가나 압수 조치를 당하여 출간되지 못했다는 것을 추정할 수 있다. 이는 실제 납본 수량과 출판 출원 수량이 일치하지 않는 이유에서도 확인할 수 있는데, 예를 들어 1930년 8월 『월보』에는 납본 수량으로 출판법 관련 95종, 출판규칙 관련 44종의 도서가 납본되어 139종이 있었음이 확인되나 실제 출판이 허가된 출판 출원 수량은 허가 102종, 불허가 1종으로 103종에 불과함을 확인할 수 있다.

주목해야 할 점은 139종의 납본 도서 가운데 102종이 허가되었고 37종은 불허가 혹은 출판되지 않았다는 사실이다. 불허가 수량으로 기록된 1종을 제외한 36종의 단행본은 어떻게 되었던 것인가. 이는 『월보』의 납본 목록에 수록된 일본어 단행본 33종과 조선어 단행본 37종이 합하여 70종에 불과하다는 점에서 유추가 가능하다. 목록에 모두 반영되지는 않았으나 출판규칙의 적용 대상이 되는 일본어 단행본은 44종 가운데 33종이 분명하게 출간되었으며(75%), 조선어 단행본은 95종 가운데 37종만이 출간(38.9%)이 확인된다는 점에서 조선인과 조선어로 간행된 과반 이상이 출판 금지 조치되거나 출판이 포기되었음을 알 수 있는 것이다.

이처럼 단행본에 대한 검열뿐만 아니라 실제 출간에 있어서도 조선어로 된 도서들은 철저한 배제의 대상이 되었다. 이 시기 출간된 단행본들이 족보와 가요, 민요집, 단순 어학 서적 등에 한정된 이유에는 검열의 단계에서 출간이 좌정된 수많은 단행본들이 존재했던 것이다. 결국 이 두 단행본들을 합한 집합이 일제강점기의 실제 출판 현실이었던 것이다.

나. 납본 목록 수록 소설 작품의 현황

『월보』에 단행본 납본 목록이 수록된 시기는 1930년 6월에서 1931년 3월까지이다. 1930년 11월호가 전해지지 않기 때문에 전체 9호에 목록이 수록되어 있으며, 각 호별로 조선어로 출간된 30~70여 종의 단행본 목록이 수록되어 있어서 그 전체 수량은 505종에 달한다. 이 가운데 소설 작품으로 분류되는 목록은 전체 102종에 달하며, 목록에서 차지하는 비중은 20% 가까이나 된다. 그렇다면 102종에 달하는 소설 작품들은 누가 출간하였으며, 그 내용상 특징은 무엇인가.

우선 『월보』의 각 호별 소설의 수량은 다음과 같다. 1930년 6월 2종, 7월 2종, 8월 1종, 9월 9종, 10월 14종, 12월 27종, 1931년 1월 31종, 2월 13종, 3월 3종 등이다. 1930년 10월부터 31년 2월까지 단행본 가운데 소설류가 차지하는 비중이 상당하다는 것을 확인할 수 있다.

102종의 소설 목록에 대한 추적 작업을 거쳐 확인한 현재까지 실존하는 작품들은 이 가운데 77종에 달한다. 그렇다면 이 같이 실존이 확인되는 소설은 어떤 것들이며 그 내용과 출판에 관련된 특징들은 어떠한가. 먼저 1930년 6월호에 수록된 소설 가운데 『아리랑 하편』은 다음과 같은 작품이다. 이 소설은 1926년 개봉되어 선풍적인 인기를 끌었던 영화 「아리랑」을 소설로 각색한 것이며, 상권은 1929년 박문서관에서 간행되었다. 하권의 납본 자료가 『월보』의 1930년 6월호에 수록된 것으로 보아 이 시기에 출간이 완료된 것으로 추정된다. 이 작품을 발행한 '문일(文一)'은 『월보』의 1930년 4월호에서 잡지 『대중영화(大衆映畵)』의 발행인으로서 검열을 받았다는 기록이 있는 것으로 보아 영화 관련 출판물의 발행에 종사하던 인물임을 확인할 수 있다. 그는 또한 김연규(金演奎), 현훈(玄勳) 등도 함께 신흥영화사(新興藝術社)를 창립하고 예술월간지 『신흥문예(新興文藝)』를 간행하기도 하였다.[48)]

1930년 7월호 『월보』의 납본 목록에 수록된 탐정소설 『편수미인(片手美人)』은 이 시기 검열을 거쳐 1931년에 영창서관에서 간행된 것으로 보인다. 납본 목록에 기록된 발행인은 양재응(梁在應)이며 1936년 2월 23일 『동아일보』에 단행본 신간 『조선농촌부업독본(朝鮮農村副業讀本)』을 발행한 것으로 확인되고, 광복 후 1947년에는 "어린이날 전국 준비위원회"에 속하여 활동하였다.[49)]

납본 목록에서는 확인되지 않으나 이 작품은 '이소(二笑)'라는 필명을 가진 작가의 번역 소설이다. 원작은 프랑스 작가 보아고베(Fortuné du Boisgobey : 1824~1891)의 탐정소설 『*La Main coupée*(1880)』이다. 그러나 이 작품은 '이소'에 의한 직역본은 아닌 것으로 보이며, 당시 일본의 유명 대중 작가인 구로이와 루이코(黒岩涙香)의 일역본 『편수미인(1889)』을 중역하여 번안한 것으로 판단된다.

납본 목록에서 소설의 비중이 커지는 1930년 10월부터 1931년 2월

48) 『동아일보』 1932년 4월 1일 기사.

49) 『자유신문』 1947년 2월 27일 기사.

사이에는 매우 다양한 갈래의 소설들이 발간된 것으로 확인된다. 우선 1930년 10월호 『월보』에는 모두 14편의 소설이 목록에 수록되어 있으며, 이 가운데에는 이광수(李光洙)의 『단종애사』[50], 『혁명가의 안해』[51], 김동진(金東縉)[52] 발행의 『효종대왕실기』, 강은형(姜殷馨)[53] 발행 『옥단춘전』, 강하형(姜夏馨)[54] 발행의 『십생구사』, 강의영(姜義永)[55]이 발행한 『영화소설 춘희』 등의 작품이 포함되어 있다.

이광수의 소설을 제외한 목록에 수록된 소설 대부분이 구활자본 고소설이거나 영화소설, 번역 및 번안소설이어서 출간된 상당수의 작품이 대중소설의 성격을 지니고 있음을 알 수 있다.[56] 이 같은 단행본 소설 출간의 흐름은 1930~31년까지 지속적으로 보이는 현상이다. 1930년 12월호 『월보』에는 구활자본 고소설 외에도 후기 신소설류의 대중소설들이 납본 목록에서 다수 확인된다. 강범형(姜範馨) 발행의 『애정(愛情)의 루(淚)』, 『장한(長恨)의 루(淚)』, 『사랑의 꽃동산』 등과 같은 작품이 그러하다. 먼저 『애정의 루』는 작자 미상의 신파소설이며, '삼문사' 간행 『유충렬진』[57]의 핀 권지

50) 발행인은 고병돈(高丙敎)이며 신명서림의 대표이다.

51) 『동아일보』 1930.1.1~2.4 연재, 단행본 삼천리사 1930년.

52) '창문당(彰文堂)'의 감사로 있었던 출판업자이다.

53) 강은형은 『삼천리』 9권 5호 1937년 10월에 『언문 춘향전』의 발행인으로 소개되었고, 『월보』의 납본 및 검열 자료에도 자주 등장하는 것으로 보아 출판을 전문으로 하던 인물로 보인다.

54) 강하형은 『동아일보』 1922년 11월 17일자의 신간 소개에서 『위인성공(偉人成功)의 경로(經路)』라는 책을 '태화서관(太華書館)' 발행한 인물로 기록되어 있으며, 전문 출판 발행인이다.

55) 강의영은 '영창서관(永昌書館)'의 대표이자 발행인이다.

56) 1930년 10월호 납본 목록에 수록된 다른 작품들 가운데에는 대구 지역에서 발행된 김기홍(金基鴻) 발행의 구활자본 고소설 『곽해룡전』, 『강태공전』, 『김진옥전』, 『신유복전』, 『산양대전』, 『강릉추월』 등이 있다. 이를 통해 보았을 때 구활자본 고소설의 활발한 출판과 소비가 이루어지고 있었음을 추정할 수 있다.

광고에 "靑春男女의 사랑의싹은? 지고야 말엇다 달큼한 그 사랑 속에는 눈물이 왜-끈이지 안는가! 반드시 그 눈물 속에는 무엇이 움즉이고 잇을 것이다 엇재든지 이 小說은 눈물이 업시는 보지 못할 눈물의 小說! 아! 愛情의 눈물! 이것이 기맥힌 눈물이 아니면 무엇인가?"라고 소개되어 있어서 신파적 감정에 호소하는 대중소설임을 쉽게 추정할 수 있다.

『장한의 루』 역시 유사한데, 혼인과 관련한 고난의 이야기를 중심으로 기독교적 색채를 가미한 대중소설에 해당한다. 또한 『사랑의 꽃동산』은 비록 1930년 12월 납본 목록에 수록되어 있으나 과거 한 차례 출판된 것이 다시 납본 제출된 것으로 보이는 소설이다. 현존하는 단행본을 보면 표제가 『연애애화(戀愛哀話) 사랑의 꼿동산』이라 붙어 있으며 김홍만(金洪萬) 작으로 표기되어 있다. 이 소설은 가난한 직공의 생활과 사랑과 관련한 고뇌 등을 그린 작품이다. 이 외에도 세창서관의 발행인인 윤용섭(尹用燮)의 『일당백』, 『방산월』, 『청춘의 보쌈』이나 강은형 발행의 『일지화(一枝花)』, 노익형(盧益馨)[58] 발행의 『자동차연애(自動車戀愛)』 등도 활발했던 대중소설 발행의 현황을 보여주는 예라 할 것이다.

『월보』의 납본 목록에 수록된 대부분의 소설이 구활자본 고소설이나 신소설류의 대중소설들이라는 점은 많은 것을 시사한다. 우선 앞에서도 살펴보았지만 조선어로 된 상당수의 단행본들이 납본으로 제출되었다가 출판 불허가 결정이 내려지거나 출판이 좌절되었다는 점을 고려할 때, 본격적인 소설 문학의 상당수가 이처럼 검열 과정에서 출간되지 못했을 것이라는 점이다.

---

57) 1932년 간행본.

58) '조선도서'의 대표이자 발행인.

대표적인 예로 유사한 시기에 출판 불허가 조치를 당한 『장한(長恨)의 청춘(靑春)』[59]이라는 작품은 반일의 내용을 담고 있었다는 점이 『월보』에 기록되어 있으며, 이두성(李斗星)[60]의 『생(生)의 혈루(血淚)』라는 작품은 작품 내용에 윌슨의 민족 자결주의와 평안도의 3·1운동 상황이 자세히 묘사되었다는 점에서 출판 불허가가 되었음이 밝혀져 있기 때문이다.

물론 일제의 출판 검열이 작품의 전체적인 맥락과 주제의식을 고려하여 이루어진 것이 아니라 일부 표현의 위법성에도 출판법의 잣대를 적용한 것을 볼 때, 작품 내용에 반일이나 반제국의 맥락이 담겨있다고 해서 이 작품들이 위에서 살펴본 대중소설들과 큰 차별성을 가지고 있다고 섣불리 판단할 수는 없다. 그러나 중요한 것은 활발한 대중소설의 간행 이면에 숨겨진 검열의 흐름이며, 그 결과물로서 대중소설의 출간이다. 납본 목록에 수록된 많은 대중소설들의 출간은 기본적으로 그 수량만큼 출간되지 못한 소설들의 다른 양상으로 자리한 것이기 때문이다.

(2) 『조선출판경찰월보』 납본 수록 소설

1930년 6월부터 1931년 3월호 『월보』의 납본 목록에 수록된 102편의 소설 가운데에는 지금까지의 연구에서 확인되지 않은 상당수의 새로운 소설들이 등장한다. 일제강점기의 특성상 많은 소설 작품들이 아직도 발견되지 않았고, 2차 자료를 통한 제목과 불확실한 서지만이 확인된다는 점에서 『월보』에 수록된 새로운 소설들은 한국 문학 연구의 대상을

59) 『월보』 1929년 3월호에 기록된 출판 불허가 사유는 이 작품이 독립운동가 나석주(羅錫疇) 사건을 배경으로 한 불온소설이기 때문이라는 것이 적시되어 있다.

60) 이두성(李斗星)은 독립운동가인 이성규(李成圭)의 다른 이름이며, 조선총독부의 용의조선인 명부에 따르면 1923년 만주로 넘어가 반일 독립 단체인 통의부에서 활동한 인물로 기록되어 있다.

보다 넓힐 수 있다는 점에서 주목된다.

『월보』에 수록된 102편의 납본 소설 목록 가운데 현재까지 확인된 새로운 소설의 목록은 25편 정도이다.[61] 다음은 새로운 발견 소설 25편의 목록과 간단한 정보를 정리한 것이다.

〈표 2〉『조선출판경찰월보』 납본 목록에 수록된 새로운 발굴 소설

NO	제목	발행인	수록월보	특징
01	봉제비	오중묵(吳中默)	1930.06	
02	번개 같은 도적(盜賊)	정도영(鄭道永)	1930.09	
03	탈춤	노익형(盧益亨)	1930.09	
04	첫사랑의 시절	노익형(盧益亨)	1930.09	『철인도』(박문서관, 1930) 광고에 기록되어 있으나 작품이 전해지지 않는다. 영화소설이라는 부제가 붙어 있다.
05	갑오시월지연(甲午十月之戀)	김동진(金東縉)	1930.09	
06	무정한 애인	노익형(盧益亨)	1930.10	『박씨부인전』(박문서관, 1923) 권말 신소설 광고에 "연애소설 無情한애인"이라고 제목이 표기되어 있다. 재출간된 것으로 보인다. 작품은 확인되지 않는다.
07	한음(漢陰)과 오성(鰲城)	노익형(盧益亨)	1930.12	'실기소설(實記小說)'이라는 부제가 붙어 있다.
08	애정(愛情)의 루(淚)	강범형(姜範馨)	1930.12	『유충렬전』(삼문사, 1932) 권말 판권지의 서적 광고에 '애정의루'라고 제목이 표기되어 있다.

61) 새로운 소설의 수량은 추후 연구를 통한 확인을 통해 그 수량이 변동될 수 있음을 밝혀둔다. 필자가 새롭게 확인한 소설들은 최소한 지금까지의 연구에서 언급되거나 서지조차 남아있지 않은 것들에 해당하며, 이 작품들은 추후의 연구를 통하여 보다 분명하게 실체가 밝혀져야 한다고 생각한다.

09	사랑의 무정(無情)	노익형(盧益亨)	1930.12	
10	쾌남아(快男兒) 벽창호	송경환(宋敬煥)	1930.12	'동양대학당'에서 1930년 단행본 출간되었다는 기록이 남아있다.
11	엉터리들	송경환(宋敬煥)	1930.12	
12	선죽교(善竹橋)	고병돈(高丙敦)	1930.12	
13	열정(熱情)	강하형(姜夏馨)	1930.12	
14	청춘홍안 (青春紅顔)	강은형(姜殷馨)	1931.01	『이팔청춘』(대성서림, 1926) 권말 판권지의 '신간서적광고'에 '戀愛美談 青春紅顔'이라고 제목이 표기되어 있다. 재출간으로 보인다.
15	무엇이 그 여자(女子)를 그러케 맨들엇나	한경석 (韓慶錫)[62]	1931.01	
16	말못할 사정(事情)	한영우(韓榮愚)	1931.01	『강명화전』(영창서관, 1935) 권말 '영창서관 발행 신소설 목록'에 '말못할 사정'이라고 제목이 표기되어 있다.
17	낙화유수 (落花流水)	강의영(姜義永)	1931.01	
18	병(病)든 청춘(青春)	강의영(姜義永)	1931.01	『운명의진주』(영창서관, 1931) 권말 서적 광고에 '春城作 高級名作小說 病든青春'으로 표기되어 있다.
19	미인(美人)의 최후(最後)	김동진(金東縉)	1931.01	『백의미인』(덕흥서림, 1934) 권말 판권지 상단의 '京城德興書林新刊書籍廣告'에 '美人의 最後'라고 제목이 표기되어 있다.
20	무정화(無情花)	노익형(盧益亨)	1931.01	
21	기사회생 (起死回生)	강하형(姜夏馨)	1931.01	
22	무정세월 (無情歲月)	강하형(姜夏馨)	1931.01	

62) 『조선은행회사조합요록(朝鮮銀行會社組合要錄)』(1931년판)에 한경석(韓慶錫)에 대한

23	극야성(極夜聲)	장석환(張錫煥)	1931.02	
24	연애애화(戀愛哀話) 편연(片戀)	강은형(姜殷馨)	1931.02	납본 목록에 재판(再版)이라는 표기가 있어서 이전에 출간된 것으로 보인다.
25	사랑하는 그들	김진옥(金振玉)	1931.02	

〈표 2〉를 통해 확인할 수 있는 것처럼, 납본 목록에 수록된 단행본 소설 가운데에는 현재까지 출간 정보가 확인되었으나 작품이 확인되지 않는 것은 8편에 불과하다. 다른 17편의 작품은 현재까지 서지와 출간 정보가 확인되지 않는다.

먼저 발행자에 대하여 일부나마 추측이 가능한 경우는 1930년 9월 『월보』에 수록된 『번개 같은 도적』의 발행자인 정도영(鄭道永)인데, 그는 『월보』의 기록에 모두 5번 등장하며, 그 가운데 3번은 삭제 및 출판 불허가 목록에서 확인된다. 우선 그는 1929년 1월호 『월보』에서 『세계위인전(世界偉人傳)』의 발행인으로 기록되어 있으며, 이 책은 이순신과 마르크스, 레닌, 손문 등에 대한 혁명사 등이 서술되어서 치안 방해를 이유로 출판이 불허가 되었다고 적혀있다. 또한 『월보』 1929년 3월호에는 그가 『세계(世界)의 위인(偉人)』이라는 책의 발행인이며, 이 책은 손문의 혁명 사상이 담겨있어서 출판 불허가 조치되었음이 기록되어 있다. 또 하나의 기록에는 그가 1930년 9월 『월보』에 『연애행진곡(戀愛行進曲)』의 발행인으로 등장하며, 이 작품은 풍속 괴란을 사유로 출간이 금지되었음이 밝혀져 있다. 이 같은 출판 행적으로 보아 그가 출판업에 종사하면서도 반제국주의적인 맥락의 도서와 대중 소설을 지속적으로 출간하려고 하였다는 사실을 확인할 수 있다.

기록이 있으며 '이문당(以文堂)' 출판사의 지배인으로 기록되어 있다.

다른 발행자인 노익형, 강범형, 김동진, 강의영, 강하형 등은 앞에서 살펴본 바와 같이 일제강점기에 출판사를 운영하거나 출판업에 관계한 대표적인 인물이라 할 수 있다. 이들을 제외하고 위의 표에서 새롭게 등장하는 특이한 인물은 1931년 2월호 납본 목록에 기록된 소설 『극야성(極夜聲)』의 발행인 장석환(張錫煥)이다. 그에 대한 기록은 많지 않으나 일본 비밀경찰이 작성한 「기밀공신(機密公信)」(1919.6) 제21호에 만주지역에서 불령단체 조직과 관련하여 활동한 인물로 이름이 등장한다. 이 정보에 등장하는 이름이 이 소설의 발행인이라면 아마도 그는 반일활동을 하던 인물일 가능성도 높으며 이 작품의 제목에 등장하는 '극야성(極夜聲)'이 상징적인 의미를 지니고 있을 가능성도 있다.

이 같은 추정은 당시의 출판업자들 가운데에는 단순한 상업적 목적을 위해 도서를 출간하는 사람들도 있었으나 분명한 목적성을 가지고 잡지를 창간하고 활동하던 인물들이 존재한다는 점에서 가능하다. 예를 들어 『월보』 1930년 7월호의 납본 목록에 수록된 『갈대피리 동화집』이라는 도서의 발행인인 양천호(梁天昊)와 같은 인물은, 『여성지우(女姓之友)』라는 잡지를 창간한 사람으로서 창간호에서 잡지 출간의 의의를 압박과 학대를 받아왔던 조선 여성의 해방을 위한 것이라고 밝히고 있으며, 그 이후에도 그가 『마르크스 철학론(哲學論)』 등과 같은 사상서를 발행하였다는 기록이 남아있다. 이 두 자료는 모두 총독부 출판경찰에 의해 치안방해를 이유로 삭제, 압수 및 불허가 조치를 당했다. 양천호가 관련한 출판사에 대한 기록에는 그가 1935년에 발행된 『조선은행회사조합요록(朝鮮銀行會社組合要錄)』에서 '창문당(彰文堂)'의 이사로 등재되어 있음이 확인된다.[63] 또한 일제강점기에 대표적인 출판업자로 알려진 영창서관의 강의영(姜義永)에 대한 기록에는 그가 이화여고(梨花高女)를 인수하기 위해 유하학원(有厦學院)을 설립하였다는 사실이 남아 있어서[64], 출판업 이외에도 교육 사업에도 기여했음이 확인되고 있다.

이와 같은 기록을 미루어 보았을 때, 일제강점기에 출판 발행인으로 등장하는 인물을 단순히 상업적 목적만을 앞세운 사업가 정도로만 인식하고 마는 것은 한계를 지닐 수 있다. 위에서 확인한 바와 같이 그들 가운데 상당수는 식민지 현실에 대한 비판적 시각을 바탕으로 단행본과 잡지의 발행을 주도했을 가능성도 충분히 존재하기 때문이다. 이 같은 의미에서 일반적으로 남겨진 출판업자 이외에 현재 확인이 충분히 되지 못한 발행인들에 대한 추적도 필요하다. 출판과 저작, 발행 등에 대한 구분, 즉 저(著), 작(作), 편(編) 등에 대한 구분이 분명하지 않았던 일제강점기의 출판 상황 속에서 발행인들로 표기된 인물들이 실제 작가였을 가능성도 있기 때문이다.

위에 제시한 〈표 2〉에서 또 하나 확인할 수 있는 것으로는 이미 발행되거나 발행되었던 기록이 남아있음에도 현재 전해지지 않는 소설 작품들의 존재가 상당수 있다는 점이다. 주로 유사한 시기 다른 단행본의 판권지나 광고 면에 수록된 정보만이 남아있는 이 같은 소설 작품들은 망실되었거나 미발굴된 상태로 해방 후 수십 년의 시간 속에서 흔적으로만 남아있다. 이들 작품 가운데에는 현재까지도 남아있을 작품들이 상당수일 것으로 생각한다. 필자의 연구 과정 중에서도 지금까지 발견

---

63) 창문당의 이사로는 양천호, 노익형, 홍순필, 지봉수 등이 있었으며, 감사로는 김동진, 양재기 등이 확인된다. 납본 목록에 등장하는 상당수의 출판계 관련 인물들이 함께 등장한다는 점이 확인된다.

64) 『매일신보』 1944년 4월 13일자 신문 기사에는 "京城 鍾路에서 永昌書舘을 경영하는 姜義永은 宣教師로부터 梨花高女의 財團을 인수하고자 50萬圓의 有厦學院을 설립한 바 인가되다."라는 기록이 남아있다.

되지 않았던 송경환(宋敬煥) 발행의 『쾌남아(快男兒) 벽창호』(동양대학당 1930년 발행)와 같은 소설이 고서적 도매상을 통해 거래되고 있음이 확인되기도 하였기 때문이다. 이처럼 『월보』에 수록된 납본 목록에서 그 현존을 확인할 수 없는 많은 소설 작품들과 납본 목록에는 기록되지 않았으나 사라진 소설에 대한 발견 가능성은 여전히 남아있다.

(3) 단행본 소설 출간과 검열의 관계

일제강점기의 출판과 관련된 기록 가운데 『월보』의 의미는 중요하다. 이 자료가 일제강점기 한국 출판과 저작, 언론에 관한 검열과 탄압이라는 측면에서 무엇보다도 『월보』는 보다 면밀히 고찰되어야 한다. 그러나 단순히 검열과 탄압의 기록으로만 이 자료를 보는 것에서 더 나아가 이 안에 담겨있는 출판과 저작의 기록들을 통하여 이 시기의 출판 현황과 사라진 저작물들을 추적하는 용도 또한 중요하다. 탄압의 이면에 남겨진 출판의 현황과 흔석들이 어느 사료보나도 면밀하게 기록되어 있기 때문이다.

본고는 이 가운데 후자를 목표로 하여 『월보』에 수록된 납본 목록을 중심으로 불허가 대상과 비교를 통하여 당대의 출판 현황과 실태를 확인하고자 한다. 『월보』에 납본 목록이 비교적 자세하게 기록된 시기는 안타깝게도 1930년 6월부터 1931년 3월까지의 10개월에 불과하다. 1931년 4월부터 『월보』에는 납본 목록이 사라진 것은 물론 불허가의 사유도 상당히 성글게 기록되었다. 문제는 이 이후에도 동일하거나 더 강한 검열이 진행되었을 것이며, 강점 후기로 갈수록 그 탄압에 대한 강도는 강해졌다는 점이다. 즉 검열은 강화되었고 출판의 기회는 더욱 줄어들었으나 기록에는 자세히 남지 않는 시대였던 것이다.

이 같은 상황 속에서 『월보』에 수록된 납본 목록을 통해서나마 일제강점기 출판 현황을 확인할 수 있다는 점은 이를 기반으로 전후의 시기를 유추하고 추적할 수 있다는 점에서 그 의의가 있다. 『월보』에는 납본 목록 이외에도 123호 모두에 삭제 압수 및 불허가 목록이 수록되어 있고, 중요한 단행본들과 신문 및 잡지 등에 대한 불허가 사유가 기록되어 있다. 이 가운데에는 사상과 비판의 문제, 혹은 풍속과 관련한 이유로 출판에는 이르지 못했지만 분명하게 존재했던 다수의 저작들이 남아있다.

과거의 출판물과 저작에 대한 연구는 현재 존재하는 것만을 대상으로 소극적으로 이루어져서는 안 된다. 『월보』의 10분의 1에도 못 미치는 시기 속에서도 새롭게 확인되는 소설이 20여 편 이상이 존재하며, 불허가 목록을 통해서 확인되는 단행본 소설들도 30여 편이 넘기 때문이다. 현재 확인되는 납본 목록을 통해 새롭게 발견한 25편의 소설들은 발행과 실물 확인이 가능한 77편의 성격을 보았을 때 대중소설의 성격을 지니고 있을 확률이 높다. 일제강점기에 출판이 허가된 작품들이 가지고 있을 한계가 이들 작품에도 유사하게 들어가 있을 수 있기 때문이다.

그러나 앞에서 살펴본 바와 같이 납본 목록에 수록되어 있지 않으면서도 납본으로 제출된 단행본들의 비중이 상당하며, 이들 가운데에는 출판 출원을 포기한 것들도 상당수인 것으로 확인된다는 점에서 섣불리 25편의 소설 작품들만으로 이 시기의 출판 전체를 평가할 수는 없다. 출판을 위해 납본을 제출하였음에도 출간되지 않은 많은 수의 단행본들 가운데에는 자기검열과 이중 검열의 벽에 막혀 사라져버린 것들도 존재할 것이기 때문이다.

또한 『월보』의 납본 목록에 수록된 작품들이 구활자본 고소설의 재출간이거나 신파적 성격의 대중소설, 번역 및 번안물이라고 하더라도 이들 작품들의 가치는 충분히 재평가되어야 한다. 우선 한국 문학 연구의 대상과 외연이 확대된다는 점에서, 두 번째로는 문학 특히 소설이 지니고 있는 당대의 시대상을 분명하게 보여주는 중요한 자료라는 점에서이다.

『월보』는 일제강점기 출판 경찰의 조선 출판과 언론, 사상과 문학에 대한 철저한 검열의 기록이자 결과물이다. 조선의 출판과 언론은 이 같은 검열을 통해 자기검열, 원고검열, 출간검열 등 이중 삼중의 검열을 거쳐야만 했다. 문학 역시 동일하다. 검열의 결과물을 의심이나 비판적 시각 없이 작가의 한계나 시대의 한계로 단순하게 치부하여 바라볼 경우, 식민지 시기 한국 문학은 좌절과 한계, 변절의 연속일 수밖에 없다. 무엇보다도 『월보』의 납본 목록과 수량, 출판 출원 수량의 불일치와 수많은 불허가 목록들은 무엇을 의미하는 것인가. 그것은 일제강점기 한국 문학이 치열한 생존과 저항을 지속했으며, 이 과정에서 사라지거나 주목받지 못한 작품들이 가지고 있는 문학사적 가치가 충분히 남아있음을 보여주는 반증인 것이다.

2) 일제강점기 단행본 소설 출판 검열의 양상

1907년 7월 24일 이완용 내각에 의해 제정된 신문지법은 일본에 비판적인 신문들을 규제하기 위한 언론 탄압의 출발점이었다. 최초 조선인이 발행하는 신문에 대해서만 사전 규제를 목적으로 하던 이 법은 1908년 이후 외국인들이 발행하는 국내 신문에 대해서도 그 검열의 폭을 확대했다. 더 나아가 1909년에는 신문지법을 강화한 출판법이 공포되어 국내외의 모든 신문, 잡지, 단행본에 이르기까지 원고의 사전 검열과 인쇄된 출판물의 납본 검열을 통해 이중의 검열을 진행하였다.[65]

일제강점기를 전후로 하여 시작된 출판물 검열을 통한 이 같은 언론 탄압은 실제 어떤 출판물들이 삭제 및 출판 불허가 조치를 받았는지 등에 대해 구체적인 실체를 확인하기가 어려웠다. 현재 확인이 가능한 일제강점 초기 출판물 검열 자료에는 1911년 11월 19일자 『조선총독부관보』에 수록된 발매 금지 및 압수 조치된 출판물의 목록 정도를 확인할 수 있는 정도이다. 여기에는 신문지법과 출판법에 의해 압수된 단행본들 52종의 목록이 담겨있는데, 『대한역사』(정인호 저작, 발행), 『동국역사』(현채 저작) 등과 같은 조선 관련 역사서와 『을지문덕』(신채호 작), 『몽견제갈량』(유원표 작)과 같은 애국계몽 목적의 역사 관련 서사, 『이태리건국삼걸전』(신채호 역), 『화성돈전』(이해조 역) 등과 같은 서구 영웅 서사의 번역 서사 등이 포함되어 있다. 이를 보면 일제강점기 초기에는 주로 한일강제병합 이전의 반일과 반외세, 애국계몽을 통한 자강 등에 관련된 서적들이 출판 금지의 대상이었음이 확인된다.

그러나 1910년대 중반 이후부터 1920년대 중후반까지는 어떤 출판물들이 삭제, 압수, 검열되었는지에 관한 충분한 자료는 확인되지 않는다. 다만 분명한 것은 광범위하고 치밀한 출판 검열은 계속 진행되었다는 점이다.

이 같은 자료의 부재 속에서 일제의 출판 검열 관계 자료인 『조선출판경찰월보』의 존재는 일제의 출판 검열이 얼마나 구체적으로 이루어졌는가를 확인할 수 있는 중요한 문건이다. 1928년 9월부터 1938년 12월까지 123호에 걸쳐 총독부 경찰에 의해 비밀리에 작성된 『조선출판경찰

65) 일제강점기 출판물에 대한 검열은 '원고검열-교정쇄검열-납본검열-발매 후 검열'의 4단계 검열이 일반적이었다. 『조선출판경찰월보』에 수록된 단행본 자료의 경우 '납본검열'에 대한 기록이 주가 되므로 본고에서는 이를 2단계로 나누어서 설명하였다. (한만수, 「식민지 시기 교정쇄검열 제도에 대하여」, 『한국문학연구』 28, 동국대학교 한국문학연구소, 2005, 125-161면 참조)

월보』에는 일제에 의해 검열 조치된 신문, 잡지, 단행본의 목록과 수량, 검열 이유 등이 비교적 상세하게 제시되어 있기 때문이다.

2006년 정근식, 최경희에 의해 소개된[66] 이 자료는 현재 몇몇 연구자들에 의해 그 검열 양상이 갖는 의미 등이 밝혀진 바 있다. 『조선출판경찰월보』에 수록된 목록을 토대로 신문 연재 문학 작품이 어떤 검열의 과정을 거쳤는가를 고찰한 이상경의 연구[67]와 이 문건에 수록된 전체 출판물의 검열 양상을 통계적으로 추적한 박헌호, 손성준의 연구[68], 문건의 통계표를 통한 검열 체제의 양상을 살펴본 이혜령의 연구[69] 등이 그것이다.

이 같은 연구를 통해 『조선출판경찰월보』(이하 『월보』로 간략 지칭함)가 지닌 포괄적 자료의 성격과 검열의 통계적 양상은 고찰되었으나, 이 자료가 알려진 것이 비교적 최근이고, 일본어로 전체 123호로 이루어진 방대한 자료이다 보니 『조선출판경찰월보』에 대한 연구는 아직은 활발하지 못하다고 할 수 있다. 특히 이 자료는 ① 출판물 납본수 및 출판 출원 수표, ② 출판물 행정처분 건수표, ③ 신문지 행정처분 건수표, ④ 행정처분 통계, ⑤ 주의 통계, ⑥ 차압 삭제 및 불허가 출판물 목록, ⑦ 차압 삭제 및 불허가 출판물 기사요지 등으로 세분화 되어 있는데, 현재까지의 연구는 주로 ①~⑤에 집중되었다.

기존의 연구를 보완하기 위해 본고가 주목한 부분은 ⑥~⑦의 자료이

66) 정근식·최경희, 앞의 글, 103-169면.

67) 이상경, 「조선출판경찰월보에 나타난 문학 작품 검열 양상 연구」, 『근대문학연구』 17, 한국근대문학회, 2008, 389-422면.

68) 박헌호·손성준, 앞의 글, 193-224면.

69) 이혜령, 「식민지 검열과 식민지 제국 표상」, 『대동문화연구』 72, 성균관대학교 대동문화연구원, 2010, 491-534면.

다. 구체적으로 어떤 출판물이 삭제와 출판 금지 처분을 받았는지, 그리고 그 구체적인 이유는 무엇인지가 이 부분의 자료에 실려 있기 때문이다. 우선 ⑥에 해당하는 "차압 삭제 및 불허가 출판물 목록"에는 그 달에 검열을 통해 행정 처분된 출판물이 일본어와 조선어 부분으로 나누어져 기록되어 있으며, ⑦에 해당하는 "차압 삭제 및 불허가 출판물 기사요지"에는 ⑥의 목록에 수록된 출판물의 검열 이유가 기록되어 있다. 특히 이 ⑥의 목록에는 출판물의 제목은 물론, 출판물의 성격, 즉 신문 및 잡지, 단행본, 소설 등 출판물의 구체적 성격이 제시되어 있고, 출판 지역과 발행자의 이름까지 비교적 상세하게 기록되어 있으며, ⑦에 그 검열 사유가 기록되어 있어서 어떤 목적과 이유에 의해 검열과 탄압이 진행되었는가를 확인할 수 있다는 특징이 있다.

무엇보다 중요한 것은 10년 여에 걸쳐서 작성된 『월보』에 기록된 삭제 및 불허가 목록에 상당수의 소설 작품들이 포함되어 있다는 데에 있다. 『월보』의 단행본 불허가 목록에 포함된 근대 이후 출간 시도된 한국 소설 관련 자료는 전체 40여 건에 달한다. 즉 일제가 출판법을 통해 검열 후 출간을 불허가하여 사라질 수밖에 없었던 우리 문학 작품이 고스란히 그 이유와 함께 기록되어 있는 것이다. 본고는 그렇기에 이 같은 과정을 통해 사라진 한국 근현대 소설은 무엇이며, 그 탄압의 사유는 무엇인지를 『월보』의 목록과 기사요지를 중심으로 추적하고자 하며, 이를 통하여 검열 체제에 의해 왜곡된 결과물로서 남아있는 식민지 한국 소설의 한계에 대한 보완 가능성을 타진해보고자 한다.

(1) 불허가 단행본 소설의 양상

1928년 9월부터 매월 발행된 『월보』는 각 달마다 검열을 위해 제출된 납본을 대상으로 행정심사를 진행하였으며 그 결과물을 목록으로 기록하였다. 특히 치안 및 안녕 질서 위반과 풍속 위반[70] 등으로 구분하여 기록하였기에 그 불허가의 사유를 비교적 쉽게 확인할 수 있게 되어 있다. 우선 "차압 삭제 및 불허가 출판물 목록"에는 신문 및 잡지, 단행본의 제목에 해당하는 '제호'와 '종류', '사용문자', '처분연월일'과 '발행지역', '발행인 및 단체명' 등이 세분화되어 기록되어 있다. 특히 '종류'에는 대상 출판물이 잡지, 신문, 선전물, 단행본, 소설, 역사물인지가 구분되어 있어서 출판물의 성격을 1차적으로 확인할 수 있다. 이 목록을 통해 확인된 1928년 9월부터 1938년 12월까지 불허가 처분을 받은 '종류'가 '소설'이며 '사용문자'가 '조선어'인 출판물은 전체 37편에 달한다.[71] 다음은 이 목록들을 대상으로 하여 각각 어떤 작품들이 검열을 통한 탄압에 의해 출간되지 못했는가를 치안과 풍속 위반으로 구분하여 구체적으로 살펴보도록 한다.

가. 치안 방해 소실

『월보』의 치안 위반 단행본 출판물 목록 가운데에는 전체 28편의 소설[72] 관련 목록들이 확인된다. 유의할 것은 『월보』가 1928년 9월에 시

---

70) 풍속괴란(風俗壞亂)이라는 표현을 사용하고 있다.

71) 『월보』 불허가 목록의 '종류'에서 '소설'로 구분된 작품은 27편이며, '역사소설'로 표기된 작품은 1편이다. 또한 소설과 관련된 목록으로 보이는 것들 가운데 단행본으로 표기된 동화집은 1편, 번역 동화가 1편, 야담류의 역사이나 소설로 추정되는 작품이 1편, 잡지나 단행본으로 표기되어 있으나 소설로 추정되는 작품이 각 3편씩 전체 6편, 종류가 명기되지 않았으나 제목과 기사요지, 발행인 등으로 보았을 때 소설로 추정되는 작품이 6편, 소설 광고가 1편 등이 있다. 이 가운데 소설로 확인되는 작품은 37편이다. 이 목록은 본 논문의 부록으로 제시한다.

72) 고유상 발행, 『道僧四溟堂』은 1928년 9월호 『월보』와 1928년 11월호에 2번 삭제 및 불허가되었음이 표기되어 있다. 그러므로 28편 가운데 1편은 중복되어 있다.

작되어 1938년 12월까지 123호에 걸쳐 내부 문건으로 간행되는 가운데[73], 1930년대 초반인 40호를 전후로는 불허가 사유가 전체 불허가 작품을 대상으로 각각 기록되다가 그 이후 생략되기도 하고 대표적인 출판물에만 사유가 붙어 있는 형식으로 변화해간다는 점이다. 이는 우선 1932년을 전후로 하여 납본으로 제출되는 출판물이 크게 늘어난 결과로 보인다.[74] 혹은 강도 높은 검열에 의해 조선어로 출간되는 출판물의 규모가 축소되었을 가능성도 있다. 이 시기를 전후로 하여 조선어 출판물의 건수가 일본어 출판물의 1/6정도로 줄어든 것은 이 같은 가능성을 보여주는 예라고 할 수 있기 때문이다.

1928년부터 10년 여 동안 출판법에 의해 검열되어 행정 처분을 받은 조선어 출판물은 2,369건에 달한다. 이는 일본어를 포함한 전체 2만 7천여 건 가운데 10%가 되지 않는 비중이다. 한글의 사용이 제한되는 상황 속에서 나온 비중이므로 검열 자체가 조선어 출판물에 대해 느슨해진 것이 아니라 더욱 억압되었기 때문이라는 점을 고려해야 하는 것이다.

『월보』에 기록된 단행본에 대한 불허가 수량은 신문 및 잡지, 선전물 등에 대한 것보다 적은 편이다. 각 호별로 적게는 10종 미만인 경우도 있고 많게는 50여 종에 달하는 경우도 있어서 전체 단행본의 수량은 일부 문장이나 구절의 삭제가 포함된 신문, 잡지 등보다 크게 적은 편이다. 그러나 단행본의 불허가가 중요한 점은 신문이나 잡지 등은 전체의 일부가 삭제되는 것이 대부분이었으나 단행본은 출간 자체가 금지되었

73) 『월보』는 현재 123권 가운데 13, 14, 27, 32, 33, 38, 85, 109~113호가 확인되지 않는다.

74) 박헌호·손성준의 연구에 따르면 행정 처분 출판물 건수는 1929년 2,633건, 1930년 2,062건에 비하여 1932년 4,780건, 1933년 3,622건으로 변화하고 있음을 확인할 수 있다. (박헌호·손성준, 앞의 글, 2010, 203면 참조)

다는 데에 있다.

위에 언급한 37편의 소설 관련 목록 역시 이 같은 출간 자체가 금지된 것들에 해당한다. 즉 단행본으로 출간되기 위해 납본되었으나 총독부 경찰에 의해 출판이 금지된 것들은 글 전체가 공개되지 못하는 처분을 받아야했기 때문에 일부 삭제와는 또 다른 극단적인 검열의 결과물이 될 수밖에 없는 것이다. 그렇다면 어떤 소설 작품들이 이 같은 치안 위반 불허가 목록에 포함되었으며 그 검열의 이유는 무엇인가. 우선 1929년 2월호 『월보』에 수록된 몇 가지 예시를 통하여 확인해보도록 한다.

① 허도(許翿) 발행, 『청춘(青春)의 탈야(奪夜)』, 익산군 발행
- 불허가 사유 : 소작인들이 지주에 단결하여 대항하고 소작료 불납 운동을 전개하는 내용

② 노익환(盧益煥) 발행, 『영원(永遠)의 루(淚)』, 경성 발행
- 불허가 사유 : 돈 때문에 애인을 빼앗긴 남자가 부자에게서 돈을 강탈히려 한다는 내용

③ 노익환(盧益煥) 발행, 『다정(多情)의 루(淚)』, 경성 발행
- 불허가 사유 : 법과 도덕 사이에서 갈등하다가 義妹를 위해 개복수술을 하는 醫師에 대한 내용

먼저 ①번 목록에 보이는 『청춘(青春)의 탈야(奪夜)』의 발행인인 허도라는 인물에 대해서는 1921년 4월에 동아일보의 신문기자로 임명되었다가 1922년에 해직되었다는 기사가 재직한 신문에 기록으로 남아있고, 1931년 5월 잡지 『동광』에 「내가 만일 罪人이라면」라는 시를 발표했다는 기록이 있어서 문인이자 언론인일 것으로 추정된다. 『월보』에는 일괄적으로 발행인만 기록되어 있어서 이 작품의 실제 작가가 허도인지는 확인하기가 어렵다. 그러나 그의 이름으로 다른 출간물이 존재하지 않는 것을

볼 때 이 작품의 실제 작가일 가능성도 배제할 수는 없다. 『월보』의 '종류' 항목에 '소설-언문'으로 기록된 것과 불허가 이유를 볼 때 이 작품은 소설 작품이 분명하다. 불허가 사유가 구체적이지는 않지만 지주의 부당한 처우에 반발한 소작인들의 소작료 불납 운동과 단체 행동을 담고 있다는 점에서 사회주의적 사실주의 계열의 소설로 추정할 수 있다.

주로 통속 소설을 발행하던 '신구서림'의 발행인인 노익환의 ②번 『영원의 루』는 ①번 소설에 비해서 주제의식은 약한 통속 소설로 추정된다. 돈과 관련하여 애인을 빼앗긴 인물과 이를 둘러싼 인물들 사이의 삼각 관계의 통속적 설정은 조중환의 『장한몽』류의 번안 소설 이후 지속적으로 반복되던 모티프 가운데 하나이다. 이 작품 역시 유사한 맥락의 작품으로 보이는데, 부자에 대한 금전적 강탈의 내용이 치안을 방해한다고 하여 불허가된 경우이다. ③번 작품 역시 유사한 통속 소설 가운데 하나였을 것으로 추정되는데 그 사유가 구체적이지 않아서 온전한 줄거리는 유추할 수 없으나 신파와 통속적 설정 속에서 발생한 계급 갈등이 위법적 사유가 되어 출간이 불허가되었음을 유추할 수 있다.

1929년 2월 『월보』에 수록된 소설 작품의 불허가 사유를 보았을 때, 일제가 치안 방해라는 명분으로 검열을 진행한 소설들은 일정한 공통된 특징이 있다. 우선 ①번 작품과 같이 실제 내용뿐만 아니라 작품의 주제와 맥락에서 계급적 갈등과 단체 행동을 유도할 수 있는 소설이 주로 불허가 되었다는 점이다. 일제 강점의 상황에서 지주가 상징하는 것이 무엇인지를 고려한다면 이 같은 소설이 불허가의 첫 번째 대상이었음은 자명하다.

이에 비해서 ②~③번과 같은 작품은 발행인과 검열의 전체 맥락을 보았을 때 반제국적 성격이 드러나지 않음에도 불구하고 출간 자체가 금지되었다는 점에서 주목된다. 즉 흥미 본위의 통속적 소설에도 동일한 기준을 적용했을 뿐만 아니라 작품의 전체적 맥락이 아닌 일정한 표현이나 구절을 대상으로도 검열이 진행되었으며, 단순 삭제가 아닌 출판 금지의 처분이라는 강력한 규제를 이 같은 소설 작품에도 적용하고 있다는 점은 이 시기 총독부의 검열이 가지고 있는 폭압적 성격을 분명하게 보여주는 것이기 때문이다.[75)]

치안 위반과 방해로 인한 출판 금지 목록에는 구절과 표현, 문장의 위법성을 들어 출판을 금지한 경우와 작품 전체의 내용을 문제 삼아 금지한 경우의 두 갈래가 모두 포함되어 있다. 1929년 3월호『월보』에는 송완식(宋完植) 발행『장한(長恨)의 청춘(靑春)』이라는 작품이 불허가 목록에 포함되어 있는데, 그 검열 사유로 이 작품이 독립운동가 나석주(羅錫疇) 사건을 배경으로 한 불온소설임을 들고 있고, 1929년 6월호『월보』의 불허가 목록에는 이두성(李斗星)[76)]의『생(生)의 혈루(血淚)』가 '소설-언한문'으로 구분되어 기록되어 있는데, 그 사유로 윌슨의 민족자결주의와 평안도 인주군의 3·1운동 상황이 자세하게 묘사되어 있다는 점을 들고 있기 때문이다. 이 같은 소설들은 치안 위반 사유 가운데 작품 전체의 내용이 반일의 맥락을 담고 있어서 불허가된 것들이라 할 수 있다.

통속 소설임에도 불허가에 포함된 작품들에는 1929년 1월『월보』목록에 수록된 신소설『복마전(伏魔殿)』과 같은 경우도 있다. 발행인이 김

75) ③번 예시 작품인『다정의 루』에 대한 불허가 처분 이후의 기록이 남아있어서 추가로 제시한다. 신구서림의 발행의『옥단춘전』(1931)의 권말 판권지 광고의 '신구서림최신간서적목록'에 이 작품의 제목이 존재한다. 그러나 실제 작품은 아직까지 발견되지 않았으며 실제 출판 불허가 이후 발간되었는지의 여부는 불확실하다. 이 시기 단행본의 광고에 수록되었으나 출간되지 않은 작품들은 그 수가 상당하기 때문이다.

76) 이두성(李斗星)은 독립운동가인 이성규(李成圭)의 다른 이름이며, 조선총독부의 용의조선인 명부에 따르면 1923년 만주로 넘어가 반일 독립 단체인 통의부에서 활동한 인물로 기록되어 있다.

승묵(金昇默)[77]이라 기록되어 있는 이 작품은 '신소설'로 종류가 구분되어 있다. 이 작품의 불허가 사유에는 이 소설의 내용이 경상북도 어느 지역의 부호 이야기를 다루고 있다고만 간략하게 기록되어 있어서 구체적인 사유를 분명하게 확인할 수는 없으나 발행인과 신소설이라는 기록을 참조했을 때 작품의 전체 맥락보다는 부분적인 근거를 들어서 출간을 불허가한 것으로 추정된다.

이처럼 치안과 안녕을 저해한다는 명분으로 출판을 불허가한 단행본 소설은 그 수가 28편에 달한다.[78] 이 가운데에는 불허가 사유가 간단하게만 언급되어 그 내용을 충분히 유추할 수 없는 경우도 있으나 상당수는 반일, 반제국의 주제의식을 드러내는 작품이라고 할 수 있다. 농촌의 피폐한 현실을 고발하거나 민초들의 불공평한 삶에 대한 한탄, 제국주의에 대한 비판적 시각의 내용[79]을 다루고 있는 경우도 있어서 그 작품의 문제성은 더욱 주목된다.

---

77) 『동아일보』 1924년 4월 11일자 지면에는 "韓國新聞史 慶北 大邱에서 30郡의 108名 發起人이 會合을 갖고 經濟硏究會를 創立한 바 同會는 全國的으로 韓人의 經濟活動을 조장키로 하다."는 기록이 남아있고, 『조선총독부관보』에 "慶北 星州郡 靑坡面, 伽泉面 所在 金·銀鑛 970,000坪에 大邱府 本町 1丁目 金昇默 외 1名 이 鑛業權을 設定하다."(1931.7.14)라는 기록과 "慶北 星州郡 伽泉面 소재 金銀鑛 957,500坪에 大邱府 金昇默의 鑛業權이 설정되다.(1933.1.31)"라는 기록이 남아있는 것으로 보아 경북 지역의 유지로서 금광사업에 종사했던 인물로 추정된다.

78) 37편 가운데 9편은 그 사유가 분명하게 기록되어 있지 않다.

79) 1931년 6월호 『월보』의 불허가 목록에 수록된 '한강(韓鋼)' 발행의 『영화소설(映畵小說) 아세아(亞細亞)의 대동란(大動亂)』(징기스칸 이야기를 다룬 러시아 영화를 소설화한 작품)이나 1932년 9월에 수록된 박현실(朴玄實) 발행 역사소설(歷史小說) 『추산(秋山) 이항묵(李恒默)』(한일합방 비판) 등을 예로 들 수 있다.

나. 풍속 저해 소설(풍속괴란)

1928년 9월부터 1938년 12월까지 『월보』에 수록된 풍속 관련 위반[80] 불허가 단행본 소설 작품은 전체 8편이다. 치안과 안녕 질서에 방해를 근거로 출판이 불허가된 작품 수에 비하면 비교적 적은 수이지만 일제의 검열을 통한 출판물 탄압의 다른 양상을 보여준다는 점에서 주목된다.

우선 『월보』에서 처음으로 보이는 소설 작품의 풍속 저해 불허가 사례는 1930년 9월호에 기록된 정도영(鄭道永)의 『연애행진곡(戀愛行進曲)』이다. '소설-언한문'으로 종류가 구분 표기된 이 작품의 불허가 근거는 풍려장(風呂場 : 목욕탕)에서 나체의 여인이 남자와 벌이는 애정 행각을 그렸다는 점이다. 이 소설의 작가는 알 수 없으나 다만 발행자인 정도영은 『월보』의 다른 호에도 이름이 확인된다. 우선 1929년 1월호에 그가 발행한 『세계위인전(世界偉人傳)』이 이순신과 마르크스, 레닌, 손문 등의 인물들의 삶을 설명하면서 혁명사를 다루고 있다는 점을 들어 출판이 불허가되었음이 확인되고, 1929년 3월에도 그가 발행한 『세계(世界)의 위인(偉人)』이라는 단행본이 손문의 삶을 다루고 있다는 점에서 불허가되었음이 기록되어 있으며, 불허가 목록이 아닌 검열을 위한 납본 목록에는 1930년 5월에 『번개 같은 도적』이라는 소설의 발행자로, 1930년 9월에는 『조선역대명기야화(朝鮮歷代名妓夜話)』라는 단행본을 발행한 것으로 볼 때, 발행인 정도영은 다양한 성격의 단행본을 1920~30년대 사이에 출간하던 출판업자로 추정된다.

풍속을 저해한다는 이유로 단행본 출간이 불허가된 소설은 이 작품 이후 1936년까지는 목록에 보이지 않는다. 1937년부터 본격적으로 풍속

80) 『월보』에는 '풍속괴란(風俗壞亂)'으로 표기되어 있으나 본고에서는 의미의 전달을 위해 '풍속 위반'으로 서술하였다.

관련 불허가 소설 작품이 다시 등장하는데, 이 같은 공동 현상은 1936년 이전이 풍속이라는 잣대를 적용할만한 작품이 없었기 때문이기보다는 검열에 따른 표현의 수위 조절을 통해 작가 및 출판업자들이 자기 검열을 진행하고 있었기 때문으로 추정된다. 특히 조선어로 단행본 납본 수가 1932~1933년을 정점으로 하여 크게 줄고 있다는 점은 이 같은 소설 단행본을 포함한 한글 저작의 출판이 어려워졌음을 시사하고 있다.

1937년 1월호 『월보』에 수록된 신태삼(申泰三) 발행의 연애소설(戀愛小說) 『기생(妓生)의 눈물(淚)』은 풍속 위반을 이유로 불허가된 또 다른 작품이다. 1950~60년대까지 딱지본 소설과 통속물을 발행하던 '세창서관'의 발행인인 신태삼 발행의 이 작품은 불허가 사유에 등장인물의 이름이 구체적으로 명기되어 있다는 점에서 흥미롭다. 이 소설은 기생이자 여주인공인 추월향(秋月香)과 남주인공인 이상화(李相和)가 동숙하는 장면이 검열에 걸려 출판 금지되었다. 또한 1937년 5월에는 조준경(曺俊卿) 발행의 소설 『연(戀)은 눈물(淚)인가』가 출판 불허가 처분되었는데, 구체적인 불허가 사유는 명기되어 있지 않으나 강간 장면이 등장했다는 점이 간략하게 기록되어 있다.

위의 두 작품의 사례는 소설의 내용의 일부가 풍속을 저해한다는 이유로 불허가된 것이나 문체를 근거로 불허가된 사례도 존재한다. 1937년 7월 『월보』에는 작자미상, 발행소 미상으로 기록된 소설 현대소설(現代小說) 『봄을 맞아』라는 작품이 불허가 목록에 기록되어 있다. 이 작품의 출판 불허가 사유가 문제적인데, 『월보』에는 "필체가 음란 선정적이어서 금지"했다고 기록되어 있다. 출간되지 않은 작품이기 때문에 전체적인 내용을 확인하는 것은 불가능하지만 특정한 묘사나 상황이 아니라 '필체'를 근거로 불허가 처분을 받았다는 점은 문제적일 수밖에 없다. 위에 먼저 언급한 두 작품의 불허가 사유 역시 철저하게 검열자의 시선이 투영된 일방적인 결과이기는 하지만 사건이나 표현이 아닌 필체의 음란성이라는 검열 근거는 극히 자의적인 것이기 때문이다. 소설 작품의 음란성 여부와 관련한 후대의 필화사건 논쟁에서도 이 같은 검열자 중심의 시각이 얼마나 자의적이며, 독자와 작가 사이의 직접적인 소통을 방해하는 검열자의 존재가 얼마나 폭력적일 수 있는가를 보여주는 예가 분명히 존재하기 때문이다.

일제 출판경찰의 이 같은 자의적이면서도 애매한 검열 기준들은 이 작품 이후에도 자주 등장한다. 주로 구체적인 설명 없이 문체나 표현의 '선정성'을 불허가 사유로 제시하는 경우인데, 『월보』 1937년 7월호의 불허가 목록에 수록된 장편소설(長篇小說) 『인생문답(人生問答)』의 경우가 대표적이다. 발행소와 발행자가 모두 미상으로 표기되어 있는 이 작품에 대한 불허가 사유는 장면의 '선정성'이다. 같은 달에 불허가 목록에 수록된 인생소설(人情小說) 『아름다운 황국(黃菊)』 역시 유사한 경우이다. 이 작품의 불허가 사유에는 남녀의 성욕 갈등을 '선정적'으로 기술했다는 점이 기록되어 있는데, '선정성'이라는 표현이 담고 있는 자의적 검열 기준이 얼마나 쉽게 남용될 수 있는가를 보여준다.

『월보』에 기록된 풍속과 관련한 소설의 출판 불허가 사례는 이 외에도 몇 건 더 존재한다. 1938년 3월호에 수록된 최연택(崔演澤)[81] 발행의 『금낭비화(錦囊秘話)』라는 작품과 1938년 9월호에 수록된 노익형(盧益

81) 최연택(崔演澤)에 대한 기록은 『월보』 20호(1930.04)에도 등장하는데, 그는 『신조선(新朝鮮)』의 창간인이자 발행인이었으나 애국을 위한 희생이라는 글 내용이 문제되어 발행이 불허가 되었다는 기록이 남아있다. 이를 보았을 때 잡지와 단행본의 출판에 관련된 인물로 추정된다.

亨) 발행의 『아리랑 고개』라는 소설은 불허가 사유가 불확실하나 풍속에 저해된다는 이유로 출간이 금지된 예이다.

치안과 안명 질서를 방해한다는 이유로 출판이 금지된 소설들이 일제 강점이라는 그들의 입장에서는 비교적 명백한 사유에 의한 결과물이라면, 풍속 질서를 저해한다는 이유로 검열 후 출판 금지된 소설 작품들은 식민지 제국주의의 폭력적 시각이 투영된 결과물이라 할 수 있다.

다. 삭제와 출판금지의 이중 검열

『월보』의 불허가 단행본 목록에 수록된 소설 작품 가운데 앞장에서 언급한 작품들은 모두 단행본을 전제로 출간된 1차 출간물이다. 즉 기존에 다른 매체를 통해 연재되거나 발표된 바 없는 작품이라 할 수 있다. 이에 비하여 이번 장에서 살펴볼 작품들은 신문과 잡지 등에 우선 연재되었다가 1차적인 검열의 대상이 되었으며, 이후 단행본으로 출간될 때 검열을 받아 출간되지 못한 소설들이다. 연재될 당시에 1차적으로 검열을 받았다가 단행본으로 출간될 때에 다시 검열을 통해 금지 목록이 되었으니 이중 검열의 결과물이라고 할 수 있는 예들이다.

우선 『월보』에 가장 먼저 보이는 이중 검열의 예는 심훈(沈熏)의 『동방의 애인』이다. 『조선일보』에 1930년 10월 29일부터~12월 10일(39회 미완)까지 연재된 이 작품은 지식인들의 사회주의 투쟁을 주된 내용으로 다루고 있는 작품으로 일제의 신문 검열에 의해 연재 중단되었다. 단행본으로 출간 시도된 기록이 1933년 10월호 『월보』에 있는 것으로 보여 연재 시기로부터 3년 안쪽으로 작품이 완결되었음을 추정할 수 있다. 현재 이 작품은 신문에 연재된 부분까지만 내용을 알 수 있다는 안타까움이 있지만, 『월보』에 남아있는 기록을 통해 이 작품이 단행본으로 출간될 때에 어떤 내용이 검열에 걸렸는가를 일부 유추할 수 있다. 『월보』에는 이 작품의 불허가 사유가 "소설을 통해 독립 운동가들의 생활이 묘사되어 있고 활동조직의 필요성이 주장되고 있다"라고 언급하고 있다. 무산대중과 만세운동 등에 대한 언급이 이 작품이 출간 불허가된 이유라는 것이다. 신문 연재본이 상해로 떠난 3·1운동 가담자들의 이야기로 시작되어 러시아와 상해 등을 오가며 일어나는 저항운동과 인물 사이의 삼각관계를 다루고 있었던 점을 상기할 때 단행본에서 연재 이후의 내용이 추가되었을 가능성도 고려할 수 있다.

방인근의 『괴청년(怪青年)』 역시 심훈의 작품처럼 연재 중단되었다가 단행본 출간마저도 불허가된 경우이다. 방인근의 이 작품은 『동아일보』에 1931년 10월 8일부터 12일까지 5회 동안 연재되었으나 이후 신문 검열에 의해 연재가 중단되었다. 단행본으로 출간되기 위해 총독부에 납본으로 제출되었다가 불허가된 시기가 1934년 2월 『월보』에 수록되어 있는 것으로 보아 이 기간 동안 장편 전제[82]된 이 작품의 전체 내용이 완결되었을 가능성은 충분하다. 다만 안타까운 것은 『월보』 38호(1931년 10월호)가 현재 발견되지 않아 이 작품이 신문 연재 당시에 어떤 이유로 삭제 및 연재 중단 처분을 받았는가는 명확하게 밝혀지지 않는다. 그러나 단행본 발간 당시의 불허가 사유에 독립운동 단체에 속한 임호라는 인물이 군자금 모금을 위해 조선 내 부호를 습격해 현금을 강탈한다는 내용이 기록되어 있는 것으로 보아 전체적인 줄거리의 흐름을 유추할 수 있다.

---

82) 방인근의 이 작품은 『동아일보』에 최초 연재 시에는 다른 부제가 붙어 있지 않았으나 연재 중단이 결정된 것으로 보이는 2회 이후부터는 '단편소설'이라는 부제가 붙었으며 5회 이후 연재 중단되었다. 내용의 전개를 보았을 때 장편을 전제한 상태로 최초 연재를 시작했을 것으로 보인다.

이 두 편의 작품이 검열과 탄압에 의해 신문 연재가 중단된 후 단행본 출간 시에도 불허가된 이중 검열의 결과물이라면, 이광수의 '군상' 3부작 중 하나인 『삼봉이네 집』은 『동아일보』 1930년 11월 29일에서 1931년 4월 24일까지 전 84회 완결된 작품 중 하나이다. 이 작품은 최초 연재 시에는 검열 기록이 없으나 단행본으로 출간될 때에 불허가 목록에 수록되어 출간되지 못하였다. 1935년 5월 『월보』의 기록에 따르면 소설에 삼봉의 가족이 거주하는 토지에 대한 일본의 수탈, 그에 따른 분노 등에 대한 묘사가 있어서 단행본 출간이 불허가된 것으로 되어 있는데, 이 작품은 이후 다시 추가 검열을 거쳐 1941년 영창서관에서 단행본이 나올 때에 연재 10회 분량의 내용이 삭제되어 출간되었다. 1941년 2차 단행본 출간 시에는 농촌의 파멸 원인과 관련 및 친일 조선인에 대한 처단 등의 내용이 삭제된 상태로 발간된 것이다.

이 같은 신문-단행본 검열의 이중 검열과 그에 따른 삭제 및 출간 불허가 조치는 작품의 전체적인 흐름을 바꾸게 하거나 작품의 전체 내용을 파악할 수 없도록 만드는 결과를 낳고 말았다. 신문 연재본의 삭제가 작품의 부분적인 내용을 변화시켜 작가가 작품의 방향성을 변경하게 만드는 영향을 주는 것이었다면, 연재 중단이나 단행본 출간 불허가 등의 조치는 아예 소설 작품의 발표 자체를 방해하는 것이어서 그 문제는 더욱 심각한 것이었다.

함대훈의 『폭풍전야(暴風前夜)』와 같은 소설은 신문 연재 당시의 검열 기록과 단행본 출판 불허가의 사유가 모두 기록되어 있는 특수한 경우이다. 『월보』 1935년 3월호에는 『조선일보』에 연재되고 있던 함대훈의 『폭풍전야』 119회가 삭제되었다는 기록이 남아있으며, 1935년 7월호의 단행본 출간 불허가 목록에는 이 소설이 간도의 '동남북만주위원회(東南北滿洲

委員會)'라는 단체에 대해 서술하였고, 이 과정에서 조선의 정치운동과 사회운동 상황을 반영하였다는 검열 사항이 기록되어 있다. 이 작품이 『조선일보』에 1934년 11월 6일부터 1935년 4월 28일까지 149회 연재 완결되었다는 사실을 고려한다면 곧장 출간 시도된 단행본은 검열에 의해 출간되지 못했다는 점을 확인할 수 있다. 결국 이 소설의 단행본은 1949년 '세창서관'에서 발행되어 일제강점기에는 끝내 출간되지 못했던 것이다.

이 같은 이중 검열에 따라 어떤 소설의 내용은 전체적인 방향을 바꾼 채 진행되기도 하였고[83], 어떤 작품은 끝내 연재 중단 혹은 완결된 후 단행본으로 출간되는 과정에서 이중 검열의 희생이 되기도 하였으며[84], 어떤 경우에는 작품을 확인할 수 없이 사라져야 하기도 하였다. 문제는 이 같은 과정에서 진행된 작가의 자기 검열과 발행자의 자체 검열, 검열 이후의 삭제와 수정 및 불허가, 그 결과로 독자들이 받아들이게 된 결과물로서의 작품이다. 작가의 자기 검열과 발행자의 자체 검열이라는 것은 확인하기 어려운 차원의 문제이지만, 검열 이후의 결과물을 독자들이 어떤 방향으로 받아들이고 그 작품을 어떻게 이해하는가는 문학 작품의 완성도는 물론 문학사적 가치를 모두 변화시킬 수밖에 없는 것이어서 비극적일 수밖에 없다. 검열을 통한 왜곡된 결과물이 가져온 비극은 작가의 의도, 독자의 수용 모두를 왜곡시키는 기괴한 결과물로서의

83) 박태원의 『소설가 구보씨의 일일』의 경우 『월보』 1938년 10월호에 따르면 원래 서술에서는 제 7장의 다방 장면에서 군인의 태도를 야유하는 장면이 들어가 있었던 것으로 보인다. 이 부분이 삭제되어 '문장사'에서 1938년 단행본으로 출간되었다.

84) 이태준의 『성모(聖母)』의 경우가 그러하다. 이 작품은 『조선중앙일보』에 1935.5.27~1936.1.20(213회 완결) 연재되었으나 단행본으로 발간 시에는 불허가 조치를 당하였다. 『월보』 1936년 3월호에는 이 소설이 조선어의 우수성을 강조하고 해외 독립운동 소식 등을 담고 있어서 출판 불허가되었다는 기록이 남아있다.

소설 작품을 남겨놓았기 때문이다.

(2) 잃어버린 소설의 문학사적 의의

존재하지 않았던, 아니 정확하게 말하자면 존재했으나 검열에 의해 존재할 수 없었던 소설 작품을 발굴하고 부분적으로나마 복원하고자 하는 시도는 한국 문학사에 어떤 의미를 부여해 줄 수 있는가. 이미 지나간 시대의 작품들, 그 가운데에서도 검열에 의해 출간 금지 조치되어 독자들을 만날 수 없었던 소설들이 가진 의의는 과연 작품이 부재하는 것처럼 의의조차 부재하는 것인가.

앞에서 다룬 일련의 소설 작품들은 대부분 일제의 강압에 의해 출간되지 못한 채 제목과 불허가 사유로만 존재하는 것들이다. 역사에서 만일이라는 가정은 불필요한 상상의 결과만을 낳는 것이지만, 문학사에 있어서 이 작품들의 존재는 단순히 존재하지 않았기에 무의미하다고 치부하거나 혹은 존재했더라면 어떤 결과를 낳았을 것인가라는 가정 이상의 의의를 가질 수 있다.

우선 이 같은 출판 불허가 소설들의 존재는 현재까지의 일제강점기의 여러 작가들에게 있어서 그들의 현존하는 작품이 가진 한계 혹은 불완전한 결과물을 보완하여 이해하는 근거가 될 수 있다. 반식민주의나 반일의 맥락 때문에 치안 위반으로 출간되지 못한 작품의 존재는 동일한 작가의 다른 작품들을 이해함에 있어서 삭제나 자기 검열을 통해서 잃어버린 작품의 온전한 모습을 찾을 수 있는 단초가 될 수 있을 것이다. 물론『월보』의 검열 목록에 수록되었다고 하여 그 작품의 존재가 어떠한 작가의 면죄부로 작용할 수 있는 것은 결코 아니다. 그러나 어떤 작가가 발표하려고 했던 작품이 검열을 통하여 좌절되고 그 결과 그의 작품 세계와 방향이 전환되었다면 그 분명한 근거로 충분히 사용될 수 있을 것이다. 또한 어떤 작가의 작품 세계가 단순히 통속적 맥락으로만 설명되고 있다면 식민지시기를 살아가던 한 작가의 또 다른 면모를 찾을 수 있는 근거로도 사용될 수 있을 것이다.

복자나 삭제를 통해서 행간의 맥락을 읽을 수 없었던 작품들의 경우 단행본 출간 금지의 사유를 통하여 부분적이나마 전체적인 맥락을 파악할 수 있다는 장점도 있다. 특히 이중 검열에 의해 신문 연재본과 단행본이 모두 검열되었던 작품들은 각각의 검열 사유에 대한 비교를 통하여 잃어버린 행간의 의미를 유추할 수 있는 지점도 생길 것이다. 앞서 살펴본 이광수와 함대훈의 작품들은 연재본과 추후 발행된 단행본 등의 비교를 통하여 비교적 정전에 가깝도록 복원할 수 있기 때문이다.

뿐만 아니라 납본으로 제출된 목록과 삭제나 출판 금지된 목록을 비교하여 1920년대 후반부터 30년대까지의 단행본 소설의 출간 현황과 흐름을 추적하는 작업도 가능하다. 『월보』에는 비교적 상세하게 단행본 출간과 관련한 통계와 납본 목록이 수록되어 있으며, 삭제와 출판 금지 조치된 목록이 함께 수록되어 있다. 이를 비교 분석한다면 일제강점기의 소설 작품의 또 다른 흐름을 보다 분명한 근거를 통해 논증할 수 있으리라 생각한다.

이 글은 이 같은 작업을 진행하기 위한 비교 분석 작업의 출발점에 해당한다. 본고는 본격적인 작업을 진행하기에 앞서서 『월보』에 수록된 단행본 출간 불허가 목록을 중심으로 한국 문학사에서 잃어버린 작품들의 존재를 추적하여 보았다. 그 결과 1928년 9월부터 1938년 12월 사이에만 40여 편에 가까운 소설 작품들이 독자들에게 알려지지 않은 채 사라지고 말았음이 확인되었다. 그 가운데는 신소설과 역사소설도 있으며, 사회주의 계열의 작품과 통속적 대중 작품도 함께 존재했다는 사실을 확인할 수 있었다.

『조선출판경찰월보』가 이 시기 모든 출판물을 대상으로 검열을 진행했는지 그렇지 못했는지는 충분히 확인할 수 있는 길이 없다. 다만 여기에 수록된 목록 가운데에는 납본과 불허가 목록에 들어가 있으나 현재 확인되지 않는 다수의 소설들이 존재한다. 『월보』가 발행되지 않았던 1938년 12월 이후에 이들 작품들이 다시 발행되었을 가능성도 충분히 존재하며, 불허가 목록에서 누락되거나 그 사유가 분명하게 적시되어 있지 않은 경우도 많다. 그렇기에 이는 각 작품과 작가를 추적하는 작업을 통하여 추후 반드시 확인되어야 할 것이다.

잃어버린 소설의 존재가 일제강점기라는 탄압의 시대에 발간된 많은 다른 소설 작품의 빈 공간을 채울 수 있는 가능성을 열어준다는 점에서 『월보』의 존재는 중요하다. 그 이유는 이 자료가 검열과 탄압의 기록으로서만이 아니라 일제강점기 한국문학사의 다른 가능성을 실낱같게나마 찾을 수 있게 해주는 가능성이기 때문이다.

3) 일제강점기 번역 소설의 단행본 출간과 검열 양상

근대전환기부터 시작된 외국 문학에 대한 번역 작품들은 일제강점기에 이르러 한국 문학의 한 축을 이루게 되었다. 특히 서양 문학에 대한 번역은 1890~1910년 이전, 애국계몽과 자강을 목적으로 시작되었으며 국권상실 이전까지 지속적으로 진행되었다. 국권상실기 이전에 번역되었으나 일제강점기에 이르러 출판이 금지되거나 압수된 많은 번역 문학의 존재는 이 같은 한국 근대 번역문학사의 변화를 보여주는 특징적인 사건이라 할 수 있다.[85] 이에 비해 1910~20년대에는 일본의 대중 작품을 번역하거나 서양 문학을 번역한 일본 번역 작품에 대한 중역이 일반적이었으며 서양의 탐정소설이나 대중소설 등에 대한 번역도 본격적으로 시작되었다.

일제강점기 번역 소설에 대한 최근의 연구도 이 시기에 집중되어 있으며 그 성과도 상당하다. 특히 일본이나 중국을 통해서 유입된 번역본의 중역본과 일본의 대중소설에 번역물에 대한 연구가 많고[86], 이 시기 유입 번역된 서양의 탐정소설이나 모험소설류 번역 및 번안에 대한 연구도 활발한 편이다.[87] 이 같은 연구들은 일제강점기라는 특성상 원작과 1차 번역본에 대한 확인이 충분히 되지 못한 상황 속에서 원작과 작가를 확인하는 작업을 일차적으로 진행하고 작품이 번역이나 번안 과정에서 어떤

---

85) 예를 들어 『조선총독부관보』 1911년 11월 19일자에 수록된 압수 목록에는 『세계삼괴물(世界三怪物)』(변영만 역, 광하서포), 『애국정신담』(이채우 역, 주한영), 『이태리건국삼걸전』(신채호 역, 김상만), 『갈소자전』(이보상 역, 중앙서관·박문서관), 『화성돈전』(이해조 역, 고유상) 등이 기록되어 있으며, 이들 대부분의 작품은 역사와 인물을 다루고 있는 서사이다.

86) 강현조, 「한국 근대초기 번역, 번안소설의 중국, 일본문학 수용양상 연구」, 『현대문학의 연구』 46, 현대문학연구학회, 2012, 7-37면.
권두연, 「신문관 단행본 번역소설 연구」, 『사이』 5, 국제한국문학문화학회, 2008, 114-150면.
박진영, 「1910년대 번안소설과 '실패한 연애'의 시대」, 『상허학보』 15, 상허학회, 2005, 273-302면.

87) 박진영, 「천리구 김동성과 셜록홈스 번역의 역사」, 『상허학보』 27, 상허학회, 2009, 277-317면.
이주라, 「근대 초기 번역, 번안 추리소설의 수용양상 연구」, 『어문논집』 61, 민족어문학회, 2010, 81-109면.
김종욱, 「쥘베른 소설의 한국 수용과정 연구」, 『한국문학논총』 49, 한국문학회, 2008, 55-82면.
최애순, 「식민지시기 탐정소설의 번역과 수용양상 및 번역 탐정소설 서지연구」, 『현대소설연구』 43, 현대소설학회, 2010, 481-524면.

변화를 거치고 한국화 되었는가를 집중적으로 살펴보고 있다.

그러나 최근의 번역 문학 연구에서 아쉬운 것은 각 작품들에 대한 연구는 활발하지만 번역 문학의 시대별 흐름이나 전체적 출판 양상 등에 대한 고찰은 충분하지 못하다는 점이다. 특히 1920년대 후반 해외문학파의 등장 이후부터 본격적으로 시작된 직역본에 대한 연구나 1920년대 이후의 전체적인 번역 문학의 흐름에 대한 연구 등은 아직 미진한 편인 것이다.

이번 장에서는 최근 활발한 번역 문학 연구의 미시적인 시각을 보완하기 위해 1920년대 이후의 번역 문학의 전체적인 흐름과 출판 현황 등을 살펴보려고 한다. 이를 위하여 1890년대부터 1950년까지 확인된 번역 및 번안 소설 목록[88]과 일제강점기 단행본 출판 및 검열 기록이 남아있는 『조선출판경찰월보』를 대조 분석하도록 한다. 주지하다시피 『조선출판경찰월보』는 1928년 9월부터 1938년 12월까지 전체 123호가 발행된 총독부 출판 경찰의 비밀 검열 기록이다. 이 두 자료를 대비하여 본다면, 지금까지 충분히 확인되지 않았던 1920년대 후반부터 30년대 후반까지의 번역 및 번안 소설에 대한 출판 상황을 확인하고 이 시기 번역 소설의 검열 양상은 어떠했는가를 고찰할 수 있으리라 생각한다.

특히 『조선출판경찰월보』에는 검열을 위한 출판 납본 자료와 불허가 및 삭제 목록, 불허가 사유 등이 비교적 상세하게 기록되어 있어서 번역 소설 자료뿐만 아니라 다른 소설 작품들의 출판 및 검열 양상을 비교 고찰할 수 있다. 특히 1930년 6월부터 1931년 3월까지 발행된 『조선출

88) 필자가 공동연구원으로 참여한 『한국 근대 장편소설 사전 편찬』(한국연구재단 토대사업, 연구책임자 송하춘, 2008~2011)에서 확인한 목록으로 이 시기 700여 편의 번역 및 번안 소설에 대한 해제 목록이다.

판경찰월보』(이하 『월보』로 간략 통일함)에는 10개월 동안 출간된 70% 이상의 단행본 납본 목록이 수록되어 있으며, 이 자료는 일제강점기의 어떤 다른 자료에도 존재하지 않는 출판 기록에 해당한다.[89] 이 같은 『월보』의 특징을 활용하여 여기에 수록된 번역 문학 작품의 납본 및 불허가 목록, 사유를 확인한다면, 이 시기 번역 소설의 출판 양상을 고찰할 수 있을 것으로 기대한다.

(1) 일제강점기 번역 소설의 단행본 출판 양상

지금까지 확인된 1890년대부터 1950년까지의 번역 소설은 760여 편에 달하며[90], 이 가운데 1910년부터 1945년까지 단행본과 신문, 잡지 등에 수록된 번역 및 번안 작품은 620여 편 정도이다. 이 목록을 기준으로 『월보』가 간행된 1928년부터 1938년까지 간행, 수록된 번역 및 번안 소설은 193편이 확인된다.

본고가 『월보』를 그 대소군으로 삼는 이유는 현재까지 확인된 번역 소설의 현황과 『월보』의 현황을 비교·대조해본다면 이 기간의 번역 소설의 양상과 출판 흐름을 확인할 수 있을 것으로 생각하기 때문이다. 그러므로 실제 출판 및 불허가 목록에 대한 기록이 남아있는 『월보』의 간행 기간을 중심으로 비교 연구를 진행하고자 한다.

---

89) 이 자료에는 752편의 조선어 단행본 출판 납본 목록이 수록되어 있다. 10개월의 기록에 이만한 수의 단행본 납본이 제출된 것으로 보아 10여 년 동안의 전체 출판 수량은 수천 건에 달할 것으로 예상된다. 안타깝게도 『조선출판경찰월보』에는 1931년 4월 이후 조선어 단행본 출판 납본 자료 목록은 생략되어 있으며, 행정처분을 받은 수량만이 기록되어 있다.

90) 『한국 근대 장편소설 사전 편찬』 연구를 통하여 현재까지 확인된 수량이며, 이는 추후의 연구와 발굴을 통해 추가될 수 있음을 밝혀둔다.

가.『조선출판경찰월보』 수록 번역 소설의 현황

우선『월보』에 수록된 단행본 납본 목록을 통해 제목과 발행인, 발행처 등이 확인된 조선어 단행본 수량은 752편이며[91] 여기에 단행본 소설은 102편이 포함되어 있고, 1928년부터 1938년까지 불허가 및 삭제 목록에 수록된 소설 목록은 37편이다. 이 수량과 목록을 분석하기 위해서는 우선『월보』의 특징을 언급할 필요가 있다. 일반적으로『월보』의 자료는 ①출판물 납본수 및 출판 출원 수표, ②출판물 행정처분 건수표, ③신문지 행정처분 건수표, ④행정처분 통계, ⑤주의 통계, ⑥차압 삭제 및 불허가 출판물 목록, ⑦차압 삭제 및 불허가 출판물 기사요지, ⑧단행본 납본 목록의 8개로 구분되어 있다. 이 가운데 ①~⑤까지는 수량으로 기록된 통계에 해당하며, ⑥~⑧은 구체적인 목록과 사유가 기록된 부분이다. 그러므로 위에서 언급한 102편의 목록은 ⑧번 부분에 수록된 것이며, 37편은 ⑥~⑦의 자료를 분석하여 확인한 것에 해당한다.

이 자료를 통합한 139편의 목록에는 조선어로 출간된 창작 소설과 번역 소설이 함께 수록되어 있다. 제목-발행지-발행인 등의 순으로 기록된 납본 및 불허가 목록 자료의 특성상 구체적인 내용은 확인할 수 없으며, 불허가 및 삭제 요지에 해당하는 경우 ⑦번 자료를 통하여 그 사유를 확인할 수 있다. 그렇다면『월보』에 수록된 단행본 번역물의 현황은 어떠한가. 다음의 표를 보도록 한다.

---

91) 납본 목록이 구체적으로 기록된 1930년 6월~1931년 3월까지의『월보』수록 단행본 수량이다.

〈표 3〉『월보』 수록 단행본 번역물 현황

NO	제목	발행인	수록 월보	특징
01	世界偉人傳	정도영(鄭道永)	1929.03.	단행본, 언한문
02	露國革命史와 레닌	백아덕(白雅德)	1929.04.	단행본, 언문
03	人情	김영근(金永根)	1929.09.	단행본, 언한문
04	全球戰史	박건화(朴健和)	1930.02.	단행본, 전기
05	탐정소설 편수미인	양재응(梁在應)	1930.07.	소설, 언문
06	니콜라이 레닌전	홍순준(洪淳俊)	1930.08.	단행본, 역사물
07	怪傑 張作霖	송완식(宋完植)	1930.09.	소설로 추정
08	어데로 가나 刷選集	강의영(姜義永)	1930.09.	소설
09	춘희 영화소설	강의영(姜義永)	1930.10.	소설
10	어린 페더	유시용(劉時鎔)	1930.10.	동화, 소설
11	이콜라이 레닌傳	노익환(盧益煥)	1930.12.	언문
12	郭汾陽實記	송경환(宋敬煥)	1930.12.	역사물, 소설
13	불상한 남매	강은형(姜殷馨)	1930.12.	소설
14	제마무전	송경환(宋敬煥)	1931.01.	소설
15	映畵小說 名金	강의영(姜義永)	1931.01.	소설
16	小公子 少年小說	강의영(姜義永)	1931.01.	소설
17	古代小說 三國大戰	송경환(宋敬煥)	1931.01.	소설
18	신쌔드航海記	박유옥(朴裕玉)	1931.02.	소설
19	갈리버旅行記	박유옥(朴裕玉)	1931.02.	소설
20	이소프童話集	박유옥(朴裕玉)	1931.02.	동화, 소설
21	여호테나드傳	박유옥(朴裕玉)	1931.02.	소설
22	로쎈손漂流記	박유옥(朴裕玉)	1931.02.	소설
23	映畵小說 亞細亞의 大動亂	한강(韓鋼)	1931.06.	소설
24	太平洋과 極東大戰	노자영(盧子泳)	1934.04.	역사물

『월보』에 수록된 139편의 소설 목록 가운데 번역물로 확인되는 자료는 〈표 3〉을 통해서 정리한 바와 같이 전체 24편이다. 이 가운데 17편은 『월보』의 납본 목록에 수록되어 있으며, 7편은 불허가 목록에서 확인된 것이다. 납본이라는 것이 출판을 목적으로 행정기관에 제출되는 도서라는 일반적인 의미를 가지고 있지만, 일제강점기 출판 상황에서 이 납본은 검열을 위한 제출본의 성격을 지닌다. 특이한 점은 납본 목록에 해당하는 자료의 경우 실제 납본 수량과 완전하게 일치하지 않는다는 것이다. 우선 조선어 출판물을 검열하는 데에 적용되는 출판법 대상 단행본의 경우 752종 가운데 515종만 수록되어 있어서 68.5% 정도만이 구체적으로 확인된다. 이는 일본어 단행본 815종 가운데 납본 목록에 수록된 295종(39.2%)보다는 많은 수량이지만 실제 출판이 얼마나 되었는가를 목록만으로 확인하기가 부족하다는 문제가 있다.

『월보』의 통계 가운데 실제 납본되었다는 수량과 출판이 허가된 출판 출원 현황이 일치하지 않는 경우는 목록이 구체적으로 수록된 1930년 9월부터 1931년 1월호까지이며, 1931년 2월호와 3월호는 납본 수량과 출판 출원, 출판 목록의 수량이 정확하게 일치한다.[92] 이는 출판을 위해 납본이 제출된 단행본 가운데에도 출판사나 발행인이 자발적으로 출판을 포기한 경우도 존재한다는 것을 의미한다. 즉 출판할 것을 목적으

92) 『월보』 1931년 2월호에는 출판법 관련 납본 43종과 출판규칙 관련 납본 29종이 통계로 제시되어 있으며, 납본 목록에는 일본어 단행본 29종과 조선어 단행본 43종이 모두 수록되어 있다. 또한 1931년 3월호에도 출판법 관련 43종, 출판규칙 관련 44종의 통계가 제시되어 있으며, 납본 목록에 일본어 단행본 44종, 조선어 단행본 43종으로 구분되어 기록되어 있다. 이를 통해서 볼 때 실제 납본의 수량과 출판 수량은 일치해야 하는 것이 일반적이라 할 것이다. 그러나 『월보』의 1930년 8월호에 기록된 전체 납본 수량은 139종이나 실제 행정 처분 통계에 기록된 것은 허가 102종, 불허가 1종으로 되어 있어 36종은 누락되어 있다. 이 수량의 차이는 납본을 제출한 발행인이나 출판사에서 출판을 포기한 것 때문으로 추정된다.

로 납본을 제출하였으나 출판 자체가 이루어지지 않은 단행본들이 존재한다는 것이다.[93)]

그렇다면 납본 목록을 통해 확인되는 단행본 번역물의 특징은 무엇인가. 우선 1930년 7월 『월보』에 수록된 번역 소설 탐정소설 『편수미인』의 경우를 살펴보도록 한다. 이 작품은 실제로 확인할 수 있는 단행본은 1949년 '광문서림'본이며, 출간 기록은 '영창서관'의 『운명의 진주』(1931)에 수록된 광고에서만 확인된다. '영창서관'의 광고에 기록된 것을 기초로 보았을 때, 이 작품의 번역자는 이소(二笑)[94)]이며, 발행인은 확인되지 않는다. 이 작품에 대한 『월보』의 기록에 발행인이 양재응(梁在應)으로 되어 있는 것으로 보아 영창서관본이 이 납본 목록에 수록된 것일 확률도 높다. 양재응은 1936년 2월 23일자 『동아일보』의 신간 서평란에 그가 저작, 발행한 『조선농촌부업독본(朝鮮農村副業讀本)』가 소개되어 있는 것으로 보아 발행인 겸 출판업자인 것으로 추정된다.

이 작품에 대한 실체는 1949년 '광문서림'[95)]본을 통해 확인할 수 있는데, 원작은 프랑스의 작가 보아고베(Fortuné du Boisgobey)의 탐정소설 『*La Main coupée*(1880)』이다. 이 작품 역시 당시 한창 유행하던 구로이와 루이코(黒岩涙香)의 번역본[96)]을 중역했을 것으로 보이며, 작품의 전체 내용은 동일

93) 『월보』에 수록된 납본 목록과 불허가 목록 이외에도 많은 수의 단행본들이 출판되지 못했음을 보여주는 것이며, 출판되지 못한 단행본 가운데 번역 소설이 포함되어 있었을 가능성도 충분하다.

94) 이소(二笑)라는 번역자에 대한 기록은 상당히 많다. 대표적으로 '영창서관'에서 발행된 번역소설 『백발귀』(1924)과 '경성서관'에서 발행된 번역소설 『춘원』(1926), 컬럼비아 대학에 소장된 『愛의 指環』(신명서림, 1924) 등이 그의 번역 작품으로 확인된다.

95) 보아고베 작, 『편수의 미인』(판권지에는 '편수미인'으로 표기되어 있음), 1949.

96) 구로이와 루이코(黒岩涙香) 역, 『片手美人(1889)』.

하나 인물의 이름은 한국적인 것으로 바꾸어 두었다는 특징이 있다.

납본 목록에 또 다른 수록 소설인 발행인 송완식(宋完植)[97]의 『괴걸(怪傑) 장작림(張作霖)』은 1929년에 출간된 같은 발행인의 단행본 『괴걸 장작림실기』[98]의 재출간본으로 추정된다. 이 작품은 중국 만주지역의 군벌이었던 인물의 일대기를 다루고 있는데 원본으로 추정되는 일본어로 된 동일한 제목의 단행본(園田一龜 著)이 1922년 동경의 '중화당(中華堂)'에서 발행된 것으로 볼 때 역사물을 바탕으로 한 실기류 번역 소설로 보인다. 또한 『어데로 가나』(납본 목록, 강의영 발행)의 경우 시엔키에비치(Henryk Sienkiewicz)의 『쿠오바디스(*Quo-Vadis*)』(1895)의 번역 소설이다.[99]

납본 목록에서 처음으로 확인된 발굴 번역 소설들도 존재하는데, 프랑스 작가 뒤마 피스(Alexandre Dumas fils)의 소설 『춘희』의 경우 심향산인 번역의 『춘희』[100]가 1929년에 경개역으로 『조선일보』에 수록되었고, 김자혜 번역의 경개역본이 『신가정』에 1933년 3월에 수록되었으며, 다른 제목의 동일 작품 번역[101]이 있으나 영화소설로 번역된 것이 발견된 것은 이번이 처음이다.

기존에 출간된 정보가 존재하지 않았으나 본 연구로 확인된 납본 목록 수록 번역 소설에는 박유옥(朴裕玉) 발행의 『신빠드(航海記)』와 『여호

97) 연설체 소설 『만국대회록』(동양대학당, 1926)의 저자.

98) 송완식 저작 겸 발행, 영창서관, 1929.

99) 홍난파가 번역한 작품이 『매일신보』에 1920년 3월 20일~5월 5일에 연재되었으며, 1921년에 '광익서관'에서 단행본으로 출간되었다. 『월보』의 납본 목록에 수록된 강의영 발행의 동일 제목 작품은 이 번역 소설의 재출간본일 확률이 높다.

100) 뒤마 피스 작, 심향산인 역, 『조선일보』, 1929.11.19~22.

101) 진순성 번안의 『홍루』(『매일신보』, 1917.9.21~1918.1.16)와 나빈 역의 『동백꽃』(조선도서주식회사, 1927) 등이 있다.

테나드傳』 등이 있다. 현재까지 동일한 제목의 번역 소설이 확인되지 않는 것들인데, 이 작품의 번역자이자 발행자인 박유옥(朴裕玉)에 대한 기록이 『동아일보』 1931년 3월 5일자 기사에 남아있어서 확인하였다. 이 기사에는 그가 "춘추아동문고(春秋兒童文庫)"[102] 전 5권을 발행한 것으로 기록되어 있는데, 여기에 수록된 작품들이 위의 〈표 3〉에서 정리한 5편의 작품으로 확인된다. 이 작품들은 납본 후 곧장 출판이 허가되었던 것으로 보인다.

이처럼 『월보』의 납본 기록에는 기존에 출간되거나 출간이 확인된 번역 소설들이 상당수 존재한다. 이 가운데에는 위에 언급한 것처럼 새롭게 확인된 번역 작품들도 있으며, 재출간이나 재번역을 통해 단행본으로 출간된 것들도 있다. 그렇다면 동일한 시기의 번역 소설 가운데 현재까지 확인된 것들은 무엇이며 『월보』의 납본 목록과는 어떤 차이를 보이는가. 다음 절에서 살펴보도록 한다.

나. 『조선출판경찰월보』 발행 시기 번역 소설의 현황

『월보』가 발행되던 시기, 즉 출판 관련 목록이 확인되는 시기인 1928년 9월부터 1938년 12월 사이에 출간되거나 신문이나 잡지에 수록된 번역 소설은 어느 정도의 수량이며 어떤 성격을 가지고 있는가. 본 절에서 살펴볼 내용은 이 시기 번역 소설의 현황이다.

우선 현재까지 확인된[103] 이 기간 동안의 번역 소설은 193종이다. 이

---

102) 春秋閣출판부 春秋아동도서전집 5권, 1.신빠드항해기, 2.갈리버여행기, 3.로빈소표류기, 4.여호테나드 전 5.이소프 동화집.

103) 한국연구재단 토대사업 『한국 근대 장편소설 사전 편찬』 연구를 통해 확인된 자료를 의미한다.

수량은 추후 연구를 통해 보완 확충될 수 있으리라 기대하지만, 현재 대부분의 잡지와 단행본, 신문 자료를 분석하여 실제로 확인한 수량이므로 신뢰도는 높다고 할 수 있다. 이 자료를 통해 정리된 『월보』발행 시기 번역 소설은 단행본 소설이 26종이며, 신문 및 잡지에 수록된 자료는 167종에 달한다. 『월보』에는 신문이나 잡지의 경우 주로 삭제 기록만이 남아 있어서, 실제 자료의 성격을 확인하기가 어렵지만 단행본의 경우 납본 목록과 검열 기록이 함께 남아있어서 이를 중심으로 비교가 가능하다.

우선 단행본으로 출간된 번역 소설들의 면모를 살펴보면 다음과 같다. 우선 중국 고전소설들을 번역하여 출간한 경우이다. 1928년 '태화서관'에서 강하형에 의해 발행된 『계명산』이라는 작품은 중국 고전소설인 『삼국연의』의 부분 번역본이며, 같은 해 '영창서관'에서 발행된 『원본교정언문 삼국지』 역시 『삼국연의』를 발췌 번역한 것이다. 1929년에는 '동양대학당'에서 『당태종전』이 발행되었는데 이는 중국고전 『서유기』의 축약 번역본이며, '태화서관'에서 발행된 『산양대전』은 『삼국연의』의 부분 번역본이자 다른 시기에 발행된 『조자룡실기』(세창서관·영창서관, 1918)를 재출간한 것이다. 1930년에는 '덕흥서관'에서 『적벽가』가 발행되었는데, 이 역시 『삼국연의』의 부분 번역본이다. 또한 1934년에는 민태원 번안의 『서유기』가 '박문서관'에서 발행되었고, 1935년에는 '이문당'과 '세창서관'에서 발행한 『조자룡실기』, 『산양대전』과 『삼국대전』이 발행되었다. 이 세 편 모두 『삼국연의』의 부분 번역본이다. 이 처럼 이 시기 단행본으로 출간된 번역 소설들은 상당수가 중국 고전을 번역한 것이거나 기존에 번역되었던 작품들을 재출간한 것이었다. 근대전환기 이후 활발하게 출간되었던 구활자본 고소설의 명맥이 1930년대에도 계속 이어지고 있었다는 점은 이 같은 종류의 작품들을 소비하는 독자들이 여전히 많았음을 보여준다.

그 이외에 단행본으로 출간된 번역 소설들은 대부분 서양 작품의 번역본을 중역한 것이거나 직역한 것이었다. 이에 해당하는 작품에는 1928년 '박문서관'에서 발행한 고장환 번역의 『쿠오레』(아미치스(Edmondo De Amicis) 작, 1886)와 1929년 '광한서림'에서 발행한 『몬파리』[104](역자 미상)가 있으며, '이문당'에서 『사랑의 학교』(『쿠오레(Cuore, 1886)』의 번역)가 이정호에 의해 번역되어 단행본으로 발행되었다.[105] 또한 같은 해 '박문서관'에서는 고장환 번역의 『안더센동화집』이 간행되었고, 1930년에는 주요한이 번안한 『사막의 꽃』(커우드(James Oliver Curwood) 작, *The Valley of Silent Men*)이 발행되었다.[106] 같은 해 '조선야소교회'에서는 피득[107] 번역의 『서부전선은 조용하다』(레마르크(Erich Maria Remarque) 작, *Im Westen nichts Neues*)가 발행되었는데 이 작품은 축역이나 초역이 아닌 완역본이다.

이 외에도 1930년에는 '창문당'에서 『최후의 사랑』(시엔키에비치(Henryk Sienkiewicz) 작, *Quo vadis*)와 '문운당'에서 방인근 번안의 『해적』(사비디니(Rafael Sabatin) 작, *The Sea Hawk*)가 발행되었고[108], 1937년에는 '한성도서'에서 이상수 번역의 『해부인』(입센(Henrik Johan Ibsen) 작, *Fruen fra Havet*) 등이 발행되었다.

---

104) 1929년 '단성사'에서 개봉한 프랑스 영화이며, 이 영화의 대본을 번역한 영화소설로 보인다.

105) 이 작품은 『동아일보』에 1929년 1월 23일부터 5월 23일까지 연재되었다.

106) 이 소설은 『동아일보』에 1929년 12월 3일부터 1930년 4월 12일 사이에 연재되었고, 번안자는 '낭림산인'으로 되어 있다. 이 연재본이 '대성서림'에서 발행될 때 번안자가 '주요한'으로 표기되어 있는데 내용이 동일한 것으로 보아 두 작품은 같은 것으로 추정된다.

107) 피득(彼得)은 성서 번역의 선구자로 알려진 선교사 Alexander A. Pieters의 한자 표기이다.

108) 小田律 역의 일역본 『海の鷹(1930)』을 중역한 것이다.

이 같은 번역 소설의 단행본 출간 현황을 보았을 때, 당시 번역 소설의 출판은 두 가지 방향으로 진행된 것으로 보인다. 앞서 살펴본 바와 같이 중국 고전소설을 번역하거나 재출간한 경우와 서양 소설에 대한 번역이 그것이다. 특이한 점은 이 시기에 이르러 1910~20년대에 활발하게 이루어졌던 일본 대중 소설에 대한 번역이 현저하게 줄었고 그 빈자리를 서양 작품에 대한 번역이 채우고 있다는 점이다. 이는 해외문학파의 등장에 따른 신문과 잡지 수록 번역물들이 늘고 있다는 점에서 확인이 가능하다. 앞에서 단행본 출간에 대한 양상을 살펴보았지만 이 시기 193편의 번역 작품들의 대다수는 잡지나 신문에 수록된 것들이다. 모파상, 알퐁스 도데, 코난 도일, 호프만, 제롬스키 등의 서양 작가들 작품들을 번역한 대부분의 소설들은 잡지와 신문에 수록되었고, 이 작품들은 특이하게도 단행본 출간으로 곧장 이어지지 못했다. 이는 잡지나 신문에 수록된 번역 작품들이 짧은 단편들로 되어 있다는 점과 매체의 지면 한계에 따른 것으로 추정된다.

또 하나 특이한 점은 『월보』에서 확인된 번역 소설들에는 『제마무전』과 『삼국대전』을 제외한 다른 작품들이 확인되지 않는다는 점이다. 이는 『월보』에 수록된 상당수의 작품들이 현재 출간 확인이 되지 않는다는 것에 기인하기도 하고, 『월보』의 납본 및 불허가 목록에 누락되었을 가능성에 기인한 것이기도 하다. 어느 쪽이든 간에 이 두 자료를 통합해서 비교해야만 이 시기 번역 소설의 전체적인 출간 양상을 확인할 수 있다고 할 수 있다.

그렇다면 『월보』에 수록된 납본과 불허가 목록에서 확인된 작품들이 실제 번역 소설의 발굴 작업에서 확인되지 않는 이유는 무엇인가. 다음 장에서는 『월보』에서 찾았으나 실체가 확인되지 않는 번역물들을 대상으로 그 이유를 추적해보기로 한다.

(2) 번역 소설의 출판과 검열

번역 소설에 대한 검열을 확인할 수 있는 자료는 『월보』의 불허가 및 삭제 목록과 사유 부분이다. 2장에서 살펴본 바와 같이 『월보』가 발행되던 시기의 단행본들 가운데 현재 확인되지 않는 작품들은 『월보』를 기준으로 보았을 때 22편이며, 출간 목록을 기준으로 보았을 때에는 24편이다. 이 가운데 실제 추적 작업을 통하여 출판이 확인된 것이 후자의 24편이기 때문에 『월보』에 수록된 작품들에 대한 확인 작업이 필요하다.

특히 『월보』의 납본 목록은 출판 출원이 허가된 것을 대상으로 하기 때문에 실체가 확인되지 않는다고 해도 추후 발견의 가능성이 있으나 불허가 목록에 수록된 번역물들은 출판 자체가 금지되었기 때문에 남아있을 가능성은 매우 낮다. 그렇다면 이 같은 불허가 목록에 수록된 번역물들은 무엇이며 그 성격은 어떤 것이었는지 살펴보도록 한다.

가. 납본 및 불허가 목록 수록 번역 소설의 특징

『월보』의 출판 불허가 목록에 수록된 번역물은 전체 8편이며, 여기에는 역사물과 전기, 소설이 함께 포함되어 있다. 우선 역사물과 전기에 해당하는 것으로는 1929년 3월 『월보』의 출판물 불허가 목록에 수록된 정도영(鄭道永) 발행의 『세계위인전(世界偉人傳)』이 있다. 이 작품은 치안방해를 이유로 출판이 불허가되었는데, 그 사유에 이순신과 마르크스, 레닌과 손문 등에 대한 일대기가 담겨있고, 이순신을 비롯한 혁명가 관련 혁명사가 서술되었다는 점을 들고 있다. 이순신을 혁명가로 볼 수는 없으나 총독부 출판 경찰의 입장에서는 그가 반제국주의적 성격을 지니고 있다고 판단한 것으로 보인다. 또한 마르크스와 레닌 등의 인물전을 다루고 있다는 점은 이 단행본이 사회주의적 성격을 가지고 있다는 것을 유추할 수 있다.

이처럼 치안 방해를 이유로 출판이 금지된 다른 번역물에는 1929년 4월 『월보』의 불허가 목록에 수록된 『노국혁명사(露國革命史)와 레닌』과 같은 단행본도 있다. 백아덕(白雅德) 번역으로 되어 있는 이 책은 연희전문학교의 교수였던 베커(Arther Lynn Becker)가 역사서를 번역한 것이다. 이 책에 대한 불허가 사유는 분명하게 기록되어 있지 않지만 『월보』에 "조선의 사상관계 출판물"로 구분되어 있는 것으로 보아 『세계위인전』과 동일한 이유로 출판이 불허가된 것으로 보인다.

1930년 2월 『월보』의 불허가 목록에서 확인한 『전구전사(全球戰史)』는 박건화(朴健和) 발행으로 되어 있으며 발행인에 대한 확인은 되지 않는다. 다만 이 단행본의 불허가 사유로 세계대전의 원인을 서술한 점과 일본 화폐에 대한 배척 등의 내용이 담겨있다고 되어 있는 것을 볼 때 반일의 맥락을 가지고 있는 것임이 추정된다.

1930년 8월 『월보』에는 홍순준(洪淳俊) 번역의 『니콜라이 레닌전』[109]이 출판 불허가 목록에 수록되어 있다. 번역자인 홍순준은 역사소설 『인조반정』(성문당, 1938), 『인현왕후와 장희빈』(삼중당, 1949) 등을 발표한 대표적인 역사소설가인 홍효민의 본명이다.[110]

---

109) 이 작품은 특이하게도 1930년 12월 『월보』의 납본 기록에 강의영 발행으로 『이콜라이 레닌전』이라는 이름으로 재출간된 것으로 되어 있다. 현재 실물이 전해지지 않으나 불허가 사유를 보았을 때, 결국 출간되지 못했을 것으로 추정된다.

110) 종로경찰서장의 감찰 사무기록(1925.09)에 홍순준이 "국제무산청년데이기념협의회"에 참여했다는 사찰 내용이 남아있다.

『월보』에는 역사나 인물 서사 이외에도 번역되었으나 출간되지 못한 소설들도 확인되는데, 1931년 6월호의 출판 불허가 목록에 수록된 『영화소설 아세아의 대동란』과 같은 것이 그러하다. 이 작품은 현재 출간 자료를 구할 수 없다. 그러나 이 작품에 대한 정보는 당시 개봉되었던 영화에서 확인할 수 있다. 『월보』의 불허가 요지에 이 작품은 러시아 영화로서 당시 큰 반향을 일으켰던 『아시아의 폭풍(嵐)』을 번역한 것으로 되어 있는데, 이 영화의 제목은 원제가 *ПОТОМОК ЧИНГИС-ХАНА*로 브세볼로드 푸도브킨(Vsevolod Pudovkin)이 감독한 1928년 영화의 일본어 개봉명이다. 이 영화는 칭기즈 칸의 후예인 한 인물이 제국주의에 맞서 싸운다는 줄거리를 가지고 있다. 불허가 요지에 칭기즈 칸을 미화하는 내용 때문이라는 점을 들고 있는 것으로 보아 이 역시 반제국주의적 역사관이 문제가 된 것으로 추정된다.

이처럼 『월보』의 불허가 및 납본 목록에는 지금까지 확인되지 않았던 다수의 번역 소설들이 수록되어 있다. 특히 납본 목록에 수록된 번역 소설들이 주로 중국 고전소설과 서양의 대중소설, 고전 등에 집중되어 있는 것에 비해, 불허가 목록에는 주로 사회주의적 계열의 소설들과 역사물 등이 존재했음을 확인할 수 있다. 불허가 목록에 수록된 사유를 통해 보았을 때, 1910년대를 전후로 하여 총독부가 출판을 금지하거나 압수했던 번역물들이 애국계몽과 영웅서사에 집중되었던 것 비하여, 1930년대에는 사회주의 계열의 서적과 반제국주의적 맥락의 번역물들이 그 같은 대상이 되었음을 확인할 수 있는 것이다. 이는 지금까지 확인되는 번역소설들의 상당수가 서양의 탐정소설이나 모험소설 등에 집중되고 있다는 점에서 폄하될 수 있는 한국 번역 문학의 또 다른 양상을 보여준다는 점에서 의의가 있다. 확인되지 않는 것과 존재하지 않은 것의 차이는 분명한 것이기 때문이다. 그러므로 1930년대 한국 번역 소설을 평가함에 있어서 『월보』에 수록된 이 같은 성격의 자료들이 보완되어야 할 것이다.

나. 번역 소설과 창작 소설의 출판 검열 차이

『월보』에 수록된 납본 목록과 불허가 목록을 보았을 때 조선어로 출판된 소설은 102편이 확인되며 이 가운데 번역 소설은 24편이 수록되어 있다. 이 수량 가운데 조선어로 창작된 소설은 37편이 불허가 목록에 수록되어 있으며, 번역 소설에 대한 출판 불허가는 8편(역사물 포함)에 불과하다. 불허가 비중으로 볼 때 창작 소설은 47%인 37편이 불허가되었고, 41편이 출간되었으며, 번역 소설은 33%인 8편이 불허가되었고 16편이 허가되었다. 문제는 이 번역 소설에 포함된 것 가운데 홍순준의 『니콜라이 레닌전』[111]과 『영화소설 아세아의 대동란』을 뺀 나머지 작품들은 번역 서사에는 해당하지만 본격적인 소설로 보기에는 어렵기 때문에 8%인 2편 정도만 불허가 대상이 되었다는 점에 있다.

즉 전체 불허가 비중을 보았을 때 창작 소설의 출판 금지 비율이 번역 소설에 비해 보다 높다는 점이다. 이 같은 불허가 비율의 차이는 두 갈래의 어떤 출판 양상에서 비롯되는 것인가. 먼저 조선어[112]로 창작되었으나 출판법에 의해 치안 위반으로 출판이 불허가된 소설들의 특징들을 살펴보도록 한다.

창작 소설 가운데 치안 방해를 사유로 출판 금지된 첫 기록은 『월보』의 1929년 2월호에 등장한다. 허도(許翿) 발행의 『청춘의 탈야』와 노익환(盧

---

111) 역사소설가로서 홍순준(홍효민)의 작품들을 고려할 때 『니콜라이 레닌전』은 『인현왕후와 장희빈』류의 역사소설일 확률이 높다.

112) 『월보』에 기록된 표기법을 따라 한국어 대신 조선어라는 표현을 사용한다.

益煥) 발행의 『영원의 루』, 같은 발행인의 『다정의 루』 등이 그것이다. 이 가운데 『청춘의 탈야』는 불허가 요지에 소작인들이 지주에 단결하여 대항하고 소작료 불납 운동을 전개했다는 점이 검열되어 출판되지 못했다고 기록되어 있다. 즉 소설의 내용이 사회주의적 계급투쟁을 다루고 있다는 것이 검열을 통한 출판 불허가의 사유인 것이다. 또한 『영원의 루』는 돈 때문에 사랑하는 이를 빼앗긴 한 남자가 부자에게서 돈을 강탈한다는 내용이, 『다정의 루』는 법을 위반한 의사에 대한 내용이 문제가 되어 출판 불허가 되었다. 『청춘의 탈야』의 불허가 사유가 비교적 소설의 주제와 맥락을 문제 삼고 있는 것에 비해, 뒤의 두 편은 통속적 상황 속에서 일어난 상황의 위법성을 검열의 명분으로 삼고 있다.

1929년 3월호 『월보』에 수록된 『장한의 청춘』도 제목으로 볼 때 당시 유행하던 통속적 대중소설인 것으로 보인다. 그러나 이 작품의 불허가 사유에는 이 소설이 독립운동가 나석주(羅錫疇) 사건을 다루고 있는 '불온소설'이라는 점이 기록되어 있다. 반일의 맥락을 가지고 있는 작품이었던 것이다. 이 외에도 『생의 혈루』(이두성 발행, 1929년 6월 불허가 목록)은 미 대통령 윌슨의 민족자결주의와 3·1운동의 상황에 대한 묘사가 등장한다는 점에서 불허가 되었다고 기록되어 있다. 이처럼 창작 소설의 출판 불허가 사유는 주로 치안 방해가 다수를 차지하고 있으며, 치안 방해 불허가는 전체 불허가 처분을 받은 37편 가운데 29편으로 78%를 차지하고 있다. 이 외의 8편의 작품은 '풍속괴란(風俗壞亂)'을 사유로 들고 있으며 주로 선정성을 명분으로 하고 있다는 특징이 있다.

이에 비하여 번역 소설에 대한 불허가 처분은 대상 작품만을 보았을 때 역사물 포함 8편에 불과하다. 사유는 창작 소설과 유사하게 치안 방해를 명분으로 들고 있으나 1928년부터 1938년 사이에 확인되는 번역 소설이 193종에 달하기에 창작 소설에 비해 번역 소설 자체에 대한 출판 불허가는 2편에 불과하여 검열에 의한 통제의 정도가 미미함을 확인할 수 있다.

그 이유는 당시 번역 소설들이 가지고 있는 성격들이 앞에서 확인한 것처럼 주로 대중을 대상으로 한 독서물의 성향을 지니고 있기 때문인 것으로 볼 수 있다. 이는 당시 발행되거나 수록된 번역 소설들 가운데 『범의 어금니(1930)』(모리스 르블랑(Maurice Leblanc) 작, *Les Dents du Tigre*), 『황금충(1930)』(알란 포(Edgar Allan Poe) 작, *The Gold-Bug*) 등을 포함하여 탐정소설이나 모험소설이 상당수를 차지하고 있고, 본격소설이라 하더라도 내용상 치안에 문제적이지 않은 고전들이 대부분을 차지하고 있다는 점에서 추정할 수 있다. 중국 고전소설에 대한 번역 역시 근대전환기의 구소설 독자층이 여전히 남아있는 상태에서 그들을 대상으로 발행된 것이기 때문에 성격은 유사하다 할 것이다.

번역 소설이 이미 출간되었다는 것은 이 작품들이 총독부 출판 경찰의 검열을 통과한 것임을 전제로 한다. 그렇기에 현재 확인되는 번역 소설들의 성격이 대중들을 대상으로 한 독서물에 가까운 이유는 이 검열 과정에서 많은 체제 비판적 작품들이 출판 금지되었기 때문인 것이다. 앞에서 살펴본 것처럼 『월보』에 수록된 납본 수량에 대한 통계표와 실제 출판 출원 수량이 일치하지 않는 이유는 이처럼 상당수의 작품들이 검열의 과정을 통과하지 못했기 때문일 것이다. 여기에는 창작 소설도 포함되어 있었을 것이며, 번역 소설 또한 함께 존재했을 것이다. 그 실종의 과정 속에서 발견한 24종의 번역물들은 이 같은 추정의 가능성을 뒷받침해주며, 그 가운데 출판이 불허가된 8편의 번역 작품들은 이 시기 번역 문학이 가지고 있는 대중 독서물의 한계를 보완할 수 있는 가능성을 담고 있었던 것이다.

일제강점기, 특히 1920~30년대의 번역 소설이 가지고 있는 특징으로 언급되는 대중적 성격의 독서물이라는 판단은 상당히 타당한 것으로 생각될 수 있으나 일반화의 위험성을 내포하고 있다. 물론 이 시기에 발행된 탐정소설이나 모험소설, 일본의 대중소설에 대한 번역 및 번안 작품들은 이 같은 성격을 분명하게 보이고 있다. 그러나 이 같은 판단은 현재 출간이 확인된 작품들을 대상으로 한 결과물을 분석한 결과에 따른 것이다. 번역 소설이 한국 소설사에서 차지하는 비중과 역할이 많음에도 불구하고 일정 부분 연구의 대상에서 벗어나있었고, 연구가 되더라도 통속물의 한 갈래로 연구되는 이유는 그 결과물이 가지고 있는 성격 때문이었다.

그러나 『월보』를 통해서 확인되는 것처럼 번역 소설이 가지고 있는 시대적 가능성과 한국 문학에 끼쳤을 영향은 1930년대에도 여전히 유효하다. 이는 1910년대 이전 서양의 위인의 영웅담과 역사 서사들이 가지고 있었던 가능성 때문에 번역 서사들이 본격적으로 소개되었을 이유와 유사하다. 번역 소설을 단순히 다른 언어로 된 작품을 자국어로 전환한 결과물 정도로 인식하거나 원작과의 친연성을 확인하는 정도로 접근해서는 안 되는 이유도 분명하게 있는 것이다.

1930년대의 번역 소설은 기본적으로 대중적 독서물의 성격을 강하게 가지고 있었지만, 그 이면에는 역자와 발행인이 시대의 필요성에 의해 소개하려고 했거나 식민지 현실을 극복하기 위한 목적성을 지니고 번역되었던 것들도 분명하게 존재한다. 한국 문학사에 있어서 번역 소설에 대한 연구가 본격화되고 있는 상황 속에서 이 같은 성격의 번역 소설들에 대한 연구는 한국 문학의 또 다른 내재적 추동력을 보여줄 수 있다는 점에서 보다 깊이 있게 진행될 필요가 있다. 필자는 비록 『월보』의 방대함 때문에 단행본으로 출간된 작품들만을 대상으로 번역 소설의 출판 양상에 대한 연구만을 진행하였으나 남은 자료에는 단행본 외에도 신문과 잡지에 수록된 많은 기사와 소설들에 대한 삭제 처분 기록이 함께 남아있다. 추후 연구에서 이 부분에 대한 고찰이 추가될 수 있다면 한국문학에 번역 소설이 어떤 역할을 하고 있었는지 보다 분명하게 밝혀질 수 있으리라 생각한다.

4) 『조선총독부 금지단행본목록』과 『조선출판경찰월보』의 대비적 고찰

앞에서 자세하게 살펴보았지만 『조선출판경찰월보』는 1938년까지만 발행되었고 그 이후의 검열 기록은 확인하기가 어렵다. 분명 1939년 이후에도 검열은 지속적으로 진행되었을 것이고, 일제 강점 말기의 특성상 더욱 강화되었을 것으로 추정됨에도 기록된 자료가 충분치 않은 것이다. 그런 의미에서 이 시기 이후의 검열 양상을 확인할 수 있는 자료로서 1941년 조선총독부경무국에서 발행된 『조선총독부 금지단행본목록』은 중요하다. 여기에는 1928년 10월부터 1941년 1월까지 간행된 단행본의 출판 금지 및 압수 목록이 정리되어 있기 때문이다. 이 자료는 크게 두 부분으로 나누어져있으며 1부는 조선에서 일본어로 발행된 단행본에 대한 금지 목록이, 2부는 조선어와 중국어로 발행된 단행본의 금지 목록이 기록되어 있다.

그러나 『조선출판경찰월보』와 달리 『조선총독부 금지단행본목록』은 출판 금지 및 압수 사유가 구체적으로 기록되어 있지 않고 '치안(치안방해)', '풍속(풍속괴란)' 등으로 간단하게만 언급되어 있다. 『조선출판경찰월보』(이하 『월보』)는 출판 금지 사유가 간략하게나마 소개되고 있으나 『조선총독부 금지단행본목록』(이하 『금지목록』)에는 그 요지 서술의 부분이 생략되어 있는 것이다.

이 두 자료는 일제강점기의 조선어 출판 현황을 구체적으로 확인할 수 있다는 점과 일제에 의한 조선의 언론과 출판에 대한 검열과 탄압을 살펴볼 수 있다는 점에서 유용하다. 특히 『금지목록』에는 1938년 12월 이후의 기록도 추가되어 있어서 일제강점기 검열의 흐름을 조금 더 긴 시간 폭으로 살펴볼 수 있다. 또한 『금지목록』에는 『월보』가 기록한 시기를 포함하여 1928년부터 1941년까지의 단행본에 대한 검열과 출판 금지 현황이 수록되어 있어서 자료의 상호 보완과 대조가 가능하다. 『월보』에는 수록되어 있으나 『금지목록』[113]에는 누락된 자료와 그 반대의 경우도 대비를 통해 확인이 가능한 것이다.

지금까지 총독부 출판경찰의 『월보』에 대한 연구는 이 자료가 공개된 2006년부터 조금씩 진행되어 왔다. 하지만 검열에 의해 어떤 문학 작품들이 출판 금지되었으며 압수 조치를 당했는가에 대한 추적은 충분히 이루어지지 못한 상태이다. 『금지목록』에 대한 연구 역시 『월보』와 유사하다. 두 자료 모두 아직 연구가 부족한 상태인 것이다.

이번 장에서는 『월보』와 『금지목록』에 대한 연구를 본격화하기 위하여 두 자료에 대한 대비적 분석을 진행하고자 한다. 특히 두 자료에는 일제강점기에 발행된 한국 현대소설 자료 등이 풍부하게 기록되어 있어서 이를 분석할 경우 강점기 현대소설에 대한 탄압과 검열 양상을 구체적으로 살펴볼 수 있을 것이다. 이를 위해서 일차적으로 『월보』와 『금지

113) 조선총독부경무국, 『조선총독부 출판금지단행본목록』(1941년판) 영인본, 여산출판사, 1981.

목록』의 전체적인 특징을 살펴보도록 하고, 다음 절에서는 이를 바탕으로 두 자료에 수록된 일제강점기 소설 검열의 구체적인 양상과 두 자료를 통해 새롭게 발견된 소설의 특징에 대해 살펴보도록 한다.

(1) 출판 검열 기록의 특징

앞에서 설명한 바와 같이 『월보』는 조선총독부 출판경찰의 비밀 검열 기록이며, 『금지목록』은 총독부 경무국에서 발행한 검열 자료이다. 이 가운데 검열의 시간 폭으로 본다면 『금지목록』이 『월보』보다 긴 기간을 다루고 있으며, 여기에 수록된 자료는 1928년 10월부터 1941년 1월 말까지의 검열 결과이다. 이에 비해 『월보』는 1928년 9월부터 1938년 12월까지 10년여의 검열 기록을 담고 있다. 결국 두 자료의 공통된 검열 기간이 존재하는 것이다.

또한 『월보』는 『금지목록』에는 없는 자료가 추가되어 있다. 우선 『월보』에는 출판법, 출판규칙 등, 대상에 적용되는 검열 기준이 구분되어 있는데, 이 가운데 출판법은 조선어로 발행되는 모든 신문, 잡지, 선전물, 광고, 단행본 등을 그 검열 대상으로 하고 있으며, 출판규칙은 일본어로 발행된 출판물을 그 대상으로 하고 있다. 검열 기준에서부터 차별이 존재하고 있는 것이다.

이에 비해 『금지목록』에 수록된 자료는 이 다양한 대상 가운데 출판법과 출판규칙이 적용된 조선어 및 일본어, 중국어 단행본에 대한 검열 기록이다. 이 단행본 가운데에는 1910년대에 발행되었다가 1920년대 후반에서 1941년 사이에 출판 금지와 압수가 된 대상들도 포함되어 있다. 그렇다면 각각의 자료가 가진 특징들은 무엇이며, 그 기록에 담겨있는 한국문학, 특히 단행본 소설의 검열 결과에 대한 전체적인 현황은 어떠한가.

가. 『조선출판경찰월보』의 현황

『월보』는 전체 123호까지 발행되었으며, 이 가운데 12권이 전해지지 않아서 현재 확인할 수 있는 자료는 111권이다.[114] 전체 111권에 수록된 확인되는 검열 기록은 일본어로 발행된 것을 포함하여 2만 7천여 건에 달하며, 이 가운데 목록이 확인되는 조선어 출판물은 2,369건에 달한다. 일본어에 비해 조선어 발행 건수가 10%에 불과한 것은 조선어로 출간되는 것들이 1930년대 중반 이후 급격하게 줄어들기 때문이다. 이 같은 현상은 1928년부터 1930년대 초반까지는 일본어 대 조선어 발행본의 비율이 동등하다가 30년대 중반 이후 조선어 부분만 급격하게 줄어들고 있다는 점에서 확인이 된다. 이는 우선 30년대 중반에 이르러 조선어 발행본의 탄압이 더욱 강화되었기 때문으로 보인다.

우선 『월보』에 수록된 자료는 '납본-출판 검열을 위해 제출한 것'부터 '검열된 자료', 실제 출판된 '출판 출원의 수량'으로 구분되어 있다. 그런데 이 자료 가운데 '납본'의 수량과 '검열 행정처분'된 수량, '출판 출원'의 수량이 일부 기간을 외하고는 일치하지 않는다. 예를 들어 1930년 8월호 『월보』에 기록된 자료를 보면, 납본 수량이 출판법 즉 조선어 발행 95종, 출판규칙 즉 일본어 발행 44종, 전체 139종이 납본되었음을 확인할 수 있다. 그러나 실제 출판이 시도된 출판 출원 수량은 허가 102종, 불허가 1종으로 103종에 불과하다. 비율로 따지면 74% 정도가 출판되었다는 것인데, 이 비율은 또 다른 사실을 내포하고 있다. 이는 8월호 『월보』의 가장 뒤에 있는 납본 목록을 통해 확인이 가능하다. 이 『월보』의 납본 목록에는 일본어 단행본 33종이 출간되었음이 기록되어 있고, 조선어

114) 『월보』는 현재 123권 가운데 13, 14, 27, 32, 33, 38, 85, 109~113호가 확인되지 않는다.

단행본은 37종이 기록되어 있다. 전체 139종의 납본 제출 단행본 가운데 일본어 단행본이 44종이고, 조선어 단행본이 95종이었다는 점을 고려한다면 실제로 출간이 확인된 자료는 일본어 단행본이 33/44종(75%), 조선어 단행본이 37/95(38.9%)여서 그 출간 금지 비율의 격차는 더욱 늘어난다. 즉 출판을 시도했으나 허가된 102종에 수록되지 못한 수십 여 종의 조선어 단행본이 허가 및 불허가 수량에는 누락되어 있는 것이다.

이는 단순히 『월보』에 수록된 수량만을 대상으로 검열의 양상을 무비판적으로 판단할 수 없다는 것을 보여준다.[115] 조선어 출판물 가운데에는 검열의 과정 속에서 출판 자체를 포기하거나 누락시킬 수밖에 없었던 수많은 단행본들이 존재하기 때문이다.

소설만을 놓고 보았을 때, 『월보』에 기록된 자료들의 이 같은 성격을 고려한다면 상당수의 작품들이 출판을 포기하거나 누락되었을 것이다. 그러나 이 같은 작품들은 기록되지 않았고 수량으로만 유추할 수 있는 것이어서 분석하기는 어렵다. 그나마 『월보』에 수록된 단행본 소설의 자료만이라도 확인이 가능하다는 점은 애석하지만 현실일 수밖에 없다.

앞장에서 간단히 살펴본 바와 같이 『월보』는 대략 8가지 항목으로 되어 있다. 이 가운데 단행본 출판 금지에 관한 자료는 '차압 삭제 및 불허가 출판물 목록', '차압 삭제 및 불허가 출판물 기사요지'에 기록되어 있다. '차압 삭제 및 불허가 출판물 목록'에는 해당 기간에 납본된 단행본 가운데 압수되거나 출판이 금지된 것들의 목록이 들어가 있으며, '차압 삭제 및 불허가 출판물 기사요지'에는 '목록'에 수록된 출판물들의 금지 사유가 비교적 상세하게 기록되어 있다. 또한 '불허가 목록'에는 작품의

115) 103종 가운데 1종만이 불허가 처분을 받았다는 것이 검열이 느슨했다고 판단할 수 있는 기준이 될 수는 없다.

'제목'(장르가 기록된 경우도 있음)과 '발행인', '발행지역', '처분일시', '처분 사유' 등이 간략하게 기록되어 있으며, 이 가운데 '처분 사유'는 '치안 방해'와 '풍속 괴란'으로 구분되어 있다.

'치안 방해'란 검열된 자료가 일제의 통치 및 질서 유지에 방해가 되는 것을 말하며, '풍속 괴란'이란 자료의 내용이나 묘사가 풍속 질서를 위해하는 경우를 말한다. 그러나 그 사유가 '치안 방해'이든 '풍속 괴란'이든 간에 그 검열의 기준은 기실 매우 모호하고 자의적이라 할 수 있다. 다음의 예시를 살펴보도록 한다.

> ① 허도(許翿) 발행, 『청춘(青春)의 탈야(奪夜)』, 익산군 발행
> – 불허가 사유 : 소작인들이 지주에 단결하여 대항하고 소작료 불납 운동을 전개하는 내용
> ② 발행인 미상, 현대소설(現代小說) 『봄을 맞아』, 발행소 미상
> – 불허가 사유 : 필체가 음란 선정적이어서 금지함

①번 소설은 '치안 방해'를 이유로 출판 금지된 것이며, ②번 소설은 '풍속 괴란'을 이유로 금지된 것이다. ①번 작품의 경우 그 내용이 계급적 시각을 비판하는 것이어서 반제국적 성격을 지닌다는 점이 불허가의 요지이다. 이에 비해 ②번 작품은 그 사유에 ①에 비해 분명하지 않고 자의적인 '필체'의 '음란성'과 '선정성'을 들고 있기 때문에 문제적이다. ①번의 불허가 사유 역시 작품 전체의 맥락과는 무관한 단편적이고 편향적 시각을 보여주지만, ②번은 내용과는 무관할뿐더러 자의적인 '필체'의 문제점을 지적하고 있기 때문이다.

이처럼 『월보』에는 '치안'과 '풍속'을 사유로 출판이 금지되거나 압수 조치된 단행본 소설이 37종이나 기록되어 있으며, 이 가운데 20여 편은

현재까지의 연구에서 다루어지지 않은 새롭게 발견된 작품들이다. 이 소설들은 기존의 한국 문학사에서는 언급조차 되지 못하였다. 발행이 금지되었기 때문에 존재하지 않는 작품이 되어버린 탓이다. 그러나 출판이 금지되어서 전해지지 못하더라도 이 작품들은 분명하게 존재했던 것들이다. 그렇기에 이들 사라진 작품들에 대한 고찰이 있어야만 현재 전해지는 검열 이후의 결과물만이 아닌 이 시기 모든 소설 텍스트를 바탕으로 한 이 시대 작품들의 문학사적 의의를 논할 수 있는 것이다. 이를 위하여 금지 사유와 발굴 자료에 대한 분석은 뒤에서 본격적으로 진행하기로 한다.

나. 『조선총독부 금지단행본목록』의 현황

『금지목록』은 조선총독부 경무국에서 발행한 자료로 1928년부터 1941년 사이에 출판 금지 및 압수된 단행본들을 정리한 것이다. 『월보』와 비교할 때 특이한 점은 『월보』의 경우 해당 시기에 간행 시도된 단행본만을 그 검열과 처분의 대상으로 삼고 있는 것에 비하여 『금지목록』은 금지 처분 이전의 시기에 간행된 단행본들도 그 검열 대상이 되고 있다는 점이다. 1910년대 초반에 간행된 단행본들도 압수 및 금지 목록에 수록되어 있는 것으로 볼 때 1942년 이후 몇 년을 제외한 일제강점기의 거의 전 시기에 간행된 단행본들을 그 대상으로 하고 있다는 특징이 있다.

『금지목록』은 두 부분으로 나누어져있는데, 그 1부는 일본어로 간행된 단행본의 금지 목록이며, 2부는 조선어와 중국어로 간행된 것의 목록이다. 우선 1부에 수록된 일본어로 발행된 금지 단행본 수량은 전체 2,360종에 달하며, 2부에 수록된 조선어와 중국어 발행된 금지 단행본 수량은 432종에 달한다.[116] 이 같은 수량의 차이는 독자의 수[117]에서 비롯된 차이라기보다 인구 대비 출판물의 차에서 비롯된 것이라고 볼 수 있다. 한글 사용이 제한되고 억압되는 상황 속에서 출판 시장 역시 크게 축소되고만 기형적인 결과에 따른 차이라고 할 수 있는 것이다. 이 같은 결과가 출판법을 통한 검열 때문이라는 것은 자명하다.

본고가 주목한 부분은『금지목록』의 2부이다. 중국어와 조선어로 간행된 것들 단행본은 대략 3:7의 비율로 수록되어 있으며, 432종의 단행본 가운데 조선어로 간행되었으나 압수되거나 출판 금지된 소설은 25종이다.[118] 이 25종의 소설들 가운데에는『금지목록』의 처분 일시 이전에 간행된 작품들도 상당수 포함되어 있다. 아마도 최초 출간 시에는 검열을 피하거나 행정처분을 받지 않았으나 이후 시대적 상황에 근거하여 압수 혹은 재출간 금지를 당한 것들로 추정된다.

『금지목록』은 간행 언어로 크게 구분되어 있으나 세부 수록 사항은『월보』와 다르지 않다. 단행본의 제목과 발행인, 출판 일시, 발행지역 및 발행소, 발행인, 처분 일시, 금지 사유 등으로 나누어져있으며,『월보』와 차이가 있는 점은 각 단행본의 출판 일시가 표기되어 있다는 점이다.

주목되는 것은『금지목록』에 수록된 25종의 소설 작품 가운데 23종은 지금까지의 한국문학 연구나 출판 연구 등에서 다루어지지 않았던,

---

116) 일제강점기 중기인 1930년 중반 이후 진행된 조선어에 대한 규제와 탄압으로 조선어 출판이 일본어 단행본 출간에 비해 크게 위축되었기 때문으로 보인다.

117) 일제강점기 조선 거주 일본인의 수는 30~70만 명 전후로 추산된다. 조선인은 1920년대 초반 1,700만 명, 강점기 후기에는 2,500만 내외로 추정된다.

118) 이 책에서 '소설'로 분류한 작품들 가운데에는 실기류와 역사물도 포함되어 있음을 밝혀 둔다. 그 이유는『금지목록』으로 추정하였을 때, 역사 소설과 역사물이 분명하게 구분되지 않는다는 점도 있기 때문이다. 물론 역사물과 역사 소설이 간혹 구분되어 표기된 경우도 있다. 1925년에 박문서관에서 간행된『이순신실기』와 같은 경우이다. 이 작품은 1940년에 금지 처분되었는데, 목록에 '소설'임이 밝혀져 있다.

즉 출판이 확인되지 않았던 새로운 작품이라는 점이다. 현재까지 이루어진 한국 소설 연구가 출판이 확인된 한정된 작품에만 집중되어 있어서 한계가 있기에 『금지목록』에서 발견된 작품은 그 작가와 성격 등을 새롭게 조명해야 할 필요가 있다. 이는 『월보』에 수록된 금지 단행본 목록도 유사한데, 『월보』의 압수 및 출판 금지 단행본 목록에는 새롭게 확인된 소설 작품 20여 편이 수록되어 있다. 이 가운데 2편은 앞에서 살펴본 『금지목록』에도 동일하게 수록되어 있다. 즉 성격이 유사한 두 자료에 공통적으로 수록된 소설 작품은 2편에 불과한 것이다.

그렇다면 유사한 시기 간행된 단행본을 대상으로 한 검열 자료에서 불과 2편만이 공통적으로 추출되는 이유는 무엇인가. 이를 이해하기 위해서는 먼저 『월보』의 특성을 조금 더 언급할 필요가 있다. 『월보』는 1928년부터 1938년까지 거르지 않고 매달 발간된 문서이지만 그 문서의 기록에 모든 단행본 금지 목록이 수록되지 않았다는 점이다. 1928년부터 1930년대 초반까지는 비교적 단행본 출판 금지 목록이 자세하게 수록되어 있으며, 그 불허가 요지도 꼼꼼하게 기록되어 있다. 그러나 1930년대 중반으로 넘어가면서 『월보』는 목록보다는 주로 통계를 중심으로 간단하게 기록되어 있으며, 그 요지도 많은 부분 생략되어 있다. 이 같은 이유는 추정컨대 1930년대 중반 이후 조선어로 출간된 단행본이 급격하게 줄어들고 있다는 점에 일차적으로 기인하는 것으로 보인다. 출판규칙으로 처분되는 일본어 간행물의 증가는 그 요지를 굳이 구체적으로 기록할 필요가 없었던 것이다.

또한 이 같은 금지 요지의 생략 과정 속에서 단순히 통계로만 잡히고 목록은 확인되지 않는 작품들이 상당수 있었다는 점이다. 이는 『월보』에는 수록되지 않았으나 『월보』의 간행 시기 출판 금지 및 압수 처분을 받은 작품들이 『금지목록』에 기록되어 있다는 점에서 확인이 가능하다.

그렇다면 『월보』와 『금지목록』에서 확인되는 소설들의 특징은 무엇이며, 그 출판 금지 및 압수 사유는 무엇인가.

(2) 검열 자료의 대비적 고찰

『월보』의 목록에는 모두 37종의 출판 금지된 단행본 소설과 관련한 내용이 기록되어 있으며, 이 가운데 28종은 그 출판 금지 요지가 분명하게 기록되어 있고, 9편은 금지 사유에 대한 구분만 확인된다. 또한 소설 광고 1편을 제외한 36편의 작품 가운데 '치안 방해'를 이유로 금지된 작품은 28종이며[110], '풍속 괴란'을 이유로 금지된 작품은 8편이다.

이에 비하여 『금지목록』에 수록된 압수 및 출판 금지된 단행본 소설은 25편이며, 이 가운데에는 소설로 분명하게 표기되거나 근거가 분명한 작품이 11편, 역사소설류로 보이는 작품이 8편, 번역소설이 3편, 장르가 분명하지는 않으나 소설로 추정되는 작품이 3편이 있다. 이 25편 모두의 금지 사유는 '치안 방해'이다.

앞서서 이 두 자료에서 공통적으로 확인되는 작품이 2편이 있음을 보았는데, 이 두 편을 제외한 각각의 작품을 합하면 60종의 단행본 소설이 검열을 통해 출판이 금지되거나 압수된 것이다. 그렇다면 각각의 자료에 수록된 소설 작품들의 출판 금지 사유와 작품의 성격은 어떠한가.

---

119) 29종 가운데 1종은 소설 작품 자체가 아니라 소설의 광고에 대한 검열 기록이다. 이 광고 역시 '치안 방해'를 이유로 금지되었다. 이 작품 광고는 최독견의 소설 『난영』에 대한 것이며, 검열 기록은 『월보』 1934년 11월호에 수록되어 있다. 금지 사유는 상세하게 기록되지는 않았으나 처분 이유는 '치안 방해'이다.

가. 출판 금지 사유와 작품의 성격

『월보』와 『금지목록』이 중첩되는 기간 동안 금지 처분된 2편의 공통된 소설들의 사유를 먼저 살펴보면 다음과 같다.

① 강의영(姜義永) 발행, 『영원(永遠)의 무정(無情)』
- 불허가 사유 : 치안 방해
- 상세 요지 : 나폴레옹은 야망을 위해 무수한 사람을 죽였으나 영웅으로 칭송받고 印度 革命黨이 영국인 한 명을 죽이면 살인자가 되었음을 논하며 列强은 他民族 정복 이전에 종교를 통해 민족의 마음을 살상하며 조선의 예수교 또한 개혁해야 함을 주장

② 고려공산당청년회 발행, 『사계장춘(四季長春) 애정소설(愛情小說)』, 만주 발행
- 불허가 사유 : 치안 방해
- 상세 요지 : 자세한 사유 없음

먼저 강의영 발행의 『영원의 무정』은 『월보』 1928년 11월호의 단행본 출판 금지 목록에 수록되어 있다. 이 작품은 현재 출간이 확인되지 않고 있으며[120], 그 불허가 요지로 보았을 때 반제국주의적 성격과 반일 성향이 강한 작품으로 추정된다. 발행인인 강의영은 '영창서관'의 사주로서 일제 강점기 출판업으로 부를 축적하여 교육 사업에도 종사한 인물이다.[121]

---

120) 노자영 작 『영원한 무정』(영창서관, 1941)과는 별개의 작품으로 보인다. 노자영의 이 작품은 1941년에 출간되었으나 그 이전에도 흔적이 확인되는데, 1933년 "춘천공립중학교 민족혁명운동사건"의 경찰 조서에서 이 작품을 학생들이 함께 읽으며 민족의식을 고취하였다는 내용이 나온다. 그러나 이 작품의 성격이 어떠하든 간에 『영원의 무정』의 불허가 요지에서 언급된 내용과는 다소 거리가 있기 때문에 동일한 작품인지의 여부는 확정하기가 어렵기 때문이다. 조서에서 『영원한 무정』이 통속적 성격의 작품임이 언급되고 있다는 점도 이 같은 추정을 가능하게 한다. 두 작품이 동일한 것인가에 대한 확실한 판단은 추후의 연구를 통해 추가 확인되어야 할 필요가 있다.

『월보』의 1930년 1월호에 수록되었고, 『금지목록』에도 1930년 출판 금지되었다는 기록이 있는 『사계장춘』은 '고려공산당청년회 만주총국'에서 발행된 소설이다. 이 작품은 현재 출간이 확인되지 않으며, 그 금지 요지가 상세하게 기록되지 않아서 작품 내용에 대한 추정은 어려우나 발행자로 되어 있는 '고려공산당청년회'가 1925년 서울에서 결성된 공산주의 청년동맹 조직이라는 점을 고려할 때 그 내용 역시 『영원한 무정』과 같은 반제국주의적 성격을 지니고 있거나 반계급주의적 성향을 지니고 있을 것으로 추정된다.

이처럼 '치안 방해'를 이유로 출판이 금지된 소설 작품 가운데 『월보』에 수록된 작품들 가운데에는 반계급, 반제국, 반일, 민족주의적 성향이 강한 작품들이 상당수 포함되어 있다. 『월보』에 수록된 소설 가운데 이 같은 요지가 확인되는 다른 작품에는, 1928년 11월 『월보』에 언문소설 『도승사명당(道僧四溟堂)』이 있으며[122], 1929년 1월에는 신소설 『복마전(伏魔殿)』이[123], 1929년 2월에는 노익환 발행 『영원(永遠)의 루(淚)』가 수록되어 있다. 이 가운데 『도승사명당』은 민족의식을 고취시키는 역사적 인물을 다루고 있다는 점이 불허가 사유가 되었던 것으로 추정되며, 『영원의 루』의 경우 그 요지에 돈 때문에 애인을 빼앗긴 남자가 부자를 습격한다는 내용이 문제가 되었음이 기록되어 있다. 즉 후자의 이 작품은 반계급적 성격을 지니고 있었던 것이다.

---

121) 『매일신보』 1944년 4월 13일자 기사에는 강의영이 출판업으로 부를 모아 '이화고등보통여학교'를 인수했다는 내용이 수록되어 있다.

122) 고유상 발행.

123) 김승묵 발행, 불허가 요지에는 경북 어느 지역의 부호 이야기를 다루고 있음이 간단하게만 언급되어 있다.

『영원의 루』나 신소설 『복마전』같은 작품은 현재까지 출판이 확인되지 않았던 새로운 소설이다. 이처럼 『월보』에 수록된 출판 금지 단행본 목록에는 출판이 되지 못했거나 출판되었으나 현재는 망실된 소설들이 상당수 담겨있는 것이다.

『금지목록』에는 없으나 『월보』에서만 확인되는 '풍속 괴란'을 이유로 출판이 금지된 작품에는 다음과 같은 것들이 있다. 우선 1930년 9월 『월보』에 수록된 정도영 발행의 『연애행진곡(戀愛行進曲)』은 출판 금지 요지에서 이 작품이 목욕탕에서 나체의 남녀가 애정행각을 보이는 내용을 담고 있다는 점을 언급하고 있다. 내용의 음란성을 문제시한 사유라고 할 수 있다. 또한 1937년 1월 『월보』에 수록된 신태삼 발행의 『연애소설 기생(妓生)의 루(淚)』는 작품의 등장인물인 추월향과 이상화가 동숙하는 장면이 문제가 되어서 출판 금지 조치를 당했음이 기록되어 있으며, 1937년 5월호 『월보』의 금지 목록에 수록된 조준향 발행의 『연(戀)은 병(淚)인가』는 강간 장면이 묘사된 것이 문제가 되어 출판 금지되었다고 기록되어 있다.

이처럼 『월보』에는 '치안 방해'와 '풍속 괴란'을 이유로 압수되거나 출판 금지된 소설들이 다수 수록되어 있다. 이 가운데 상당수는 현재까지도 출판이 확인되지 않는 작품으로서 이 목록을 통해 처음으로 존재가 확인된 것들이라 할 수 있다.

이에 비하여 『금지목록』에는 25편의 단행본 소설이 확인된다. 앞서 살펴본 2편의 작품을 제외하면 23편의 작품이 수록되어 있는 것이다. 모두 '치안 방해'를 이유로 압수되거나 출판이 금지된 것들인데, 우선 대표적인 역사물 몇 개만 살펴보면 다음과 같다.[124)]

먼저 오종섭(吳宗燮) 발행의 『위인김옥균(偉人金玉均)』과 같은 작품을 들 수 있다. 이 작품은 역사소설로 추정되며, '신구서림'에서 1926년에 발행되었고 출판 금지 조치는 1940년에 이루어졌다. 이 단행본의 발행인인 오종섭은 1920년대 초반 '신민공사(新民公司)'라는 기업에서 전무이사로 재직한 것으로 확인되며, 이 기업이 도서 출판과 인쇄업을 겸하고 있다는 점에서 일제강점기에 활동한 출판업자 가운데 한 명으로 보인다. 작품의 내용은 『금지목록』의 특성상 구체적으로 나와 있지 않으나 제목으로 보았을 때 급진개화파였던 김옥균을 서술함에 있어서 반제국주의적 성격이 일부 반영되었기 때문으로 추정된다.

사회주의와 관련한 역사물 가운데 '치안 방해'를 사유로 출판이 금지된 것들에는 강봉회(姜鳳會) 발행의 『레닌 일생기(一生記)』와 같은 작품도 있다. 이 책은 1936년 3월 "秘密結社 廣州共産黨協議會 檢擧 送局에 관한 件"에 대한 영등포 경찰서의 조서에서도 언급되는 대표적인 사회주의계열의 단행본이다. 특히 발행인으로 기록되어 있는 강봉회는 마르크스주의에 대한 내용을 서술한 『데모끄라시의 진상』이라는 책의 발행인으로 1928년 10월 『월보』의 불허가 목록에도 기록되어 있으며, 1929년 5월 『월보』에는 『사회사상해설대요(社會思想解說大要)』라는 단행본의 발행인으로 출판 금지 처분되었던 적이 있었음이 확인된다. 이 같은 기록을 보았을 때 이 작품 역시 동일한 맥락으로 출판이 금지되었을 것으로 보인다.

『금지목록』에 수록된 역사물들은 역사소설과 인물전 등이 고루 포함되어 있다. 이 가운데 상당수는 민족주의를 고취시키는 역사적 인물들을 다루고 있다는 점에서 출판이 금지되었고[125], 일부는 사회주의적 성

124) 역사물 이외에 본격 소설로 확인된 작품들에 대해서는 3.2.절에서 구체적으로 살펴보기로 한다.

125) 김정동(金追東) 발행 『월남 이상재실기』(1927년 경성 발행, 1940년 금지), 송헌석(宋憲

격을 가진 인물이나 사건을 다루고 있다는 이유로 금지되었다.[126]

그렇다면 『월보』와 『금지목록』에서 새롭게 발견된 현재까지 출간이 확인되지 않는 소설들의 특징은 무엇이며 어떤 사유로 출간이 금지되었는가. 다음 절에서 살펴보기로 한다.

나. 검열 목록에서 발견된 새로운 작품들

『월보』와 『금지목록』에서 새롭게 발견된 본격 소설[127]에는 어떤 것들이 있으며 각각 어떤 사유로 출판이 금지되었는가. 이 장에서 살펴볼 내용이다. 어떤 소설 작품이 새롭게 발굴되거나 발견되었다는 판단은 매우 조심스러울 수밖에 없다. 그 이유는 주지하다시피 일제강점기라는 특수한 시기의 특성상 많은 작품들이 검열과 그 이외의 문제 때문에 발견되지 못했고, 현재까지 발견되지 않았다 하더라도 추후 밝혀질 수 있는 가능성이 충분히 존재하기 때문이다.

그렇기 때문에 본고에서 살펴볼 소설들은 앞으로 발굴될 수 있는 가능성이 충분하며, 발굴되기를 기대하는 것들이다. 우선 앞에서 언급한 바와 같이 『월보』의 단행본 불허가 목록에는 37종의 소설이 수록되어 있다. 이 가운데 새롭게 발견된 소설로 꼽을 수 있는 대표적인 작품들은 앞에서 고찰한 신소설 『복마전』, 『청춘의 탈야』와 같은 것들이 있으며, 이 외에도 상당수가 확인된다.

奭) 발행 『장개석실기』(1915년 경성 문화서림 발행, 1939년 금지) 등이 있다.

126) 백아덕(베커; Arther Lynn Becker : 연희전문학교 교수이자 선교사) 발행의 『노국혁명사와 레닌』과 같은 단행본도 있다.

127) 여기서 본격소설이란 실기와 인물전 등을 제외한 것을 말하는 것으로 본고에서만 한정적으로 사용하기로 한다. 역사소설은 포함된다.

1929년 3월 『월보』의 불허가 목록에 수록된 송완식 발행의 『장한(長恨)의 청춘(青春)』은 현재까지 출판이 확인되지 않는 작품이며, 그 불허가 요지에는 이 작품이 의사 나석주(羅錫疇) 사건을 다루고 있었다는 점이 밝혀져 있다. 또한 이두성 발행의 『생(生)의 혈루(血淚)』는 1929년 6월호 『월보』에 수록되어 있으며, 3·1운동을 구체적으로 다뤘다는 점이 불허가 요지이다. 1931년 6월 『월보』에 수록된 『영화소설 아세아의 대동란』은 러시아 영화 『Potomok Chingis-Khana』(1928년)의 대본을 번역한 소설로 현재 출판이 확인되지 않는 작품이다. 이 작품은 반제국주의적 성격이 강하다는 이유로 불허가 처분되었다.

또한 1932년 9월 『월보』에 수록된 역사소설(歷史小說) 『추산(秋山) 이항묵(李恒默)』은 박현실(朴玄實)에 의해 발행된 소설로서 한일병합을 구체적으로 비판했다는 점이 검열에서 문제가 되어 불허가 목록에 수록되었다.

이 작품들은 현재까지도 출판 확인이 되지 않는 것들로서 『월보』에서 새롭게 확인된 소설들이다. 이들 작품들의 불허가 사유를 통해 확인할 수 있는 것이지만, 대부분의 작품들이 반제국주의와 반일, 사회주의적 성격을 가지고 있음을 볼 수 있다. 1930년대에 단행본으로 발행된 소설들이 통속적 신파소설에 치우쳐져 있고, 검열 때문에 그 내용이 상당 부분 삭제되거나 수정될 수밖에 없었던 상황 속에서 이 같은 작품들이 갖는 주체적 함의는 상당히 크다. 출판된 결과물로만 문학사를 논할 수밖에 없는 상황 속에서 검열 이전의 작품들이 가졌던 주체적 성격들을 일부나마 확인할 수 있기 때문이다.

이에 비하여 『금지목록』에 수록된 소설들은 그 사유가 '치안', '풍속' 등으로 간단하게만 언급되어 있어서 그 내용의 측면까지 유추하기는 상당히 어렵다. 그러나 『금지목록』에 수록된 소설들이 모두 '치안 방해'를 이유로 출간이 금지되거나 압수되었다는 점에서 그 성격을 포괄적으로 추정할 수 있다.

『금지목록』에서 새롭게 확인된 소설 가운데 우선 주목되는 작품은 최찬식(崔瓚植) 작 『소설 이순신실기』이다. 현재까지 출간이 확인되지 않는 이 작품은 신소설 작가인 최찬식에 의해 1925년 발행되었으며 1940년에 출판 금지되었다.[128] 이 소설이 문제적인 것은 독서회를 통해 민족주의를 고취하려고 했던 '상록회' 사건의 피의자들이 이 작품을 함께 읽고 민족의식을 함양하려고 했다는 점 때문이다.[129] 독립운동가인 남궁억의 조카인 남궁태를 총독부 경찰이 심문하는 과정에서 그가 이 작품을 탐독하였다는 기록이 남아있으며,[130] '춘천공립고등보통학교' 학생들이 관련된 1939년 "민족혁명운동사건"에서도 이 작품은 필독서로 읽혔음이 기록되어 있다. 이 소설의 내용이 어떤 것이 문제가 되었든지 간에 신소설 작가인 최찬식의 작품이 민족주의 계열의 독립운동에 사상적으로 많은 영향을 주었다는 점은 작가와 작품에 대한 또 다른 고찰의 필요성을 요구한다.

이외에도 1939년에 간행되었으나 같은 해 출판 금지된 『영원(永遠)의 몽상(夢想)』과 같은 소설도 같은 맥락에서 주목할 필요가 있다. '치안 방해'를 이유로 출판 후 곧장 금지 조치된 이 작품은 '창문당'에서 발행되었으며 발행인은 양천호(梁天昊)로 되어 있다. 당시 창문당을 포함한 출판사들에서 간행되는 소설들이 대부분 대중적 독서물이 대부분이었다

128) 콜롬비아 대학교 소장 『이순신실기』(발행자 미상, 박문서관, 1925년)가 있으나 이 두 작품이 동일한 것인지는 확인되지 않는다.

129) 2부에서 자세하게 다루었다.

130) 「常綠會事件 訊問調書·公判調書」, 1939.

는 점을 고려할 때 이 작품의 금지는 신파적 성격을 벗어난 내용을 전제하고 있을 것이기 때문이다.

이에 비하여 1915년 '창문당'에서 간행되었으나 1940년에 이르러 출판 금지된 아동소설 『새로 핀 무궁화』는 새롭게 확인된 작품 가운데 작가의 특수한 이력 때문에 주목되는 경우이다. 이 작품의 작가는 김려순(金麗順)으로 당시 이화학교 출신의 개화 신여성으로 학교 재학시절부터 여류 문인으로 이름난 인물이다. 이 여성 작가에 대한 기록은 작품 자체보다는 그녀의 결혼과 관련된 신문과 잡지 기사에서 확인되는데, 『동아일보』 1927년 2월 25일자 기고문에는 이학인(李學仁)이라는 사람이 그녀와 그녀의 작품에 대해 높게 평가하는 내용이 나오며, 『별건곤』 1932년 11월호에는 그녀의 결혼과 관련한 비판적 시각의 글이 수록되어 있다. 김려순의 이 작품이 조선어로 창작된 최초의 아동소설이라는 점이 앞의 신문기사에서 확인되는 것을 볼 때, 작가로서 촉망받는 인물이었으나 잘못된 결혼 때문에 문단을 떠나야했던 것으로 추측된다.[131]

이 외에도 1933년에 발행되었으나 1941년에 출판 금지된 소설 『무정(無情)의 설음』[132]과 1937년에 간행되었으나 1941년에 금지된 『무정(無情)의 꿈』[133] 등은 아직까지 출판이 확인되지 않으며 이 목록을 통해서 처음 발견된 소설들이다. 이들 작품들은 제목으로 추정해 보았을 때 1930년대에 유행하던 신파소설의 맥락을 따르고 있을 것으로 보인다. 앞에서

131) 『동아일보』 1935년 8월 3일 기사에서 "김려순 가정을 존중히 여기자"라는 글이 확인되는데, 그녀의 결혼과 관련하여 많은 추측과 비난이 있었음을 알 수 있다. 특이하게도 작가 김려순은 여성 인권과 관련하여 언급되는 인물로 발전하고 있다.

132) 노익형 발행, 박문서관, 1937.

133) 강의영 발행, 영창서관, 1933.

살펴본 『월보』에 수록된 불허가 목록들 가운데 많은 소설들이 작품의 전체적인 내용 때문이 아니라 부분적인 묘사나 서술만으로도 출판 금지가 되었다는 점을 상기할 때, 이들 작품들도 유사한 이유로 '치안 방해'의 결과물이 되고 말았을 것이기 때문이다.

(3) 출판금지 단행본 소설의 문학사적 의의

출판법을 근거로 일제강점기에 출간이 금지되거나 압수된 단행본 소설들은 수십 여 편에 달한다. 이 가운데 상당수의 작품들은 아직까지도 서지는 물론 내용조차 확인되지 않는 사라져버린 것들이다. 본고는 이 같은 작품들을 『월보』와 『금지목록』을 통해 추출하고 추적함으로써 그 실체의 일부분이나마 확인하려고 하였다.

'치안 방해'와 '풍속 괴란' 등을 이유로 출판 금지된 조선어 단행본 소설 가운데에는 현재 문학사에서 이 시기의 일반적인 단행본 소설을 평가하여 부르는 신파소설류 이외에도 사회 비판적이며 민족주의적 성격이 강한 작품들도 분명하게 존재했다. 문학사에 대한 연구가 이미 지나간 시기의 작품들을 대상으로 진행되는 것이기 때문에 사라진 작품들은 어찌 보면 논의 과정에서 당연히 소외되었는지도 모른다.

그러나 문제는 사라진 것과 원래부터 존재하지 않았던 것 사이에는 엄청난 괴리가 있을 수도 있다는 점에 있다. 일제강점기의 검열은 '원고 검열'에서 시작하여 신문이나 잡지 등에 수록될 때 진행된 '연재 검열', 단행본으로 출간될 때 적용된 '출판 검열', 『금지목록』에서도 확인되는 것처럼 재출간이나 이미 출간된 작품에 대한 '압수와 금지' 등 3~4중 이상의 검열 체제를 가지고 있었다. 이 과정을 통과하여 출간된 한국문학은 결국 상당 부분은 자기 검열과 수정이라는 어쩔 수 없는 타협의 결과물일 수도 있는 것이다.

검열이라는 탄압을 통하여 출간되지 못한 소설들이 현존하는 작품의 그것보다 도덕적으로 우월하거나 예술적으로 훌륭하다고 말할 수는 없다. 그러나 중요한 점은 지금까지의 한국 문학사 연구에서 종종 언급되고 있는 특정한 시기의 작품들에 대한 폄하와 무관심은 극복되어야할 필요성이 있다고 생각한다.

어떤 시기의 작품이 문학사적으로 의의가 있다 혹은 없다고 판단할 때에, 이 같은 사라진 소설, 더 나아가 발굴해야 하는 소설들은 폄하된 작품들의 그림자로서 분명하게 존재했다. 문학사 혹은 문학에 대한 연구가 일부의 길출한 작가와 작품들에만 한정되었던 것은 연구자의 자기 검열을 통해 고착화된 협소한 결과물에만 관심이 집중되었기 때문이다. 어떤 시기의 단행본 소설이 신파적 성격을 가진 작품들이 집중적으로 남아있게 되었고 연구자들의 관심에서 소외된 것은 그 작품의 책임도 작가의 책임도 아니다. 그 이유는 분명하게도 위에서 언급한 일제의 지독한 검열 때문이며, 연구자들은 그 검열의 결과물만을 판단한 것이기 때문이다.

그러나 앞에서 살펴본 것처럼 일제강점기의 단행본 대중 소설의 이면에는 출간되지는 못하였으나 분명하게 한 축을 차지하고 있던 한국 문학의 주체적 가능성이 담긴 작품들도 존재한다. 사라진 소설들에 대한 관심을 갖는 이유는 이 주체적 가능성을 회복하기 위한 단초를 찾기 위해서이다.

3. 매체 전반의 검열 양상 비교

1) 일제강점기 영화와 출판 검열의 연동

언론 매체에 대한 총독부의 검열은 국권상실 이전부터 준비되어 1945년 그들의 패망까지 지속적으로 집요하게 이루어져왔다. 1907년 이완용 내각의 신문지법 제정에서부터 시작된 언론 검열과 탄압의 강도는 1909년 출판법의 공포로 인하여 신문과 잡지, 단행본에 이르기까지 검열 대상의 확대는 물론 사전 검열에서 납본 검열에 이르기까지 체계적이고 본격적으로 강화되었다.

국권상실 이후 1920년대 중반까지 언론에 대한 검열과 탄압은 주로 경무국 고등경찰들이 진행하였으나 1926년 4월부터 총독부에 도서과가 신설되면서 그 검열의 범위와 강도를 더욱 높아갔다. 또한 1941년 일제의 태평양전쟁 참전으로 정보과가 신설됨으로써 사상 및 언론에 대한 검열은 군의 통제 아래에 놓이게 되었으며, 1943년에는 검열과가 신설되어 검열과 탄압을 진행하였다.

이 같은 총독부의 식민지 언론 검열과 탄압의 변화는 각 단계별로 식민지민에 대한 사상 검열에 대한 상당한 결과물을 만들어냈는데, 이는 일제강점기 탄압의 상흔이자 명백한 증거로서 존재한다. 1910년대에는 주로 이 같은 검열 기록들이 『조선총독부관보』를 통해 행정 처분 결과에 대한 공시의 형식으로 남아있고, 1920년대 중반에는 『불허가출판물병삭제기사개요역문(不許可出版物竝削除記事概要譯文)』(1926), 『불온소년소녀독물역문』(1927.12)과 『언문소년소녀독물의 내용과 분류』(1928.09) 등의 비밀문서의 형태로 정리되었으며, 1928년부터 본격적으로 11년에 걸쳐서 『조선출판경찰월보』(1928.9-1938.12)라는 정리된 문건으로 만들어졌다. 또한 1941

년에는 1925년부터 1940년까지의 검열된 출판물을 아울러 요약한 『조선총독부 금지단행본 목록』이 발간되었다.

이 같은 문건들은 총독부의 식민지에 대한 검열 기구와 체제, 정리 방식을 확인할 수 있는 명징한 기록물로서도 중요하지만, 총독부의 검열 체제 변화가 드러내는 식민지와 식민지민에 대한 변화된 대응을 직접적으로 확인하게 한다는 점에서도 중요하다. 왜냐하면 일정한 시기별로 변화하는 대 식민지 검열의 태도가 단순히 그들의 외적인 변화 조건만을 반영한 것만이 아니라, 식민지 조선인들의 대응 태도와도 분명하게 관련되어 있기 때문이다. 즉 검열이 강화되는 이유가 외적 조건만이 아니라 조선인들의 역사, 사회, 외교, 정치 인식의 성장과 변화와도 필요충분조건으로 연동되고 있으며, 탄압이 강화되는 시기에 보이는 식민지 조선인들의 태도 변화 양상도 함께 반영되었을 것이기 때문이다.

한편, 식민지 통치 하에서 본격화된 영화와 같은 새로운 매체의 발명과 발전은 일제에게 있어서 기존의 검열 제제만으로는 식민지민에 대한 사상 통제가 충분하지 못할 수 있다는 것을 자각하게 하였다. 특히 영화가 가지고 있는 대중적 요소와 접근성, 파급력 등은 기존의 언론 매체와 출판물이 가지고 있는 영향력에 버금가는 것이었다. 서구에서 수입되거나 일본에서 들어온 영화들은 1930년대 이후에는 연간 수백 편 이상이 되었으며, 그 관람객의 숫자도 폭발적으로 늘어났기 때문이다. 이에 따라 새로운 검열의 도구와 체제, 인력 등이 요구되었을 것은 자명하다. 이번 장에서는 이 같은 문제의식을 바탕으로 하여, 일제강점기 언론 통제와 검열의 변화 양상과 영화라는 새로운 매체에 대한 검열 양상이 어떻게 함께 추동하고 변화하고 있었는지를 살펴보기로 한다.

단행본, 신문, 잡지 등의 언론 매체와는 달리 영화라는 매체는 보다 늦게 성장하였으나 그 파급력은 단기간에 크게 확대되었다. 특히 총독부는 자신들의 체제 홍보과 식민지 정책에 대한 강변을 위해 영화라는 새로운 매체를 선동을 위한 목적으로 본격적으로 활용하였으며, 이에 호응하는 식민지 지식인층도 상당수였다. 그것이 강압에 의한 것이든 자발적이든 간에 기존의 출판물 시장이 검열에 의해 급격하게 위축되는 상황 속에서 사상적 전환을 통한 영화 시장의 확대 참여는 필연적 결과였던 것이다.

이 장에서는 영화라는 새로운 매체에 대한 검열과 그 반응 양상, 기존의 출판 및 언론에 대한 검열 양상의 변화를 함께 살펴봄으로써 일제강점기를 통시적으로 고찰하고, 총독부의 검열 체제가 보여주는 변화와 식민지 조선인들의 대응 양상을 다각도로 살펴보고자 한다.

(1) 매체별 검열의 변화 양상

일제강점기 총독부의 언론 검열은 신문부터 시작하여 잡지, 단행본 등으로 확대되었고, 최초 조선에서 발행된 조선인의 언론 출판물에만 적용되던 것이 중국과 일본에서 발행되거나 외국인이 발행하여 조선으로 유입되는 것까지 확대되었다. 이 같은 검열 대상의 확대는 기본적으로 최초 이완용 내각에서 공포된 법안으로는 식민지 조선인들의 사상이 반영된 결과물들을 충분히 검열할 수 없다는 위기의식에서 비롯된 것이었으며, 강점이 본격화되면서 시행착오의 과정을 거치면서 적용이 공고해졌다.

총독부의 입장에서 보았을 때, 출판물 전반에 대한 검열에서 비교적 자유로웠던 영화의 경우 새롭게 대두된 매체였기 때문에 일제강점기 초기에는 그 파급력을 그들은 충분히 예상하지 못했던 것으로 보인다. 1920년대에 들어서야 각 지방 행정관청에서 공연과 영화 상영 관련 취체 및 검열 규칙 등이 만들어졌고, 20년대 중반이 지난 이후에야 본격적인 법제화와 담당 부서가 정해졌기 때문이다.

우선 일제강점기의 매체별 검열 체제의 변화 양상을 살펴봄으로써, 영화와 일반 언론 매체 사이의 검열 체제가 어떻게 차이를 보이고 있는지를 확인하기로 한다.

가. 영화 검열의 양상

식민지 조선에서 영화가 본격적으로 흥행되기 시작하여 총독부 산하 행정 관청들이 이와 관련한 검열 규칙을 만든 것은 1920년대에 들어온 이후부터이다. 이 시기는 3·1운동의 촉발과 영향력에 대한 총독부의 식민지 정책이 변화하던 때였고, 윤백남과 박정현 등에 의해 극영화가 본격적으로 만들어지기 시작한 때였기도 하다.

최초 영화와 관련한 법령들은 영화만이 아닌 연극과 공연 모두를 아우르는 흥행장과 흥행에 관련한 것이어서 포괄적인 성격을 지니고 있었다. 또한 식민지 조선 전체에 적용되는 법령이 아니라 지방 행정구역 단위로 만들어졌다는 특징이 보인다. 현재 확인된 포괄적인 흥행 규칙은 이승희의 자료[134]에 따르면 평안남도에서 2건, 경기도에서 2건, 충청북도 2건, 경상남도 1건 등이 확인된다.

대표적인 규칙의 내용을 살펴보면, 1922년 11월에 공포된 조선총독부 평안남도령 제 2호인 "흥행취체규칙"은 다음과 같은 내용을 담고 있다. 우선 제 1조에는 흥행장 및 흥행에 대한 정의와 범위가 제시되어 있다. 이 규칙에 따르면 흥행장이란 극장과 활동사진관, 요세(寄席) 등을 말한다고 하는데, 이는 연극과 영화, 만담 및 재담의 공연장을 포괄하여

134) 한국영상자료원, 이승희, 「흥행장 및 흥행 취체 규칙」, 『식민지시대의 영화 검열』, 한국영상자료원, 2009, 43면 참조.

지칭한 것이다. 또한 규칙에서 언급하고 있는 흥행은 연극과 활동사진, 기예, 강담, 곡예, 연주 등과 일본의 대중 및 전통 예술 공연을 함께 관람하는 행위를 말하고 있다.

규칙의 제 2조에는 흥행장에 대한 명칭과 운영자, 종류, 위치, 건물, 객석 및 정원, 설립 조건 등이 제시되어 있으며, 3조부터 이하 44조까지는 흥행장의 관리와 설립 조건 등이 세세하게 명시되어 있다. 주목되는 것은 이 취체규칙의 제 18조와 20, 21조 등에 명시된 검열 관련 내용이다. 우선 제 18조에는 "설명업 신청자가 공안을 해치거나, 풍교를 어지럽힌 경우"에는 면허를 내주지 않음을 명시하고 있고, 제 20조에는 "연극 및 활동사진 흥행에 사용하는 연극 각본 또는 필름과 필름설명서는 관할 경찰서의 검열을 거친 것이 아니면 사용할 수 없다"하여 우선 검열에 대한 조건이, 제 21조에는 연극의 각본과 필름에 대한 검열 방법과 일정에 대해 명시되어 있다. 또한 제 25조에는 흥행을 제한할 수 있는 내용에 대해 분명하게 명시하고 있는데, 이는 다음과 같다.

제25조 다음 각 호의 하나에 해당이 되는 경우 흥행할 수 없다.

1. 권선징악의 취지에 반하거나 범죄방법, 수단을 유치 조성할 우려가 있는 것.
2. 외설 또는 참혹하거나 풍교를 해할 염려가 있는 것.
3. 시사에 관해 심하게 풍자하거나 정담(政談)이 분분한 것.
4. 민심의 융화를 저해할 우려가 있는 것.
5. 위생상 위해하다고 인정되는 것.
6. 전 각호 외에 공안이나 풍속을 해칠 염려가 있는 것.

전항 각호의 하나에 해당된다고 인정되는 경우 흥행 허가를 취소하거나 임감 경찰관리가 그 흥행을 정지하거나 제한할 수 있다.[135)]

인용한 규칙 제 25조와 18, 20, 21조 등을 통합하여 볼 때, 1922년부터 시작된 각 지방 행정관청의 법령에는 비교적 자세하게 검열 내용과 기준, 방법이 제시되어 있음을 확인할 수 있다. 특히 18, 20조를 통해서 확인되는 것처럼 이 같은 검열은 몇 단계의 과정을 거쳐야만 하는 까다로운 것이었음을 알 수 있는데, 연극이나 영화의 해설자에 해당하는 설명자의 사상적인 조건이 우선 검증되어야 하며, 공연할 내용에 해당하는 각본과 필름은 모두 사전 검열을 통해 허가를 받아야만 그나마 흥행될 수 있었기 때문이다.

뿐만 아니라 이 흥행 내용은 제 25조에 해당하는 내용을 담고 있으면 언제든지 흥행 제한을 둘 수 있으며, 심지어 흥행 도중에도 "경찰관리가 그 흥행을 정지하거나 제한"할 수 있도록 조건이 붙어 있었기 때문에 3중의 검열과 탄압 체제가 이미 1920년대 초반에 비교적 자세하게 만들어져있음을 확인할 수 있다.

비슷한 시기에 만들어신 충청도 함경도 등, 다른 지방의 흥행취체규칙들도 이와 비슷한 내용을 담고 있다. 이들 규칙의 공통점은 모두 조건 검열, 내용의 사전 검열과 사후 검열과 통제를 명시하고 있다는 점이다. 다만 이들 흥행취체규칙들이 각 지역별로 제한되어 적용되었다는 점만 차이가 있을 뿐이다.

이 같은 1920년대 초반의 각종 검열 규칙들은 1926년에 이르러 식민지 조선 전체를 아우르는 법으로 제정 공포되었다. 1926년 7월 5일에 공포된 "활동사진필름 검열규칙"은 기존의 각 지역별 규칙이 가지고 있는 공연 장르의 포괄성을, 영화 즉 활동사진이라는 특정한 대상으로 제

135) 한국영상자료원, 같은 책, 2009, 66-67면.

한하여 만들어진 것이다. 이는 영화라는 특정한 장르의 성장과 관련이 있는 것이며, 총독부의 본격적인 검열 체제가 정비되었음을 확인하게 해주는 것이다. 총독부에 검열을 위한 목적의 도서과가 설치된 시기가 1926년이라는 점은 이 같은 체계화된 매체 검열의 시작과 사상 탄압의 강도가 심해지고 있을 것임을 예상하게 하기 때문이다.

"활동사진필름 검열규칙"은 기존의 각 도에서 시행되고 있었던 규칙들을 바탕으로 영화와 관련된 사항에만 제한을 두었기 때문에, 흥행장이나 흥행 자체에 대한 전반적인 규제 규정보다 검열 자체에 초점이 맞추어져있다. 이 규칙의 제 1조는 "활동사진의 필름은 본령에 의해 검열이 거친 것이 아니면 이를 영사하여 다중의 관람에 제공할 수 없다."고 하여 대상에 대한 당연 검열을 전제하고 있으며, 제 2조에는 검열을 받고자 하는 자가 필름 및 설명 대본을 제출토록 하였으며, 제 3조와 5조에는 "검열할 필름이 공안, 풍속 또는 보건상 지장"이 있는 경우에는 영사를 금지하고 제한할 수 있도록 하였다. 또한 검열의 유효기간을 3년으로 제한하여 다시 상영을 할 경우 검열을 다시 받아야 한다는 점을 분명하게 하고 있다.

이전의 규칙에서 제시하고 있었던 검열을 통한 금지와 제한의 사항은 특이하게도 1926년에 공포된 이 규칙에서는 약소하거나 포괄적으로 언급되고 있는데, 이는 검열 자체가 느슨해졌다기보다는 더욱 임의성을 지니게 되었다는 점에서 문제적이다. 즉 세세한 규정을 통해 검열하고 제한 혹은 금지하는 것보다 포괄적인 해석이 가능한 규정을 통하여 검열자의 권한을 강화하는 것으로 귀결되기 때문이다.

이 같은 검열 규정은 1920년대 중반부터 1930년대 후반까지 지속적이고 철저하게 적용되었다. 영화의 파급력은 시기가 지날수록 점점 강화되었고, 1934년에는 "활동사진영화 취체규칙"이 공포됨으로써 검열은 물론 배급에 이르기까지 그 통제의 대상이 확대되었다.[136] 또한 1940년에는 "조선영화령"이 공포 되어 영화 제작과 상영 전반을 총독부의 통제 아래에 두었다.

이 같은 영화 검열의 체제 변화는 크게 보면 일제와 총독부가 처해있는 외부적인 조건에 영향을 받고 있는 것으로 보인다. 전시 상황과 식민지 통치 체제의 안정 등이 그 변화의 큰 줄기에 영향을 미치고 있기 때문이다. 그러나 이 같은 변화의 세부적인 이면에는 복잡한 식민지 현실이 반영되어 있다. 1930년대부터 문제시되기 시작한 유성영화에 대한 토키 검열을 위한 검열관과 기구의 확충, 검열 비용의 상승에 따른 제작 및 배급 업자들의 집단적인 저항[137], 폭발적으로 늘어나기 시작한 서구 및 외래 영화들의 유입 등은 그들이 영화를 단순한 검열의 대상이 아닌 효과적인 체제 선전의 수단으로 삼기 위해서는 반드시 해결해야만 하는 문제적 요소였기 때문이다.

나. 출판 검열의 양상

영화와 관련한 법령의 제정과 적용이 1920년대 초반부터 본격화되어 검열을 통한 조선인의 사상과 산업을 탄압하는 도구로 활용되었다면, 신문과 잡지, 삐라와 단행본 등에 대한 출판물 검열은 보다 이른 시기부

---

136) 「조선총독부의 영화정책」, 『한국독립운동의 역사』, 독립기념관 디지털 자료.

137) 다음의 논문을 참조하기 바란다.

한상언, 「'활동사진필름 검열규칙'의 검열수수료 문제와 조선영화산업의 변화」, 『현대영화연구』 12, 한양대학교 현대영화연구소, 2011, 347-372면.

브라이언 이시즈, 「식민지 조선에서 좋은 사업이었던 영화검열 : 할리우드 제1차 황금의 부당이득 취하기」, 『한국문학연구』 30, 동국대학교 한국문학연구소, 2006, 203-237면.

터 정비되어 적용되고 있었다. 앞에서 언급한 바와 같이 1900년대 후반부터 제정, 공포되어 검열과 통제의 수단으로 활용되고 있었던 신문지법, 출판법, 출판규칙 등은 강점기 초기부터 광범위한 사상 탄압의 도구가 되었기 때문이다.

그럼에도 1920년대 중반까지는 그 검열의 과정에서 산출된 결과물들은 확인하기가 어렵다. 주로 1910년대에는 실제 검열이 진행되었더라도 그 근거나 내용 등은 상세하게 기록되지 않고, 행정 처분된 내용만이 「조선총독부관보」에 수록되었기 때문이다. 총독부가 출판물을 검열한 내용들이 어떤 근거와 과정을 거쳐 기록되었는가를 확인할 수 있는 것은 1920년대 중반, 즉 1926년부터인데 이는 앞 절에서 살펴본 영화 검열에 관한 총독부 차원의 본격적인 검열이 시작되는 시기와 일치한다.

출판물에 대한 본격적인 검열 체제의 정비가 준비되고 있었음을 확인할 수 있는 최초의 자료는 조선총독부 경무국 도서과에서 1927년 11월에 작성한 『불온소년소녀독물역문(不穩少年小女讀物譯文)』이다. 이 자료는 총독부의 비밀 문건으로서 1926년 10월부터 1927년 10월까지 검열을 통해 행정처분을 받은 24건의 출판물에 대한 상세한 검열 내용이 담겨있다. 특히 이 자료에는 아동과 청소년을 대상으로 한 잡지와 단행본, 문학 작품 등에 대해 출판금지 조치를 행하게 된 상세한 검열 사유가 수록되어 있다.

1928년 9월에 작성된 『언문소년소녀독물의 내용과 분류(諺文少年少女讀物の內容と分類)』는 1927년 12월부터 다음해 8월까지 총독부 도서과에서 집중 관리 및 검열 대상으로 삼은 출판물 88종의 내용이 상술되어 있다. 총독부는 이 문건을 만들면서 관리할 대상을 세 가지 기준을 통해 배분하고 있는데, '민족주의적 독물(民族主義的 讀物)', '사회주의적 독물

(社會主義的 讀物)', '주의 명시 없이 양자 활용이 가능한 독물'로 분류하여 사상 교육에 활용하거나 영향을 줄 수 있는 잡지 및 단행본, 신문 등을 체계적으로 정리해두었다.

이 두 자료의 존재는 총독부가 1926년을 기점으로 출판물에 대한 검열 작업을 기존의 행정 처분에 대한 공포 차원을 넘어서서 본격적으로 정리하고 관리하기 시작했다는 것을 의미한다. 특히 아동을 대상으로 하는 출판물까지 검열과 통제의 대상으로 삼았다는 점은 총독부의 검열이 가지고 있는 치밀함을 보여준다. 식민 지배 이후 출생한 세대의 사상성을 본격적으로 통제하려는 계획이 반영된 것이기 때문이다.

이 두 검열 기록 이후에 1927년 8월부터 1928년 8월까지 13개월 동안 검열된 기록이 담겨있는 『불허가출판물병삭제기사개요역문(不許可出版物竝削除記事概要譯文)』은 체계화된 검열의 시작을 본격적으로 보여주는 자료이다. 경성지방법원검사국 경무 도서과에서 발행된 이 문건은 226종의 잡지 및 단행본에 대한 삭제와 출판금지 사유를 수록하고 있으며, 문학잡지는 물론 종교, 경제, 동창회보, 학보에 이르기까지 광범위한 검열의 양상을 확인하게 해준다. 또한 여기에는 앞의 두 자료에서 확인한 것처럼 아동은 물론 성인에 이르기까지 사상적으로 문제적 영향을 줄 수 있는 출판물들은 모두 포괄하여 집중적으로 다루고 있다.

중요한 점은 이 세 건의 비밀 검열 문건이 발행된 이후, 곧바로 『조선출판경찰월보』가 간행되었다는 것이다. 1928년 9월부터 1938년 12월까지 월별로 전체 123호까지 발행된 이 검열 문건은 일제강점기를 통틀어 가장 방대한 사상 통제의 자료이다. 총독부가 검열을 위한 납본 자료의 목록은 물론, 신문과 잡지, 단행본, 삐라, 조선어 출판물, 일본어 및 중국어 출판물의 출판과 통제, 허가, 삭제 및 금지 사유를 상세하게 조사하여 정리하고 있기 때문이다. 이 자료에는 11년 동안 전체 2만 7천여 건 이상의 출판물 검열 기록이 담겨있다. 특히 검열을 받기 위한 납본 자료를 목록으로 정리하고, 출판물의 내용과 출판 지역, 출판사, 발행인, 저자, 검열 사유에 이르기까지 체계화된 양상을 보여주고 있다는 점에서 주목된다.

그러나 이 같은 체계적이고도 치밀한 검열 자료는 1939년 이후로는 작성되지 않았다. 1941년 1월에 간행된 『조선총독부 금지단행본목록』 정도가 현재 이 시기에 남아있는 검열 자료로는 유일한데, 1925년부터 1940년까지의 출판 금지된 단행본에 대한 간단한 행정처분 내용만이 기록되어 있다.

그렇다면 1930년대 후반 이후에는 어떤 상황과 조건의 변화 때문에 이 같은 검열 문서의 생산이 줄어든 것인가. 식민지민에 대한 사상 검열이 느슨해졌기 때문인가 그렇지 않으면 총독부의 식민지 정책의 변화가 다른 각도로 시작된 것인가. 그렇다면 1940년 8월에 있었던 조선일보와 동아일보에 대한 강제 폐간은 어떤 맥락에서 이루어진 것인가. 이 같은 의문점을 파악하기 위해 이 같은 검열 체제 변화의 양상 이면에 숨겨진 의미들을 영화와 출판 검열의 연동 양상을 통해서 본격적으로 확인하고자 한다.

(2) 영화와 출판 검열의 연동과 변화의 의미

가. 검열 체제의 준비와 적용기(1910-1925년)

1926년에 도서과가 설치된 후 총독부의 식민지 검열 정책이 전환되기 전까지는 출판물의 검열 내용은 목록만 단편적으로 공개되었다. 검열 내용과 행정 처분에 대한 기록은 대부분 『조선총독부관보』를 통해 발표되었는데, 이 가운데 가장 이른 기록은 1910년 8월 30일자 관보에 수록된 것이다. 국치일 바로 다음날 공시된 내용에는 "총독부 경무총감부 고시 제 4호"로 12종의 신문이 치안 방해를 이유로 출판 금지 및 압수 처분이 되었음이 확인되며[138], "고시 제36호"로 역시 10종의 수입된 신문이 치안 방해를 명분으로 금지와 압수 처분이 되었음이 확인된다.[139] 식민 지배가 시작되자마자 곧바로 시작된 언론에 대한 검열과 탄압은 특히 1910년 9월-1911년 7월 사이에 집중되었다. 신문뿐만 아니라 단행본에 대한 처분 기록들 역시 이 기간에 집중되어 있는데, 『조선총독부관보』 1910년 9월 6일, 『양의사합전(兩義士合傳)』[140]이 치안 방해를 이유로 금지 및 압수 처분된 기록이 있는 것이 최초이다.

특히 같은 해 11월 19일에는 동일한 이유로 51종의 단행본에 대한 금지 및 압수 처분이 진행되었다. 특히 51종의 금지 처분 목록에는 '현채' 저작의 『동국역사』, 정인호 저작의 『대한역사』 등의 역사서는 물론, '장지연'의 『녀ᄌᆞ독본』, 임경재의 『쇼ᄋᆞ교육』 등의 기초 교육 및 수신서와 신채호의 『을지문덕』, 이해조의 『화성논전』 등의 역사 전기 소설류까지 포함되어 있어서 본격적인 검열과 탄압이 진행되고 있음을 확인할 수 있다.

하지만 이 같은 강점기 초기의 검열과 그 결과물에 대한 관리는 조직화

---

138) 금지 처분된 신문의 목록은 다음과 같다. 주로 해외 발행 신문의 수입본이다.
『讀賣新聞』, 『大阪每日新聞』, 『下ノ關實業日報』, 『大阪新報』, 『馬關每日新聞』, 『九州日日新聞』, 『藝備日日新聞』, 『下ノ關日ノ出新聞』, 『福岡日日新聞』, 『大阪朝日新聞』, 『大阪時事新報』, 『山陽新報』.

139) 금지 처분된 신문의 목록은 다음과 같다.
『報知新聞』, 『神戸新聞』, 『下ノ關實業日報』, 『鹿兒島新聞』, 『藝備日日新聞』, 『九州日日新聞』, 『福岡日日新聞』, 『中國新聞』, 『下ノ關日ノ出新聞』, 『馬關每日新聞』.

140) 滄海子(이상설; 李相卨) 저, 미국 샌프란시스코, 『신한민보』의 1909년 4월 21일자에 수록되었으며, 단행본으로 국내에 수입되었다. 장인환, 전명운의 의거와 약전을 다루고 있다.

되지 못하고 단편적이고 단속적으로 이루어지고 있었던 것으로 보이는데, 이는 검열 기관이 하나로 정비되지 못한 이유 때문인 것으로 보인다. 1914년 1월 22일자 관보에는 "경무총감부(警務總監部)는 각헌병대장(各憲兵隊長)과 경무부장(警務部長)에게 경찰사무(警察事務)에 관한 다음 각종보고서(各種報告書)의 제출을 지시"한다는 내용이 있는데, 그 제출 보고서의 내용 가운데 "신문 및 출판물 취체"에 관한 사항이 담겨있다. 이는 강점기 초기 출판물의 검열을 헌병대와 경찰서가 나누어 진행하고 있음을 확인할 수 있게 하는 것인데, 이들 조직의 특성상 특이 동향이 발생할 경우 비밀 검열과 감찰을 통하여 그 처분 대상을 찾아냈을 것으로 추정된다.

출판물에 대한 이 같은 단속적인 검열은 1919년 8월 20일부로 고등경찰계가 고등경찰과로 승격하고, 담당하는 사무로 "신문잡지 출판물 및 저작자에 관항 사항"이 적시되면서 하나로 통합되었다.[141] 분산되지 않고 조직적으로 식민지 출판물 전반을 검열하고 통제할 수 있는 기반이 만들어진 것이다.

한편, 1910년부터 1925년 사이에 영화와 관련한 검열 결과물은 현재 많이 남아있지 않다. 그 이유는 몇 가지 정도로 추려서 유추해볼 수 있는데, 우선 영화라는 새로운 매체가 이 시기에는 아직 충분한 대중성을 확보하고 있지 못했기 때문에 이에 대한 검열 체제와 결과물 역시 적을 수밖에 없다는 당위적 측면이다. 이는 1910년대부터 본격 유입된 신파극의 성행과도 함께 생각해볼 수 있는데, 신파극의 폭발적인 성장에 비해 영화의 경우 상설관 수는 1933년에야 조선 내 79개소[142], 그 다음해에 96개소로 증가[143]했다는 사실을 보아도 이 같은 상황에 대한 추정

---

141) 『조선총독부관보』, 1919.8.20.

142) 『동아일보』, 1933년 10월 21일자 기사.

이 가능하다.

두 번째 가정은 출판물과 동일하게 영화 역시 철저하게 검열과 통제가 되었으나 그 기록이 현재 충분히 남아있지 않은 경우이다. 현재 영화 검열에 대해 분명하게 남아있는 기록은 1926년 8월부터 1927년 7월까지 정리된『활동사진필름 검열개요』인데, 총독부 경무국에서 생산한 이 문건을 제외하고는 확인하기가 어려운 상황이다. 그렇기에 그 이전의 검열 상황을 확인하기 위해서는 보조 자료가 절실하게 필요하다. 이 문제를 유추해보기 위해 1910년대부터 1925년까지의 신문기사 가운데 영화 검열과 관련된 것들을 뽑아보면 다음과 같다.

> ① 활동사진의 검열은 경무국보안과에서 검열ᄒᆞᆫ다
>
> 죵ᄅᆡ 경긔도 뎨삼부에셔 검열ᄒᆞ던 활동샤진 휘이룸은 이뒤부터 경무국보안과 소관이되기로 변경ᄒᆞ야써 이갓치 됴션젼도의 것을 통일ᄒᆞᆯ 방침이ᄅᆞ하며 ᄯᅩ 종ᄅᆡ 너무 엄밀히 ᄒᆞ던 검열방법을 곳쳐셔 가쟝 리ᄒᆡ잇ᄂᆞᆫ 처치를 ᄒᆞ야써 미풍량쇽을 잘션화케ᄒᆞ기로 쟉뎡이라더라[144]
>
> ② 영화검열준비 경기도청에서
>
> 경기도경찰부에서 흥행물취체규측을 발표실시한 이래로 시내에서 영사하는 활동사진 필림을 보안과에서 검사하게 되야 방금 도텽안에 영사장을 건축중이든바 그동안 공사가 진행되야 금월오륙일경에는 완성을할 예명이라는데 완성하는 동시에 활동사진 변사의 시험도 곳 실행할터인바 현재 경성안에잇는 변사의 수효 약 육십명중에 이십사명이 시험청원을 제출하얏고 이번에 시험과목은 첫째로는 품행에 대한 엄중한 조사를 하야 그중에 불량한 자는 용서업시 락제케하며 구술기타상의 시험을 보인다더라[145]

---

143)『동아일보』, 1934년 8월 8일자 기사.

144)『매일신보』, 1920년 2월 3일자 기사.

①의 인용문은 영화 검열과 관련한 내용이 처음으로 나오는 1920년 2월 3일자 『매일신보』의 기사이다. 여기에는 영화 필름에 대한 검열 사무가 각 지방 행정관청에서 경무국 보안과로 이관된다는 사실이 적시되어 있다. 이는 각 지방 행정 관청들이 흥행취체규칙을 공포 제정하기 시작한 1922년보다 빠른 것이며, 지방 단위로 분산된 검열과 통제가 중앙에서 본격적으로 이루어지기 시작한 것임을 알 수 있게 중요한 시사점이다.

②번 기사문에 나오는 경기도경찰부의 "흥행물취체규칙"은 1922년 4월 17일 경기도령 제 2호로 제정 공포된 "흥행장급흥행취체규칙"이다. 이 규칙은 현재 확인할 수 있는 지방 행정관청의 규칙 가운데 가장 앞선 것이다. 문제는 "경기도경찰부에서 흥행물취체규측을 발표 실시한 이래로 시내에서 영사하는 활동사진 필림을 보안과에서 검사"하게 되었다는 신문 기사의 내용이다. ①의 기사문에는 검열 사무가 지방에서 경무국 보안과로 이관되었음이, ②의 기사문에는 보안과가 검열을 하되 지방 행정관청의 기준을 따르고 있다는 사실이 확인되는 것이다.

이 같은 기사의 내용은 결국 1920년에 들어서야 총독부가 본격적으로 영화 검열을 시작하였으며, 그 앞선 시기에는 아직 검열 기준조차 미비 되어 있었다는 사실을 보여준다. 즉 1920년대 총독부 보안과가 검열을 실제로 진행하기는 하여도 그 기준은 1922년을 전후로 해서야 보다 체계화되었음을 확인하게 하는 것이다.

물론 이 같은 사실은 국권 침탈 이후 식민지의 사상 검열을 위하여 그 제도를 체계화하고 다방면으로 실험을 통해 적용하고 있었다는 점을 확인하게 하는 것이기도 하다. 즉 그들은 1910년대에는 단편적이고 단

145) 『동아일보』, 1922년 6월 1일자 기사.

속적으로, 또한 검열 주체도 분산된 상태로 언론과 매체에 대한 검열과 통제를 진행하였지만 1920년대에 접어들면서는 보다 본격적이고 체계화된 탄압의 체제를 만들어가고 있었던 것이다.

나. 검열 체제의 체계화와 장기 지배 준비기(1926-1938년)

일제강점기에 출판물과 영화에 대한 검열 기구와 체제, 문건이 체계화되기 시작한 것은 1926년이 되고나서부터였다. 1926년 4월 기존의 검열 기구였던 고등경찰과가 도서과를 신설하여 검열 업무를 본격적으로 맡은 이후, 체계화된 검열 문건들이 생산되기 시작했다. 출판물 검열에 있어서 체계적으로 정리된 검열 문건이 만들어진 것은 도서과의 신설 후 반년이 지난 뒤부터였다. 조선총독부 경무국 도서과에서 만들어진 비밀 문건인 『불온소년소녀독물역문』은 1926년 10월 27일부터 정리되기 시작하여 1927년 10월 12일까지 검열 후 행정 처분을 받은 출판물을 기록해두었다. 이 검열 자료의 체제는 네 가지 항목으로 이루어져있는데, ① 매체의 제목, ② 처분일, ③ 처분 결과, ④ 처분 사유가 순차적으로 제시되어 있다.

〈표 4〉『불온소년소녀독물역문』의 내용

NO	제목	내용	사유와 처분 결과
01	人間一生의 經濟學	* 처분일 : 1926년 10월 27일 * 사건 : 학교와 사회에서 階級矛盾을 느낀 龍出이라는 주인공과 선생의 대화	치안방해, 출판 불허가
02	少年界 4월호	* 처분일 : 1927년 03월 14일 * 사건 : 도탄에 빠진 나라와 민족을 구하기 위해서는 나폴레옹과 셰익스피어와 같이 勇士와 文士를 겸비한 인물이 필요하다고 주장	치안방해, 출판 불허가

03	少年界 3월호 추가	* 처분일 : 1927년 04월 09일 * 사건 : 地主를 위해 굶주리는 小作人의 삶에 분개한 小作人의 아들 吉龍이 地主를 공격한다는 내용 * 소설 제목 : "吉龍의 悲哀"	치안방해, 출판 불허가
04	별나라 2권 5호	* 처분일 : 1927년 04월 13일 * 사건 : 새 시대의 주역인 소년소녀들에게 워싱턴과 같은 復興家가 되라는 격려의 글	치안방해, 삭제
05	어린이 3월호	* 처분일 : 1927년 04월 15일 * 사건 : 죠셉(쥬세페 가리발디)의 어린 시절 오스트리아에 지배를 받으면서 받았던 설움에 대한 일화 기타 : 이탈리아 獨立戰爭 * 제목 : 愛國美談 '伊太利의 勇少年'	치안방해, 삭제
06	소년계 3월호 추가	* 처분일 : 1927년 04월 20일 * 사건 : 第二回 懸賞雄辯大會 演說 – 행복한 삶을 얻기 위해서 단결과 근면을 강조함, 조선의 소년소녀들에게 우리의 글과 말 그리고 정신을 배양하자고 주장	치안방해, 출판 불허가
07	신인간	* 처분일 : 1927년 04월 22일 * 사건 : 소년지도자들에게 舊道德 舊倫理를 버리고 新思想 新智識을 樹立하여 소년운동을 이끌어가자고 주장	치안방해, 처분 결과 미기입
08	별나라 2권 2호	* 처분일 : 1927년 04월 22일 * 사건 : 러시아와 폴란드 간의 전쟁 때 폴이라는 폴란드 소년 나팔수가 러시아군이 쳐들어온다고 경고하는 암호를 불렀다가 죽음에 이른 일화 * 제목 : 애국미담 '소년 나팔수'	치안방해, 삭제
09	별나라 2권 6호 추가	* 처분일 : 1927년 05월 23일 * 사건 : 李商在의 서거를 애도하며 나라와 민족을 위해 몸 바친 선생을 배울 것을 강조, 李商在의 社會葬	치안방해, 삭제
10	『東亞日報』 「實行에 徹底하라, 兒童保護者 會를 보고」	* 처분일 : 1927년 06월 01일 * 사건 : 학교교육에서 차별받는 조선인 학생들을 보호하려는 학부형들이 교장의 횡포를 차단하기 위해 郡當局의 月謝金 직접 징수와 朝鮮語敎育 확대 요구 등을 결의, 兒童保護者會 定期總會 開催, 朝鮮人 本位의 敎育實現 强調	치안방해, 삭제 및 차압
11	東亞少年 제1호	* 처분일 : 1927년 06월 03일 * 사건 : '公道와 大勢의 先鋒에서'라는 제목의 글 중 – 百折不撓의 大覺悟로써 최후의 一日까지 健鬪하지 않으면 안 되는 것은 勿論 – 이라는 부분 삭제	치안방해, 일부 삭제 및 제한 후 허가

12	學海 창간호	* 처분일 : 1927년 06월 13일 * 사건 : 어느 나라 天子의 명령을 이웃나라에 가서 실행한 勇男과 소년대의 활약에 관한 내용의 동화 * 제목 : 동화 '용감한 소년'	치안방해, 출판 불허가
13	신인간 2권 6호	* 처분일 : 1927년 06월 28일 * 사건 : 少年運動의 조직화와 지도에 대한 의견	치안방해, 출판 불허가
14	조선소년 1권 1호	* 처분일 : 1927년 06월 28일 * 사건 : 朝鮮의 少年運動을 장려하기 위하여 잡지를 창간하였다는 취지의 권두언, 순사보다 더 높은 경찰관이 되어 가엾은 사람을 돕겠다는 대화를 담은 동화 * 제목 : '고향을 떠난 두 명의 아이' : 아이 갑과 을의 대화	치안방해, 삭제
15	별나라 2권 7호	* 처분일 : 1927년 07월 13일 * 사건 : 北間島에서 고향으로 돌아오는 심정을 담은 내용 * 제목 : '북간도를 떠나 돌아오는 임순'	치안방해, 삭제
16	소년계 2권 8호	* 처분일 : 1927년 07월 19일 * 사건 : 獨佛戰爭 시기 부상당한 프랑스 장교를 도와주던 소년이 독일군에게 희생당한 愛國美談 * 제목 : 미담 '愛國의 淚(눈물)'	치안방해, 삭제
17	『中外日報』 「朝鮮學生과 夏期休學」	* 처분일 : 1927년 08월 01일 * 사건 : 朝鮮의 참담한 현실 및 진로에 대한 과학적 인식과 自暴自棄的인 民衆의 態度를 진작시켜 전민족의 대동단결을 일궈낼 것을 독려하는 내용	치안방해, 삭제
18	무궁화 2권 9호	* 처분일 : 1927년 08월 06일 * 사건 : 朝鮮의 社會運動과 文壇運動의 방향이 변했지만 『無窮花』가 새로운 방향을 향해 나간다는 것을 환영하는 취지의 글	치안방해, 삭제
19	『東亞日報』 「普通學校同 窓會問題」	* 처분일 : 1927년 08월 20일 * 사건 : 地方에서 상당한 세력을 가지고 있는 普通學校長이 同窓會 會長을 맡는 것에 대해 문제제기를 하고 동창회 개혁을 주장	치안방해, 차압
20	조선소년 1권 3호	* 처분일 : 1927년 09월 03일 * 사건 : '돌아오는 자의 悲哀'라는 제목의 글로 여기서 어머니는 朝鮮을 가리킴	치안방해, 삭제
21	학창 창간호	* 처분일 : 1927년 09월 07일 * 사건 : 학창은 우리들의 큰 벗, 용감하게 나아가라는 내용	치안방해, 삭제

22	소년계 2권 9호	* 처분일 : 1927년 09월 07일 * 사건 : 소년들에게 집을 짓는 목공으로 또는 재판장으로 또는 전장의 투사로서 조선을 위한 소년 용사가 되자고 주장	치안방해, 삭제
23	『朝鮮日報』 「吉州高普와 警察干涉」	* 처분일 : 1927년 09월 28일 * 사건 : 교장이 자식이 전염병으로 죽자 학생들을 동원하여 사택을 소독시키는 등의 일을 자행하자 이에 대해 학부형회 등에서 항의하였으나, 경찰이 오히려 학부형회를 해산시키는 등 경찰권을 남용한 것에 대해 경찰의 사법권 침해라고 주장	치안방해, 차압
24	『中外日報』 「學校鬪爭 (二)」	* 처분일 : 1927년 10월 12일 * 사건 : 의식적 반동화 資本主義 階級支配를 용이하게 하는 데 복무하는 학교교육을 비판	치안방해, 차압

잡지와 신문, 단행본의 검열 사유와 처분 내용이 기록된 이 비밀 문건은 현재까지 확인되는 도서과의 검열 자료 가운데 사유가 수록된 것으로는 가장 오래된 것이다. 위의 표를 통해 확인할 수 있는 것처럼 총독부는 치안방해라는 명분을 들어 출판 불허가, 삭제, 차압 등의 조치를 취하였는데, 이 문건이 주목되는 이유는 그 이전까지는 확인할 수 없었던 검열에서 문제된 내용이 비교적 자세하게 제시되고 있기 때문이다. 행정 처분 사유가 기록되고 이를 확인할 수 있도록 작성되었다는 사실은 몇 가지 중요한 시사점을 준다. 우선 이전의 검열 문건들이 그 사유가 정리되지 않거나 제시되지 않아 불명확하거나 포괄적인 성향을 보이고 있었던 것에 비하여, 사유가 체계적으로 정리된다는 사실은 준거와 기준을 삼을 수 있는 전범을 만들어냄으로써 그와 유사하거나 맥락이 같을 경우 행정 처분을 받을 수 있다는 점을 확인할 수 있게 한다는 점이다. 즉 이 문건부터 본격적인 검열의 세부 기준이 만들어진 것과 같은 효과를 갖게 되는 것이다.

『불온소년소녀독물역문』 이후 도서과에서는 두 건의 새로운 검열 비밀 문서를 생산한다. 그것이 『불허가출판물병삭제기사개요역문』(1927.8-1928.8)과 『언문소년소녀독물의 내용과 분류』(1927.12-1928.8)이다. 먼저 『개요역문』에는 226종의 출판물에 대한 검열 내용과 행정처분 사항이 기록되어 있다. 가장 앞에는 출판물의 제호와 출판 정보, 이어 처분연월일과 처분 내용이 기록되어 있고, 가장 뒤에는 출판물의 검열 사유에 해당하는 기사개요가 해제로 붙어 있다. 앞의 자료인 『불온소년소녀독물역문』의 체제가 보다 세분화되면서 체계화되는 과정을 거쳐서 작성된 것이라 볼 수 있다.

이에 비해 『언문소년소녀 독물의 내용과 분류』는 검열을 위한 기초 자료라고 할 수 있는데, 여기에 수록된 88종의 출판물들은 사상의 성향을 바탕으로 사회주의, 민족주의, 사회주의와 민족주의 모두의 성향을 지니는 것으로 세분화 되었고, 치안방해에 해당될 수 있는 내용을 상세하게 정리하고 있다.

1926년부터 1928년 8월까지 작성된 이 같은 검열 관련 비밀 문건은 기존의 검열 자료들에게는 없었던 체계화된 항목과 처분 기준 및 근거 등이 상세하게 정리되고 있다는 점에서 앞선 시기의 검열 자료와는 차별성을 분명하게 보인다. 이 같은 자료의 체계화 단계는 1928년 9월부터 무려 11년간이나 작성된 『조선출판경찰월보』의 준비 단계를 위한 예행연습이었다고 볼 수 있다. 이 자료 이후에 생산된 『조선출판경찰월보』에는 기록된 차압 통계만을 보더라도 11년간 2만 7천 건 이상의 내용과[146], 조선어 단행본으로 납본 제출된 752종의 목록이 붙어 있어서 그 검열의

---

146) 박헌호·손성준, 앞의 글, 203면.

폭과 양상을 상세하게 파악할 수 있기 때문이다.

특히 이 자료는 『불온소년소녀독물역문』과 『불허가출판물병삭제기사개요역문』의 정리 체제를 더욱 세분화하였는데, ①출판물 납본 수 및 출판 출원 수표, ②출판물 행정처분 건수표, ③신문지 행정처분 건수표, ④행정처분 통계, ⑤주의 통계, ⑥차압 삭제 및 불허가 출판물 목록, ⑦차압 삭제 및 불허가 출판물 기사요지 등이 차례대로 정리되었다.

이 같은 검열 자료의 세밀한 체계화는 1925년 이전의 검열 체제와 그 운용이 일제강점기 중기로 접어들면서 안정화, 고착화되고 있다는 사실을 보여준다. 1926년부터 검열 자료의 정비가 시작되어 1938년 12월까지 지속적으로 적용 관리되었기 때문이다. 중요한 것은 이 같은 자료의 체계화는 결국 총독부가 식민지 통치를 그들의 입장에서 체계화하고 안정화하였다는 사실을 보여주는 결과라는 점에 있고, 이 같은 태도의 변화가 그들의 식민 지배가 단기간이 아닌 장기적인 지배를 염두에 두고 있었다는 사실을 유추하게 한다는 데에 있다. 이는 도서과의 신설과 인력에 대한 보충, 조선 국권 침탈 이후 출생한 아동들에 대한 사상 교육의 차원에서 검열 자료를 만들고, 삭제와 압수, 출판 금지 조치를 취했으며, 이를 장기간 지속적으로 관리하여 그들의 지배를 정당화하는 데에 사용하고 있었다는 점에서 확인할 수 있는 것이다.

영화 검열의 양상 역시 유사한데, 검열 기준과 조직이 체계화된 후 작성된 『활동사진필름 검열개요』(1926.8-1927.7) 역시 『조선출판경찰월보』처럼 검열 체제와 통일에 대한 이유는 물론 검열 시설, 사무 분담, 필름의 내용 및 구분, 검열 처분의 각종 분류 등이 정리되어 있어서 이전의 취체 규칙 차원의 처분 사항이 세분화, 체계화되고 있음을 보여주고 있다.

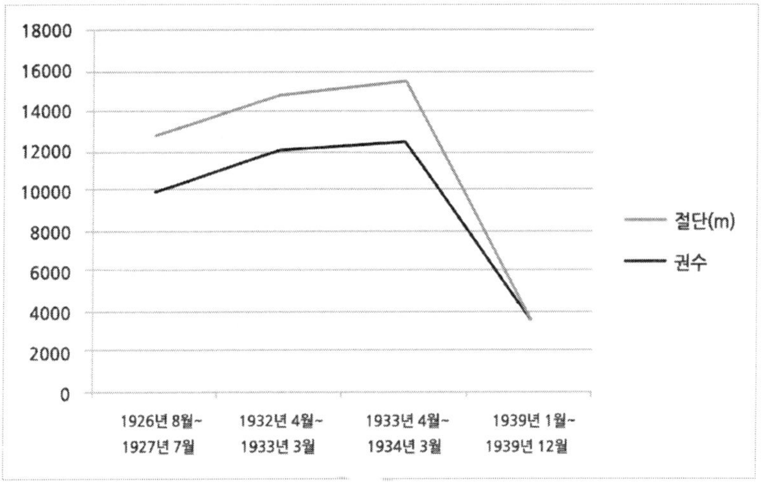

〈그림 1〉 영화 검열과 처분 변화 양상[147)]

위의 그림은 1926년부터 30년대 후반까지의 영화 검열 양상을 보여주는 그래프이다. 확인할 수 있는 것처럼 1920년대 후반부터 30년대 중반까지 지속적으로 검열의 권수는 물론 길이가 크게 증가하다가 이후 후반부터 급격하게 줄어들고 있는 것을 확인할 수 있다. 검열을 통해 절단된 길이와 권수는 검열 대상의 길이와 정비례 관계에 있기 때문에 30년대 후반에 이르러서는 영화의 상영과 유통 자체가 크게 억압되고 있었음을 알 수 있다.

『동아일보』의 1934년 5월 5일자 기사에는 이 같은 변화의 단초를 보여줄 수 있는 내용이 수록되어 있다. "금년 칠월 상순부터 영화통제를 실시"라는 제목의 기사에는 영화 검열과 관련하여 강화된 네 가지 제한 내용이 담겨있는데, 첫째 사회 교화상 우량 영화를 보호하고, 강제로 상영하며,

147) 위의 그래프는 『매일신보』, 『조선일보』, 『동아일보』의 기사 가운데, '영화 검열'과 관련된 것을 추린 후, 각 해당 연도별 필름 검열 길이와 권수를 통계로 만들어 제시한 것이다.

둘째 일본 국민성에 배반하는 외국영화의 수입과 상영을 제한하고, 셋째 일본을 오해시킬 수 있는 영화의 수출을 금지하고, 넷째 일본 내지 영화와 조선 영화의 강제 상영 등에 대한 새로운 규정이 제시되었다.

이를 통해서 보면 1930년대 중반에 이르러 크게 확장된 영화 시장은 외국 영화의 확대 수입과 유통이 기반이 되었는데, 총독부는 여기에서 생겨난 문제점을 타파하고 영화를 식민 통치와 통제의 수단으로 삼겠다는 의도를 분명하게 드러내기 시작한 것이다. 이에 따라 1935년에는 일본과 조선 영화는 12만 7천 미터나 그 상영 분량이 늘어나고, 서양 및 외국 영화의 상영은 26,100미터나 감소하는 결과가 나타난다.[148] 이를 두고 총독부는 우수한 필름이 증가했기 때문이라는 분석을 제시하지만, 그 이면에는 앞서서 언급한 통제와 검열 강화라는 분명한 의도가 있었던 것이다.

이처럼 출판물과 영화 모두 1926년부터 1930년대 중반까지 체계화된 검열 아래에 놓이며, 통치를 위한 철저한 역할을 부여받기 시작했다. 출판물의 경우 조선어로 출간된 것들의 차압 수량이 1928년에 249건이다가, 1929년에는 593건으로 증가하고, 1930년에는 532건으로 유지되던 것이 1935년에는 78건으로, 1937년에는 91건으로 급감[149]한다는 사실은 영화 검열의 추이와 상당 부분 닮아있다. 차압이라는 측면에서 본다면 실제 수량이 많은 1920년대 후반이 더욱 검열과 탄압을 많이 받은 것으로 보이지만, 1930년대 중후반으로 다가설수록 출판을 위한 납본의 제출과 출간에 대한 의지가 크게 줄어들고, 조선어로 출판을 하려는 출판사나 출판업자 자체가 급감한다는 측면[150]에서 지속적인 탄압의 극

148) 『동아일보』, 1935년 7월 7일자 기사.

149) 박헌호·손성준 같은 논문, 203면.

단적인 결과가 수량의 감소로 나타나는 것이기 때문이다.

일제강점기 중기에 나타나는 이 같은 검열 체제의 체계화는 결국 매체에 대한 억압은 물론 이를 통한 사상 통제의 기반이 되었다. 체계화의 이면에는 장기적인 식민 지배를 목적하고 있었던 총독부의 치밀한 계획이 자리하고 있음은 검열 자료가 조금씩 더 세밀하고 광범위하게 확대되고 있다는 사실에서도 확인된다. 그러나 이 같은 장기적인 검열 체제는 결국 식민지의 출판과 언론 시장의 축소, 사상 검열에 따른 피로의 누적, 폭발적으로 늘어나는 새로운 매체의 파급력과 영향력이라는 요소에서 균열과 붕괴의 가능성을 항상 내포하고 있는 것이었다.

다. 검열 체제의 누수와 직접적 탄압기(1939-1945년)

총독부의 검열을 통한 식민지 통제는 검열 체제의 준비 과정에 해당하는 1910-1925년까지의 기간을 거쳐 1926년부터 1938년까지의 체계적인 검열 시기를 지나 1930년대 후반에 이르러 새로운 국면으로 접어든다. 출판물 검열의 경우 1938년을 마지막으로 체계적인 통제의 결과물은 더 이상 정리되지 않았는데, 현재까지 확인되는 바로는 이 시기 자료의 망실에 따른 정보 부족이라기보다는 전시 동원 체제에서 비롯된 검열 주체의 변화와 식민지 정책의 전환 때문인 것으로 보인다.

이 시기의 식민지 언론 통제 정책의 전환의 예를 보여주는 전형적인 사건은 1940년 8월을 기점으로 진행된 조선일보와 동아일보에 대한 강제 폐간 결정이다. 문제는 폐간 사건을 전후로 한 시기에 검열을 담당하는 도서과의 직원 수가 증가하고 있다는 사실인데[151], 검열 담당자의 증가가

150) 출판자본의 몰락과 식민지 경제의 파탄을 원인으로 고려할 수 있다.

보다 치밀한 검열에 따른 삭제와 출판 금지 등의 처분으로 연결된 것이 아니라 폐간이라는 직접적인 탄압의 결과로 이어졌다는 점이다.

이 같은 변화에서 주목해야 하는 것은 검열이나 삭제와 같은 행정 처분보다 직접적인 탄압이 강화될 경우, 총독부의 입장에서는 직면할 수 밖에 없는 검열 체제의 붕괴와 누수 현상이다. 치밀하고 안정적인 검열 체제를 유지할 수 없는 상황에서 그들이 선택할 수 있는 유일한 방법은 처벌의 강화와 공포 정책 밖에는 없었을 것이기 때문이다. 검열 체제의 붕괴에 따른 누수 현상의 실체는 강화된 처벌 정책의 결과인 공판 기록을 통해 확인할 수 있다.

1939년부터 1942년까지 진행된 수원고등농림학교의 '한글연구회' 사건[152]의 신문 자료에는 검열을 통해 이미 출간 금지되었거나 압수당한 도서가 윤독되거나 유통되고 있었음을 확인할 수 있는 내용이 기록되어 있다.

> ① 문 : 『조선의 현재와 장래』라는 간행물은 치안방해에 의하여 발매 금지 및 압수 처분에 회부된 것을 알고 있었는가.
> 답 : 아니, 학교 도서관에 있었기 때문에 나는 그것이 발매 금지, 압수 처분된 간행물인지 어떤지 몰랐다.
> 문 : 「聖書朝鮮」은 민족의식을 앙양하여 치안을 방해하기 때문에 발매 금지되어 있는 것을 알고 있었는가.
> 답 : 나는 그런 것은 모른다. (박도병의 1942년 9월 30일 신문조서 중)

---

151) 정진석, 앞의 책, 57면. 이에 따르면 1937년 31명, 1938년 33명, 1941년 39명, 1942년 41명으로 증가한다.

152) 수원고등농림학교의 재학 및 졸업생들이 조선 문화와 한글을 살리기 위해 조직한 '한글연구회' 사건.

② 답 : 소화 一六년 一월 二二일 水原邑本町四丁目 水鄕堂서점에서 구입하였다.

문 : 李光洙가 쓴 「인생의 향기」는 치안방해에 의하여 발매금지, 압수처분된 것을 알면서 읽었는가.

답 : 그런 것은 조금도 모르고 읽었다. (김상태의 1942년 10월 20일 신문조서 중)

'한글연구회'의 회원이자 피의자 신분인 박도병, 민병준, 김상태의 신문 내용에는 그들이 1939-41년 사이 구입하거나 대출받아 윤독한 도서의 성격에 대한 질문과 대답이 나온다. 각 예문에서 볼 수 있는 것처럼 치안방해를 근거로 출판 금지되거나 압수되어야 하는 도서들이 시내의 서점에서 버젓이 판매 유통되고 있을 뿐만 아니라 총독부가 관리하고 있는 학교의 도서관에서도 빌려볼 수 있었다는 사실을 확인할 수 있는 것이다. 게다가 조선인 학생들은 문제의 도서가 검열에 따른 행정처분을 받은 것이라는 점을 인지하지 못하고 있는데, 이는 앞선 시기 불온서적에 대해 2중, 3중의 검열을 하고, 삭제와 출판 금지, 압수 등의 처분을 진행하고 기록했던 상황은 물론, 민족운동을 위해 독서회를 조직하였으나 도서 자체를 구하지 못하여 앞선 시기의 계몽소설이나 대중소설까지 윤독 해야만 했던 춘천중학교 '상록회' 사건(1937-1938년)과도 큰 차이를 보이는 것이다.

검열 담당관의 증가와 신문의 폐지, 독서회 등의 사건에 대한 강력한 탄압, 그러나 검열 후 행정 처분을 받은 도서의 흔한 유통이라는 모순된 상황은 결국 1939년 이후 총독부의 검열 체제가 근본적으로 붕괴와 누수의 문제에 직면하고 있음을 보여주는 것이라 할 수 있다.

영화 검열에 대한 변화도 이와 유사한 궤적을 보이는데, 1940년 '조선영화령'이 공포되고, 1942년 조선영화제작주식회사를 만든 뒤 영화 매체에 대한 전시 선전 동원, 국유화 등으로 이어지면서 기존의 검열 체제는 유명무실화 되고 말았다. 외국 영화에 대한 수입 자체가 불허되고 체제 선전과 유지에만 필요한 영화의 제작과 유통에만 급급하였기 때문에 검열할 대상 자체가 줄어들었을 뿐 아니라 영화 산업 전체도 위축되고 마는 결과를 낳았기 때문이다.

출판물과 영화에 대한 검열 체제의 이 같은 변화는 결국 장기적인 식민 지배를 위한 통제의 방법으로 추진되던 앞 시기의 탄압 도구들이 더 이상 효과를 얻지 못하게 된 상황 속에서 체제 유지의 최후 수단으로 직접적이고 강도 높은 억압을 선택할 수밖에 없었던 일제 강점의 뒷모습을 증언해주는 예인 것이다.

출판물과 영화 매체 등을 관리하는 검열 체제는 일제가 조선을 식민지로 만든 뒤, 장기적인 지배를 목적으로 정리되었다. 강점 초기 검열을 위한 기준과 체제는 많은 시행착오를 거치며 조직화되고 체계화되었다. 그 과정에서 검열과 통제, 억압을 위한 수많은 규칙들과 법령들이 양산되었으며, 검열의 결과물도 상당수 생산되었다.

필자는 이 같은 검열 체제의 변화가 어떤 방향으로 진행되었으며, 그 결과물은 어떻게 남아있게 되었는가를 출판물과 영화를 대상으로 하여 살펴보았다. 그 결과 출판물에 대한 검열은 국권상실기 이전부터 치밀하게 준비되어 적용되었으며, 1926년을 기점으로 체계화되어 관리되고 있다는 사실을 확인하였다. 또한 이 같은 조직적인 탄압은 또 다시 1938년을 기점으로 변화되어 검열이나 통제가 아닌 직접적인 처벌과 탄압이라는 결과를 만들어냈음을 볼 수 있었다.

영화라는 새로운 매체에 대한 검열 역시 출판물의 검열 변화 과정과 유사하게 진행되었음을 확인할 수 있었다. 그러나 출판물 검열과는 다르게 영화는 1920년대에 이르러서야 조직적인 검열 체계를 가질 수 있었고, 일정한 시기에는 체제 선전을 위한 목적성이 우선하여 장려되기도 하였다. 결국 영화 매체는 강점기 후반에 이르러 일제의 체제 선전물로 전락하였고, 영화 산업 자체는 축소될 수밖에 없었다.

이 두 가지 매체를 다룬 검열 체제의 변화에서 주목해야 하는 점은 일제강점기의 사상 검열과 탄압이 궁극적으로 식민지 조선의 산업과 경제의 몰락은 물론 반제국과 반일의 저항과도 마주할 수밖에 없었다는 점이다. 모든 도서와 언론, 영화 매체 등에 대한 검열은 불가능할 뿐만 아니라 저항을 마주할 수밖에 없었나. 강점기 말로 다가설수록 총독부가 처벌과 왜곡, 탄압 등을 동원했음에도 그 문제를 해결하지 못한 것은 검열 체제가 부족하거나 인력이 모자라서도 아니었다. 그것은 무엇보다도 사상 검열이 가진 모순과 누수를 자각한 조선인들의 인식 변화 때문이었고, 식민지 경제와 산업의 몰락에 따른 당연한 결과일 뿐이었다.

2) 식민지 조선과 대만의 영화검열 차이

한국 문화는 일제의 식민 지배 동안 많은 부분 총독부에 의해 억압받고 왜곡되었다. 억압의 가장 직접적인 방법은 매체 검열을 통한 사상의 탄압이었으며, 신문과 잡지는 물론 단행본과 영화, 공연 모두가 그 검열 대상에 포함되었다. 국권상실 전부터 신문지법, 출판법, 출판 규칙 등이 공포 제정되면서 시작된 언론 검열을 통한 탄압은 강점 중반 이후에는 보다 세밀하게 체계화되어 장기 식민 지배의 필요조건으로 강화되었던 것이다.

하지만 이 같은 식민 지배에 따른 억압의 상황이 비단 우리나라에만 해당되는 것은 아니었다. 1895년 4월 17일 '청일강화조약'에 의해 조선의 근린국인 대만 역시 일제의 압제 하에 놓이게 되었고, 대만은 1945년 해방되기까지 50년의 긴 기간을 식민지가 되어 조선과 유사한 고통을 겪었기 때문이다.

이번 장에서는 일제의 식민 지배 시기 다양한 법령에 근거해 사상 탄압을 받았던 조선과 대만이라는 두 국가의 언론 및 매체 검열을 대비적으로 접근함으로써 각 국가별 차이와 유사성을 고찰하고자 하며, 그 1차적인 대상으로 '영화'라는 새로운 매체에 대한 검열 상황을 살펴보고자 한다.

'영화'라는 매체는 신문이나 잡지, 단행본 등의 출판물과는 달리 두 나라의 식민지 시대에 소개되었고 융성한 근대적 성격의 것이다. 조선의 경우 1910년대를 전후로 하여 소개되었으나 본격적으로 발전하기 시작한 것은 1920년대이고, 강점기 중기인 1930년대에는 한 해 수백 편 이상의 작품이 상영될 만큼 대중들에게 호응을 얻었다. 이에 따라 출판물에만 집중되던 총독부의 검열도 자연스럽게 영화라는 새로운 매체까지 확장되었고, 그에 대한 상당한 양의 검열 관련 기록들이 남아있다.

그럼에도 불구하고 일제강점기 총독부의 검열 문서들에 대한 연구는 비교적 최근에 들어 활발하게 진척되고 있는 상황이다. 이는 총독부의 비밀문건들이 최근에야 비로소 발굴, 소개 되었고, 연구자들의 관심도 이에 따라가고 있기 때문이다. 조선의 식민 지배에 관련된 문건들에 대한 연구자들의 관심이 아직 충분치 않은 상황에서 근린국인 대만의 검열 상황에 대한 고찰은 드물 수밖에 없었다. 그러므로 이 분야에 대한 연구는 이제부터 본격화하여야 한다.

총독부가 조선의 출판물에 대해 본격적으로 검열을 시작한 시점은 국권상실일인 1910년 8월 29일 바로 다음날부터였다. 『조선총독부관보』

의 8월 30일자 고시에는 조선에 수입된 신문들에 대한 압수 조치 내용이 담겨있는데, 여기에는 신문지규칙 제 13조에 의거하여 치안 방해를 명분으로 출판금지 및 압수된 수십 종의 신문 목록이 적혀있다. 조선의 출판물에 대한 처분 기록은 1910년 9월 6일자 『관보』[153]에 수록된 『양의사합전』이 시발점이며, 그 이듬해까지 지속적으로 공시를 통하여 검열에 따른 행정 처분 결과가 발표되었다.

식민지 조선의 1910년대에는 주로 출판물에 대한 검열이 진행되었고, 출판 금지, 압수 등 그 처분 결과에 대한 공시가 집중적으로 이루어졌다면, 1920년대 중반부터는 검열 제도가 본격적으로 정비되기 시작했고 상당량이 문건화 되었다. 이런 과정 가운데에 근대적 매체인 '영화'에 대한 검열은 그 생산과 파급이 본격화된 1920년대 초부터 구체화되어 진행되었다. 대만 역시 조선과 유사한 검열 제도의 변천 과정을 거치는데, 현재 확인되는 구체적인 '영화' 관련 검열 기록은 1920년대 이후부터이며, 이는 조선의 현실과 상당 부분 유사성을 지닌다.

이번 장에서는 이 같은 대만과 조선 양국의 식민지 시기 '영화' 검열의 변모 양상을 검열과 처분의 근거가 되는 법령을 중심으로 살펴보고자 하며, 이 변모 과정에서 비롯된 각 식민지 '영화' 검열의 유사성과 차이점은 무엇인가를 고찰하고자 한다.

(1) 조선과 대만의 영화검열 체제 변모 양상

식민지 조선에 있어서 '영화'가 본격적으로 대중들에게 상영된 것은 1920년대에 접어들면서인 것으로 보인다. 출판물과는 달리 영화와 관련

---

153) 이하 『조선총독부관보』에 대한 명칭은 『관보』로 축약하여 사용하기로 한다.

한 문서는 1920년대 중반 이후에야 본격적으로 생산되기 때문에, 이 시기 '영화' 검열과 관련한 내용을 살피기 위해서는 신문에 수록된 관련 기사들을 바탕으로 해야 한다. 우선 영화 검열과 관련한 첫 기록은 『매일신보』의 1920년 2월 3일자 기사이다. 여기에는 "활동사진의 검열은 경무국 보안과에서 검열한다."라는 제목의 기사가 수록되어 있는데, 그 내용에는 종래 경기도 제3부에서 검열하였던 필름 검열은 이후부터 경무국 보안과에서 담당하며, 조선 전체에 대한 검열 방법과 담당 관서를 하나로 통일하겠다는 것이 담겨있다.

이를 근거로 보면, 1920년대 전에는 조선의 '영화' 검열이 주로 각 지방관청과 산하 경찰부에서 진행되고 있었음을 알 수 있는데, 총독부는 이때부터 본격적으로 중앙 통제를 시행하겠다는 계획을 세우고 있었음을 유추할 수 있다. 그럼에도 이 같은 검열 관청 및 기준의 통일은 1922년이 되어서도 완벽하게 이루어지지 않았는데, 그 근거는 1922년 6월 1일자 기사에 수록된 "영화검열 준비 경기도청에서"라는 내용에서 확인할 수 있다. 여기에는 경기도 경찰부가 흥행물취체규칙을 발표하였고, 이를 바탕으로 필름을 보안과에서 검열한다는 내용이 담겨있다. 또한 추가된 기사 내용에는 검열을 위해 준비하던 영사장이 아직 건축 중에 있다는 사실과 활동사진 변사 시험도 실행할 예정이라는 사실이 확인된다.

이 같은 기사문을 근거로 하여 보면 조선 총독부의 '영화' 검열 체제는 대략 2가지 형태로 진행되고 있었음을 알 수 있다. 그 하나는 1920년대 이전에는 검열의 주체가 각 지방 관청과 경찰부 등으로 분산되어 있어서 하나로 통일되지 못한 상황이었다는 것이며, 다른 하나는 1922년 이후에 이르러서야 본격적으로 검열의 주체와 기준을 통일하였으되 기존의 지방 관청에서 제정한 법령을 여전히 활용하고 있었다는 점이다. 그렇다면 우선 언급한 조선의 '영화' 검열 체제의 변모 양상과 대만의 변모 양상은 어떤 순서로 진행되었는가를 보다 면밀하게 살펴보기로 한다.

가. 법령 제정의 과정과 변천

먼저 조선에서의 '영화' 검열 관련 법령의 제정과 공포 등에 관한 변천 사항을 보면 다음과 같다. '영화'라는 구체적인 매체와 양식에 대한 언급이 등장하는 것은 1922년 2월 28일자 『조선총독부관보』 제 2861호에 수록된 "조선총독부 평안남도령 제 15호 흥행취체규칙"이 최초이며, 그 내용의 제 1조에는 "본 규칙에서 칭하는 흥행장이라 함은 극장, 활동사진관, 요세를 말하며, 흥행이라 함은 연극, 활동사진, 기예 -중략- 기타의 다른 모든 공중이 모여 연예를 관람하는 것을 말한다."[154]라고 명기되어 있다. 이를 통해서 확인할 수 있는 것은 이 시기 이전의 흥행장 관련 검열 규칙 등에는 '영화'라는 양식은 아직 고려되지 않았다는 점이며, 이후의 모든 기록에는 '활동사진관', '활동사진' 등이 명기되고 있기 때문에 1920년대에 들어서야 총독부가 본격적으로 이 매체와 양식에 대해 인지하기 시작했다는 사실이다.

이후 1922년 4월 27일에는 "조선총독부 경기도훈령 제11호 흥행장급 흥행취체규칙 취급심득"이 공포되었고, 충청북도에서는 1922년 9월 4일을 기점으로 "조선총독부 충청북도령 제12호 흥행취체 규칙"이 발표되었으며, 함경북도에서는 1924년 2월 14일에 "조선총독부 함경북도령 제 4호 흥행취체 규칙"이 연달아 공포되었다. 앞선 신문 기사와 이 법령들을 비교하여 보았을 때, 1922년을 전후로 하여 본격적으로 각 지방관청별로

154) 한국영상자료원 엮음, 『식민지 시대의 영화검열』, 한국영상자료원, 2009, 56면. 일문에 대한 해석은 이 자료집의 내용을 인용·참조하였다.

'영화'를 검열할 수 있는 근거들이 만들어지기 시작했다는 점을 확인할 수 있는 것이다.

1920년의 신문 기사에는 검열 규칙은 물론 검열 관청이 통일되어 일원화될 것임이 예고되고 있었음에도 1924년에 와서도 여전히 지방 관할 관청에서 흥행 관련 규칙 등이 만들어지고 있었다는 점은 총독부가 '영화' 검열과 관련한 충분한 통일적인 근거를 마련하지 못하고 있었음은 물론이고, '영화'라는 매체의 대중적 파급력에 대해 아직 충분히 중요성을 인지하지 못하고 있었음을 보여주는 근거이다. 먼저 1922년부터 1924년 사이의 '영화 검열' 관련 기사문을 확인해보기로 한다.

『조선에셔도 영화검열통일 – 경찰부장회의로 결정, 한곳에셔 검열을 바든것은 어대셔 영사하던지 무방히』

활동ᄉᆞ진 '필림'의 검열을 젼됴션뎍으로 동일코ᄌᆞ함에 대하야는 이믜 보도한바와갓치 국ᄌᆞ사이에 루루히 문뎨가 되야잇든바 거번 경찰부장회의에셔 심의ᄒᆞᆫ결과 각도가 모다 이의업시 혀명하얏다는대 이에 대하야 등원 경긔도 경찰부장은 말하되 "검열장소ᄂᆞᆫ 원측으로 영화의 수입처소로 하게 하야 즉 부산 경성 신의주 등 삼ᄀᆡ소에셔 검열ᄒᆞᆫ 후 그곳에서 검열을 밧은것은 됴션젼도 어느곳에셔 영ᄉᆞ하든지 관계업게 되얏스며 영ᄉᆞ금지를 당한 부분은 됴션안에셔 흥ᄒᆡᆼ을 맛칠 ᄯᆡᄭᆞ지는 젼도 검열소에셔 보관하기로하고 그긔간에ᄂᆞᆫ 절대로 흥힝자측에 내여주지안키로 질명하얏스ᄂᆞ 그러나 부산 신의주 등에ᄂᆞᆫ 현ᄌᆡ의 형편으로 설비가 업ᄂᆞᆫ고로 아즉은 경셩에셔 검열을 ᄒᆞᆯ터이며 그 싀ᄒᆡᆼ기일은 미구에 통지하게되ᄀᆡᆺ슨즉 이후에ᄂᆞᆫ 흥행주의 수속도 매우덜니고 관텽에셔도 ᄉᆞ무가 간결하게되야 극히 됴흔 결과를 엇을줄로 생각하노라" 운운[155)]

---

155) 1924년 6월 30일자 『매일신보』 기사.

앞에서도 언급한 바와 같이 1920년대 초부터 검열의 주체와 기준을 통일하겠다고 발표했던 총독부의 '영화' 관련 검열은 1924년 6월에 이르러서야 비로소 실무자 회의를 통하여 일부 통일되기 시작한 것으로 보인다. 그것도 주체가 하나로 일원화된 것은 아니어서, 통일된 내용의 핵심은 수입 지역인 "부산, 경성, 신의주" 등 "삼기소"에서 검열한 후 그것을 바탕으로 전국 상영을 가능하게 한다는 취지에 불과한 것이다. 이는 곧 검열 지역과 주체는 3군데로 분산되어 있으되 검열 후에는 다만 전국 상영을 허가한다는 취지에 해당한다. 문제는 이 기사문의 첫 머리에 적혀 있는 것처럼 "루루히 문제가" 된 것은 전국적으로 검열 기관과 기준을 하나로 통일한다는 것이었다는 점이나. 이는 그 검열 주체이든 기준이든 간에 당시 '영화' 검열을 둘러싸고 행정 관청 사이에 상당히 논의가 빈번했다는 사실을 보여주는 것이며, 그 논의의 결과로 나온 것이 개별 검열 후 전국 상영이라는 점에 비추어 볼 때, 상영업자들이 각 도별 각기 다른 기준으로 검열 받은 영화들을 다른 지역에서는 추가로 검열을 받아야 하거나 상영 제한 조치를 받았을 수도 있었다는 점을 추정케 하는 것이다.

결국 1924년 중반에 이르러서야 검열의 통일과 관련한 구체적인 결정 사항, 즉 총독부 "경찰"이 검열의 주체가 되며, 검열 지역이 각 도에서 수입된 지역에서의 1회로 전국 상영이 가능하게 되었다는 사실은 조금씩 변화하기 시작한 검열 체제의 정비 작업이 가속화되고 있다는 것을 확인하게 한다.

하지만 공식적으로 조선에서 '영화' 검열의 통일된 기준이 적용되기 시작한 것은 1926년 7월 5일 조선총독부령 제 59호 "활동사진필름 검열규칙"이 제정 공포된 이후부터였다. 이 법령은 그 이전까지 검열의 주체와 지역 등이 지역별로 분산되어 있는 것을 일시에 통일하는 내용을 담고 있다. 전문 13조로 되어 있는 이 법령은 검열의 주체는 물론, 검열의 대상과 검열 방법, 검열을 통한 삭제 및 상영 금지에 대한 제반 내용을 모두 명시하고 있다.

한편 1926년에 조선에서 '영화' 검열 법령이 정비된 것과 유사하게 식민지 상황에 처해있던 '대만' 역시 같은 시기에 '영화'와 관련한 법령이 정비되었다. 1926년 7월 8일 대만총독부령으로 공포된 "활동사진필름 검열규칙(活動寫眞フィルム檢閱規則)"[156]이 그것이다. 유사한 시기에 제정 공포된 두 법령을 비교하기 전에 주목해야 하는 점은 대만 역시 '영화' 검열과 관련된 법령들은 대부분 각 지방별로 만들어졌고 적용되었다는 점이다.[157] 먼저 1923년에는 대남(臺南) 지역에서 "활동사진 취체에 관한 안건(關於取締活動寫眞之案件)"이 26개 검열 관련 항목을 중심으로 제정 공포되었고, 같은 해에 대중(臺中) 지역에서는 "극장, 영화관 각종 예술 공연장규칙(劇場, 電影院及諸曲藝場規則)"이 만들어졌기 때문이다. 그러므로 대만도 역시 각 지방별로 분산되어 진행되던 검열이 1926년에 이르러서야 "활동사진필름 검열규칙"으로 통일되었음을 확인할 수 있다. 조선의 1920년대 상황과 동일했던 것이다.

이 같은 유사한 상황은 일본이 식민지 정책을 두 나라 모두에 일괄적

---

156) 『府報』 第 3845号, 臺灣總督府, 1926년 7월 8일.

157) 石婉舜, 「高松豊次郎與臺灣現代劇場的揭幕」, 『Journal of Theater Studies』, 2012, 45면.

이 논문에 따르면 1901년 7월에 대북현은 일본 법령을 참고하여 "극장과 공연장 취체규칙(劇場及寄席取締規則)"을 공포했는데 이는 현재 알려진 최초의 극장 법규이다.

또한 李曉紅, 林豪, 「日據時期臺灣電影產業的日本統治狀況研究」, 2014, 21면, 이 논문에 따르면 대만에서는 1916년부터 총독부가 "공연과 활동사진 취체에 관한 안건(關於取締戲劇及活動寫眞之案件)"을 바탕으로 영화를 규제하고, 대만 전 지역의 상연 전 필름을 대상으로 검사를 실시했음이 확인된다.

으로 유지했기 때문이기도 하고, 1920년대에는 아직 '영화'라는 새로운 매체에 대해 총독부가 충분한 관심을 갖지 못하여 대처가 늦게 시작되었기 때문이기도 하다. 1925년 일본 본토에서 제정 공포된 일본 내무성령 제 10호로 발표된 "활동사진필름 검열규칙"은 조선과 대만 총독부에 직접적인 영향을 미쳤으며, 이것이 1926년에 와서야 하나로 통일된 검열 기준을 마련하게 되었던 근거였기 때문이다.

1926년 이후 조선에서는 "활동사진필름 검열규칙"이 전국적으로 적용되어 본격적인 '영화' 검열을 통한 탄압이 자행되었다. 이 같은 검열 결과는 체계적으로 정리되어 『활동사진필름 검열개요(1926.8-1927.7)』로 발간되어 관리되었다.[158] 또한 1934년에는 검열의 중심축을 필름과 대본에서 옮겨 흥행장과 흥행자에 대한 취체에 초점을 맞춘 "활동사진영화 취체규칙"을 제정하여 적용하였다. 대만의 경우 조선처럼 도서과가 설치되어 일괄적으로 검열을 진행했는가의 문제는 아직 충분히 확인하지 못하였다. 다만 장효봉(張曉鋒)의 「日本殖民統治時期臺灣地區新聞法制的歷史考察」[159]을 통해 확인되는 바로는 대만에서 진행된 출판물 검열의 경우 1926년에 3,226건, 1927년에는 15,154건, 1931년에는 18,912건이 검열되었고 그 가운데 30%에 가까운 간행물과 단행본들이 처벌되었다고 지적하고 있는 것으로 보아 조선의 검열 조건과 상황이 크게 다르지 않음을 유추할 수 있다.[160]

---

158) 출판물 검열이 1926년 도서과의 설치 이후 본격적으로 정리되어 관리되는 상황과 유사하다. 이는 '검열'의 주체가 총독부 도서과 출판 경찰에 의해 분야를 막론하고 일괄적으로 이루어지고 있음을 보여주는 것이다.

159) 張曉鋒, 「日本殖民統治時期臺灣地區新聞法制的歷史考察」, 『江海學刊』, 2012, 198-205면.

160) 이는 같은 시기 조선총독부 출판경찰이 작성한 『조선출판경찰월보』(1928.09-1938.12)에 기록된 출판물 검열 수량 27,000여 건을 상회하는 수치이다. 이를 기초로 보았을 때,

'영화' 검열 관련 법령은 1930년대에 이르러 조선과 대만 사이의 일부 차이를 만들어냈다. 먼저 조선에서는 1934년 8월 7일, "활동사진영화 취체규칙"이 공포되어 9월 1일부터 적용되었고, 전체 13조인 이 법령은 1926년의 "활동사진필름 검열규칙"에는 보이지 않았던 '영화' 수출에 대한 항목이 추가되어 있다. 이에 비해 대만에서는 이 시기 독립된 법령이 만들어지지는 않았던 것으로 보이며, 1935년 10월 21일에 일본 본토에서 "수출활동사진 금지규칙(輸出活動寫眞禁止規則)"이 공포된 후, 그 다음 에인 1936년 7월 28일 대만총독부에서 이 법령의 대만 내 효력 발생을 발표하였고, 이에 따라 기존의 1926년 공포된 법령에 수출 영화 관련 검열 기준 등이 추가되었다.

그렇다면 이렇게 닮았으면서도 서로 다르게 변화한 식민지 조선과 대만의 '영화' 검열 법령은 어떤 차이와 유사성을 가지고 있는 것인가. 다음에서는 조선과 대만 간 '영화' 관련 검열 체제의 차이와 유사성을 실제 법령을 중심으로 비교하여 살펴보기로 한다.

(2) 조선-대만 간 검열 체제의 차이와 유사성

앞에서 개괄하여 살펴본 바와 같이, 일제에 의해 식민지 상황을 겪고 있던 조선과 대만은 사상 통제의 일환으로 '영화' 관련 검열 법령을 서로 다른 단계로 적용받고 있었다. 1920년대 초반부터 각 도별 검열 법령이 적용되고 있었던 조선과는 달리 대만은 1923년이 되어서야 각 지역별 검열 법령들이 만들어졌고 적용되었다.

두 지역 모두 지방 단위로 검열 규정이 만들어졌던 것은 1926년이

조선에서의 출판물 검열도 이 이상이었을 것으로 추정된다.

되어서 전국적으로 통일된 검열 규정을 적용받게 되는데, 이것이 조선에서는 "활동사진필름 검열규칙(1926년 7월 5일)"이며, 대만에서는 "활동사진필름 검열규칙(1926년 7월 8일)"의 존재이다. 그렇다면 조선과 대만 간 통일된 검열 규칙은 어떤 차이와 유사성을 보이는가. 먼저 두 나라 법령의 대표적인 공통 항목들을 살펴본다.

① 조선 : 활동사진필름 검열규칙[161]

제1조 : 활동사진의 필름은 본령에 의해 검열을 거친 것이 아니면 이를 영사하여 다중의 관람에 제공할 수 없다.

제2조 : 필름 검열을 받고자 하는 자는 다음 사항을 구비하여 필름 및 그 설명 대본 2부를 첨부하여 조선총독부에 신청해야 한다.

제4조 : 조선총독의 검열 유효기간은 3년으로 한다.

제5조 : 검열 관청은 그 검열을 거친 필름 중 공안, 풍속 또는 보건상 지장이 있을 것으로 인정될 때에는 그 영사를 금지 또는 제한할 수 있다.

② 대만 : 활동사진필름 검열규칙[162]

제1조 : 활동사진의 필름은 본령에 의한 것이 아니면 이를 영사하여 다중의 관람자를 위하여 영사할 수 없다.

제2조 : 필름 검열을 받고자 하는 사람은 다음의 사항에 대한 설명 대본 2부를 구비하여 대만총독부에 신청해야 한다.

제5조 : 검열관청은 제 2조와 제 3조에 의거하여 신청한 필름이 공안, 풍속 또는 보건상 장해가 있을 시에는 검인과 확인 표시된 설명 대본을 제 3조에 규정된 검열 관청에 설명 대본과 함께 필름 등을 지시된 양식에 기입하여 제출하여야 한다.

---

161) 이 법령에 대한 해제는 한국영상자료원, 『식민지시대의 영화검열』(2009)의 번역을 인용한다.

162) 『府報』제 3845호, 1926년 7월 8일.

제6조 : 대만 총독의 검열 유효기간은 3년으로 한다.
제8조 : 검열 관청은 검열을 위하여 제출한 필름이 제 5조에 근거하여 장해가 있을 시에는 영사의 금지 또한 제한을 둘 수 있다.

검열의 기본 틀이 되는 조항은 조선과 대만의 경우 모두가 매우 유사함을 확인할 수 있다. 위의 인용 부분을 보면, 각국 모두 이 법령에 의해 검열 받지 않으면 상영이 금지되며, 상영을 위해서는 필름 검열을 위해 설명 대본 2부를 제출해야하고, 검열 유효기간은 각 3년으로 동일하고, 상영 금지에 대한 조건도 유사하다. 조선의 "활동사진필름 검열규칙"과 대만의 "활동사진필름 검열규칙" 모두 검열에 따른 제한 조치가 붙어 있는데, 조선은 5조에 제한 사항이 "공안, 풍속, 보건상"으로 명시되어 있는 반면, 대만의 경우 8조에 독립된 행정 처분 사항이 명시되어 있고, 그 근거는 제 5조에 위치해있다는 사실만 약간의 차이가 있을 뿐이다.

특이한 점은 조선에 적용된 "활동사진필름 검열규칙"은 전체 13조와 부칙으로 되어 있고, 대만에서 적용되던 "활동사진필름 검열규칙"은 전체 19조로 세분화되어 있다는 것이다. 이는 유사한 기본 틀을 가지고 있지만 그 세부 내용은 차이를 가지고 있을 수 있다는 점을 보여준다. 그렇다면 두 법령 사이의 차이가 드러나는 조항과 그 내용은 무엇인가. 가장 대표적인 차이 항목을 보면 다음과 같다. 먼저 필름 검열의 수수료에 관한 항목이다.

① 조선 : 활동사진필름 검열규칙
제7조 : 필름 검열을 받고자 하는 자는 다음의 수수료를 검열 관청에 납부해야 한다.
1. 조선 총독이 검열하는 필름에 대해서는 <u>3미터 또는 그 단수마다</u>

5전. 단, 검열 후 3개월 내에 동일 신청자가 검열을 신청할 경우 해당 필름의 복제품 및 유효기간 경과 후 6개월 내에 검열을 신청하는 해당 필름에 대해서는 3미터 또는 그 단수마다 2전.

2. 도지사 및 경찰서장이 검열하는 필름에 대해서는 3미터 또는 단수마다 1전.

② 대만 : 활동사진필름 검열규칙

제10조 : 필름을 검열 받고자 하는 자는 다음에 따라 검열 관청에 수수료를 납부해야 한다.

1. 대만총독이 검열하는 필름에 대해서는 5미터 또는 그 단수마다 5전. 단, 검열 후 3개월 내에 동일 신청자가 검열을 신청할 경우 해당 필름의 복세품 및 유효기간 경과 후 6개월 내에 검열을 신청하는 해당 필름에 대해서는 5미터 또는 그 단수마다 2전.
2. 지사, 청장, 군수, 지청장 또는 경찰관서장이 검열하는 필름에 대해서는 5미터 또는 단수마다 1전.

유사한 듯 보이지만 세부적으로는 서로 다른 기준을 보여주는 조선과 대만의 ①, ②번 항목은 다음의 두 가지 차이가 담겨있다. 우선 ①번 인용문에서 보이는 것처럼 조선에서는 필름 3미터와 단수 당 검열 수수료가 5전인 것에 비해, ②번 인용문 즉, 대만에서는 필름 5미터와 단수 당 검열 수수료가 5전으로 큰 차이를 보이는 것이다. 이는 조선에서 영화 검열을 받을 때에는 대만보다 167%의 수수료를 더 지불해야 한다는 것인데, 동일한 식민지 상황임에도 불구하고 차별적 조건이 붙어 있다는 사실을 확인할 수 있다.

또 다른 차이점은 추가된 항목에 붙어 있는 검열 주체에 대한 것이다. 우선 조선에서는 검열의 주체가 조선총독부 총독과 '도지사와 경찰서장'으로 제한되어 있는 것에 비하여, 대만에서는 총독은 물론 '지사, 청장,

군수, 지청장, 경찰관서장'까지 포함되어 있어서 검열 주체가 조선보다 많다. 이는 조선에 적용되는 위의 법령의 적용과 주체가 대만보다 비교적 통일되고 일원화되었다는 점을 보여주는 것인데, 1920년대 초반의 두 나라의 검열 상황을 고려한다면 대만은 이 법령이 제정 공포될 때에도 검열 주체가 충분히 일원화되지 못한 상황임을 이를 통해 확인할 수 있는 것이다.

필름의 길이에 따라 수수료를 지불해야 하는 조선 내 영화 상영업자들의 입장에서 대만과의 차별은 큰 반발을 일으키기에 충분했다. 이는 다음 절에서 자세하게 살펴볼 것인데, 식민지 사이의 차별적인 대우는 일제가 각 식민 국가에 대한 차별을 통해 얻고자 하는 바가 분명하게 차이를 보이는 근거가 되는 지점이다.

또 다른 법령상의 차이는 다음과 같다. 위반 시 행정처분과 벌금과 관련한 조항이다.

① 조선 : 활동사진필름 검열규칙

제10조 : 제 1조의 규정을 위반한 자 또는 제 5조의 제 1항의 규정에 의한 금지 또는 제한을 위반한 자는 3개월 이하의 징역 또는 100원 이하의 벌금 또는 구류와 과료에 처한다.

제11조 : 다음 각 호의 하나에 해당하는 자는 100원 이하의 벌금 또는 구류나 과료에 처한다.

1. 제2조의 신청서에 허위 기재를 한 자.
2. 제4조 제3항의 명령을 위반한 자.

② 대만 : 활동사진필름 검열규칙

제15조 : 다음의 각 호의 하나에 해당하는 자는 3개월 이하의 징역 또는 100원 이하의 벌금에 처한다.

1. 제1조의 서식에 위반되는 자.
2. 제4조의 증명서와 제 13조의 신청서에 허위 기재를 한 자.
3. 제7조의 제한 또는 제 8조의 명령에 위반하여 영사한 자.

제16조 : 다음의 각 호에 해당하는 자는 50원 이하의 벌금, 구류 또는 과료에 처한다.

1. 제8조 제2항의 명령을 위반한 자.
2. 제9조의 서식과 제11조의 서식에 위반한 자.
3. 제12조 제1항의 임검 거부 또는 같은 조의 3항의 요구에 응하지 않은 자.

①과 ②항의 비교를 통해서 확인되는 것처럼 조선인 영화 상영업자들에 대한 위반 시 행정 처분은 대만보다 매우 가혹하다. 우선 법령 세칙 위반에 대하여 조선인에게는 3개월 이하의 징역과 100원 이하의 벌금이 부과되고 있음에 비하여 대만인에게는 3개월 이하의 징역은 동일하지만 그 절반인 50원 이하의 벌금을 부과하고 있기 때문이다. 또한 검열을 받지 않은 경우에 대한 처벌도 조선인에게는 "징역, 벌금, 구류, 과료" 등의 여러 조치가 가능하도록 되어 있으나 대만인에게는 "징역, 벌금"으로 간소화 되어 있어서 비교적 느슨한 조치가 이루어지도록 만들어져 있기 때문이다.

2배나 차이 나는 벌금과 1.67배에 달하는 수수료의 부과는 조선인 영화업자에게 있어서 상당히 불합리한 차별로 인식되었을 것이 분명하다. 또한 대만에 비해 "구류, 과료" 조치를 손쉽게 처할 수 있는 조선의 "활동사진필름 검열규칙"은 총독부의 임의적이고 강력한 처분이 가능하게 한다는 점에서 더욱 가혹했다고 볼 수 있기 때문이다. 1926년 이후 이 법령이 공포된 이후 식민지 조선의 수많은 신문에서 영화 관련 종사자들이 크게 반발하고 집단행동을 하게 된 배경에는 이 같은 조선과 대만 사이의 분명한 차별이 그 근거가 되었던 것이다.

한편 조선의 법령에는 없는 항목이 대만의 법령에 있는 경우가 있어서 이를 살펴보면 다음과 같다. "제17조. 미성년자 또는 금치산자 가운데 제 3항의 요구에 응하지 않은 자가 저지는 범죄는 법적 대리인과 관계된 성년자 등에게 적용한다." 이 17조의 세부 조항은 조선의 법령에는 존재하지 않는 것인데, 조선의 법령 제13조와 대만 법령의 제19조에 동일하게 "법인의 대표자 또는 그 고용인 및 그 밖의 종업자가 법인의 업무에 관해 본령을 위반하였을 경우 본령에서 규정한 벌칙은 이를 법인의 대표자에게 적용한다."고 상위 조건이 명시되어 있는 것으로 보아 대만의 법령에만 있는 세부적인 것이다.[163]

이렇게 두 법령을 살펴본 결과 두 식민지 국가에 적용되던 동일한 제목의 "활동사진필름 검열규칙"은 기본 틀은 유사하지만 그 내용에서는 상당히 문제적인 차별적 요소가 담겨있음을 확인할 수 있었다. 그렇다면 조선과 대만 사이의 법령 차이에서 찾을 수 있는 차별적 시각의 원인과 의미는 무엇이며, 이에 대한 조선인들의 행동과 주장은 무엇인가를 다음 장에서 상세하게 살펴보도록 한다.

(3) 식민지별 영화의 역할과 차별의 의미

1926년부터 시작된 통합 영화 검열 규정의 적용은 대만과 조선에 서

---

163) 조선과 대만의 "활동사진필름 검열규칙"은 1925년 5월 26일 일본 내무성령 제10호 동일 제목의 법령을 식민지별로 변용하여 적용한 것이다. 일본의 법령은 조선과 거의 완벽하게 일치하는데, 필름 검열비와 처벌 규정도 동일하다. 이를 통해서 보았을 때 일본과 조선에 비해 대만은 상당히 관대한 대우를 받고 있었다고 할 수 있다. 조선의 식민지 경제 상황을 고려한다면 반대로 상당히 가혹한 법령의 적용이었다고도 볼 수 있다.

로 다르게 적용되었으며, 차별적 조치로 인한 조선인의 반발도 강하게 일어났다. 1926년 8월 1일 법령 시행 이전부터 조선인 영화 상영업자들은 수수료와 관련해 강한 불만을 드러낸다. 다음은 『매일신보』 1926년 7월 19일자 신문 기사의 일부이다.

㉠『불평놉흔 신검열제 당국에진정』

팔월일일부터 실시될 영화검열규측에 대하야 벌셔부터 비탄 공격의 소리가 놉흔대 첫재 이규측에 의하면 검열수수료를 필림 삼메돌에 오젼식 밧음으로 활동사진 상설관에셔도 수수료만 한달에 삼빅이십여원을 납입하게 되야 비상한타격을 밧을것임으로 십륙일 오후 다셧시에 상셜과주인 영업자 영화배급소 그타 영화관계자가 화월식당에 회합하야 협의를하고 위원을 선정하야 당국에 진정하기로 하얏는대 그 내용을 드르면

1. 될수잇는대로 검열료를 폐지할 일
1. 할수업스면 일단 내무셩에셔 검열을하여 검열료를 내인것이니 삼메돌에 일젼식 징슈할 일
1. 상영검지의 영화에는 검열료를 밧지말 일

등인데 과연 어느정도까지 당국에셔 양보를 할는지 가장 흥미잇는 문제이더라

㉡『민중오락을 위해 수수료 감하운동 : 영화검열 수수료가 만하 도저히 경영키 어렵다고 : 불응하면 일제휴관』

영화검열 수수료 텰폐운동은 긔보한 바와갓치 각방면의 시텽을 익글어 홀노히 영화관계사 뿐만아니라 이를 민즁 오락의 유일한 긔관인 영화를 볼 때에 이것은 일반 민즁에 직졉 관계가 잇는 것임으로 일반 여론이 매오 밍렬하여가는대 상셜관과 영화배급업자의 위원회는 좌긔 졔씨를 드러 진졍위원으로 하야 본부도서과로 근능도서과쟝을 방문하고 어듸까지 운동의 쥬지를 관텰하고자 노력할터이며 만약 진정을 드러쥬지아니할 때에는 각관이 일졔히 휴업하여도 관계업다는 강경한 태도를 가지고 잇다더라[164]

㉠과 ㉡은 "활동사진필름 검열규칙"이 공포되어 2주가 지난 뒤 조선 각 지역에서 일제히 일어난 반발과 관련된 기사이다. 주목되는 것은 이 같은 과도한 검열료에 대한 반발은 아직 일본과 대만 등에서 동일하게 공포-시행되는 유사 법령에 대한 자각까지 이어지지는 않고 있다는 점이다. 시행 이전에 조선인 영화 관련인들에게 있어서 가장 중요한 문제는 처벌보다는 검열료에 집중되어 있는데, 3미터 당 5전이라는 금액을 1전으로 인하해줄 것과 검열에 의해 상영 금지 조치를 당한 경우 검열료를 면제해달라는 주장이 그 핵심을 이루고 있다. 만일 이 같은 요구 조건이 관철되지 않을 경우 "각관이 일제히 휴업하여도 관게업다는 강경한 태도"를 보인다는 것은 "활동사진필름 검열규칙"이 당시의 영세한 영화업자들에게 매우 큰 경제적 부담을 요구하고 있었기 때문으로 보인다. 각 상영관별로 320원 정도의 검열료를 납부해야만 하는 상황이 그들에게 결코 적은 금전적 부담은 아니었을 것으로 추정되기 때문인데, 1920년대의 1원의 화폐 가치를 대략 6,500원-10,000원 사이로 보았을 때, 영화 상영업자들은 최소 220만원에서 320만 원 정도를 매달 부담해야 했던 것이다.[165)]

> **『오미돌 오전으로 : 영화검열료 감하 최후운동 : 재검열료는 무료를 요구』**
> 영화 검열료금 감하운동을 년도가 밧귀는 때를 당하야 또다시 이러나서 각영화 상설관주회에서는 황금관 주인 조천고주씨를 대표로 근등도서과댱

---

164) 『매일신보』, 1927년 7월 20일자 신문 기사.

165) 김재훈, 「1925~1931년 米價하락과 부채불황」, 『한국경제연구』 15, 한국경제연구학회, 2005, 233면. 이 논문에 따르면 1925년의 중급 쌀 가격은 80kg에 19.26원 정도였으며, 이를 2014년 수곡 추매가 20만원으로 환산할 경우, 1원에 10,384원 정도의 금액이 된다. 쌀 시세가 1920년에는 16.23원 1930년에는 10.14원으로 변화했으므로 대략 금액은 본문에서 제시된 정도이다.

에게 여러번 교섭하엿스나 그래도가 강경히야 뜻을 일울수가 업슴으로 이번에는 천리 경무국댱에게 직접담판을 하고자하여 지난 십륙일 오후에 각 관주대표들은 경무국으로 국댱면회를 하고 장시간동안 여러 가지로 의견을 진술한 일이 잇섯다는데 관주들이 요구하는 것은 지금은 삼미돌에 오전식인데 그것을 대만과 가치 오미돌에 오전식으로하고 두 번째 검열을 밧는 것에는 무료로해달라는 것이러라더라

대만과 차별적으로 적용되고 있던 검열 수수료에 대한 강한 반발은 1928년 9월에 조선총독부령 65호에서 검열료가 1미터 당 1전으로 감하될 때까지 지속적으로 전개된다. 수수료 감하를 위한 조선 영화 관련업자들의 저항은 상당히 조직적이었던 것으로 보이는데, 위의 예문에서 볼 수 있듯, 경무국장에게 찾아가 직접 담판을 하기도 하고, 협의회를 조직하여 집단적으로 행동하기도 했기 때문이다.

이 같은 조직적인 수수료 감하 운동을 거쳐 검열비가 1미터 당 1전으로 줄어들었지만 영화 상영업자들에게 책정된 검열 금액은 결코 적은 부담이 아니었다. 『동아일보』 1937년 6월 9일자 기사에는 1936년 한 해 동안의 영화 검열 결과에 대한 내용이 수록되어 있는데, 1936년 1년 간 검열 받은 필름 길이는 327만 5,015미터에 달하고, 이에 대한 수수료를 현재의 금액으로 환산하면 3억 3천만 원에 달하는 것이었다.[166]

1928년 9월에 이르러서야 검열 수수료가 인하되었다는 점은 1926-1928년 8월까지 2년 이상 대만과 달리 상당한 고액의 검열료가 지불되어야했고, 이것이 조선 영화 관련업자들에게 상당한 부담으로 작용했다

166) 검열연구회, 『식민지 검열, 제도·텍스트·실천』, 소명출판, 2011, 571면. 이 책의 기록에 따르면 1929년의 필름 검열 길이는 2,130,035미터, 수수료는 19,520.61원, 1935년에는 334,895미터 29,580.62원으로 확인된다.

는 점을 확인하게 한다. 또한 수수료의 인하는 있었지만 법령을 어겼을 시에 부담해야 하는 벌금은 여전히 대만의 2배 이상을 부담해야 했기 때문에 차별적인 요소는 여전했다고 볼 수 있는 것이다.

이 같은 차별적인 요인은 유사한 식민지 상황에 놓여있었던 대만과 조선의 영화계에 서로 다른 영향을 미치게 되었다. 먼저 조선의 경우 총독부에 의해 1940년 1월 "조선영화령"이 공포되어 기존의 영화 관련 인들을 "조선영화인협회", "조선영화제작자협회" 등으로 통합하는 조치를 취했고, 1942년에는 "조선영화제작주식회사"를 만들어 체제 옹호 및 전시 동원 체제만을 강조하는 단일 조직으로 통합되었다. 여기서 주목해야 하는 점은 "조선영화령"이 1939년 "일본영화령"을 그대로 가져와 식민지 조선에 적용하여 영화 산업에 대한 축소를 가져오는 탄압을 지속하였던 것에 비하여, 대만의 경우 "대만영화령"은 제정-공포되지도 않았기 때문이다. 이 같은 차별적 상황에 대해서는 이화진의 견해를 참조해볼 만한데, "대만의 경우, 일본인들에 대한 시장 의존도가 매우 컸고 대만인들의 민간 제작이 활발하지 못했던 데다가 타이완 신극이나, 꺼다이시(歌仔戲), 푸다이시(布袋戲) 등의 대중연예에 비해 영화가 차지하는 위상이 조선에서만큼 독보적이지"167) 않았다는 것이다.

하지만 이 같은 지적은 충분한 타당성이 있으면서도 일부 재론의 여지가 있다. 우선 조선과 대만 사이의 영화 검열 규칙이 가지고 있는 출발점에서부터의 차별적인 요소가 식민지 국가들의 영화 산업을 서로 다르게 변화시키고 있었을 것이라는 점에 주목할 필요가 있다. 앞에서 살펴본 바와 같이 1926년에 공포 시행된 조선과 대만의 검열 규칙은 제정

167) 검열연구회, 같은 책, 574면.

과 공포, 시행에 있어서 다른 조건을 지니고 있었고, 이 차별적 조치는 조선 영화 관련인들에게 큰 반발을 일으켰다. 단순히 수수료의 차별뿐만 아니라 처벌에서도 확인되는 분명한 차별은 일본이 식민지 조선을 대하는 태도를 확인하게 하는 것이며, 이에 따라 조선의 영화 관련 분야는 대만보다 급격하게 축소되었을 것이기 때문이다.

또한 대만의 다양한 공연 예술 장르가 조선에 비해 성행했고 이것이 영화 산업의 서로 다른 전개 방향을 가져왔다는 사실은, 일제강점기 초 신파극 등의 틈입에 의해 다양한 공연 예술이 축소, 억압될 수밖에 없었던 조선 문화-예술계의 억압된 현실을 고려할 때, 억압과 통제가 가져온 차별의 결과를 선명하게 보여준다. 결국 조선에 있어서 영화는 다양한 공연 예술이 고사된 상황 속에서 어쩔 수 없이 소비해야 하는 압도적인 대체 장르였던 것이다.

지금까지 본고는 일제강점기 예술 문화 분야의 검열과 탄압을 살펴보기 위해 동일한 식민지 상황에 처해있던 대만과 조선의 영화 검열 사례를 법령 중심으로 살펴보았다. 그 결과 유사한 검열 관련 법령이 제정 공포되었음에도 불구하고 그 내용에 있어서는 미시적인 차별의 요소가 반영되어 있음을 확인할 수 있었다. 또한 이 같은 검열 체제와 법령상의 차별적인 요소는 조선 영화업자들과 영화 관련 예술인들에게 큰 반발을 일으켰고, 검열 수수료 인하를 위한 조직적인 운동으로 이어졌다는 사실도 확인할 수 있었다.

일제강점기 식민지 조선의 영화산업과 관련 예술 분야가 급격하게 축소된 이유에는 동일한 식민지 상황임에도 기준을 서로 다르게 적용하였던 일본의 이중적인 태도가 있었다. 수수료에 대한 차별, 처벌 규정의 차별 등에서 시작된 식민지 사이의 차별은 전시 동원체제가 본격화된

1940년대 이후 조선 영화계에 대해서만 분명하게 그 탄압의 강도를 높여가는 방향으로 진행되었기 때문이다.

이 같은 일제의 차별적인 식민지 정책은 결국 조선에 있어서는 영화사의 폐업과 통합 등은 물론 관련 분야 전체를 붕괴시키는 지경까지 이르게 하였고, 전시 동원 선전 영화의 강압적 소모 국가로 조선을 전락시키고 말았다.

결국 대만과 조선은 동일하게 강제 점령의 아픔을 가지고 있었으나 그 탄압의 정도는 확연하게 차이를 보였다. 이는 해방 이후 각국의 예술과 산업이 다시 일어서는 데에도 상당 부분 다른 영향을 미쳤을 것으로 추정된다. 일제강점기 동안 총독부가 추진한 조선 영화 관련 정책은 단순히 식민지를 통제하거나 관리한다는 최소한의 명분에서도 벗어나 관련 예술의 고사는 물론 산업의 붕괴까지 몰고 갔기 때문이다.

검열, 문학사의 복원

제1부에서 살펴본 것처럼 총독부 경무국 도서과에서는 1920년대 중반부터 장기적인 식민지 지배를 위한 목적으로 다각도의 검열 기록들을 체계화하기 시작하였고, 이 같은 검열을 통한 탄압은 1938년까지 유지되었다. 1937년 중일전쟁 이후 1938년 국가총동원법의 시행은 기존의 검열 방식과 방향을 전환하는 계기라고 할 수 있는데, 체계적으로 기록되었던 검열 기록들이 간략해지거나 사라지고, 언론인, 작가, 일반 민중들에게 직접적인 탄압을 시작한 것이 그 전환의 결과였다.

한편, 일제가 한국 문학에 대해 지속적이고 체계적으로 검열을 통한 통제를 강화한 후 한국 문단은 크게 위축될 수밖에 없었다. 무엇보다도 작가들은 검열을 피하기 위한 자기 검열부터 시작하여 신문이나 잡지에 연재될 작품에 대한 원고 검열, 사후 검열, 단행본 출간에 대한 검열에 이르기까지 2~3중의 검열을 거쳐야만 작품을 발표할 수 있었기 때문이다.

검열 제도의 문제점은 다른 무엇보다 자유로워야 할 창작자의 사고를 경직되게 하고 제한한다는 점에서 치명적일 수밖에 없다. 만일이라는 가정이 지나간 시대에 대하여 적용할 수 없다는 점을 분명하게 인식하더라도 작가의 본래 의도와 작품의 원 모습을 최대한 검열 이전의 것으로 복원하고자 하는 노력은 일제강점기 한국 문학의 참모습을 재발견할 수 있다는 점에서 반드시 필요하다.

다행스럽다고 말한다면 과거의 통제와 탄압에 대한 평가로서 오해의 소지가 있겠지만, 일제강점기 총독부의 검열 자료에는 한국 문학의 검열 이전 모습을 추정하고 유추하여 최대한 복원할 수 있는 근거들이 많이 남아있다. 여기에는 일제가 원래의 작품을 어떤 이유로 삭제하거나 압수, 출판을 금지했는가에 대한 사유들이 남아있으며, 그들의 입장에서 문제가 되었던 원문도 수록된 경우가 많아서, 이후 출간이나 연재본과 비교할 경우 최대한 처음 발표하려고 하였던 작품의 실체를 복원할 수 있는 것이다.

제2부에서는 이 같은 문학 작품 검열에 대한 기록들을 바탕으로 검열을 통한 탄압이 작품에 실제로 미친 영향과 그 개작의 양상을 본격적으로 살펴보고자 한다. 또한 전시동원령과 조선어 사용이 금지된 이후 민중들이 추진한 많은 저항의 기록과 검열의 관계에 대해 구체적으로 확인하고자 한다.

1. 소설 작품의 검열과 복원

1) 이태준 장편소설 『성모』의 검열 전후 변모 양상

1930년대 중반 이후 한국 문학은 총독부 출판경찰의 검열에 의해 크게 위축되었다. 강점 전 신문지법부터 시작된 출판 검열의 출발은 1909년 출판법의 공포로 그 범위와 대상이 강화되었고, 1920년대까지 경무국,

검찰, 행정 관청 등에 의해 분산되어 검열되다가 1920년대 중반 이후 총독부 경무국 도서과의 설치로 통합되어 진행되었다.

검열의 주체인 도서과 소속 출판 경찰은 조선에서 출간되고 발행되는 모든 신문과 잡지, 단행본은 물론 삐라와 전단, 광고, 음반, 영화에 대해 다각도로 검열을 통한 통제를 진행하였고, 이 과정에서 많은 수의 작품들이 원래의 창작 의도와 내용과는 달리 크게 변질되어 갔다. 특히 신문과 잡지에 발표된 문예 작품은 향후 단행본 출간 시에도 검열을 당할 수밖에 없어서 2~3중의 검열을 피할 수가 없었는데, 신문에 발표될 때에 1차적인 검열을 거쳤어도 단행본으로 출간될 때에 다시 2차 검열을 거쳐야했기 때문이다.

현재 이 같은 검열의 결과와 과정을 확인할 수 있는 총독부의 문건들은 그리 많지 않다. 이는 도서과의 설치 이후 검열 문건이 본격적으로 정리되기 시작했기 때문으로 보이는데[1), 몇 건의 검열 문건을 거쳐 체계화된 후 『조선출판경찰월보』(1928.09-1938.12)로 통합되어 관리되었다.

『조선출판경찰월보』에는 11년 동안의 조선 언론과 출판물에 대한 광범위한 검열의 내용들이 남아있으며, 그 전체 검열 수도 수만 건에 달한다. 여기에는 신문은 물론 단행본과 개별 문건에 대한 검열 후 행정 처분 결과와 그 사유 등이 비교적 자세하게 기록되어 있다.

본고가 연구 대상으로 주목한 것은 『조선출판경찰월보』의 행정 처분 목록에 수록된 이태준의 장편소설 『성모』이다. 이 작품에 대하여 살펴보고자 하는 이유는 다음과 같다. 첫째, 1935년 5월 26일부터 1936년 1월

1) 1927년 11월에 작성한 『불온소년소녀독물역문(不穩少年小女讀物譯文)』과 1928년 9월에 작성된 『언문소년소녀독물의 내용과 분류』, 1927년 8월부터 1928년 8월까지 13개월 동안 작성된 『불허가출판물병삭제기사개요역문』 등이다.

20일까지 『조선중앙일보』에 123회 연재된 이 소설은 1936년 3월 7일 단행본으로 출간하기 위해 납본으로 제출되었을 당시, 그 내용의 문제점 때문에 출판 금지 조치를 당하였고, 『조선출판경찰월보』 91호에 그 검열 사유와 출판 금지의 처분 사유에 해당하는 원문이 수록되었다는 점 때문이다.

둘째, 이 소설이 『조선중앙일보』에 연재되었을 당시의 내용과 『조선출판경찰월보』에서 출판 금지 조치 사유를 기록하면서 인용한 단행본의 내용이 상당 부분 차이를 보이고 있다는 점 때문이다. 이는 『성모』라는 작품이 신문으로 연재되었을 당시의 내용과 단행본으로 출간될 당시의 내용이 작가 혹은 검열 주체인 출판경찰 때문에 의도적으로 변화되었다는 사실을 보여주는 증거이다. 즉 검열에 의해 변화된 내용에 따라 작품의 방향과 의도도 변화되었을 것이라는 가설이 성립할 수 있다.

이태준의 『성모』가 신문 연재 당시와 단행본 출간 시 내용의 변화가 있었다면, 그것은 두 가지 가능성을 전제하는 것이라 할 수 있다. 그 하나는 신문 연재 시 일정한 검열에 의해 작품 내용의 수정이 요구되었고, 이에 따라 단행본 출간 시에 이를 반영하여 개작되었을 가능성이며, 다른 하나는 신문 연재 전 이태준이 본래 준비한 원고가 신문에 발표될 시에는 일정 부분 개작되었다가 단행본으로 출간되었을 당시에 제대로 반영되었을 가능성이다. 본고는 이 같은 두 가지 가설에 대한 검증과 검열에 의한 소설 작품의 의미 변화 양상을 우선 살펴보는 것을 첫 번째 연구 목적으로 한다. 만일 가설을 확인할 수 있는 지점을 발견한다면 이태준의 장편소설 『성모』가 본래 지니고 있었던 원 모습을 최대한 복원할 수 있을 것이며, 검열에 의해 변질되거나 변형되기 이전의 작품을 확인할 수 있는 계기가 될 것이다.

본고는 또한 『성모』가 신문 연재소설이라는 점에 주목하여, 매체의 특징과 작품의 내용이 상호 어떤 관계를 맺고 있었으며, 이것이 연재본과 단행본이라는 다른 성격으로 발표되었을 때 작가가 얻고자 하였던 효과는 무엇이었는가를 고찰하고자 한다. 특히 『성모』의 결말 부분에 서술되어 단행본 출판 금지 조치의 원인이 되었던 내용을 통하여 대중소설의 성격을 지닐 수밖에 없는 신문연재본과 단행본의 차이를 살펴보고, 1930년대 중후반 신문 연재소설과 같은 성격의 대중소설들이 당대의 독자들에게 미쳤을 영향을 구체적으로 확인하고자 한다.

(1) 『성모』의 이중 검열 양상

지금까지 이태준의 장편소설 『싱모』에 대한 연구는 주로 작품 속 주인공 '순모'의 성장에 주목하여 여성 성장소설[2], 교양소설로서의 의미[3] 등을 살펴보는 데에 집중 되거나 미혼모 혹은 사생아를 다룬 내용에 초점을 맞추어 당대적 가부장제를 비판하는 점[4]에 주목하고 있었다.

이는 『성모』의 내용이 16세 여성 주인공 '순모'가 삼각관계의 연애 상황 속에서 어느 한 편의 남성을 선택하지 않고, 홀로 사생아를 키우는 삶을 선택하였고, 이 과정에서 근대적 교육이라는 가치가 삶의 기로에서 선택의 중요한 기준이 되었음에 주목한 결과라고 할 수 있다. 또한

---

2) 이명희, 「이태준 장편소설 "성모" 연구」, 『현대소설연구』 1, 현대소설학회, 1994, 316-336면.
심진경, 「이태준의 "성모" 연구」, 『상허학보』 8, 상허학회, 2002, 125-150면.

3) 배개화, 「이태준의 여성교양소설과 가부장제 비판」, 『국어국문학』 166, 국어국문학회, 2014, 261-290면.
김종균, 「이태준 장편소설 "성모" 연구」, 『겨레어문학』 19, 건국대국어국문학연구회, 425-441면.

4) 김택호, 「이태준 소설에 나타난 모성의 의미」, 『한국현대문학연구』 14, 한국현대문학회, 2003, 331-361면.

'순모'가 사생아인 '철진'을 키우는 과정에서 자신이 배운 근대 교육이 지닌 이상적 가치에 따라 행동하고 있다는 점도 이 같은 연구 방향을 제공한 근거이다.

이태준 역시 소설의 예고편에서 "소설의 이름을 성모(聖母)라 했습니다. 종교사회에서 일르는 아니요 다만 '가장 훌륭한 어머니'란 뜻으로 부쳣습니다. 한 훌륭한 어머니, 그의 사랑이면 그의 지혜이면 그의 의지(意志)이면 모든 것을 밋고 오직 머리 숙이고 십흔 거룩한 어머니, 그런 어머니를 그리는 마음은 어느 시대나 어느 사회에서나 모든 사람들 가슴속에 끈히지 안을 것입니다. 나도 그 마음이 진작부터 간절한 바 있었기 때문에 여기서 '오늘의 한 훌륭한 어머니'를 생각하려함입니다."라고 자신의 창작 의도를 밝히고 있다는 점에서 이 같은 기존 연구의 방향은 큰 줄기에서 분명한 타당성을 갖게 하였다.

그러나 『성모』를 단순히 가부장제 사회 속에서 한 개인이 홀로 자식을 훌륭한 방향으로 성장시키는 서사에만 집중하여 살펴볼 경우, 이 소설은 그 의미가 상당 부분 축소되거나 절반만의 서사를 이야기하는 꼴이 되기 쉽다. 왜냐하면 작품의 연재분 60%는 훌륭한 어머니 상에 맞추어져 있기보다는 주인공 '순모'의 통속적 삼각관계 연애담에 집중되어 있고 뒷부분은 앞의 내용을 부정하는 꼴에 가깝게 변화하여 위대한 민족적 어머니의 탄생담에 집중되어 있기 때문이다. 이 같은 『성모』의 서로 다른 앞뒤 이야기의 차이점은 이 작품이 지향하는 방향이 본래부터 의도성을 지니고 있었는가를 의심하게 하고, 독자들에게 일관성 있는 맥락을 파악하기 어렵게 만드는 원인인 것이다.

그렇다면 원래부터 이태준의 『성모』는 이 같은 모호한 방향성을 가진 작품인 것인가. 그리고 이는 작가의 원래 의도와는 달리 형상화된 모순된 작품인 것인가. 본고는 단행본 출판 시도 과정에서 생략되거나 변화된 검열 내용을 가지고[5] 이 작품의 본래적 방향성을 다시 복원해보고자 한다.

가. 신문 연재본과 단행본 출판본의 차이점

『조선출판경찰월보』 91호(1936년 4월호)에는 출판금지 행정처분을 받은 소설의 목록이 하나 확인된다. 이 작품은 앞에서 언급한 이태준의 『성모』이며, 수록된 항목은 '불허가 출판물 목록', 발행자는 이태준, 발행 지역은 '경성', 처분일은 '1936년 3월 7일'이다. 또한 같은 호 『조선출판경찰월보』의 "불허가 출판물 기사 요지"에는 6쪽에 걸쳐서 이 소설의 어떤 내용이 불허가 조치를 받게 된 근거인지가 일본어로 원문이 번역되어 기록되어 있다. 이는 『성모』가 어떤 이유 때문에 출판금지 조치를 당하게 되었는가를 확인할 수 있게 하는 것인데, 요지의 가장 앞에는 사유로 인용된 본문 앞에 다음과 같은 내용이 요약적으로 제시되어 있다. 다음은 그에 대한 원문 이미지이다.

5) 이태준의 『성모』에 대한 검열과 관련된 연구로는 이상경의 「조선출판경찰월보에 나타난 문학 작품 검열 양상 연구」(『근대문학연구』 17, 근대문학회, 2008, 389-422면)을 들 수 있다. 이 논문은 『성모』의 검열과 관련한 전반적인 사항을 지적하고 있으나 내용에 대한 세밀한 비교 분석은 이루어지지 않았다.

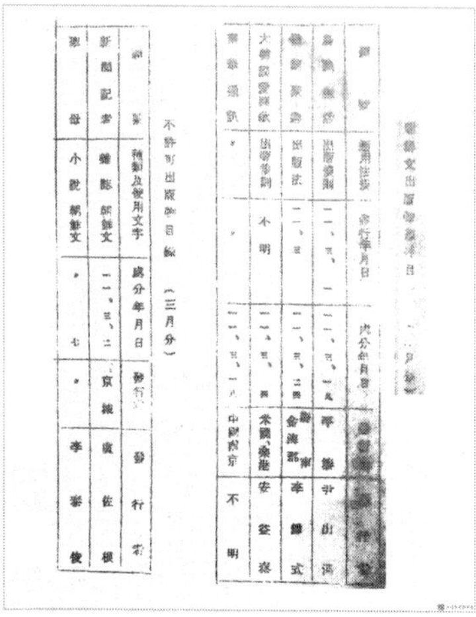

〈그림 1〉 불허가 출판물 목록

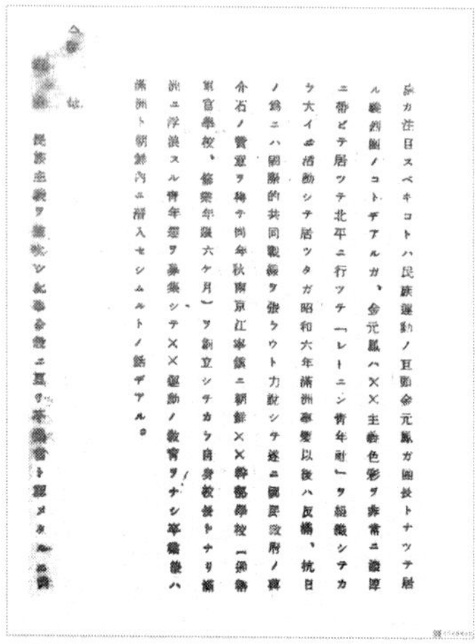

〈그림 2〉 불허가 출판물 기사 요지 1페이지

〈그림 2〉의 “불허가 출판물 기사 요지” 첫 페이지에는 『성모』라는 작품이 “민족주의를 고취하고 기사 전반에 걸쳐 불온서적이라고 인식 됨”이라는 금지 사유에 대한 요약이 기록되어 있으며, 이 같은 사유로 이 작품은 출판금지 행정 처분을 받았음을 제시하였다. 당시 『조선출판경찰월보』에는 크게 두 가지 출판금지 조치 사유가 제시되곤 하였는데, 그 하나는 반제국주의와 민족주의적 성향을 지적한 “치안 방해”, 다른 하나는 풍속과 윤리 문제를 지적한 “풍속 괴란”이다. 요지가 “민족주의 고취”라는 점을 보면, 이 작품은 “치안 방해”를 근거로 출판금지 되었음을 유추할 수 있다.

특이한 것은 “불허가 출판물 기사 요지”의 2~6페이지까지는 이 같은 처분 사유의 근거가 되는 소설의 문제적 내용이 전문 그대로 담겨있다는 점이다. 한글로 되어 있는 소설 원문을 일본어로 번역한 것인데, 이를 번역해 보면 다음과 같다. 이해를 돕기 위하여 크게 두 부분으로 나누어 실제 신문연재본과 비교를 해보기로 한다.

① 불허가 사유의 근거로 제시된 일본어 번역문의 내용 1

철진은 "조선어는 영어처럼 표정이 없어서 연구하고 싶지 않다."고 그런 말을 했더니 순모에게 크게 혼났던 일이 있었는데 그때 순모는 "언어와 문장은 그 민중에게 최대 재산이며 수명이다. 아무리 기술적 학문적으로 박사가 되었다하더라도 우리 언어, 우리 문장, 그리고 풍속, 예정, 우리 감정에게 소원하다면 그 사람은 세계적 학자이지만 조선의 학자는 아니다. 현재 우리는 세계적 기술가, 세계적 사상가보다는 조선의 기술가, 조선의 사상가가 출현하기를 갈망하고 있는 것이다. 네가 아무리 영어를 잘한다하더라도 조선어, 조선문, 조선 감정에게 소원하면 조선적으로 보면 아무 것도 아니다. 최근 무슨 교수, 박사, 무슨 명사라고 하는 사람들이 외국의 문어는 잘 하는데도 조선문은 편지 한 장도 잘 쓰기 못하는 자가 많지만 이것은 큰 일이 아닌 것 같지만 그런 사람들의 생활내용을 보면 조선의 것은 무엇 하나 가지고 있지 않고 신문잡지는 다 타인의 것을 보고 있는 거라서 그 사람의 감정, 취미, 이상 등 모두가 – 즉 모르는 사이에 내장이 바뀌어버린 것이다. 너는 무슨 종족이라 생각하고 조선어를 무시하는 것인가. 네가 서양사를 연구하면 알겠지만 어떤 민족은 자기 언어 사용을 금지 당했지만 어머니들이 밤에 이불속에서 자기 언어를 가르치고 결국 그들의 문화가 소생한 사실이 있고, 또 최근 정말(덴마크)가 세계적 문화를 갖게 된 이유도 농공업의 발달에게만 있는 것이 아니라 그들은 그 근본요건인 자기의 문어 발단을 위해 독일어의 세력을 억제하려고 싸웠던 것을 알아야 한다. 영어는 □□□□□□[6]인이 하는 것이겠지만 조선문어는 조선인이 지지하지 않고 누가 하겠는가" 하며 철진에게 타이르고 그 이후부터는 가끔씩 조선문의 신문 서적을 읽게 하고 그것으로 조선의 어머니로서의 의무를 이행하고 있는 것으로 여겨진다. 그리고 조선의 어머니로서 사립학교를 지지해야 한

---

6) □ 표시는 인쇄 상태 때문에 원문이 확인되지 않는 문자. 이하 인용문의 □는 동일한 의미임.

다는 의무감과 철진의 감정의 전통을 보호하기 위해 철진을 사립학교에 보내기로 하였다.

순모는 기회가 있을 때마다 대지(大志)를 그리워하도록 비분강개한 이야기와 사실을 많이 들려주었다.[7)]

①' 신문 연재본의 원문

한번 무슨 말 끝에 철진이가

"조선말은 영어나 다른 말처럼 표정이 없어 … 그래 허기가 싫어…" 하였다가 순모에게 된불을 맞은 적이 있다. 순모는 그때 펄펄 뛰었다.

"이 밸빠진 녀석아. 말과 글이 그 민중의 최후의 재산이요 최후의 목숨인 줄 모르니? 아무리 기술에나 학문에 학박사가 되문 뭘 허니? 그 사람이 우리 말, 우리 글, 우리 풍속, 우리 예절, 우리 감정에 서툴르면 그 사람은 세계의 학자는 될까? 그러나 조선의 학자는 아니다. 이렇게 말하면 내 속이 좁은 것 같으나 지금 우리는 세계에서 어떤 학자나 기술자나 사상가가 나기보단 조선의 학자, 조선의 기술자, 조선의 사상가가 나길 어떻게 아쉽게 바라는데 그러니? 네가 영얼 암만 잘해두 먼저 조선말, 조선들, 조선감정에 서툴러선 조선으루 볼 땐 아무것두 아니다. 요즘 무슨 교수니 교장이니 명사니 박사니 하는 분들이 외국말룬 말두 잘하구 글두 제 앞은 치러두 우리 말룬 편지 한 장 제대로 못 쓰는 사람이 많어 … 그게 얼른 보문 큰 문제가 아닐 것 같어두 그런 사람의 생활을 들려다보면 조선 건 하나두 없이 … 신문 잡지 모두 남의 것만 보지. 그러니까 그 사람 감정, 취미, 이상 모두가, 즉 밸이 모르는 새에 다 바뀌어 버리구 마는 거야 … 큰일날 소리지. 네가 어떤 족속인데 조선말을 멸시허니? 너 서양사를 인제 연구허문 알겠지만 서양의 어떤 민족은 저희 말을 못하게 금제를 받았는데 어머니들이 방에 몰래 이불속에서 저희 말을 가르쳐서 그래서 낭중엔 저희 문화가 다시 살아났어 … 또 요즘 정말(덴마크)이란 나라가 아주 곤경에서 다시 피어났구, 지금은 일반 문화가 세계의 모범국 된 것두 뭐 농공업의 개량으루

7) 조선총독부 경무국 도서과, 『조선출판경찰월보』 91, 1936.04. 이하 인용표기 생략.

만 된 줄 아니? 허긴 조선서 정말 구경을 하고 온 사람들도 거기 농업 발달만 많이 말허드라. 그렇지만 그것보다 아주 근본적인 문제. 저희 말과 저희 글을 위해서 독일말의 세력을 막기 위해서 얼마나 싸웠는지 아니? 영어 문화는 네가 지지하지 않드래두 영미국인이 있어. 조선의 문화는 지지허지 않구 발달시키지 않으문 누가 해 주니? 그렇다고 네 영어공불 금허는 게 아니야. 나중엔 뭘 전공하든지 먼저 조선의 문화인이 되란 말이야."

하고 순모는 철진에게 틈틈이 조선신문과 조선책을 읽히는 것으로써 조선의 어머니된 의무를 행하는 것으로 알았다. 그리고 학교도 반은 조선의 어머니들로서 사립학원을 지지해야 할 의무에서와, 또 반은 철진이의 감정의 전통을 보호하기 위해 사립전문으로 택하게 한 것이다.

② 불허가 사유의 근거로 제시된 일본어 번역문의 내용 2

어느 밤 철진이 주모자가 되어 있던 비밀결사회가 발각되어 동지들이 모두 체포되어 철진만이 도망쳐왔다. 그것을 안 순모는 물론 놀랐다. 그러나 놀라기는 내심으로만, 표면으로는 매우 침착하게 자기 아들을 위해 최선의 방책을 생각하는 것이었다.

순모 "일은 이미 벌어졌으니 후회할 필요는 없다."

철진 "아니 후회는 하지 않습니다." 잠시 철진은 오히려 어머니를 안심시키려고 했다.

순모 "네 동지들이 아무리 자백하지 않는다고 해도 경찰은 경찰로서 활동하겠지. 이럴 때는 어떻게 하려는 계획이 있었느냐."

철진 "네, 저는 전부터 멀리 갈 생각으로 해외랑 연락 책임을 맡고 있었던 겁니다."

순모 "해외라니, 어디?"

<u>철진 "중국, 천진, 북평 등지와 다 연결이 되어 있어서 여기 중국인 YMCA에 있는 중국인과 배만 있으면 언제든지 천진을 □□□□□□로 가기로 되어 준비하고 있고, □□으로 가고 □□□, 그럼 어머니 중국인의 □□□□□ 언제 배가 있는지를 살피고 그리고 상담해야 하는 것도 있어서 잠시 다녀오겠습니다. 지금 검거당하면 3, 4년 간은 자유를 잃게 될 테니 그간 해외로</u>

그렇다면 먼저 단행본에는 없었던 내용이 신문연재본에서 확인되는 추가된 내용은 무엇인가를 살펴보기로 한다. 우선 ①과 ①'의 인용문의 내용은 마지막 문장을 제외하고는 완전하게 내용이 일치한다.[9] 이는 『조선출판경찰월보』의 불허가 요지가 내용을 요약하여 제시하는 것이 아닌 치안 방해의 '문제'가 되는 내용을 증빙 차원에서 그대로 인용하고 있음을 보여주는 것이며, 단행본의 본문이 ①과 ②의 서술 그대로 이루어져있음을 확인해주는 것이다.

단행본에서는 순모와 철진이 '영어'와 관련하여 대화를 이어가고, 순모가 철진에게 '조선어와 조선문, 조선문화'의 중요성에 대해 강조하고 있다. 이는 신문연재본 역시 동일하다. 서술 내용의 차이가 발생하기 시작하는 것은 ①에서 ②로 넘어가는 지점인데, 단행본은 '조선어와 조선문'에 대한 대화가 이어진 후, 순모가 철진에게 '큰 뜻(大志)'을 갖게 하기 위해 '비분강개'한 이야기를 많이 들려주었다고 한 후, 곧바로 철진의 비밀 결사가 발각되는 긴박한 사건으로 곧바로 연결된다.

이에 비하여 신문연재본은 단행본과 동일한 내용이 등장하는 ②'의 밑줄 친 부분까지 상당히 많은 서사가 추가되어 있다. 추가되어 있는 내용을 날짜와 연재 횟수별로 간단히 정리하면 다음과 같다.

㉠ 1936년 1월 9일 연재본
- 순모는 옥경에 대한 철진의 생각을 묻는다.
㉡ 1936년 1월 10일 연재본
- 순모와 철진은 북한산을 함께 등반하고, 순모는 철진에게 자신의 뜻이

---

9) ①과 ①', ②와 ②'의 내용이 일부 다른 것처럼 여겨지는 것은 『조선출판경찰월보』의 내용이 일본어로 되어 있으며, 이를 번역한 것이기 때문에 발생하는 것이다. 대화문과 서술 내용은 가감 없이 일치하고 있다.

분명해지기 전에는 연애보다는 공부하기를 바란다는 마음을 전한다.

㉢ 1936년 1월 11일 연재본

- 철진은 순모와 이야기를 나누며 옥경에 대한 자신의 분명한 마음을 확인한다.

㉣ 1936년 1월 13일 연재본

- 순모는 흔들리는 철진의 마음을 다잡으려고 노력하고, 그 사이 옥경의 모친이 병으로 사망한다. 어느 날 저녁 상철이 순모를 찾아온다.

㉤ 1936년 1월 14일 연재본

- 상철은 순모에게 마지막으로 함께 하자는 애정을 드러내고, 순모는 결혼하자는 상철의 말에 난감해한다.

단행본에는 없는 신문연재본의 내용을 정리한 ㉠~㉤까지를 살펴보면 쉽게 확인되는 것처럼 추가된 부분은 대부분 순모의 아들 철진과 상철의 딸 옥경 사이의 연애 감정과 관계 문제, 순모에 대한 상철의 구애의 내용이다. 이는 단행본의 경우 '조선문'과 '조선어', '조선 문화' 등을 통한 철진의 사상적 강화에 대한 내용인 ①에서 곧바로 철진에 대한 사상 교육이 이어지고, 철진의 비밀결사 조직의 발각과 탈출, 다짐의 내용인 ②로 연결됨으로써 민족주의적 색채가 강하게 드러나는 것에 비하여, 신문연재본에서는 주로 인물들 사이의 연애 감정과 관계에 주목함으로써 통속적 연애물의 성격을 보다 강하게 드러내고 있음을 보여주는 것이다.

그렇다면 이 같은 단행본과 신문연재본의 내용 차이는 어떤 선후 관계와 목적성을 가지고 있는 것인가. 다음에서는 검열이 가져온 두 텍스트 사이의 의미 변화에 대해 살펴보도록 한다.

나. 이중 검열에 의한 의미 변화

『성모』의 단행본과 신문연재본 사이의 차이는 기본적으로는 시간적인 순서에서 발생했다고 보아야 하는 것이 타당할 것이다. 즉 1935년 5월 26일부터 1936년 1월 20일까지 연재된 신문 연재본 소설이 시간상으로는 앞서므로, 단행본의 행정 처분일인 1936년 3월 7일을 고려하면 신문연재본을 단행본으로 만드는 과정에서 개작되었다고 보는 시각이다.

하지만 이렇게 볼 경우, 해결되지 않는 의문점이 하나 발생하게 된다. 그것은 앞선 절에서 확인한 단행본에만 추가되어 있는 내용의 존재이다. 일반적으로 신문연재본→단행본으로 가는 과정에서 대부분의 내용이 생략되거나 간략화 되었을 것이라고 추측하기 쉽지만 오히려 주제를 강화할 수 있는 "순모는 기회가 있을 때마다 대지(大志)를 그리워하도록 비분강개한 이야기와 사실을 많이 들려주었다."라는 문장과 곧바로 이어지는 철진의 비밀결사 조직의 존재와 사상적 성격에 대한 소개 부분은 소설의 자연스러운 흐름의 맥락에서 보았을 때, 신문연재본보다 먼저 서술되었을 가능성을 보여주기 때문이다.

신문연재본의 경우 순모가 철진에게 민족주의 사상을 강조하다가 갑작스럽게 철진과 옥경의 연애 이야기와 상철의 청혼 장면이 삽입되었고, 다시 부분적으로 철진의 비밀 결사 이야기가 등장하게 되어 맥락이 흐트러지고 있는데, 단행본은 이 같은 혼란 없이 하나의 완결된 주제를 향하여 결정적인 사건이 이어짐으로써 순모의 교육에서 비롯된 철진의 비밀결사 관련 행동이라는 인과 관계의 고리가 분명하게 연결되고 있다.

그러므로 고려해 보아야 할 것은 이 같은 단행본의 보다 인과관계가 뚜렷한 개연성 있는 통일된 내용이 신문연재 당시에 희석되어 연애담 중심으로 5회 정도의 내용이 추가되었을 수 있다는 점이다. 이 같은 가설을 바탕으로 단행본과 신문연재본 사이를 비교한다면, 단행본은 보다 민족주의적인 색채와 주제의식이 명료한 내용을 담고 있고, 신문연재본은 약화된 사상성과 주제의식을 연애 이야기로 담아내고 있다고 할 수 있는 것이다.

이 같은 단행본 원고의 원작으로서의 가능성은 『성모』가 연재되던 1935년 5월부터 단행본이 출간 시도되었던 1936년 3월까지 이태준이 단편소설 5편과 희곡 1편, 수필 6편, 평론 5편이라는 상당히 많은 수의 작품을 창작하고 있었음을 보았을 때 충분한 타당성을 고려할 수 있게 한다. 즉 단행본 원고에 해당하는 분명한 주제의식의 작품이 신문연재 당시 창작되었고, 신문 연재 과정에서 매체의 대중적 성격을 고려하여 수정되었다가 단행본으로 출간될 때에 원래의 모습을 찾아갈 수 있었다고 볼 수 있는 것이다.

또한 이 같은 가설의 타당성은 이태준이 신문 연재소설에 대해 "씨키는 소설"이라 판단하고 있었고, 이는 신문 구독사들의 입밋에 맞추어 내용을 변형하는 것이라 생각한 것에 비하여, "쓰는 소설"은 신문 연재 조건과는 무방하게 순수한 문학적 목적을 추구하는 것이라 생각했다는 점[10]을 고려해본다면 획득될 수 있기 때문이다.

그렇다면 이태준이 굳이 출판금지 처분을 받은 단행본의 내용을 신문 연재 시에 다시 수정하거나 내용을 추가하여 발표한 이유는 무엇이었을까. 이는 우선 신문 연재소설의 경우 이태준의 말처럼 독자를 고려하여 흥미 위주로 서술되어야 했기 때문일 것으로 생각할 수 있다. 즉 선명한 주제의식보다 인물들 사이의 흥미로운 연애 관계를 추가 배치하는 것이 독자를

---

10) 이태준, 『무서록』, 박문서관, 1944, 110-111면.

고려해야 하는 신문 연재소설에는 타당하다고 생각했기 때문이다.

하지만 이 같은 흥미 위주의 내용 추가는 원작을 다시 단행본으로 발간할 때에 과감하게 생략되었으며, 결국 치안 방해에 의한 출판 금지 조치로 이어졌다. 작품이 지닌 본래의 의도를 드러내려고 했을 때에 오히려 검열을 통한 탄압을 피할 수 없었던 것이다.

한편, 『조선출판경찰월보』와 『조선출판경찰개요』 등을 통해서 확인되는 1930년대 중반 신문에 대한 검열과 탄압 조치는 신문지법에 의해 1935년에 치안방해에 따른 삭제 조치가 524건, 주의 조치가 135건, 풍속괴란에 따른 주의 조치가 31건[11]에 달하여 『성모』가 연재되는 시기에 매우 극심했음을 확인할 수 있다.

당대의 검열 조건을 고려하여 보았을 때에, 『성모』가 연재된 1935~1936년 1월 사이 『조선중앙일보』 역시 철저한 검열을 받았으며, 주목의 대상이 되었을 것이다. 이는 신문에 연재되고 있는 문학 작품에도 영향을 미쳤을 것으로 추정할 수 있다. 특히 정진석의 연구[12]에 따르면 신문의 경우 사전 검열에 따른 1차 조치(간담, 주의, 경고, 금지)가 이루어지고, 인쇄 후에는 2차 조치(삭제, 발매금지, 압수, 발행정지, 폐간)를 당해야만 했다. 문제는 이 같은 신문 기사 및 연재물 등에 대한 1차 검열에 따른 부담감이 실제 작가에 상당한 부담으로 작용되었을 가능성에 있다. 왜냐하면 만일 앞에서 살펴본 『성모』의 본래 내용이 단행본의 분명한 주제의식 쪽에 가까웠을 경우, 작가 스스로가 신문 검열에 맞추어 내용의 주제의식을 약화하고 대중성을 강화하는 쪽으로 우회하였을 것이기 때문이다. 분명한 것은 작가의 의도적인 검열 우회 역시 검열 체제 때문에

11) 정진석, 같은 책, 109면 참조.

12) 같은 책, 103면.

생겨난 것이라는 점이다. 즉 검열을 피하기 위한 창작 방향의 변질과 변화는 자기 검열에 해당하는 것이겠지만, 외적인 억압에 의한 직간접적인 행위이기 때문이다.

또한 이 같은 신문 연재본에 대한 1차 검열 이후, 단행본으로 출간이 시도되었을 때 총독부에 제출된 납본에 대한 검열은 2차 검열, 즉 이중 검열에 해당하는 것이었다. 특히 이태준과 같이 대중성에 맞추어 신문 연재본을 발표하다가 원래의 의도를 반영한 단행본을 출간하려고 하였을 때에 가해지는 2중 탄압은 결국 작품이 본래 지니고 있던 의미를 크게 훼손하게 만드는 치명적인 결과를 낳게 되었던 것이다.

다. 검열 우회를 통한 대중소설의 민족주의적 독본 활용 가능성

신문 연재소설은 신문의 판매부수와 직결되는 요소 가운데 하나이므로 출발부터 기본적인 대중성을 요구받는다. 이는 이태준의 『성모』에도 동일하게 요구되었으며, 그렇기에 작품의 수뇐 내용은 순모와 상철, 정현의 삼각관계를 기본으로 하고 있다고 볼 수 있다. 여기에 덕인이라는 혼사 방해를 만드는 방해자의 존재까지 개입되었다는 점은 인물 구도에서부터 갈등에 이르기까지 이 소설의 중심 서사가 애정 갈등 묘사를 통한 대중성을 전제로 한다는 것을 확실하게 보여준다.

그러나 특이하게도 『성모』는 이야기의 뒷부분으로 진행되면서 이 같은 애정 갈등은 줄어들고 순모가 지고지순한 의지를 가지고 사생아 철진을 조선의 아들로 키워가는 과정을 주된 서사로 배치시키고 있다. 물론 변화된 서사가 진행되는 가운데에서도 여전히 애정 갈등은 지속적으로 개입한다.

하지만 이 같은 변화에도 불구하고 작품의 후반부에서 보이는 삼각관계에 따른 애정 갈등의 서사는 최소한의 대중성을 유지시켜 독자를 이탈시키지 않으려는 전략적인 선택으로 보인다. 왜냐하면 앞장에서 살펴본 바와 같이 단행본의 내용에서는 되도록 애정 갈등과 관련한 부분은 과감하게 생략되고 보다 분명한 주제의식이 표면으로 드러나기 때문이다.

이 같은 대중성+주제의식 강화의 이중적인 맥락은 신문 연재소설이 지니고 있는 한계를 극복하고 창작의 본래 의도를 작가가 부각시키기 위한 선택이 가져온 결과라고 할 수 있다. 앞에서 살펴본 바와 같이 이중 검열을 통하여 작품의 방향성이 전환되었다는 점을 보았을 때, 민족의식을 교육을 통하여 강조하려는 작가의 의도가 우선했을 것으로 추정되기 때문이다.

일제강점기 후기로 접어드는 1935-36년 사이는 만주사변 이후 강화된 총독부의 사상 검열이 점차 강화되는 시기였다. 이 같은 강화의 끝에는 한글 사용에 대한 금지와 신문에 대한 폐간 조치, 전시 체제로의 전환 등이 존재하고 있었다. 1930년대 중반에 이르러 강화된 검열에 의한 언론 탄압은 상당수의 문학 작품들이 압수되고 출판 금지 조치를 당하게 만들었다. 단적인 예로 『조선출판경찰월보』(1928.09-1938.12)에 수록된 단행본 출판금지 소설의 작품 수는 37편이 넘으며, 『조선총독부금지 단행본 목록』(1941)에 수록된 출판금지 및 압수 소설의 작품 수는 25편에 달한다. 기록에 남아있는 출판 금지 단행본 소설만 60종이 넘는 것이다.

그러나 이 같은 수량은 단행본의 제목이나 내용이 일부 언급된 작품의 것만을 확인한 것이어서 실제 검열에 의해 출판 금지 조치를 당했을 작품의 수는 보다 많았을 것으로 추정된다. 예를 들어 『조선출판경찰월보』에 단행본 출판을 위한 납본 목록이 기록되어 있는 1930년 7월을 예로 들어보면 전체 139종이 납본되었으나 실제 출간된 것은 102종에 불과하며, 이 가운데 일본어 단행본을 제외하면 조선어 단행본은 95종 가운데 단 37종만이 간행되어 39%에도 미치지 못하는 비율[13]을 보이고 있기 때문이다.

이와 같은 극심한 탄압의 상황 속에서 독자들이 접할 수 있는 소설 작품은 극히 제한되었을 것으로 추정된다. 그렇다면 일반 독자들이 검열과 탄압의 상황 속에서 비교적 자유롭게 접할 수 있었던 작품들은 무엇이었을까?

첫 번째 구입한 것
尹白南 저 봉화
尹白南 저 흑두건
金東仁 저 젊은 그들
李光洙 저 마의태자
李光洙 저 단종애사
李光洙 저 인생의 향기
누 번째 구입한 것
崔南善 저 조선역사
李光洙 저 조선의 현재와 장래
方仁根 저 마도의 향불
李殷相 저 무상
金基鎭 저 청년 金玉均
이상 구입한 서적 외 독서회에 있는 서적은
沈薰 저 상록수

13) 그나마 납본 목록이 남아있는 자료도 『조선출판경찰월보』의 1930년 6월호부터 1931년 3월호까지 불과 10개월에 불과하다. 이 목록에는 출간을 목적으로 납본된 752종의 도서가 수록되어 있는데, 이 가운데 515종만이 출간되었음이 확인된다. 이를 『조선출판경찰월보』가 작성된 11년간으로 환산할 경우 수천 권 이상의 단행본이 출판 금지나 불허가 되었을 것으로 보인다.

李光洙 저 土(흙)
三千里社 발행 평화와 자유
朱雲成 저 열혈청년론 등이 있다.[14)]

1937년 춘천 중학교 재학생과 졸업생들은 독서회를 기초로 한 비밀결사인 '상록회'를 조직한다. 이들은 심훈의 소설 『상록수』에서 결사의 이름을 가져오고, 주로 소설 작품들을 윤독함으로써 민족의식을 고취시켰다. 총독부 경찰의 신문 기록에 따르면 이들은 위의 목록에 기록된 소설 작품들을 활용하여 민족의식을 고취하였다고 하는데, 이 목록 가운데 『조선출판경찰월보』나 『조선총독부 금지단행본목록』에 수록된 것은 불과 3편뿐이다. 즉 대부분 일반 대중 독자들이 쉽게 접할 수 있는 작품들 가운데 일부라도 민족주의적인 색채를 지닌 소설들을 적극적으로 활용하여 사상 교육을 위한 목적으로 이용한 것이다.

특히 여기에는 윤백남이나 노자영, 방인근 등, 대중 작가들이 발표한 소설들도 다수 포함되어 있어서 주목된다. 즉 대중소설도 민족주의적 내용이 담겨있다면 독자들에 의해 적극적으로 민족운동에 활용되었던 것이다.

이 같은 점을 고려해볼 때, 『성모』와 같은 신문 연재소설 역시 당대 독자들에게 단순히 흥미와 재미만을 유발한 것이 아니라 의도적으로 내포시킨 주제의식이 충분히 전달되었을 수 있다. 이태준이 신문 연재본에서 하지 못한 분명한 민족주의적 색채를 단행본에서 드러내려고 했던 것은 이 같은 대중성으로 포장한 소설 작품이 지닌 민족주의적 독본으로서의 가능성을 보여주기 위한 것이기 때문이다.

---

14) 「曺圭奭 신문조서(제三회)」, 소화 14년(1939년) 3월 5일, 춘천경찰서.

또한 1939~1941년 사이 수원고등농림학교 학생들이 '한글연구회'를 만들어 활동하면서 윤독하였던 소설들 가운데 이태준의 작품들이 소개된다는 점은 그의 또 다른 작품 『성모』가 가진 민족주의 독본으로서의 가능성을 생각할 수 있게 한다.

> 답 : 지금 제시한 서적도 내 소유이다.
> 문 : 이것은 언제 읽었는가.
> 답 : 水原고농 三년 때 京城에 놀라갔을 때 和信百貨店에서 구입한 것이다. 그것도 재학 중 읽었는데 구입한 것은 소화 一四년 가을이었다.
> 문 : 어떤 것을 저술하고 있는가.
> 답 : 현재 조선문학전집 중 단편집(上)으로 조선인 작가 중 유명한 사람이 저술한 단편소설집이다.
> 문 : 다 읽었는가.
> 답 : 아니, 朴泰遠의 「距離」까지는 읽었으나 그 뒤는 읽지 못하였다.
> 문 : 李泰俊 著 「福德房」은 치안방해 및 풍속 문란으로 판매금지 및 압수 처분이 되어 있는데 어떻게 읽었는가. (민병준에 대한 1942년 9월 9일 신문자료 중)

수원고등농림학교의 '한글연구회' 회원들은 이태준과 이광수, 심훈의 작품들을 주로 윤독하였다. 또한 1940년 형사공판 272호 사건[15] 등은 이 같은 검열과 탄압이 강화된 시기에 소설이 독자들에게 미칠 수 있는 사상적 영향을 분명하게 보여주는 예인 것이다.

---

15) 1940년 문학 창작 모임을 반일로 처벌한 형사공판 272호 사건은 천성환, 김종희, 황동현 등 당시 무직자이거나 공원 등이었던 인물들이 순수한 목적으로 조직한 소설 창작 및 윤독 모임을 처벌한 경우이다. 이 사건의 공판 기록에는 이들이 주로 이광수와 심훈의 농촌 계몽 소설에 감명을 받았음이 기록되어 있어서 독서 내용과 영향의 측면에서 춘천중학교 사건과 유사한 성향을 보인다.

이태준의 『성모』는 이처럼 이중 검열을 통한 탄압의 대상이 되었으나 그 작가적 의도에 있어서는 대중성과 사상성의 동시 추구라는 측면에서 이중적 성격을 함께 내포하고 있다. 신문 연재 당시에는 주제의식을 배면에 최대한 숨기고, 단행본으로 출간될 때에는 주제의식을 강화하는 방식을 통하여 이 같은 이중 검열의 시선을 피할 수 있기를 의도하였기 때문이다.[16] 비록 이 작품이 총독부 출판 경찰에 의해 단행본으로 끝내 출간되지는 못했으나 그 분명한 의도를 확인할 수 있다는 점에서 주목해야 하는 것이다.

지금까지 필자는 대중소설 혹은 여성 성장 및 교육 소설로만 언급되고 있었던 이태준의 『성모』를 『조선출판경찰월보』에 기록된 출판 금지 사유를 통하여 서사를 복원함으로써 새롭게 살펴보고자 하였다. 그 결과 신문 연재소설은 순모와 상철, 철진과 옥경 사이의 연애담이 주된 서사축을 담당하고 있고, 일부 민족주의적 색채가 첨가되는 수준이었으나 단행본 소설은 결말 부분에 이르러 과감하게 연애담은 생략되고 '조선의 아들'을 사상적으로 올바르게 키우려는 순모의 확고한 태도가 부각되도록 변모되었다. 특히 단행본 소설에만 추가되어 있는 '비분강개'를 철진에게 강조하는 교육의 내용은 단순히 민족주의적인 색채를 강화하고 가미하는 것을 넘어서 조선인의 국권 상실에 대한 회한과 독립에의 열망을 암시하는 것으로까지 나아가고 있다.

신문 연재소설이 지닌 대중성은 이태준에게 있어서 "씨키는 소설" 즉,

---

16) 한만수는 「이태준의 패강랭에 나타난 검열 우레-사례 연구1」(『허용된 불온-식민지 시기 검열과 한국 문학』(소명출판, 2015, 368-393면)에서 이태준의 또 다른 작품인 『패강랭』이 검열을 피하기 위하여 환유와 한자어의 이중적 의미 활용 등을 선택하고 있음을 밝히고 있다.

작가의 의도보다는 독자의 대중성에 맞춰서 창작한 것이라는 자괴감을 들게 하는 것이었다. 그러나 그는 단행본 출간 시에 이 같은 대중성에서 탈피하여 최대한 민족주의적 색채를 드러낼 수 있도록 연애담을 생략하고 삭제함으로써 분명한 주제의식을 드러내고자 하였다. 그의 말처럼 이 작품을 "씨키는 소설"에서 "쓰는 소설"로 변모시키려고 한 것이다.

일제강점기 후반으로 접어들면서 문면에 노골적으로 드러나는 민족주의적 색채나 주제의식이 담긴 작품은 이중 검열 체제를 통하여 독자들이 쉽게 접할 수 없게 되었다. 이 시기 일반 대중 독자들이 대중소설이나 농촌 계몽소설들을 민족의식을 함양하는 데에 활용한 것은 이 같은 외적 탄압의 상황 때문이었다. 그러나 이태준은 이들 신문 연재본과 단행본의 내용을 서로 다르게 조직함으로써 그 출구를 마련하려고 하였다. 비록 그의 작품 『성모』가 일제강점기 내내 단행본으로 출간되지 못했지만, 그것은 총독부의 입장에서 보았을 때 이 소설이 그만큼 문제적이었다는 증거이다. 이것이 『성모』에 대한 새로운 연구 시각이 필요한 이유이다.

2) 함대훈 장편소설 『폭풍전야』에 대한 이중 검열

함대훈(1906-1949)에 대한 현대문학 분야의 연구는 크게 세 가지 방향으로 이루어져왔다. 그 하나는 극예술연구회와 현대극장과 관련한 친일 극작가로서의 면모를 밝히는 것이고, 다른 하나는 해외문학파의 일원으로서 러시아 문학을 중점적으로 번역한 번역 작가로서의 면모를, 또 다른 하나는 일제 말기 언론인으로서 친일 만주 기행을 발표한 면모를 추적하는 것과 관련한 것이다.

이 같은 기존의 연구 성과에서 아직까지 충분하게 다루어지지 못한 것은 그의 소설가로서의 면모이다. 1934-1935년 『조선일보』에 연재한 장편소설 『폭풍전야』를 시작으로 1936년 『조광』에 발표한 『순정해협』, 1937-1938년 같은 잡지에 발표한 『무풍지대』 등을 발표한 장편소설 작가로서의 그의 면모나 행적에 대한 연구는 아직 미진한 상황인 것이다.

함대훈 소설에 대한 연구가 충분히 진행되지 못했던 이유는 무엇보다도 당대부터 지금까지 그의 소설이 통속적인 시각을 벗어나지 못한 대중소설[17]로 평가받았다는 점에 기인한다. 함대훈이 비교적 활발하게 창작 발표하고 있었던 1938년, 임화는 『동아일보』에 연재한 「속문학의 대두와 예술문학의 비극」[18]이라는 글에서 함대훈의 소설을 "純然한 通俗化의 길에서 만들어진 것을 斷言할 수가 있다"고 평가하면서 조선의 소설계에서 가장 '安逸'한 창작 태도를 가지고 있다고 비판하였다. 함대훈 소설에 대한 이 같은 평가절하의 시각은 현재까지도 여전히 유효한데, 왜냐하면 그의 소설에 대한 본격적인 연구는 강용훈과 한홍화 등에 의하여 최근에야 본격적으로 시도[19]되었으며, 간략한 평가조차도 위에서 언급한 친일 극작가 혹은 러시아 문학 번역가에 대한 연구에서 일부 언급[20]되었을 뿐이기 때문이다. 이 같은 연구 상황을 본다면 함대훈 소설

---

17) 권창규, 「1930년대 정조(貞操) 서사의 판타지 - 『삼봉이네 집』과 『순정해협』, 『순애보』를 중심으로」, 『여성문학연구』 21, 한국여성문학학회, 2009, 205-239면.

18) 『동아일보』, 1938.11.17-11.27.

19) 강용훈, 「식민지 청년들의 어소시에이션과 교통 없는 공동체-1930년대 함대훈 장편소설에 표상된 '공동체와 여성'」, 『우리문학연구』 46, 우리문학회, 2015, 139-169면.
한홍화, 「만주 여행과 모순된 욕망의 문학적 재현-함대훈의 장편소설 『북풍의 정열』을 중심으로」, 『한중인문학연구』 41, 한중인문학회, 2013, 129-151면.

20) 이상우, 「1940년대 현대극장과 친일극 연구」, 『한민족어문학』 38, 한민족어문학회, 2001, 361-392면.
이덕기, 「일제 말 극단 현대극장의 국민연극 실천과 신극의 딜레마」, 『어문학』 107, 한국어문학회, 2010, 295-322면.

에 대한 평가는 상당 부분 이미 완료되었거나 연구 대상으로서의 가치가 없기 때문에 비롯된 것일지도 모른다는 판단을 하게 한다.

이 같이 일관된 평가를 갖고 있는 함대훈의 소설에 대하여 필자가 다른 시각으로 접근하게 된 계기는, 특이하게도 그의 소설이 일제강점기 총독부 출판경찰의 비밀 문건인 『조선출판경찰월보』(1928.09-1938.12)에 삭제 조치 처분과 단행본 출판 금지 조치를 받았다는 기록이 남아있는 점 때문이다. 『조선출판경찰월보』 79호(1935.3)와 83호(1935.7)에는 함대훈의 소설 『폭풍전야』에 대한 두 건의 검열 기록이 남아있는데, 그 하나는 신문 연재 당시 치안방해를 이유로 기사, 즉 소설 내용이 삭제되었다는 것이며, 다른 하나는 신문 연재 후 단행본 출간 시에 소설 내용의 불온성 때문에 출판 금지를 당했다는 기록이다. 그의 장편소설 가운데 『순정해협』과 『무풍지대』가 일반적으로 통속적이면서도 친일적인 성향을 노골적으로 나타내고 있다고 평가받는 것에 비하여, 『폭풍전야』는 민족주의적 성향이 문제가 되어 오히려 삭제와 출판 금지를 당했다는 점은 분명하게 확인해야 할 지점인 것이다.

또한 함대훈의 『폭풍전야』는 1935년 7월 출판 금지를 당한 이후에도 1938년에 한 차례 더 단행본으로 출간이 시도되었고, 1949년 해방 후 세창서관에서 실제 단행본으로 출간되었다. 이를 통해서 보면 『폭풍전야』는 1934년 11월 6일부터 1935년 4월 28일까지 『조선일보』에 연재되었고 이 과정에서 1차 검열을 당하였고, 1935년 7월에 단행본으로 출간이 시도되었다가 2차 검열을 통해 출판 금지 조치를 당하였고, 1938년에 다시 출판이 시도되었다가 1949년에 결국 단행본으로 발표된 이력을 지니고 있는 것이다.

문제는 이 같은 연재와 3차례 단행본 출간 및 출간 시도 과정에서 『폭풍전야』의 주된 내용들이 상당 부분 삭제되거나 변형되었고, 1949년에 출판된 단행본에서는 기존의 내용이 본격적으로 개작되어서 최초 신문 연재 당시의 내용과 큰 차이를 보이고 있다는 점에 있다. 이는 추정하건대 총독부에 의해 검열을 당하면서 삭제되거나 변화한 내용들이 1-3차 단행본 출간 시에 적극적으로 반영되었을 가능성을 보여주는 것이다. 즉 그의 소설 『폭풍전야』는 총독부가 신문 연재소설과 단행본을 대상으로 진행한 이중 검열에 의한 통제가 작품의 내용에 고스란히 반영되었다는 것을 밝힐 수 있는 대표적인 예로서 연구할 필요가 대두되는 것이다.

여기에서는 이 같은 가설을 검증하기 위하여 발표 및 발간 시점의 내용을 순차적으로 비교하여 그의 소설의 검열 후 어떻게 변화하고 있는지를 확인하고, 신문 연재본과 단행본들 사이의 내용 변화와 개작이 지니고 있는 문학사적 의미가 무엇인가를 우선 밝히고자 한다. 또한 일제강점기의 수많은 작가들 가운데 총독부 출판 경찰에 의해 실제로 검열을 통한 탄압을 받은 소수의 작가들 가운데 대중 통속소설 작가이자 대표적인 친일 문인으로 평가받는 함대훈이 포함된 이유와 검열이 그의 작가의식의 변화에 미친 영향을 추적하고자 한다.

가. 신문 연재소설과 단행본의 이중 검열

일제강점기의 출판물들이 총독부의 검열에서 자유로울 수 없었다는 사실은 당위적인 명제에 가깝다. 1910년 국권 상실 이전부터 시작된 검열과 통제는 1907년 신문지법부터 시작하여 1909년 출판법에 이르기까지 철저한 제도적 준비를 바탕으로 시작되었으며, 조선의 출판물들은 국권상실일인 1910년 8월 29일 바로 다음 날부터 압수 조치를 당하였다는 분명한 사실 때문이다.[21]

1910년부터 1925년까지 총독부는 주로 여러 행정 관청들을 동원하여 압수와 삭제 조치를 진행하였는데, 이 같은 탄압이 체계화된 것은 1926년 조선총독부 경무국 산하 도서과가 설치된 이후부터이다. 총독부 도서과는 1926년 4월부터 본격적으로 신문과 잡지, 선전물, 단행본, 영화, 음반 등에 대한 검열을 진행하였는데, 이를 통합하여 체계화한 문건은 1928년 9월부터 비밀리에 발간된 『조선출판경찰월보』이다. 11년 넘게 발간된 이 문건에는 매월 한 호씩 조선에서 출간되는 모든 출판물에 대한 검열 통계와 세부 내역이 기록되어 있다. 호별로 항목과 내용의 일부 차이는 있지만 문건은 대략 7부분으로 세분화되어 있으며, ① 출판물 납본 출원 수표, ② 출판물 행정처분표, ③ 신문시 행정치분표, ④ 행정처분 통계, ⑤ 주의 통계, ⑥ 차압 삭제 및 불허가 출판물 목록, ⑦ 차압 삭제 및 불허가 출판물 기사요지 등으로 구성되어 있다.

『조선출판경찰월보』의 기록을 통하여 볼 때, 신문에 연재되는 소설 작품은 최초 신문에 대한 검열 과정을 거쳐야 하며, 단행본으로 출간 시에는 총독부에 납본을 제출하여 2차 검열을 통과해야만 출판 허가를 받을 수 있었다.[22] 함대훈의 『폭풍전야』에 대한 검열 기록이 담겨있는 것도 이 두 부분인데, 그 문건의 실제 모습은 다음과 같다.

---

21) 『조선총독부관보』의 1910년 8월 30일자부터 압수 조치된 출판물의 목록이 공시되었다.

22) 특이한 점은 『조선출판경찰월보』의 11년 동안의 기록에 신문 연재소설과 단행본에 대한 이중 검열을 확인할 수 있는 경우는 3건에 불과하다는 점이다. 그 하나는 1936년 4월호(91호)에 수록된 이태준의 『성모』에 관한 것이며, 다른 하나는 1935년 6월호(81호) 이광수의 『삼봉이네 집』이다. 단행본의 내용이 문제가 되어 삭제된 경우는 1938년 11월호(122호)에 수록된 박태원의 『소설가 구보씨의 일일』등이 있다.

이광수의 『삼봉이네 집』에 대한 검열 양상에 대해서는 「식민지 검열이 텍스트 변화양상에 끼친 영향 – 이광수의 영창서관판 『삼봉이네 집』의 개작을 중심으로」(이금선, 『사이』 7, 국제한국문학문화학회, 2009, 273-302면)을 참조하기 바란다.

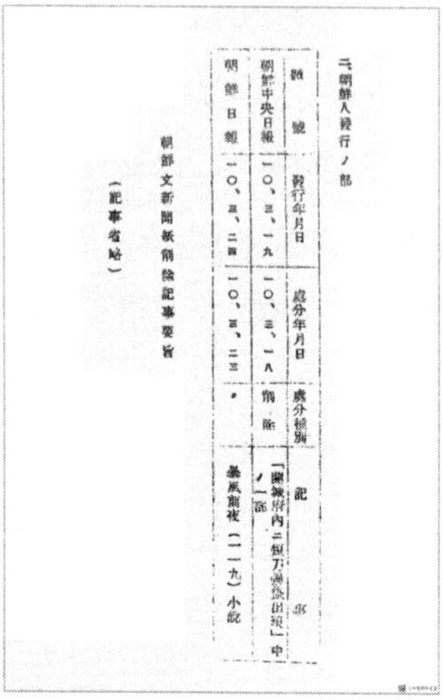

ニ 朝鮮人發行ノ部

題號	發行年月日	處分年月日	處分種別	記事
朝鮮中央日報	一〇、三、一九	一〇、三、一八	削除	「關東府內ニ[illegible]出現」中ノ一部
朝鮮日報	一〇、三、二四	一〇、三、二三	〃	暴風前夜（一一九）小說

朝鮮文新聞紙削除記事要旨

（記事省略）

〈그림 1〉 신문연재 『폭풍전야』 삭제 기록

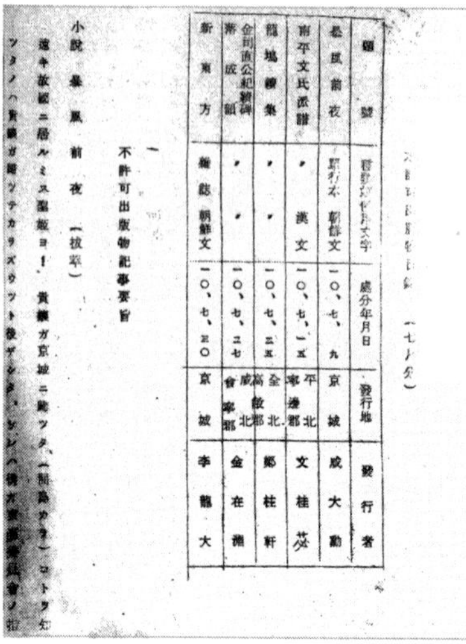

題號	發行物ノ文字	處分年月日	發行地	發行者
暴風前夜	單行本 朝鮮文	一〇、七、九	京城	成大勳
南平文氏派譜	〃 漢文	一〇、七、一五	平北寧邊郡	文桂[illegible]
龍城[illegible]集	〃 〃	一〇、七、二五	全北高敞郡	鄭桂軒
金剛直公紀績碑 [illegible]成韻	〃 〃	一〇、七、二七	咸北會寧郡	金在[illegible]
新東方	雜誌 朝鮮文	一〇、七、三〇	京城	李龍大

不許可出版物記事要旨

一

小說 暴風前夜 （拔萃）

遠キ故鄕ニ居ルミス[illegible]ヨ！ 貴[illegible]ガ京城ニ[illegible]ツタ（[illegible]）コトヲ知ツタノハ[illegible]

〈그림 2〉 불허가 단행본 목록 『폭풍전야』

위의 〈그림 1〉은 『조선일보』에 연재된 『폭풍전야』의 연재본 내용이 문제가 되어 삭제 조치를 당했다는 내용이 담긴 『조선출판경찰월보』 79호(1935.04)의 기록이다. 여기에는 1935년 3월 24일자 신문에 수록된 『폭풍전야』 119회 연재분 내용이 문제가 되어 3월 23일에 삭제 조치를 당했다는 기록이 분명하게 남아있다. 실제 신문 연재본은 1935년 3월 22일 118회가 실렸고, 3월 23일에는 연재되지 않았다가 24일에 다시 119회분으로 표기된 내용이 수록되어 있다.

또한 〈그림 2〉에는 『폭풍전야』의 연재가 끝나고 2달여가 조금 지난 뒤 7월 9일에 『폭풍전야』가 단행본으로 출간 시도되었다가 출판 '불허가' 결정이 되었다는 내용이 명시되어 있다. 이 소설은 신문 연재가 1935년 4월 28일에 종료되고 2달 정도의 시간이 지난 후에 단행본으로 출간하기 위해 검열을 위한 납본이 제출되었던 것으로 보이며, 이 과정에서 끝내 출간되지 못했던 것으로 확인된다.

이 같은 문건을 통해 확인되는 특이한 점은 신문 연재본의 삭제 기록은 구체적인 사유가 없이 삭제되었다는 사실만이 명시된 것에 비하여, 단행본은 구체적으로 어떤 내용이 문제가 되어서 출판이 불허가되었는지 "불허가출판물기사요지"라는 항목에 기록되어 있다는 점이다. 즉 이 기록을 통하여 단행본의 내용 가운데 특별한 내용이 총독부의 시각에서 문제가 되었는가를 확인할 수 있는 것이다.

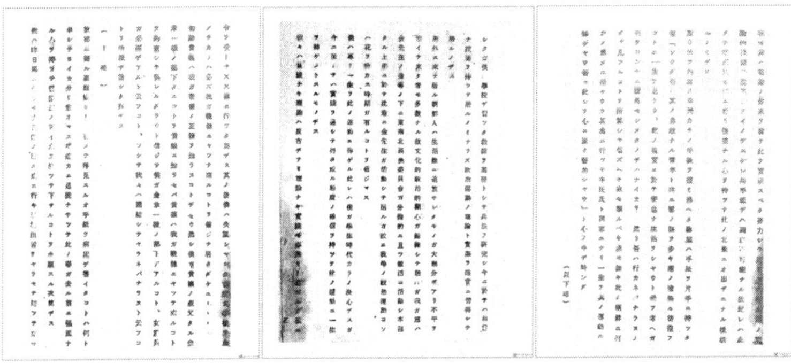

〈그림 3〉『폭풍전야』의 불허가 출판물 기사요지 내용

〈그림 2〉와 〈그림 3〉에는 단행본『폭풍전야』의 내용 가운데 치안방해의 혐의를 받게 된 문제적 내용이 일본어로 번역되어 있다. 주목할 것은 이 내용이 요약된 것이 아니라 단행본 소설의 실세 내용을 일본어로 그대로 번역하였다는 점에 있다. 즉 실제 단행본 소설의 내용이 어떤 것이었는가를 다른 판본과 비교하여 추적할 수 있는 것이다.

다음 절에서는 이 같은 근거를 바탕으로 우선 신문 연재본의 소설 내용 가운데 어떤 것이 삭제 조치를 당하게 된 원인이었는가를 살펴보고, 이 내용과 1935년 7월 출간 시도된 단행본 소설과의 차이를 확인하기로 한다. 또한 신문 연재본과 1차 단행본, 1949년에 발간된 3차 단행본 사이의 내용 차이[23]를 통하여 실제적인 검열의 내용과 개작의 실체를 확인하기로 한다.

나. 이중 검열에 따른 개작 양상

ㄱ) 신문 연재본과 1차 단행본의 차이

함대훈의 『폭풍전야』는 최초 『조선일보』(1934.11.06-1935.04.28)에 신문 연재소설로 발표되었다. 함대훈은 신문 연재를 끝낸 후 2달 정도 지난 후 단행본 출간을 시도한다. 이는 『조선출판경찰월보』 83호(1935.08)에 수록된 검열 기록을 통하여 확인된다. 여기에는 7월 9일자로 이 소설이 "불허가출판물" 판정이 되었음이 실려 있는데, 이를 통해서 유추해 볼 때 실제 검열 과정과 기간을 고려해보면 이보다 다소 앞선 시기에 검열을 위한 납본으로 제출되었을 것으로 보인다.

앞에서 언급한 바와 같이 신문 연재본에 대해서는 검열 과정에서 문제가 된 119회의 내용이 삭제되었음이 『조선출판경찰월보』 79호(1935.04)에서 확인되고, 단행본으로 출간이 시도되었을 때에는 다른 부분이 문제가 되어 출판 금지 조치를 당했으므로, 이 두 가지를 우선 확인할 경우 『폭풍전야』의 실제 집필 시의 내용이 어떤 것이었는가를 확인할 수 있다.

간단히 이 소설의 줄거리를 살펴보면 다음과 같이 정리될 수 있다. 부모를 일찍 여읜 김성희는 S여전을 나온 신여성이며, 학교 교사로 재직

---

23) 『동아일보』 1938년 6월 9일자 신간 소개 기사에는 『폭풍전야』가 한성도서를 통하여 단행본이 출간된다는 내용이 남아있다. 이를 1935년 출간 시도본, 1949년 단행본과 비교하여 2차 단행본이라고 부를 수 있는데, 이 단행본의 실체는 현재 확인되지 않는다. 그런 이유로 1차와 3차 단행본을 대상으로 논의를 진행하기로 한다.

중에 있다. 그녀에게는 결혼을 약속한 리철이라는 의학박사가 있는데, 리철은 신여성인 성희의 주체적인 신여성으로서의 삶과 가치를 버겁게 여기고 육욕을 우선하는 가치를 가지고 있다. 성희는 리철의 구애에도 불구하고 순결을 지키기 위해 노력하지만, 리철은 끝내 간호부인 영숙과 결혼하고 성희를 버린다. 성희는 실연의 충격 과정에서 친구인 혜숙의 오빠에게 관심을 보이지만, 자신의 미래를 위하여 교육계에 투신하기로 마음을 먹는다. 그 과정에서 민족주의 운동을 하는 신민이라는 청년을 만나고, 그의 열정에 공감하여 야학을 만들어 교육 운동에 매진한다. 신민이 총독부의 검거에 의해 징역형에 처하자 성희는 그를 뒷바라지 하면서 야학의 성공적인 안착을 위하여 노력한다. 신민은 출소 후 민족주의 운동에 투신하기 위하여 상해로 떠나고, 성희는 자신의 삶이 신민이 추구하는 길과 동일하다는 것을 깨닫고 신민을 찾아 떠난다.

간략하게 정리한 『폭풍전야』의 내용을 보면 절반 이상이 여주인공 성희의 연애담과 애정 관계에 초점이 맞추어져 있고, 중반 이후에 이르리 민족주의자인 신민과의 이상적이면서도 본격적인 관계와 야학 등의 사회운동 이야기가 진행됨을 알 수 있다. 임화의 당대 비평과 기존 연구가 『폭풍전야』를 통속적인 대중소설로 평가 절하하는 이유는 과반 이상을 차지하는 성희와 관련한 통속적 연애담에 연구의 초점이 맞추어져있기 때문이다. 그러나 성희가 복잡한 연애 관계와 실연의 상처를 극복하기 위하여 자신의 삶을 정련해 가는 과정이 결말에 이르러 야학을 넘어 민족주의 운동으로 귀결되는 점을 고려해 본다면 작가의 본래 의도와 관련한 중심 서사는 신민과 관련한 성희의 자발적인 자각과도 관련이 있다.

그렇다면 전체 149회의 연재분 가운데 검열을 통해 삭제된 119회의 내용은 무엇이었을까. 한 회의 전체 분량이 삭제되었기 때문에 분명하게 확인할 수는 없으나 삭제를 전후로 한 115-121회의 내용을 정리해보면 다음과 같다.

① 소제목 "호외"(1-3) 115-117회 : 성희는 숙부인 김승일과 신민이 해외에서 민족운동을 하다가 검거되었음을 알게 된다. 또한 기거하고 있던 혜숙의 집에서 성희는 경찰에 연행되고 신민과 김승일과의 관련성에 대해 추궁 받는다.
② 소제목 "유치장"(1-2회) 118-119회 : 성희는 유치장에 갇히고 신민에 대해 생각한다. 신민이 과거에 자신에게 민족주의 운동을 위해 해외로 가자고 이야기한 것을 상기하며, 그 때 따라가지 않았던 것을 후회한다.
③ 소제목 "신문기사"(2-5회) 120-123회 : 열흘 후 성희는 유치장에서 풀려나가 신문 기사를 통해 한씨와 애정을 위해 도주한 친구 혜숙의 이야기를 확인한다.

내용이 문제가 되어서 삭제된 것은 『조선출판경찰월보』의 기록에 따르면 3월 23일자 신문의 연재분이다. 그 이전의 연재분들은 하루도 빠지지 않고 수록되어 있기 때문에 연재가 중단된 3월 23일의 내용이 삭제되었을 것으로 추정된다. 그러나 특이한 것은 3월 24일자 신문에 119회 연재분이 수록되어 있으며, 이 연재분의 앞뒤로 연재가 중단되어 있다는 사실이다. 3월 23일과 3월 25일에는 소설이 연재되지 않았고, 이후 3월 26일에 120회가 다시 연재되었다. 또 하나 확인해야 할 사항은 120회 연재분의 소제목이다. 여기에는 "신문기사"라는 소제목에 2회라는 번호가 붙어 있는데, 이 소제목의 1회 연재분은 확인되지 않는다.

이 같은 점을 고려하여 보았을 때, 실제 검열에 의해 삭제된 것은 3월 23일과 25일 2회의 내용에 해당될 것으로 보인다. 만일 2회가 모두 삭제되지 않았다면 실제 검열에 의해 삭제된 것은 현재 확인되는 119회 다음의 내용과 120회의 앞에 해당되는 것이다. 그렇다면 119회 뒷부분과 120회의 앞부분의 내용은 어떤 것인가.

① 119회

"참말! 신민씨를 따라가지 안은게 큰 잘못이야! 죽는한이 잇서도 일과사랑이 얼크러진 신민씨를 딸아가지 안은것이 크게 잘못이야"

성희는 이러케 혼자 입속으로 중알그리고 우더커니 안저잇슬때 급작시리 순사의 구두소리가 시-벨소리와함께 또다시 요란스러이낫다 그리드니 유치장문을 덜컹하고 열어제첫다 성희와 두처녀는 깜작놀라 문여는곳으로 시선을 보냇다 그순간 그들은 더한층 놀래이지안을수가 업섯다 겨긔는 뜻박게도 ××여고 오사감이 서고 잇기 때문이다

"미스 오…"

성희는 이러케 속으로 부르지젓다 그러고는 자리에서 일어나려고하는 그 순간

"너희 두애는 이리나와!" 하고 순사가 위엄차게 소리를친다 그말이 떨이지기 어렵○○○○[24] 두처녀는 힘업시 이러서서 유치장박그로 나아간다 그순사는 그두에다가 문박그로 나오자 자기가 더리고온 오사감을 다시 성희잇는 유치장안으로 집어너코는 덜커덕 문을 잠그고 그두애를 더리고 요란한 벨소리와 구두소리를 내이면서 사라지고만다

② 120회

열흘이 지나는날 성희는 무사히 유치장을 나오고 오사감과 두학생은 검사국으로 일건 서류와함께 넘어갓다 그동안 성희도 여러번 고등계로 불리워나가고 오사감과 그두학생도 여러번 불리워나가서 심문을 밧는 모양이엇다

24) 인쇄상태 때문에 내용이 분명하게 확인되지 않는 글자는 ○○으로 표기하였음.

삭제된 것으로 추정되는 119회와 120회의 사이의 앞뒤를 살펴보면 위와 같다. 119회 연재의 가장 마지막 부분은 밑줄 친 것처럼 성희의 친구인 오사감이 붙잡혀와 성희와 함께 수감되는 것이 확인되는데, 120회의 앞부분은 성희가 유치장에서 나온 것으로 연결되기 때문에 이 사이에 미진한 서사가 이어졌을 것으로 추정된다. 그렇다면 삭제된 서사는 무엇이었을까. 이에 대한 추정은 ①의 인용문 앞에 줄 친 "참말! 신민씨를 따라가지 안은게 큰 잘못이야! 죽는한이 잇서도 일과사랑이 얼크러진 신민씨를 딸아가지 안은것이 크게 잘못이야"라는 부분에서 유추할 수 있다. 즉 삭제된 부분에는 같이 야학 운동을 하는 오사감이 유치장에 갇히고 성희와 함께 신민과 관련한 이야기를 나누었을 것으로 유추되는 것이다. 성희의 숙부인 김승일과 신민이 함께 민족운동을 하고 있었고, 성희는 신민이 제안한 민족운동에의 동참을 거부한 것에 대해 극심하게 후회하고 있는 상황에서 야학 동지인 오사감을 만나게 된 것은 그녀가 지금까지 살아왔던 방식에 대해 크게 반성하고 자각을 이루게 하는 계기가 되었을 것으로 추측되기 때문이다.

이는 성희가 유치장에서 나온 이후 신민의 공판에 적극적으로 참여하고 그를 뒷바라지 하는 삶을 선택하는 삶을 살게 된다는 뒤 연재분의 내용을 보았을 때 충분히 추정되는 점이다. 그리고 신문 연재분에 대한 총독부의 삭제 조치를 고려하였을 때, 상당히 문제적인 민족운동과 관련한 성희의 자각이 있었을 것임을 예상하게 한다.

특이한 것은 3차 단행본에는 이 같은 신문 연재분의 내용이 극단적으로 생략되었다는 점이다. 1949년에 출간된 단행본의 동일한 지점 내용은 다음과 같다.

순사는 여기까지묻고 성희와 키와 체중과 용모와 특증같은것을 다물어본다. 그리고는 옷고름을 뜻게하고

"이리로와!"

하드니 어떤 창살문있는 문을열고 드러가라고한다. 성희는 '여기가 류치장이로구나'하고 즉각적으로 늣길수가 있었다.

열흘안에 성희는 무사히 도라올수가있었다. 그런데 그후신문보도에 의하면 그들이 조선으로도라온다는기사와 또뜻밖게 오사감이 그와다른 일로 거기드러갔다는 보도가 있었다.

그런데 성희는 또한가지 기사에 그만 깜짝 놀라지 않을수가 없었다.

그것은 최혜숙과 한선생그사건이었다.

위의 신문 연재본과 비교하여 볼 때 실제 연재된 118-119회, 그리고 삭제되었을 또 다른 119회의 내용이 1949년의 단행본 내용에는 완전히 생략되어 있다. 성희가 유치장에 갇혀서 고초를 받고 오사감과 만나 신민과의 인연을 되돌아보며, 소극적인 신여성에서 민족주의자로 변모하게 되는 계기는 3차 단행본에 와서 삭제되어버린 것이다. 3차 단행본의 개작 현황은 다음 장에서 보다 구체적으로 살펴보도록 하겠지만, 무엇보다 중요한 것은 신문 연재본의 내용이 이후 출간이 시도되거나 출간된 단행본에 비하여 다른 점이 많다는 점이다. 그렇다면 연재 후 발간 시도되었던 1차 단행본의 검열 사유는 무슨 내용일까. 다음은 『조선출판경찰월보』에 일본어로 서술되어 기록된 검열 내용을 번역한 것이다.

먼 고국에 계시는 미스성희여! 그대가 간도에서 경성으로 돌아갔다는 사실을 안 것은 그대가 가신 한참 후이었습니다. 그것은 제가 동만위원회부터 지령을 받고 ××溝으로 갔기 때문입니다. 그 후 저는 실망했습니다. ○○○○ 반드시 우리 전선으로 오실 것을 믿고 있었는데…. 물론 그대는 우리 전선

의 정체를 모르시겠지요. 그러나 제가 그대의 숙부 되신 김승일님의 부하라는 것을 아신다면 그대는 우리 전선에 올 것을 약속해주시리라 믿고, 제가 김승일님의 부하인 것, 여성당원이 필요하다는 것, 그리고 우리는 단결하고 나아가야 한다는 것을 편지로 전하는 바입니다.

…(중략)…

고국으로 떠나는 성희양이여! 처음으로 주신 이 편지를 병상에서 쓰셨다니 어떻게 말씀드려야 할지 모르겠습니다. 어서 속히 퇴원하시어 이 봄이 가기 전에 강고한 마음을 가지고 압록강의 푸른 물을 건너오실 것을 바랄 뿐입니다. 저는 어제 말을 타고 대부대가 있는 곳으로 가 전장연습을 시키고 왔습니다만, 저는 학교에서 배운 교련을 기초로 병법을 연구하고 이제는 상당한 기술을 가지고 있을 뿐만 아니라 정치운동의 이론과 實際를 확실히 습득하고 있습니다.

해외에 와있는 조선인은 생활난으로 추방당한 자가 대부분이고 불평을 안고 왔던 자도 다수라서 문화적 정치적 관심이 착잡하지만 우리 당은 김선생님의 지도 아래 동남북 만주의원회가 분담하여 민활하게 활동하고, 본부인 상해에서는 침착하게 김선생님께서 활동하고 계시기 때문에 우리의 정치운동이야말로 꽃피는 시기가 있으리라 믿습니다.

저는 스스로 일생을 이 운동에게 바칩니다. 이것은 제 학생시대부터의 결심입니다만 이제는 실천을 통해 얻은 어느 정도의 확신을 가지고 이 운동에게 일생을 바치려고 합니다.

우리는 실천 없는 이론은 쓸모없는 것이며 이론 없는 실천도 또 그렇다고 믿고 있기 때문에 우리 당은 이론의 체계를 세워 이것을 실천하도록 노력하고 ○○○이론적 근거를 설명하고 싶지만 편지로는 도저히 불가능하기 때문에 이것을 그만두고 단지 병이 속히 나아지고 강고한 마음으로 이 북국으로 와주시길 기도할 뿐입니다.

이런 내용의 신민부터 온 편지를 읽은 성희는 편지를 한 손에 들은 채 <u>"그래, 나는 그 용감한 청년과 함께 눈길을 걸어 비 내리는 험한 길을 방황하는 것에 일생을 보내자. 이 현실에 있어서 안일한 생활을 보내려고 한 생각이 나를 이렇게나 타락시켰던 것이 아닐까? 그래서 나는 가야만 하는</u>

> 것이다. 모든 일을 청산하고 믿을 만한 곳도 기댈 만한 곳도 없는 이 조선에 무엇 때문에 있어야 할까. 거기로 가서 신민씨와 동지가 되어 일생을 그 운동에게 바치자. 나는 이것을 마음에 굳게 맹세하리라."라고 마음속에서 외쳤다.[25)]

『조선출판경찰월보』에 기록된 단행본 검열의 내용은 신문 연재본으로는 103-105회(1935.3.6-8) 사이의 내용과 정확하게 일치한다. 주된 내용은 신민이 성희에게 민족운동에 동참할 것을 부탁하는 것이 중심이고, 이를 통하여 성희의 마음속에 조금씩 신민의 민족주의 노선을 따르겠다는 생각이 싹트는 부분인 것이다. 이는 앞에서 살펴본 119회의 내용과 비교하여 볼 때 일관된 맥락임을 확인할 수 있게 하는 근거이다.

결국 『폭풍전야』의 신문 연재본과 1차 출간 시도된 단행본은 일부 내용의 수정이 있었을지는 몰라도 전체적인 맥락이 일치한다는 사실을 확인할 수 있다. 신문 연재본에 대한 1차 검열에 의한 삭제와 단행본에 대한 2차 검열에 의한 출간 금지는 이 두 텍스트가 유사한 맥락을 가지고 있음을 보여주는 것이기 때문이다.

그렇다면 2차와 3차 단행본의 경우에는 어떤 변화를 갖고 있는가. 연재 후 3년이 지난 시점에서 출간된 단행본의 내용은 무엇이었을 것이며, 해방 후 개작된 단행본은 어떤 변화된 내용을 담고 있는가. 다음 절에서 구체적으로 확인해보기로 한다.

나) 해방 후 출간 단행본의 개작 양상

함대훈의 『폭풍전야』는 신문 연재본부터 시작하여 3번의 단행본 출

25) 『조선출판경찰월보』 83호, 1935.08.

판 시도가 있었고, 현재 전해지는 단행본은 1949년 세창서관에서 발행한 것이다. 1935년, 1938년, 1949년 단행본 가운데 유일하게 확인되는 것은 해방 후에 발간된 1949년본이며, 단행본 출간 검열 기록이 남아있는 것은 1935년본에 대한 것이고, 1938년 출간본은 신문의 신간 소개 기사에서만 확인된다.

주목할 것은 이 같은 3차례의 단행본 출간 과정에서 소설의 내용이 최초 신문 연재본과 큰 차이를 보이고 있다는 점이다. 이는 단행본 출판의 과정에서 상당 부분 내용이 개작되거나 수정되었다는 것을 의미하는데, 이번 절에서는 이 같은 변화 양상을 집중적으로 살펴보기로 한다. 변화된 내용을 통하여 함대훈이 어떤 방향으로 소설을 개작했는가는 물론 일제 강점기 말 그의 문학 세계가 왜 급격하게 친일적 성향으로 변모되었는가를 밝히는 단초를 찾고자 하는 것이다. 먼저 1949년 단행본과 신문 연재본이 가장 큰 차이를 보이는 것은 여주인공 성희가 민족주의자인 신민에게 편지를 받은 후 감동하여 자각하게 되는 계기의 부분이다.

> ① 더구나 해외로온 조선인은 조선의 생활에 쫓기어온이가 대부분이오 불평을 품고온 사람도 만키 때문에 문화적 정치적 관심이 착잡하나이다 그러나 우리당은 김선생의 지도로써 동남북만주위원회가 분담적으로 힘을 민활히 하고 본부인 상해서 또한 김선생이 일을 무검하게 하기 때문에 참말 우리의 정치 운동이야말로 그어니때 꽃치피는 날이있을 줄로 밋나이다.
> 편지는 계속되었다
> "저는 온전히 일생을 이일에 바치랴 하나이다 이것은 학생시대부터 제가 가지고잇는 생각입니다만 이제는 실천을 통해서어든 어느정도 까지의 호가신을 가지고 이운동선상에서 이몸을 바치랴 하나이다
> …중략…
> 복면 청년의 얼굴이 눈앞에 어지러웠다.[26)]

② 해외에 와있는 조선인은 생활난으로 추방당한 자가 대부분이고 불평을 안고 왔던 자도 다수라서 문화적 정치적 관심이 착잡하지만 우리 당은 김선생님의 지도 아래 동남북 만주위원회가 분담하여 민활하게 활동하고, 본부인 상해에서는 침착하게 김선생님께서 활동하고 계시기 때문에 우리의 정치운동이야말로 꽃피는 시기가 있으리라 믿습니다.

저는 스스로 일생을 이 운동에게 바칩니다. 이것은 제 학생시대부터의 결심입니다만 이제는 실천을 통해 얻은 어느 정도의 확신을 가지고 이 운동에게 일생을 바치려고 합니다.[27]

③ 드릴말슴은 많아도이제는 넘우길어서 그만 두랴 하나이다. 어터튼 속히병이 낳으시기를 멀리바라고 이만끄치나이다 그리고 어니때나 마음을 굿게 갖이시고 이북쪽나라로 오시기만 빌뿐입니다…

…중략…

복면 청년의 얼골이 눈앞에서 어지러웠다. 그리고 그이를 만나고 싶은 생각이 갑자기 일어났다. 그러나 그순간 인식이의 신사다운 얼굴이 빙그레 웃슴을 띄우고 성희눈앞에 어지리는 것이었다.[28]

①번에서 ③번까지의 인용문은 신민이 성희에게 보낸 편지의 내용이다. ①번은 신문 연재본의 내용이며, ②번은 1935년에 검열된 단행본의 내용, ③번은 1949년 단행본의 내용이다. ②번의 경우 일본어로 된 것을 번역하는 과정에서 일부 표현의 차이는 있지만 ①번 신문 연재본과 동일하다는 것을 쉽게 확인할 수 있다. ①~②번의 내용을 살펴보면, 신민이 민족운동에 투신한 계기와 상황을 성희에게 매우 구체적으로 설명하고 있는데, 주된 것은 그가 무엇 때문에 민족운동에 보다 적극적으로 투신하려고 하는지와 성희가 자신과 같이 민족운동에 투신해주기를 바란다는

26) 『조선일보』, 1935.3.7-8, 104-105회 연재분.

27) 「불허가출판물기사요지」, 『조선출판경찰월보』 83호, 1935.08.

28) 『폭풍전야』, 세창서관, 1949, 369-370면.

점에 있다. 이 내용의 뒤에 성희가 감동하여 "거기로 가서 신민씨와 동지가 되어 일생을 그 운동에게 바치자. 나는 이것을 마음에 굳게 맹세하리라."라고 생각하게 되는 것이 연결된 것으로 볼 때, 신민의 편지가 성희의 마음을 움직이게 한 계기가 되었음을 확인할 수 있는 것이다.

그러나 1949년 단행본의 내용인 ③번에서는 이 같은 신민의 절절한 민족주의 운동에 대한 다짐과 신념, 확신의 내용은 "드릴말슴은 많아도이제는 넘우길어서 그만 두랴 하나이다. 어터튼 속히병이 낳으시기를 멀리바라고 이만끄치나이다"라고 간략하게 서술되어 생략되었고, 성희의 자각에 대한 내용은 사라지고 연정을 가지고 있었던 친구의 오빠에 대한 혼란스러운 감정이 "인식이의 신사다운 얼굴이 빙그레 웃슴을 띄우고 성희눈앞에 어지리는 것이었다."라고 곧바로 이어져 서술되고 있다.

이 같은 내용의 변화를 보았을 때, 1949년 단행본에서 우선 확인되는 특징은 신민과 성희, 3차 단행본에서는 두 주인공의 사상적인 지향과 관련한 변모의 계기가 완전하게 거세되었다는 점이다. 이 소설이 최초 신문에 연재될 때 성희라는 신여성의 연애 이야기로 시작하여 배신과 실연의 과정을 거친 후 사랑보다는 야학을 통한 계몽 교육과 실천 운동으로 나아가고 궁극적으로 민족운동으로 귀결되도록 만들어졌다는 점을 고려한다면, 그 계기에 해당하는 결정적인 지점과 인물의 관계가 단절되도록 개작된 것이다.

그렇기에 1949년 단행본에서는 여주인공 성희가 민족주의자로 자각하지 못하고 주변의 남성들에게 연민을 느끼거나 사랑할 대상을 정하지 못하고 혼란스러워하는 감정적인 존재로 전락한다. 그렇기에 그녀의 민족주의 운동의 이상적 지향인 상해로의 행보는 이미 동력을 잃어버릴 수밖에 없는 것이다. 개작된 단행본의 귀결은 그렇기에 신문 연재본이나 1935년에 검열된 단행본과는 큰 차이를 보인다.

① "상해로가신다고 햇스니 워선 상해로 가야지 … 상해로가면 어떠케든지 만나겟지- 만일만날수업다면 발가는대로 정처업시 유랑이다하는게지…"[29)]

… 중략 …

"어디를 가십니까?" 하고 물엇다. 그 할머니는 들은체도 안코 울고만잇다 …

"할머니- 어딜가시기에 그러케 우세요?"

하고 성희는 그할머니에게 또 물엇다. 그 할머니는 눈물에 저즌 얼골로 성희에게

"만주로가요…"

하고는 또업드린다 …

"만주 어듸로 가십니까?"

하고 성희는 그가엽슨 할머니에게 또 물엇다.

"영구(營口)로 가요."

그할머니는 이러케 내답을 하고 또 소리를 내여울었다.

"저 늙은 나희에 웨 영구는 가서요?"

하고 성희는 또물엇다. 이번에는 그할머니는 울면서 대답이 업고 그엽헤안즌 삼십가량된 젊은 안악네가 대답을 햇다.

"농사지으러가지요 … 우리동네서는 땅을 엇을수가 잇서야지요."

하고 눈물을 씻는다.[30)]

… 중략 …

영희야 차창박게는 지금 구슬픈 비가 나리고잇다 내가탄 이차칸에는 만주로 떠나가는 흰옷입은 동포들이 피눈물이 엉키어 울며 숨죽이이다가 이제는 기진맥진하여 ㅇㅇ지고 창백한 얼골은 내어노코 잠이들엇구나! 그들의 눈물에저즌 얼골[31)]

29) 『조선일보』, 1935.04.24, 145회 연재분.

30) 『조선일보』, 1935.04.25-26, 146-147회 연재분.

② 그들이 쓸어저가는 농촌에서 나온가난한 인간들이라는것을 생각할 때 성희는 다시금 신민이가 농촌으로 도라간뜻을 알수있었다 이느듣 시간이 되었다. 성희는 차표를 샀다.

…중략…

"어듸를 가십니까?"

하고 물었다… 그할머니는 들은체도 않고 울고만있다.

"할머니 어듸를가시기에 그렇게 우세요?"

하고 성희는 그할머니에게 또물었다.

그 할머니는 눈물에 저즌 얼골로 성희에게

"강원도로 가요…"

하고는 또업드린다…

"강원도 어듸로 가십니까?"

하고 성희는 그가엽슨 할머니에게 또물었다.

"세포(洗浦)로 가요"

그 할머니는 이렇게 대답을 하고 또 소리를 내어 울었다.

"저 늙은 나희에 웨 세포는 가서요?"

하고 성희는 또 물었다 이번에는 그할머니는 울면서 대답이없고 그엽에 앉은 삼십가량된 젊은 안악네가 대답을 했다.

"농사 지으러 가지오- 우리 동네서는 땅을 어들수가 있어야지요!"

하고 눈물을 씻는다.[32]

…중략…

영희야… 차창밖에는 지금 구슲은 비가 나리고있다 내가탄 이차깐에 세포로이사가는 동포들이 이제는 창백한 얼골을 내어놓고 잠이들었구나… 그들의 눈물의저즌 얼골! 말러진 모양 람루를걸친 초최한꼴이란 눈물이나서 볼수가 없다.[33]

---

31) 『조선일보』, 1935.04.27, 148회 연재분.

32) 『폭풍전야』, 세창서관, 1949, 521-522면.

33) 같은 책, 1949, 526-527면.

신문 연재본의 결말은 성희가 신민의 뜻에 감동하여 경영하던 야학을 친구에게 맡기고 민족운동을 위하여 상해로 떠나는 내용으로 마무리되고 있다. 이에 비하여 1949년 단행본의 결말은 신민이 상해가 아닌 강원도로 떠난 상태이고, 이를 따라 성희가 떠나는 것으로 개작되었다. 성희와 신민이 향한 상해와 강원도라는 뒤바뀐 공간의 차이는 무엇을 의미하는 것인가.

우선 ①번 신문 연재본에는 성희가 조국을 떠나 상해로 가면서 만난 동포들에 대한 시선이 선명하게 드러나 있다. 그것은 "내가탄 이차칸에는 만주로 떠나가는 흰옷입은 동포들이 피눈물이 엉키어 울며 숨죽이이다가 이제는 기진맥진하여 ○○지고 창백한 얼골은 내어노코 잠이들었구나! 그들의 눈물에저즌 얼골"로 서술된 것처럼 붕괴된 조선 농촌을 버리고 떠나야만 하는 동포들에 대한 비감이며 애정이다. 민족운동에의 투신이라는 분명한 사상적 자각을 얻게 된 성희에게 동포들의 탈출 행렬은 결코 축복할 수도 외면할 수도 없는 것이기 때문이다.

이에 비하여 1949년 단행본에서는 신민은 민족운동을 위하여 조국을 떠나는 것이 아니라 농촌부흥운동을 위해 강원도로 내려가고, 성희는 이 행적을 따라 강원도 행을 선택한다. 이미 앞에서 살펴본 바와 같이 민족의 당대적 현실에 대한 자각의 과정이 거세되었기 때문에 그녀와 신민의 강원도 행은 당대성도 비판적 사상성도 획득하지 못한다. 단지 사랑하는 이를 찾아 서울을 떠나는 한 평범한 여성의 모습만이 투영되어 있을 뿐이다. 그렇기에 성희가 친구에게 보낸 편지에서 비감에 젖어 "세포로이사가는 동포들이 이제는 창백한 얼골을 내어놓고 잠이들었구나… 그들의 눈물의저은 얼골"이라는 감정의 표출은 작품 전체의 주제적 방향성을 뒷받침하지 못하고 감상적인 넋두리에 불과한 것이 된다.

지금까지의 연구에서 『폭풍전야』에 대한 시각은 신문 연재본인 ①번의 맥락이 아닌 해방 후 개작된 ②번 단행본을 바탕으로만 진행되었다.[34] 이는 함대훈의 또 다른 작품인 『순정해협』(1936.01-08), 『무풍지대』(1937.07-1938.01), 『북풍의 정열』(1943년)이 통속적 연애담에 내용이 집중되거나 농촌 운동으로의 귀결, 친일 어용국가인 만주국으로의 이주를 선택한다는 점을 소급하여 이 작품 역시 유사한 맥락을 지닌 작품으로 평가했기 때문이다.

물론 이는 『폭풍전야』의 1949년 단행본을 바탕으로 할 경우 충분히 타당한 평가라고 할 수 있다. 그러나 앞에서 살펴본 것처럼 신문 연재본과 1935년 단행본 등을 살펴보았을 때 기존 문학사적 평가와 다른 지점이 이 작품에는 분명하게 존재한다는 점이다. 그렇다면 함대훈의 『폭풍전야』가 보이는 이 같은 변화와 개작의 과정은 어떤 다른 의미를 지니는 것인가.

다. 검열과 작가의식의 관계

함대훈은 『조선일보』 1934년 11월 2일자 연재소설 예고에서 다음과 같이 이야기한다. "현실에 만족하여 이현실에서 잘살려는 사람과 이 현실을 좀더 어떠케 잘만들어 모-든 사람이 좀 더 잘살려는 사람들의 두 가지 타입은 어느나라 어느 사회에도 잇는 것입니다. 내가 써보려는 것도 이 두 타입의 가는길을 그리려는 것입니다."라고 언급하며, "민족운동자의 딸로 태어난 성희라는 여자! …중략… 사랑도 무엇도 다버리고 오즉 민중을 위하야 애쓰는 청년들이 등장"할 것임을 말하고 있다.

이는 함대훈이 최초 『폭풍전야』를 통속적인 연애 이야기로 만들어갈

---

34) 강용훈, 같은 논문, 143면.
한홍화, 같은 논문, 129-151면.

것이 아니라 민족운동에 투신하는 주인공의 이상적인 모습을 제시하려고 했다는 점을 말해준다. 앞장에서 확인한 신문 연재본이 지닌 맥락이 예고부터 분명하게 제시되어 있는 것이다.

그렇다면 이 같은 민족주의적 지향성을 전제한 작품의 내용이 신문 연재 이후 단행본으로 출간되었을 때 크게 변화한 이유는 무엇일까. 그의 다른 작품인 1937-1938년 작 『무풍지대』에는 『폭풍전야』의 행동하는 주인공 성희와 신민처럼 협동조합 운동에 투신하기 위해 강원도 행을 선택하는 희영, 혜경, 준, 춘심이라는 인물이 등장한다. 야학에 종사하다가 더 큰 목적을 위해 민족주의 운동을 선택하는 『폭풍전야』의 내용이 1949년 단행본에서 사상적 지향과 주세의식은 크게 약화되고 강원도 행을 선택한 것으로 변화한 모습과 『무풍지대』의 등장인물들과 놀랍게도 닮아있는 것이다.

그렇기에 1938년 6월 9일자 『동아일보』의 신간 소개에 수록된 한성도서 판 『폭풍전야』는 총독부의 검열에서 자유로울 수 없었던 최초 신문 연재본이나 1935년 단행본과 큰 차이를 보이고 있을 확률이 높다. 1949년에 출간된 『폭풍전야』의 모습이 『무풍지대』와 닮아있다는 것은 이 소설이 유사한 시기에 개작되었을 것을 충분히 추정할 수 있게 하기 때문이다.

함대훈이 1939년에 「남북만주편답기」(『조광』, 1939.07)를 통하여 친일 어용 국가인 만주국에 대한 예찬으로 가득한 글을 쓴 사실은 총독부의 시책을 철저하게 따르는 친일 언론인으로서의 사명을 다한 것이었으며, 1941년부터 대표적인 친일 극단인 "현대극장"을 통하여 그가 국민연극 운동을 주도하였다는 점은 그가 일제강점기 말에 이르러 완전한 친일의 길을 걷게 되었다는 점을 증명하는 예이다.

하지만 『폭풍전야』가 1934년 11월부터 1935년 4월까지 신문에 연재될 당시에만 해도 함대훈은 이 같은 적극적인 친일의 길과는 일정 정도 거리를 두었던 것으로 보인다. 확인한 것처럼 그의 본래 작품에는 반일의 길을 걷는 민족주의자도 그에 감화되는 신여성도 분명하게 존재하기 때문이다. 그리고 그 등장인물들은 일정한 고뇌의 과정을 거치며 분명하게 자각했고 실천했다.

그러나 『폭풍전야』는 총독부 출판 경찰에 의하여 신문 연재 당시에는 한 회 전부가 삭제되어야만 했고, 단행본에서는 민족주의적 시각의 내용 때문에 출판 금지 조치를 당하여 발간조차 되지 못했다. 그의 소설이 변모하게 된 이유가 결국 이 같은 총독부의 이중 검열에 의한 타협의 길이었다는 사실은 분명한 것이다.

물론 검열에 의한 통제와 탄압에 의해 『폭풍전야』의 내용이 통속적인 연애 소설로 전락할 수밖에 없었고 주제의식도 크게 약화될 수밖에 없었다는 점이 이후 그가 발표한 수많은 친일적 성향의 작품에 대한 면죄부일 수는 없다. 왜냐하면 그 스스로가 『폭풍전야』의 본래 내용을 수정하였고, 개작하였으며, 해방 후에도 원래의 방향성을 회복하지 않은 채 변질된 내용 그대로 출간하였기 때문이다.

그러나 이 같은 여러 차례의 수정과 개작의 근저에 총독부의 검열을 통한 탄압이 개입되어 있다는 점은 분명하게 기억할 필요가 있다. 『폭풍전야』의 개작 양상은 일제강점기 수많은 문인들이 어떤 억압 기제에 의하여 스스로 친일과 변절의 붓을 들게 되었는가를 선명하게 확인해주는 구체적이고 대표적인 예이기 때문이다.

2. 검열에 의한 탄압과 그 극복 양상

1) 일제강점기 민족운동과 문학 텍스트의 연관성 – 춘천중학교 '상록회' 사건

일제강점기 문학의 성격을 고찰하기 위해서는 당대의 외적인 현실을 항상 전제해야만 한다. 그것은 이 시기의 문학이 식민지 상황 아래에서 창작되고 발표되고 유통되었다는 점이며, 실제 작품 내에서 식민지 현실이 반영되었든 그렇지 않았든 간에 국권상실 이후 식민지로 전락했다는 외적인 요인이 어떤 방향으로든 작품의 안과 밖에 영향을 미치고 있었을 것을 쉽게 예상할 수 있다는 점 때문이다.

그래서 디아스포라 문학이든 친일 문학이든 통속·대중 문학이든 간에 혹은 그것이 당대에 발표된 작품이든 광복 이후에 발견된 작품이든 간에 후대의 연구자들은 식민지라는 현실이 당대인들에게 미친 영향을 전제한 상태에서 이 시기의 문학 작품을 바라보게 된다. 이는 문학이 사회 현실과 어떤 영향 관계에 있는가 하는 현실 반영론의 시각을 전제하지 않더라도 식민지 문학을 연구하는 사람들에게는 피할 수 없는 숙명과 같은 전제조건인 것이다.

실제로 일제강점기의 문학 작품들은 대부분 총독부의 검열에서 자유로울 수 없었으며, 사전 검열에서부터 납본 검열, 신문 및 잡지 검열과 단행본 출판 검열에 이르기까지 자의든 타의든 식민지 통치 제도의 영향력 아래에 놓여있었다. 검열 자료인 『조선출판경찰월보』에 수록된 1928년부터 38년까지 불과 11년간 검열된 출판 자료들은 수만 건 이상이며, 검열 결과 발표되지 못하고 사라져버린 출판물은 상당수이다. 결국 현재 남아 있는 일제강점기 문학 작품들은 대부분 검열 이후의 결과물이며, 작가와 편집자의 본래 의도와는 달리 왜곡되었을 가능성이 농후한 것들이다.

이 같은 현실 속에서 일제강점기의 문학 작품들이 당대의 독자들에게 어떤 영향을 미치고 있었는가의 문제를 살펴본다는 것은 생각보다 어려운 일이다. 지금까지 현실 반영론적인 시각을 전제한 일제강점기 문학 연구가 대부분 문학 작품이 다루고 있는 내용이나 주제에만 집중하고 있다는 점은 실제 독자들이 연구 대상 각각의 작품에 대해 어떤 방향성을 가지고 접근하고 있었는가를 확인할 수 없었기 때문이다.

이 같은 상황에서 일제강점기 독자들의 문학 텍스트 수용 양상을 확인할 수 있는 자료의 존재는 이 시기의 문학을 기존의 시각과는 다른 방향으로 접근할 수 있는 몇 가지 단초를 제공해줄 수 있다. 본고가 살펴볼 문헌은 1938년부터 39년 사이에 진행된 일제강점기 민족운동을 위해 조직된 춘천중학교의 비밀결사인 '상록회'에 관한 신문(訊問) 및 공판 자료이다.[35] 이름에서도 확인할 수 있는 것처럼 이 비밀결사는 심훈의 소설 『상록수』에서 모티프를 얻어 조직된 민족운동 단체이다. 특히 문학 연구에 있어서 '상록회' 사건이 주목되는 이유는 이 단체가 처음에는 문학 및 사상 텍스트를 윤독하기 위한 독서회에서 시작하여, 동맹휴학과 농촌 운동으로 발전했으며, 일제강점기 후반 학생 민족운동의 가장 큰 탄압의 사례로 남아있기 때문이다.

'상록회' 사건의 신문(訊問) 및 공판 기록에는 몇 가지 특징적인 사실이 확인된다. 첫째 문학 텍스트가 민족운동의 사상적 기반과 결사 회원 포섭의 중요한 수단이 되었다는 점이고, 둘째 각 회원들이 문학 텍스트

35) 『한국독립운동사자료집(상록회사건 신문조서 공판조서-常綠會事件 訊問調書·公判調書)』 58, 국사편찬위원회, 2004. '상록회'의 결성은 1937~38년 사이이며, 신문은 1938~39년 사이에 진행되었다.

를 어떤 목적성으로 읽었으며 어떻게 받아들였는가에 대해 비교적 상세한 기록이 신문(訊問) 과정에서 드러난다는 점이다.

본고는 이를 통해서 식민지 시기 문학 텍스트가 독자들에게 어떠한 사상적 기반을 만들어줄 수 있었는지, 또한 각 작품에 대해 결사 회원들이 어떤 반응을 보였으며, 어떤 영향을 받았는지 등을 살펴보고자 한다. 이를 통해서 기존의 일제강점기 문학 연구에서 확인하기 어려웠던 작품과 독자의 관계를 살펴보는 단초를 확인하고, 검열의 상황 속에서 식민지 시기 문학 텍스트가 가질 수 있는 다방면의 역할을 고찰하고자 한다.

(1) '상록회' 사건의 개요

우선 '상록회'에 관련된 연구는 아직까지 충분히 진행된 바 없다. 문학작품을 윤독한 독서회가 이 결사의 핵심이라는 점을 고려해본다면 문학연구에 있어서도 주목되었을 법하지만, 현재 연구 성과로는 역사학 분야에서 진행된 결과물이 유일하다.[36] 이는 아마도 신문(訊問) 및 공판 자료가 전체 1,199책 40만자 이상으로 방대하고, 일본어로 작성되었으며, 2004년에 이르러서야 번역되었다는 점 때문일 것으로 추정된다. 본고는 이 같은 이유로 주목되지 못했던 '상록회' 사건 자료를 기반으로 일제강점기 민족운동과 문학 텍스트의 연관성을 고찰하고자 한다.

'상록회' 사건 자료는 춘천중학교 학생들이 중심이 되어 조직된 비밀결사에 대한 1938년 10월 28일부터 1939년 5월 12일까지 진행된 신문(訊問) 및 공판 기록으로서 춘천경찰서와 춘천지방법원 검사분국에서 작성된 것이다. 이 자료에 따르면 전체 38명이 비밀결사와 관련이 있으며,

36) 정병배, 「1920~30년대 춘천지역의 청년·학생 운동」, 한림대학교 석사논문, 1995.

신문(訊問) 결과 그 혐의가 확인된 주동자 5명은 치안유지법 제1조 제1항의 결사 조직에 해당하는 범죄에 해당한다고 판단하여 기소 처분되었으며, 주요 가담자 6명 역시 동일한 법 위반으로 기소 처분을, 단순 가담자로 분류된 24명은 기소 유예 처분을 받았고, 2명은 혐의 없음으로 불기소 처분되었다.[37)]

최초 '상록회' 사건은 소화 12년 3월 9일, 즉 1937년 3월부터 비밀결사 조직의 예비 모임이 진행되었고, 같은 달 14일에 '상록회'라는 이름으로 결사가 조직되어 정관과 산하 위원회와 위원이 결정됨으로써 시작되었다.

(1) 조선독립, 조선민족의 파벌당쟁의 제거, 조선민족의 단결력 양성 훈련을 목적 강령으로 하는 비밀결사를 결성한다.
(2) 결사에 외교부 및 서적부 二부를 설치하고, 외교부는 선전부장이 중심이 되어 동지를 획득할 것. 서적부는 서적부장 중심으로 서적에 의하여 동지를 획득할 것.
(3) 학교 내에서 활동은 春川공립고등보통학교 제五학년 중에서 선전부장 및 각 위원이 협력하여 의식분자를 양성 획득할 것.

---

37) '상록회' 사건으로 조사를 받은 명단과 처분 결과는 다음과 같다.

남궁태(南宮珆), 이찬우(李燦雨), 백흥기(白興基), 용환각(龍煥珏), 조규석(曺圭奭), 배근석(裵根錫), 차주환(車柱環), 조흥환(曺興煥), 이연호(李淵瑚), 신기철(申琦澈), 전홍기(全洪基) – 기소

성수경(成綏慶), 박규원(朴珪源), 이풍섭(李豊燮), 이병주(李炳柱), 서동철(徐東轍), 임근호(任謹鎬), 윤근모(尹瑾模), 남익환(南益煥), 최상기(崔相基), 전인목(全寅穆), 박태수(朴泰株), 이영우(李靈雨), 이봉채(李鳳采), 신현억(申鉉億), 이철균(李澈均), 이한진(李漢晋), 이창우(李昌雨), 김정철(金鼎澈), 최기수(崔基洙), 박일환(朴逸煥), 김련환(金鍊煥), 정인옥(鄭仁鈺), 남극원(南極元), 이종규(李鍾奎) – 기소 유예

이인교(李仁敎), 이광우(李光雨) – 불기소

(4) 사회에서 활동 방침으로 각 위원 각자가 지도자로서 개인, 단체에 의식을 주입하고, 집단적 민족운동을 할 것. 민중은 계몽을 한 뒤에 의식을 주입할 것. 각 위원은 一부락에 '六·七년 뒤' 거주하여 집단적 민족운동을 할 것.

(5) 매년 八월에 총회를 개최하여 사업보고를 할 것.

위의 인용문은 춘천경찰서에서 확인한 '상록회'의 조직대강이다. 이를 통해서 확인할 수 있는 것은 '상록회'는 선전을 통한 회원 모집을 추진하는 '외교부'와 민족주의적 시각을 배양하기 위한 '서적부'로 조직되었으며, 특히 민족주의적 서적을 통한 결사 회원의 민족의식 앙양을 중점적으로 추진하였다는 점이다.

'상록회' 사건의 피의자 조사를 통해 확인된 바에 따르면, 이 결사는 최초 춘천중학교 학생들이 중심이 되기는 하였으나 졸업생은 물론 일반인들까지 포함한 민족운동 조직이라는 사실이다. 실제로 38명의 피의자들은 춘천중학교 학생, 신학교 재학생, 금융조합 서기, 교원, 농민, 우편국 사무원, 사범학교 학생, 검사분국 직원, 의학전문 학생, 면서기, 전매국 판매원, 서당교사, 약국 사무원 등 매우 다양한 직업을 가지고 있었다. 이 가운데 주 피의자로 분류된 사람들은 1933년 춘천중학교에 입학하여 지속적으로 민족주의적 색채가 강한 책들을 윤독하였으며, 이를 기반으로 민족주의 운동에 관한 관심이 증대되어 1937년에 비밀결사를 조직하고 동맹휴학 등에 관여한 것으로 확인된다. 즉 '상록회'는 독서회를 중심으로 조직된 대규모의 민족운동 비밀결사 단체였던 것이다.

신문(訊問) 기록에 따르면 이들은 재학시절부터 『흙』, 『상록수』, 『조선의 현재와 장래』, 『마의태자』, 『하얼빈 역두의 총성』, 『평화와 자유』, 『청년 김옥균(金玉均)』, 『고향』, 『이순신(李舜臣)실기』, 『사명당(四溟堂)

실기』, 『조선민족 갱생의 길』, 『무정』, 『개척자』, 『봉화』 등의 서적을 구매하여 윤독하였다고 되어 있다. 일부 제시된 이 목록을 통해서도 확인되는 것처럼 상당수의 서적이 문학 작품이라는 사실은 비밀결사의 운영에 있어서 핵심이 되는 사항이 문학 텍스트를 포함한 서적의 윤독을 통한 민족의식의 배양이라는 점을 보여준다. 문학 텍스트가 민족 운동에 직접적인 영향을 미치고 있음이 확인되는 것이다.

'상록회'의 회원들은 1937년 3월 14일 결사의 조직에 대해 결의한 이후 같은 달 25일에 진행된 제1차 회합에서 결사의 기관지 발행과 서적 교환의 방법, 동지 확보에 대한 방법을 논의한다. 최초 결의에 따라 추가 회원을 모집하던 중, 이들은 보다 조직적인 결사 운영을 위하여 독서회의 조직에 나서는데, 이는 1937년 4월 15일 모임에서 진행되었다. 이들은 이날 모임에서 '상록회'의 기본 목적인 '조선의 독립 달성의 투사를 양성'하기 위하여 '일본제국의 굴레에서 이탈한 독립국의 실현을 목적으로 하는 독서회'를 조직하기로 하고, 독서회장과 부회장, 서적계, 회계 등을 선출한다. 또한 각 회원들은 매월 80전을 납부하여 '민족주의적 색채가 짙은 책을 구입하여 회원들에게 윤독하게 하여 민족의식을 주입'하기로 결의한다. 이들은 이후 수차례의 연설회와 회합을 통하여 민족주의적 성격의 책을 읽은 것에 대해 토의하고 향후 결사의 행동 방향에 대해 논의를 진행한다. 그러나 결국 1938년 10월에 있었던 춘천중학교 동맹휴학 사건과 관련하여 검거되었고, 이후 8개월여에 걸친 신문(訊問)을 통하여 기소 처분을 받았다.

춘천중학교 '상록회' 사건은 이처럼 독서회를 바탕으로 한 일제강점기 후반의 민족운동 사건이라고 할 수 있다. 중요한 점은 이 결사의 조직원들이 주로 서적을 통한 민족의식의 배양과 실천으로 나아갔다는 것이다. 이들이 결사를 통해 윤독한 서적들은 문학 텍스트를 포함 80여 권이나 되었으며, 이 가운데에 문학 텍스트로 분류할 수 있는 것들은 절반 가까이나 된다.

특이한 점은 이들이 윤독한 문학 작품들이 기존의 연구에서 대중소설로 알려진 것들은 물론 역사소설, 농촌소설, 근대 초기 계몽소설 등이 포함되어 상당히 다양한 스펙트럼을 보여주고 있다는 것이다. 우선 각 회원들의 신문(訊問) 조서를 통하여 이 같은 작품들이 어떤 연유에서 민족 독립운동을 위한 사상 함양의 텍스트로 활용되었고, 독서 후 감상은 어떠했으며 어떤 영향을 구성원들에게 주었는가의 측면을 확인하고자 한다.

(2) '상록회' 산하 독서회의 윤독 도서 개황

앞에서 언급한 바와 같이 '상록회'는 결사의 이름에서부터 심훈의 소설 『상록수』를 전제한 상태에서 만들어졌으며, 독서회가 근간이 되는 조직이었다. 결사의 회원들은 문학 텍스트를 포함한 서적들을 회원 모집은 물론 사상 함양의 도구로 사용하였으며, 전체 86권의 단행본들이 이 같은 목적을 위하여 윤독되었다.

본고는 '상록회' 사건의 신문(訊問) 조서를 분석하여 각 피의자들이 언급하고 있는 서적들을 추출하였고, 각각의 성격을 다음과 같이 구분하였다.

〈표 1〉 '상록회' 신문(訊問) 과정에서 언급된 서적 목록

no	제목	작가	텍스트의 성격
01	조선의 현재와 장래	이광수	사상서
02	마의태자	이광수	소설
03	단종애사	이광수	소설

04	흙	이광수	소설
05	하얼빈역두의 총성	-	소설
06	열혈 청년론	주운성(朱雲成) - 주영린 -	사상서, 일대기
07	고향	이기영	소설
08	청년 김옥균	김기진	소설
09	마도의 향불	방인근	소설
10	약소민족운동의 전망	방인근	사상서
11	방랑의 가인	방인근	소설
12	애욕의 피안	방인근	소설
13	인생(의) 향기	이광수	사상서
14	무정	이광수	소설
15	젊은 그들	김동인	소설
16	이차돈의 죽음	이광수	소설
17	애란(의) 민족운동	이여성	사상서
18	영원의 무정	노자영	소설
19	상록수	심 훈	소설
20	이순신실기	이광수 (최찬식의 오류로 추정)[38]	소설
21	농촌공동조합 조직법	홍동시(洪東施)	사상서
22	혼	정연규	소설
23	봉화	윤백남	소설
24	어린이 조선	-	잡지
25	조선민족 갱생의 길(道)	최석배(崔錫培)	사상서
26	조선농촌연구의 준비지식	-	사상서
27	자유와 평화(평화와 자유)	삼천리사 발행	사상서
28	조선역사	최남선	사상서
29	조선의 얼굴	-	사상서

30	그 사람의 자서전	이광수	소설
31	폐허의 눈물	노자영	소설
32	제주도 기행문	이은상(李殷相)	기행문
33	성공자의 소년시대	–	사상서
34	유태인의 세계적 활동	이광수	사상서
35	레닌과 간디	–	사상서
36	흑두건	윤백남	소설
37	황야에 우는 소조	노자영	수필집 추정
38	삼곡선	장혁주	소설
39	신영웅론(전)	실복고신(室伏高信)	사상서
40	사선을 넘어서	운천풍언(賀川豊彦)	사상서
41	가족과 인생	범족리일랑(帆足理一郎)	사상서
42	성서	다미윤	사상서
43	제2의 운명	이태준	소설
44	조선사화집	–	역사서
45	순정	–	미상
46	재생	이광수	소설
47	순정해협	함대훈	소설
48	달밤	이태준	소설
49	백두산 참관기	이양하	기행문
50	노산 시조집	이은상	시집
51	갱생의 길 (조선민족갱생의 길로 추정)	최석배(崔錫培)	사상서
52	농민의 생활	–	사상서
53	사명당실기	–	소설
54	표박의 비탄	양천호(梁天昊)	–

38) 『조선총독부 금지단행본목록』, 조선총독부, 1941.

55	농촌협동조합법 (농촌공동조합조직법으로 추정)	홍동시(洪東施)	사상서
56	아동의 심리교육	–	사상서
57	배움의 등불	–	사상서
58	농촌사회사업	–	사상서
59	농촌의 낙원 덴마아크	–	사상서
60	히틀러전	주운성	일대기
61	조선웅변전집	–	사상서
62	조선태조대왕전	–	소설
63	무상	이은상	사상서
64	龍陳海峽 (순정해협의 오기로 보임)	함대훈	소설로 추정
65	대연설집	하천풍언(賀川豊彦)	사상서
66	평론감상집	석천탁목(石川琢木)	사상서
67	무산계급의 역사적 사명	산천균(山川均)	사상서
68	영의에 있어서의 역사적 토론, 사회주의인가 자본주의인가	소지사랑(小池四郎) 역	사상서
69	종의 기원	대삼초(大杉草)	사상서
70	전봉준과 동학당	–	역사서
71	유정	이광수	소설
72	기독교와 실제문제	범족리일랑(帆足理一郎)	사상서
73	구하는 길	–	사상서
74	종교와 인생	–	사상서
75	우월의 세계로	–	사상서
76	철학과 인생	–	사상서
77	신에 의한 신생	–	사상서
78	진실에 사는 고뇌	생전춘일(生田春日)	사상서
79	사람은 무엇으로 사는가	톨스토이	소설

80	신은 진실되게 보신다	톨스토이	소설
81	두 노인	톨스토이	소설
82	사랑	이광수	소설
83	승천하는 청춘	이광수	사상서
84	조선문학전집 시집	이광수	시집
85	부활	톨스토이	소설
86	세계 일류 사상가 논문집	방인근	사상서

위의 〈표 1〉은 '상록회' 산하 독서회에서 윤독한 서적들의 목록이다. 이는 전체 38명의 피의자들의 신문(訊問) 과정에서 언급된 서적을 정리한 것으로 각각의 서적에 대해 피의자들은 독서 후 감상과 사상석 삼흥의 내용을 언급하고 있다.

전체 86권의 서적 가운데 제목이 불분명하거나 동일 서적으로 추정되는 것은 4편인데, 그 중 하나는 최석배 저 『갱생의 길』과 『조선 민족 갱생의 길(道)』이며, 다른 하나는 함대훈의 소설 『순정해협』과 『순정』, 『용진해협(龍陳海峽)』의 중복이며, 다른 하나는 『히틀러전』과 『열혈 청년론』[39]이다. 이 같은 오류는 각각의 피의자들이 서적의 분명한 제목을 숙지하지 못한 결과로 추정된다.

이 같은 중복된 서적을 제외하였을 때, 독서회에서 윤독한 서적으로 언급된 것은 전체 82권이며, 이 가운데 소설 작품은 중복 2권 포함 34권, 시집 2권, 기행문집은 2권, 수필집 1권이다. 전체 권 수 가운데 47.6%(39권)가 문학 텍스트로 확인된다.

39) 『열혈 청년론』 안에는 「청년대망론」, 「나폴레옹전」, 「히틀러전」, 「무쏘리니전」이 포함되어 있다. (주운성 저, 전진사, 1935)

'상록회' 사건 기록에서 주목되는 점은 신문 과정에서 피의자들이 사상서보다 문학 텍스트에 대해 자주 언급하고 있다는 것이다. 이는 문학 텍스트, 특히 소설 작품이 민족운동의 사상적 기반이 되었다는 점을 보여주는 것이다. 즉 독서회의 근간이 되는 도서들은 주로 문학 작품이었던 것이다.

이 같은 사실은 문학 텍스트가 지닌 몇 가지 가능성과 역할을 시사한다. 우선 언급되고 있는 각 문학 텍스트는 일제강점기 후반의 철저한 검열 속에서 살아남은 것이었을 가능성이 높으며, 당대 독자들이 쉽게 구할 수 있었을 것이라는 점이다. 일반적으로 문학 서적은 직설적으로 독자에게 영향을 미치려는 목적성을 드러내지 않는다. 사상서들이 뚜렷한 주제의식을 전제하여 독자들에게 직접적인 영향을 준다면, 문학 서적은 상징과 비유, 돌려 말하기의 방법을 통하여 독자들에게 숨은 의미를 전달하고자 하기 때문에 그 목적성은 약화될 수밖에 없기 때문이다.

근대전환기의 계몽적 목적성을 지닌 텍스트는 문학이라 할지라도 이데올로기를 위해 종사하는 경우가 많다. 그러나 1930년대 후반이라는 이데올로기적 목적성을 문학이 담보하기 어려운 시기에 이 같은 다수의 문학 작품들이 민족운동의 사상적 기반이 되었다는 점은 이들 텍스트의 다른 가능성과 역할을 보여주는 것이라 할 수 있다. 이데올로기적인 목적성을 드러내는 작가의 의도가 우선하는 것이 아니라 이데올로기적인 목적성이 강한 독자의 의도가 우선하는 것이기 때문이다.

그렇다면 민족운동 비밀결사인 '상록회'에서 이 같은 문학 텍스트의 역할은 어떤 것이었는가. 다음에서는 결사의 각 구성원들이 이들 문학 작품을 어떤 목적으로 윤독하였고, 어떤 내용에 주목하였는지에 대해 신문 자료를 통하여 살펴보기로 한다.

(3) 문학 텍스트와 민족운동의 상관관계

이데올로기적 목적성이 앞서는 텍스트들에 대한 연구자들의 시각은 그것이 가지고 있는 내용과 주제의 직접성에 주목하는 것이 일반적이다. 이는 문학 텍스트의 경우 작가의 의식이나 세계관을 판단하는 기초가 되기 때문이며, 많은 문학 연구는 이 같은 텍스트 내적 목적성을 바탕으로 작가에 대한 평가나 더 나아가 그 텍스트의 당대적 반향까지도 전제하기 쉽기 때문이다. 그러나 문학 작품을 창작하는 작가만의 시각이 작품의 당대적 영향과 의의를 형성하는 것은 아니며, 당대의 독자들이 그 작품을 어떻게 공명하는지 역시 작품의 영향과 의의를 판단하게 하는 중요한 잣대가 될 수 있다.

'상록회' 사건이 가지고 있는 특징적인 점은 문학 텍스트의 역할이 작가는 물론 독자들의 의도에 따라서 변화하거나 적극적으로 수용되고 있다는 것을 보여준다는 데에 있다. 지금까지의 연구에서 통속적인 애정소설로 평가되거나 추리물 등 대중적 소설로 접근되었던 작품들이 민족의식을 앙양하는 텍스트로 활용되었기 때문이다. 독자의 의도성과 목적성이 문학 텍스트의 수용에 있어서 특수성을 가지게 만든 드문 예를 보여주고 있다는 점이다.

그렇다면 '상록회' 산하 독서회에서 윤독한 문학 텍스트들이 가지고 있는 당대적 성격과 역할은 무엇이었는가.

(4) 문학 작품의 검열과 대체제로서의 독서물의 성격

1930년대 후반은 만주사변 이후 일본이 외적으로는 대동아공영권 주장을 더욱 강화하고, 내적으로는 황국신민화 정책을 내세워 각급학교에서 한글의 교육과 사용을 금지했던 시기이다. 이런 상황 속에서 '상록회'

회원들은 "최근 학교 당국은 조선어 사용을 하고 있으니 어떻게 해야하는가"를 고민하고, "일본어는 하나의 학문으로 배울 필요는 있지만 동지간의 사용어는 조선어를 사용해야 한다."[40]며 한글 사용을 장려하였다. 이 같은 민족 탄압의 상황 속에서 '상록회' 회원들은 조선어로 창작된 문학 텍스트를 적극적으로 구매하여 윤독을 진행하였다.

- 첫 번째 구입한 것
  윤백남(尹白南) 저 봉화
  윤백남(尹白南) 저 흑두건
  김동인(金東仁) 저 젊은 그들
  이광수(李光洙) 저 마의태자
  이광수(李光洙) 저 단종애사
  이광수(李光洙) 저 인생의 향기
- 두 번째 구입한 것
  최남선(崔南善) 저 조선역사
  이광수(李光洙) 저 조선의 현재와 장래
  방인근(方仁根) 저 마도의 향불
  이은상(李殷相) 저 무상
  김기진(金基鎭) 저 청년 김옥균(金玉均)
- 이상 구입한 서적 외 독서회에 있는 서적은
  심훈(沈薰) 저 상록수
  이광수(李光洙) 저 흙
  삼천리사(三千里社) 발행 평화와 자유
  주운성(朱雲成) 저 열혈청년론 등이 있다.[41]

40) 1938년 6월 초순에 진행된 '상록회' 모임의 논의 내용이다.

41) 「曺圭奭 신문조서(제三회)」, 소화 14년(1939년) 3월 5일, 춘천경찰서.

주목할 점은 이들이 구입한 책들 가운데 상당수의 작품들은 조선총독부 출판경찰이 작성한 비밀문서인 『조선출판경찰월보』(1928.9~1938.12)에는 언급되지 않았던 것들이다. 다만 또 다른 검열 자료인 『조선총독부 금지단행본목록』(1941)에는 '상록회' 사건 자료에서 확인되는 세 편의 출판 금지 도서가 보이는데, 이는 아래와 같다.

> 양천호 발행, 노자영 작, 『황야에 우는 소조』, 청조사 1927년, 1940년 출판금지, 치안방해.[42]
> 정연규 작, 『혼』, 한성도서 1920년, 1940년 출판금지, 치안방해.[43]
> 최찬식 작, 『이순신실기』, 박문서관 1925년, 1940년 출판금지, 치안방해.[44]

82권의 단행본 가운데 문학 텍스트로 확인되는 39권의 서적에서 불과 3권만이 '출판 금지' 조치를 당했다는 것은 몇 가지 중요한 단초를 제공한다. 우선 3편의 금지 단행본들이 '상록회' 사건이 발생했을 무렵에는 금지 도서가 아니었을 가능성이다. 이는 『조선총독부 금지단행본목록』(1941)보다 앞선 시기에 작성된 『조선출판경찰월보』(1928.9~1938.12)에서 이 작품들이 확인되지 않는다는 점에서 추정이 가능하다.

또 다른 가능성은 대부분의 민족주의적 혹은 사회주의적 색채를 띠고 있는 도서들이 '출판 금지' 조치를 당한 상황 속에서 검열을 통과한 비교적 온건한 색채의 도서들을 활용하여 도서를 구입하고 이를 윤독했을 가능성이다. 실제로 『조선출판경찰월보』 1930년 10월호(26호)에 수록된

42) 『조선총독부 금지단행본목록』, 조선총독부(여강출판사 영인본), 1941, 234면.
43) 같은 책, 253면.
44) 같은 책, 295면.

출판 납본 목록에는 이광수의 『단종애사』가 납본으로 제출되어 검열을 통과한 후 출간되었음이 기록되어 있기 때문이다.

이를 통해서 추정해 본다면 '상록회'의 회원들은 당시 그들이 구할 수 있는 도서들 가운데에서 비교적 민족주의적 색채가 있다고 판단되는 것들을 활용하여 민족운동의 사상적 기초 자료로 활용했을 것으로 판단된다. 즉 대부분의 급진적인 민족주의적 성향을 가진 도서들이 총독부에 의해 검열되어 출판 금지되는 상황 속에서 현실적인 선택의 방법을 취했던 것이다.

그렇기 때문에 82권의 목록, 보다 정확히는 39권의 문학 텍스트에 윤백남과 노자영, 방인근 등의 소설 작품들은 대중 소설적 성향에도 불구하고 포함될 수 있었다. '상록회' 회원들은 각 작품의 문학적 성향이나 예술적 성취도와는 무관하게, 철저하게 민족주의적 목적성에 근거하여 작품을 선택하고 윤독했던 것이다.

이는 '상록회' 산하 독서회가 민족주의적 교육을 위해서 사상서 혹은 급진적 주장이 담긴 문학 텍스트가 가지고 있는 급진성을 우회하고 그 대체물로서 검열에서 비교적 자유로운 문학 텍스트를 집중적으로 선택했다는 점을 보여준다. 그렇다면 이들은 어떤 기준으로 문학 텍스트를 선택했으며, 각 도서를 읽은 후 생각은 어떻게 변화하였는가. 다음 장에서는 신문 자료에 기록된 '상록회' 각 회원들의 문학 텍스트 관련 진술을 확인하도록 한다.

(4) 사상서로서의 문학 텍스트가 지닌 특수성

'상록회' 회원들 38명에 대한 신문 기록에서 언급된 문학 텍스트는 전체 39권에 달한다. 이 가운데에는 각 회원들이 신문 과정에서 민족주의적 색채가 가장 많다고 판단되는 작품들에 대해 언급하고, 이에 대한 독서 감상을 제시하는 기록이 포함되어 있다. 주로 이 같은 답변은 총독부 경찰의 두 가지 질문에 대하여 제시되는데, 그 하나는 "피의자는 민족주의에 공명하고 있는가?"이며, 다른 하나는 "피의자가 읽은 사상서는 무엇인가?"이다. 각 회원들의 답변은 다음과 같이 제시된다.

> 1) 그 책도 이광수(李光洙)가 쓴 책으로 그 책의 요지는, 신라조의 마지막 왕자인 마의태자는 신라조를 빼앗은 고려의 반항이 서술되어 있는데, 만약 민족주의를 포회하고 있는 사람이 읽으면 현대와 같이 이민족에게 지배되면서 그것에 반항하지 않는다면 실로 비굴한 민족이라고 느꼈다. (백흥기(白興基)에 대한 신문 조서, 소설『마의태자』에 대한 답변, 소화 13년 12월 20일 신문 조서 중)

> 2) 다음으로『마의태자(麻衣太子)』는 조선역사라는 것으로 생각된다. 독자에 따라서는 역시 조선민중에게 자극을 주어 민족의식을 품기에 이르도록 하는데 충분하다는 것으로 생각한다. (최기수(崔基洙)에 대한 신문 조서, 소설『마의태자』에 대한 답변, 소화 14년 2월 19일 신문 조서 중)

위의 두 인용문은 이광수의 소설『마의태자』에 대한 '상록회' 회원들의 진술이다. 회원 백흥기는 이 소설에 대해 "민족주의를 포회하고 있는 사람이 읽으면", "이민족에게 지배되"는 상황 속에서 "그것에 반항하지 않는" 것이 오히려 "비굴"한 것이라고 진술한다. 또한 회원 최기수는 이 소설이 "조선민중에게 자극을 주어 민족의식을 품기에 이르도록 하는데 충분"하다고 언급하고 있다.

이처럼 '상록회' 회원들은 각각의 문학 텍스트에 대해 언급하면서 어떤 내용이 민족주의적인가에 대해 독자의 입장에서 언급한다. 전체 신문 조서에서 구체적으로 언급되고 있는 소설은 15편에 달하는데, 가장 많은 회원들이 언급한 소설은 심훈의 『상록수』(9명 언급)이며, 그 다음이 이광수의 『흙』(8명 언급), 이광수의 『마의태자』가 6명의 회원들에게 민족주의적 감흥을 주었던 것으로 제시된다.[45)]

그렇다면 많은 회원들이 언급한 각각의 작품에 대한 논평은 어떠한가. 먼저 '상록회'의 출발에 가장 중요한 영향을 미치고 있는 심훈의 『상록수』에 대한 평을 살펴보기로 한다.

> 1) 『상록수』의 내용은 어떤 학창생활에서 알게 된 남녀 두 주인공이 귀농하여 문맹퇴치에 종사 중 남자 주인공은 감옥으로 갔음에도 불구하고 여자 주인공은 한층 열을 내어 계몽운동에 종사하는 상황을 기술하고 있다. <u>그 열렬한 조국애를 느꼈음과 동시에 나도 두 주인공에 뒤지지 않고 농촌 계몽운동을 해야 한다고 느꼈다.</u> (용환각(龍煥珏)의 신문 진술. 소화 13년 11월 26일)
>
> 2) 남궁태(南宮珆)는 이광수(李光洙)가 쓴 소설 『흙』 및 심훈(沈薰)의 소설 『상록수』의 독후감을 비교해서 말했다. 그 요지는 상록수의 주인공은 너무 공상적이며 가공적이었다. <u>그러나 우리는 이 상록수의 주인공과 같이 피폐해 가는 농촌을 위하여 헌신적으로 활약하는 것은 물론 찬성이지만, 그것보다도 『흙』에 나타난 인물과 같이 산 모범에 바탕하여 모든 고난을 돌파하여 자기의 이상을 향하여 돌진하는 인물이 되고 싶은 것이다.</u> (배근석(裵根錫)의 신문 진술. 소화 13년 12월 5일)
>
> 『상록수』도 민족주의 교양의 자료로서 충분한 것으로 그 요지는 주인공

45) 이 외에도 회원들의 답변 가운데 감상과 생각이 구체적으로 제시된 문학 작품에는 『단종애사』(4명), 『청년 김옥균』(4명), 『제2의 운명』(3명), 『무정』(2명), 『영원의 무정』(2명), 『고향』(1명), 『하얼빈 역두의 총성』(1명), 『이차돈의 사』(1명), 『폐허의 눈물』(1명), 『흑두건』(1명), 『유정』(1명), 『재생』(1명), 『그의 자서전』(1명) 등이다.

이 전 생명을 다하여 농촌 계몽운동에 종사하는 사실이 서술되어 마치 우리 청년에게 귀농운동을 부르짖고 있는 것 같다. (배근석(裵根錫)의 신문 진술. 소화 13년 12월 5일)

3) 주인공이 되는 청년과 숙녀 두 사람이 귀향하여 농촌진흥을 위하여 농민의 계몽에 시종일관하여 그 목적을 달성한 상황이다. 요컨대 요는 우리들 현재 조선청년을 『상록수』의 주인공과 같이 시종일관하는 굳은 정신 아래서 목적에 매진하라는 것이다. 이 세 권의 책을 읽으면 우리들 조선청년은 영웅적 애국심에 불타오르는 기분이 농후하게 되어 마침내 민족적 의식을 포회하게 된 것이다. (남익환(南益煥)의 신문 진술. 소화 14년 2월 8일)

4) 또 심훈(沈薰)의 『상록수』를 읽고서 피폐하고 고달픔이 극에 달한 농촌을 위하여 애인을 도와 활약하는 여주인공 같이 일신을 희생하여 농민계몽운동에 종사하는 여자의 열렬한 조국애에 감동하였다. 따라서 나는 장래 조선독립운동을 달성하는 준비공작으로 먼저 민족의 계몽에 의한 교육 보급 및 열렬한 희생적인 봉사로 동지 획득이 선결이라고 깊히 확신하였고, 또 『상록수』에서 활약하는 여주인공 같이 여성 동지들도 조선독립운동에 불가결한 존재라는 것도 생각하여 나는 점차 민족주의를 찬성, 민족반항심이 격렬하게 되어 일본인은 모두 적으로 보게 되었다. 이상이 내가 민족주의를 갖고 찬성하게 된 것이다. (문세현(文世鉉)의 신문 진술. 소화 14년 3월 2일)
『상록수』는 심훈(沈薰)의 대표작으로 듣고 있다. 『상록수』의 여주인공 채영신(蔡英信)은 농촌사업에 몸을 바쳤다는 것이 기술되고 있다. 즉 채영신(蔡英信)은 귀농하면서 민족적 암시하에 애인인 박동혁(朴東爀)의 원조를 얻어 사립학교를 설립하였지만, 학교에서는 수업료는 물론 보수도 받지 않고 자기는 영양식을 취하지도 못하고 굶어 죽을 때까지 농촌 자제들의 계몽운동에 종사한 것을 기술하고 있다. 심훈(沈薰)의 민족주의적인 생각에서 나온 심경을 묘사한 것으로 인정되며 작자 심훈(沈薰)을 숭배한다. (문세현(文世鉉)의 신문 진술. 소화 14년 3월 3일)

심훈의 『상록수』를 신문 과정에서 언급한 9명 가운데 비교적 구체적으로 작품에 대한 감상평과 영향 받은 바를 설명하고 있는 4명의 진술은 위와 같다. 이들은 『상록수』를 읽은 후 "열렬한 조국애"를 느꼈으며, "애국심에 불타오르"는 경험을 하게 되었다고 지적한다. 그것은 주로 민족주의운동에 대한 공감이었으며, 농촌계몽운동에 대한 열망이었다. 이 가운데 이 작품을 읽고 가장 큰 감화를 받은 문세현의 경우 "장래 조선독립운동을 달성하는 준비공작으로 먼저 민족의 계몽에 의한 교육 보급"이 필요함을 자각하였다고 언급한다. 그는 또한 이 작품이 "민족주의를 찬성"하게 된 계기가 되었으며, 작품을 읽고 "민족반항심이 격렬하게 되어 일본인은 모두 적으로 보게 되었다"고 진술하고 있다.

이처럼 '상록회' 회원들은 문학 텍스트를 사상서를 읽는 것처럼 이해하고 있으며, 문학 텍스트에 드러난 내용을 현실화 하여 받아들이는 경향을 보인다. 중요한 점은 이들이 특별한 목적성을 전제한 상태에서 작품을 선택하고 있다고 하더라도 그것이 문학 텍스트라는 점을 고려해본다면 당대의 지식인 독자들이 문학 작품을 어떤 방향성으로 읽어내는가를 간접적으로 확인할 수 있다는 것이다. 이들이 '상록회'를 조직하기 전 1937년 봄에 언급한 자료들을 살펴보면, 최초 민족운동 결사라는 특수한 목적을 가지기 전에도 문학 텍스트의 윤독에 의해 자발적인 민족의식이 싹트게 되었음을 보여주고 있기 때문이다. 이는 곧 문학 텍스트를 특수한 목적성을 전제한 상태에서 읽기 전에도 문학 텍스트에 의한 민족주의 사상의 발현이 이루어지고 있었음을 보여주는 것이다. 즉 문학 작품을 통한 민족주의에의 공명이 '상록회'의 조직과 독서회를 통한 민족의식의 앙양에 기초가 되고 있었음을 확인하게 하는 것이다. 그렇기에 이들이 독서회를 조직하고 회원을 확대하기 위해 진행한 민족주의적 성격의 도서를 '윤독'하게 하는 방법은 '상록회' 자체의 본질이 문학 텍스트를 윤독하는 독서회이며, 민족의식을 앙양하기 위해서 문학이라는 양식이 가장 효과적이었다는 사실을 분명하게 보여주고 있다.

전체 39권의 문학 텍스트 가운데 가장 많은 작품이 활용된 작가는 이광수이다. 그의 작품은 39권 중 소설에 해당하는 작품 34편 가운데 9편이 민족주의 사상을 고양하는 목적으로 읽혀졌으며, 비문학 텍스트 5권까지 포함하면 14권이 활용되었다. '상록회' 회원들이 언급한 소설 작품은 『무정』, 『유정』, 『흙』, 『단종애사』, 『이차돈의 사』, 『재생』, 『사랑』, 『그의 자서전』, 『마의태자』 등이며, 이들 작품 가운데 회원들이 민족주의적 감흥을 가장 많이 받은 것으로 자주 언급되는 작품은 『흙』(8회)과 『마의태자』(6회), 『단종애사』(4회) 등이다.

회원 신기철(申琦澈)은 1939년 2월 7일에 진행된 신문 과정에서 이광수의 『단종애사』를 읽고 "여섯 충신이 일신을 바친" 것처럼 "우리들 조선인은 조선을 위하여 몸을 바쳐"야 한다고 언급한다. 즉 그는 이 소설을 통해 과거의 역사, 그리고 역사를 다룬 허구가 당대의 민족주의적 목적을 위해 어떻게 독자들에게 읽히고 있는가를 보여주고 있는 것이다.

또 다른 회원인 배근석(裵根錫)은 『흙』을 읽고 이 소설의 내용이 "현재 조선의 현상을 여실히 서술한 것"[46]으로 느꼈음을 언급하고 있으며, 이 작품이 "민족주의 교양에 정말로 적당한 책"임을 밝히고 있다. 이는 소설을 집필한 이광수에 대한 평가로도 확대되는데 회원인 문세현(文世鉉)은 이 책을 읽고 "흡사 지금의 조선을 생각하고 또 작자인 민족주의자 이광수를 존경하게 되었다."고 밝히고 있다.[47]

---

46) 「裵根錫 신문 조서」, 춘천경찰서, 1937년 12월 5일.

'상록회' 회원들의 소설 작품에 대한 이 같은 반응은 작품이 문학적으로 어떠한 성격을 가지고 있는가에 대한 것이 아니라, 작품에 형상화된 내용을 독자 입장에서 철저하게 선택적으로 읽었는가를 보여주는 것이라 할 수 있다. 이들이 민족주의적 색채의 작품이라 판단하여 민족주의적 사상을 앙양하기 위해 윤독했던 방인근과 노자영 등의 소설에 대해서 적극적인 독서를 진행할 수 있었던 이유는 여기에 있는 것이다. 이 작가들에 대한 '상록회'의 시각은 지금까지의 연구에서 주로 대중소설 작가로의 면모만이 강조되고 있는[48] 방인근의 작품 『마도의 향불』이나 노자영 소설에 대한 시각[49]과는 상충되는 것이라 할 수 있다. 즉 독자들이 적극적으로 선택한 작품들은 당대의 독자들이 현실과 괴리되도록 만드는 통속적이고 대중적인 소설이라고 비난받았던 것에서 벗어나 민족주의적 맥락에서 수용될 수 있었고, 이는 적극적인 독자들에 의한 문학 작품이 가진 당대적 가능성을 보여주는 것이라고 할 수 있는 것이다.

윤백남의 『봉화』나 『흑두건』, 노자영의 『폐허의 눈물』, 『영원한 무정』, 방인근의 『방랑의 가인』, 『애욕의 피안』, 『마도의 향불』 등에 대한 '상록회' 회원들의 접근은 그것이 대중적 성격을 지니고 있는 것인가 그렇지

47) 「文世鉉 신문 조서」, 춘천경찰서, 1939년 3월 2일.

48) 한명환, 「30년대 신문연애소설의 심미적 모티프 연구」, 『현대소설연구』 3, 현대소설학회, 1995, 175-204면.
김성환, 「마도의 향불의 대중성 연구」, 『현대문학연구』 28, 한국현대문학회, 2009, 61-99면.
오혜진, 「대중소설에 나타난 주체 변모 양상」, 『국제어문』 51, 국제어문학회, 2011, 193-221면.

49) 진영복, 「1920년대의 대중적 글쓰기와 근대적 주체의 자유상」, 『현대문학의연구』 35, 한국문학연구학회, 2008, 413-443면.
조경덕, 「1920년대 문단의 안과 밖 – 딱지본 대중소설의 원천으로서의 노자영 소설」, 『우리어문연구』 46, 우리어문학회, 2013, 389-417면.

않은가에 달려있는 것이 아니었다. 일제강점기, 식민지 상황이라는 특수성 속에서 문학 텍스트는 독자들에 따라서 충분히 민족주의적 성격의 것으로 받아들여질 수 있었으며, 민족주의라는 사상적 기반을 위해 충분히 종사할 수 있는 가능성을 가질 수 있었다고 말할 수 있는 것이다.

(5) '상록회' 사건을 통해서 살펴본 일제강점기 문학 텍스트의 의의

1937년에서 38년 사이에 진행된 '상록회' 사건의 신문 및 공판 자료에는 상당수의 문학 작품이 언급되고 있다. 이는 민족주의 비밀 결사인 '상록회'가 최초 문학 작품의 윤독을 통하여 민족의식을 고취했고, 문학 텍스트를 활용하여 회원의 확충과 사상 교육을 진행했음을 보여주는 것이다.

지금까지의 연구에서 '상록회' 사건에 대한 문학 분야의 접근은 충분히 이루어지지 못했다. 필자는 소설 작품을 포함한 문학 텍스트가 일제강점기 후반 검열과 탄압이 심해진 상황 속에서 민족주의 운동을 위한 토대로 작용하고 있다는 사실을 기반으로 그 의의를 확인하고자 하였다.

그 결과 '상록회' 산하 독서회에서 민족의식을 함양하기 위한 도서로 선정한 것들에는 문학 작품이 30여 편 이상 존재한다는 것을 확인할 수 있었으며, 주로 소설 작품이 그 역할을 담당하고 있었음을 알 수 있었다. 무엇보다도 '상록회' 사건이 주목되는 이유는 결사의 구성원들이 소설 작품을 작가의 의도나 당대적 반향과는 달리 목적성이 분명한 적극적인 지식인 독자로서 접근하였으며, 민족의식 고취에 근대 초기의 계몽소설이나 역사소설, 통속적 대중소설도 활용하고 있었다는 사실이다.

또한 '상록회' 사건이 다른 독서회 사건에 비해 문학 연구에 있어서 주목되는 이유는 다른 독서회 사건들이 대부분 사상서에 대한 윤독이나 교육을 통하여 진행되었던 것에 비하여, 간접적인 사상성이 담긴 문학 작품들을 적극적으로 해석하여 윤독의 대상으로 삼았다는 점이다. 그들은 문학 텍스트를 허구적인 내용이 아닌 당대 현실의 투영으로 이해했으며, 역사적인 현실에 대한 이해를 문학 텍스트를 활용하여 진행하였다.

이 같은 '상록회' 회원들의 독서 방향은 지금까지 대중소설로만 접근되거나 혹은 폄하되었던 몇몇 작가의 작품들에 대해서 당대의 독자들이 어떻게 받아들이고 있는가를 확인할 수 있게도 해주었다. 방인근이나 윤백남, 노자영 등의 소설이 민족주의적 사상을 고취시키는 목적으로 윤독되었다는 사실은 이들 작품이 일제강점기 독자들의 현실에 대한 비판적인 시각을 약화시킨다는 기존의 시각과는 상충되는 것이었다.

물론 이들 작가의 작품들이 특수한 목적성을 지닌 독자들에 의해 민족주의적 텍스트로 적극적으로 해석된다고 하여, 작품에 대한 문학사적 평가가 뒤바뀌지는 않을 것이다. 하지만 검열과 탄압이라는 외적 압력에서 자유롭지 못했던 일제강점기의 문학 현실 속에서 대중소설을 바라보는 일방향의 연구 시각은 '상록회' 사건의 사례를 통해 보다 다양화될 수 있을 것이라고 생각한다.

또한 '상록회'의 구성원들이 보여준 민족독립에의 열망과 민족운동에의 노력에 당대의 문학 작품들이 적극적으로 활용되었다는 점은 문학이 사회적 현실을 충분히 반영하는가, 그렇지 못한가의 작가 중심 혹은 연구자 중심의 시각에서, 독자들의 적극적인 선택에 의해 작품의 당대적 의의가 결정될 수도 있다는 것을 보여준다는 점에서 주목해야 하는 지점이라고 생각한다.

2) 일제강점기 후반 수원고등농림학교 '한글연구회' 사건

조선총독부의 언론과 출판 검열은 일제강점기 내내 한국인들의 자유로운 사상을 억압하고 왜곡하는 도구였다. 국권 상실기 이전부터 시작된 검열의 제도화는 1910년대에는 주로 서적을 압수하는 방법으로 진행되었고, 1920년대 중반 이후부터는 검열 방식을 체계화하여 조직적인 관리 방식으로 진행되었다. 1930년대 중후반까지 진행된 이 같은 방식은 강점기 후반인 1940년대를 전후로 하여 다른 양상으로 전개된다. 이 시기에 이르러서는 검열을 실제로 관할하고 진행했던 총독부 도서과 직원들이 확충되고 출판 경찰의 수는 증가하는데[50], 검열한 결과물을 체계적으로 정리하고 관리했던 사상과 관련한 비밀문서들은 오히려 사라지거나 줄어들기 시작한 것이다.

1928년부터 1938년 사이에 123호까지 작성되었던 출판경찰의 『조선출판경찰월보』와 1941년 작성된 『조선총독부 금지단행본목록』 이후 체계화된 검열 관리 자료들은 생산되지 않았다. 그러나 아이러니한 점은 이 같은 검열 자료 생산이 축소된 것이 검열과 탄압이 줄어들었다고 판단하는 근거가 되기 어렵다는 데에 있다. 왜냐하면 검열 자료의 축소 이면에는 검열관의 증가는 물론 검열과 관련한 출판 및 언론 관련 탄압 사건의 증가가 맞물려있기 때문이다.

이는 검열 결과에 대한 체계적인 정리와 관리보다 실질적인 사상 탄압이 우선하였음을 유추하게 하는데, 배경에는 강점기 후반 일제의 대내외

---

50) 일제강점기 후반 검열을 담당하던 총독부의 도서과 직원 수는 1937년에는 31명에서 1938년에는 34명으로, 다시 1941년에는 39명으로 늘어났으며, 1942년에 이르러서는 41명까지 증가하였다. (정진석, 『극비 조선총독부의 언론검열과 탄압』, 커뮤니케이션북스, 2008, 57면)

적인 상황이 반영되었을 가능성이 크다. 즉 대동아 침략 전쟁과 태평양 전쟁 등으로 대외적인 여건이 급박해지자 총독부는 장기적인 관리와 지속적인 탄압을 통한 사상 통제 방법보다는 식민지 내의 여론 악화와 동요를 직접적으로 억압하는 방법으로 전환하였음을 추정할 수 있기 때문이다. 예를 들어 1940년 8월 10일에 진행된 조선일보와 동아일보의 강제 폐간 역시 동일한 맥락으로 이해할 수 있다. 이 사건은 총독부가 조선인 발행 신문을 남겨두면서 이를 검열하여 지속적으로 관리하는 방식보다 폐간을 통한 직접적인 탄압의 방법이 필요했음을 보여주고 있기 때문이다.

이 같은 총독부의 방향 전환 속에서 일제강점기 후반에 사상과 관련한 탄압 사건들이 증가하고 있는 것은 당연한 결과이다. 강점기의 앞선 시기와의 차이점은 1930년대 중반까지는 언론 출판 관련 사건들이 주로 신문, 잡지, 단행본, 선전물 등에 대한 검열과 이에 따른 결과로서 기소와 공판이 진행되었다면, 후반에 이르러서는 이 같은 자료조차 없이 곧바로 기소와 공판이 진행되었으며, 많은 부분 조작과 왜곡에 의한 공안 탄압을 통해 중형을 언도 받는 피의자들을 양산하였다는 점이다.

식민지민에 대한 검열과 탄압 방식의 전환이라는 중요한 지점에도 불구하고 일제강점기 후반의 언론과 출판에 관련한 한국 문학 연구자들의 관심은 많지 않다.[51] 이는 강점기 후반에 대한 한국 문학사의 시각이

---

51) 역사학 분야의 연구성과는 다음과 같다.

변은진, 「일제 말 비밀결사운동의 전개와 그 성격, 1937-1945」, 『한국민족운동사연구』 28, 한국민족운동사학회, 2001, 275-314면.

성주현, 「1930년대 말 강원도 고성지역 문예비밀결사운동」, 『한국민족운동사연구』 35, 한국민족운동사학회, 2003, 51-76면.

허종, 「일제강점기 후반 대구사범학교의 학생운동」, 『한국독립운동사연구』 27, 한국독립운동연구소, 2006, 186-212면.

많은 부분 몇 가지 시각으로 일반화되어 있기 때문인데, 이 시기 기성 작가들은 사상적 계열과는 상관없이 탄압에 의해 전향하거나 친일을 했다고 보거나 대중문학 등으로 방향을 바꾸어 버렸다고 생각하는 경우가 많으며, 독자들 역시 그 같은 영향 아래에서 크게 위축되었음을 전제하는 경우가 많은 것이다.

그러나 일제강점기 후반 한국 문학, 언론, 출판 관련 사건들을 살펴보면 이 같은 시각을 많은 부분 보완하고 극복할 수 있는 근거들을 찾을 수 있다. 앞에서 언급한 일제강점기 후반 직접적인 탄압의 기록에는 암흑의 시기에 한국 문학의 수많은 가능성을 확인할 수 있는 지점들이 남아있기 때문이다.

한편, 1930년대 후반에 이르러 체계적인 언론, 출판 검열 자료가 사라진 상황 속에서 문학 텍스트를 활용한 민족운동은 다양한 양상으로 전개되었다. 공판 기록을 통해 확인되는 문학 관련 민족운동 탄압 사례는 1937-38년 사이 진행된 춘천중학교 '상록회' 사건과, 1940년 문학 창작 모임을 반일 독립운동으로 처벌한 형사공판 272호 사건[52], 1943년을 전후로 하여 진행된 '동심회' 사건 등이 대표적이다.[53]

---

52) 1940년 문학 창작 모임을 반일로 처벌한 형사공판 272호 사건은 천성환, 김종희, 황동현 등 당시 무직자이거나 공원 등이었던 인물들이 순수한 목적으로 조직한 소설 창작 및 윤독 모임을 처벌한 경우이다. 이 사건의 공판 기록에는 이들이 주로 이광수와 심훈의 농촌 계몽 소설에 감명을 받았음이 기록되어 있어서 독서 내용과 영향의 측면에서 춘천중학교 사건과 유사한 성향을 보인다.

53) 1943년의 '동심회' 사건은 진남포의 한 공장에서 일하던 노동자 2명이 소설 윤독회와 자선 모임을 구상하던 과정에서 무장 독립운동 혐의로 중형을 언도받은 탄압 사례이다. 이들은 가난 때문에 상급학교를 진학하지 못하자 상식과 교양을 넓히기 위해 당시의 한글 소설을 윤독하고 신문 읽기 등을 함께 하였는데, 일제는 이를 무장 독립운동을 추진한 것으로 조작하여 처벌하였다.

이 가운데에서 가장 대표적인 탄압의 사례로 꼽히는 춘천중학교 '상록회' 사건은 이름에서도 확인되는 것처럼 춘천중학교 졸업 및 재학생들이 조직한 비밀 독서회 '상록회'와 관련한 것이며, 모두 38명이 피의자로 조사를 받았고 그 가운데 상당수가 처벌 받았다. 이 사건은 독서회의 이름을 심훈의 『상록수』에서 가져올 만큼 문학 텍스트와 관련성이 크다. 비밀 결사의 조직원들은 주로 이광수, 심훈, 김동인 등의 소설을 독립 사상을 고취시키기 위한 교재로 활용하였으며, 그들의 주된 관심사를 받은 작품은 농촌 계몽을 다루고 있는 것들이었다.

이 외에도 1930년대 후반부터 광복 이전까지 문학과 관련한 많은 사상 관련 사건들이 있었는데[54], 이 사건들은 대부분 일반 조선인 독자들이 자발적으로 문학 작품을 찾아 읽고 이에 감화되어 모임 조직과 자선사업 등의 활동을 진행했다는 특징이 있다. 특이한 점은 이 사건들의 관련자들이 일부 지식인층에만 치우쳐져 있었던 것이 아니라 다양한 직업군은 물론 학력에 있어서도 일제강점기 후반 조선인들의 다양한 군상을 포괄할 만큼 서로 다른 배경을 가지고 있다는 데에 있다. 이 같은 성격은 일제강점기 후반 문학 텍스트를 접할 수 있는 대중 독자들의 단면을 그대로 드러내준다고 할 수 있는데, 그들이 선도적 지식인층을 따라 모임을 조직한 것이 아니라는 점에서 자발적이고 적극적인 당대 독자들의 태도를 엿볼 수 있는 것이다.

또 하나 주목되는 점은 이들이 윤독을 통해 읽고 감화 받은 작품들이 당대는 물론 강점기 전반의 계몽적 성격의 작품들, 역사소설, 민족주의

---

54) 소화 19년(1944년) 형사공판 제3698호 '금광영현(창씨명)' 사건.
소화 20년(1945년) 형사공판 제481호 '목야경성(창씨명)' 사건.
소화 20년(1945년) 형사공판 제926호 '정원태철(창씨명)' 사건.

적 내용이 반영된 대중소설 등으로 특정한 맥락을 이루고 있다는 것이다.[55] 이는 민족주의적 성격의 모임이나 비밀결사를 조직하고 운영함에 있어서 당시 독자들의 취사선택이 반영된 점이어서 흥미롭다.

무엇보다 중요한 것은 문학과 관련한 민족운동 관련 사상 사건으로 처벌받은 사람들이 감화되었다고 언급하고 있는 문학 작품들이 비교적 검열에서는 자유로웠던 것이라는 데에 있다. 문학 작품에 대한 검열 기록이 총독부에 의해 본격적으로 정리되고 관리되기 시작한 1926년부터 1941년 사이에 위 사건의 피의자들이 신문 과정에서 언급한 작품들은 불과 서너 편에 불과하기 때문이다. 이는 검열 기록에서 확인되는 문학 텍스트의 목록에 1% 미만을 차지한다.[56] 즉 일세강점기 후반 문학 관련 민족운동 사건의 관련자들은 검열에서 비교적 자유로운 작품들을 중심으로 민족의식을 고취하고 있었음을 보여주는 것이다.

물론 이 같은 비율은 검열 체제가 다른 시기에 비해 비교적 철저하게 관리되고 있던 시기에 상당수의 문학 텍스트가 압수되거나 출판 금지되었기 때문이라 볼 수 있으며, 상당수의 작가들이 전향과 친일, 침묵의 길을 걷고 있어서 일반 독자들이 적절한 윤독 대상 작품을 찾기 어려웠기 때문이라 볼 수도 있다.

이 같은 상황을 고려했을 때, 일제강점기 후반 문학 관련 민족운동의 성격은 우선 두 가지 정도로 정리할 수 있다. 우선 앞선 시기에 비해 일반 독자들이 자발적이고 적극적인 독서를 통한 사상운동을 진행했다는

---

55) 특히 1937년을 전후로 한 춘천중학교 '상록회' 사건이 그렇다. 이 결사의 회원들이 윤독한 소설은 이광수, 김동인, 윤백남, 방인근, 노자영 등의 작품들이 망라되어 있다.

56) 『조선출판경찰월보』(1928-1938)에서 금지 단행본으로 행정 처분된 소설은 37편이며, 『조선총독부 금지단행본목록』(1941)에서 행정 처분된 소설은 25편이다.

점이다. 즉 적극적인 독자들에 의한 문학 작품의 취사선택은 물론 민족의식을 바탕으로 한 독립 의지의 고양에 작가와 작품이 선택되었다는 것이다. 이는 일제강점기 후반, 주지하는 바와 같이 상당수의 작가와 지식인들의 전향과 친일 행적은 고려되지 않은 유목적적인 독서의 양상을 보여준다. 문학 관련 민족운동 사건의 주체들은 작가에 대한 가치 평가가 아닌 당시 자신들에게 가장 필요한 텍스트를 적극적으로 활용하였다.

둘째, 작가와 작품이 독자의 충분한 열망을 충족시켜주지 못하던 시기, 독자들은 직접적으로 문예 창작을 통해 자신들의 민족의식을 고취하고 공감시키고자 하였다는 점이다. 이는 본고에서 중점적으로 다룰 수원고등농림학교 '한글연구회' 사건을 포함하여 많은 사건에서 보이는 유사점이다. 이들은 자발적이고 적극적으로 창작과 발표, 윤독, 투고 등의 방법을 통하여 자신들의 생각을 발표하고 공감시키고자 하였다. 작가의 선도적 계몽이 아닌 독자의 선도적 계몽에 문학 창작이 활용되고 있는 것이다.

이 장에서는 이와 같은 시각을 바탕으로 지금까지 한국 문학 연구자들에게는 충분히 다루어지지 않은 일제강점기 후반 사상 공판 자료를 통해 각 사건에 투영된 이 시기 한국 문학이 지닌 다각도의 가능성을 살펴보고자 한다. 주요 분석 대상은 수원고등농림학교 졸업자와 재학생이 1939년 4월에 조직한 '한글연구회'에 대한 공판 기록이며, 이를 통하여 일제강점기 후반 민족운동 사건의 배경이 된 문학 텍스트와 검열의 연관성을 고찰하고자 한다.

(1) 수원고등농림학교 '한글연구회' 사건

가. 사건의 배경과 개황

수원고등농림학교는 대한제국 시기 고종의 신교육령에 의해 1904년

농공상학교로 개교하여, 1906년 농림학교가 분화되었으며, 1911년 일제에 의해 총독부 산하 농림학교가 되었다가 1918년에 수원농림전문학교로 개편되었다. 이후 1922년에 수원고등농림학교로 개명되었다. 특히 이 학교에서는 국권상실 이후에 일본인 학생들이 대부분을 차지하고 구성원의 1/3-1/4 정도만이 조선인이어서 차별과 관련한 사건이 자주 발생하였다. 그리고 이 같은 차별은 자연스럽게 학생들에게 민족의식을 자각하게 하였으며, 3·1운동과 6·10만세 운동을 전후로 하여 학생들은 선도적으로 항일 운동을 벌여나갔다.

수원고등농림학교에서 발생한 대표적인 항일 사건은 본고에서 다루는 사건 이전에도 여러 차례 존재한다.[57] 우선 1923년 교육 차별에 반대하는 동맹휴업이 진행되었고, 1926년에는 민족독립을 위한 비밀결사인 '건아단'을 조직하여 반일 운동을 진행하였으며, 1928년에는 '건아단'을 '조선개척사'로 바꾸어 조직하여 운동을 계속하였다.[58] 1935년을 전후로 수원고등농림학교 학생들은 독서회를 조직하여 농촌계몽과 독립운동을 지속하다가 발각되어 관련자들이 2-3년의 중형을 받기도 하였다.

이처럼 수원고등농림학교[59]의 구성원들은 그 민족운동과 관련한 시작과 지속 과정에 있어서 항일과 밀접한 사상적 기반을 가지고 있었을 뿐만 아니라 적극성도 지니고 있었다고 할 수 있다. 총독부의 탄압에도

57) 수원고등농림학교의 일제강점기 중반까지의 항일운동 관련 연구에는 다음과 같은 성과가 있다.
이현희, 「수원고농학생의 항일투쟁 연구」, 『한국민족독립운동사연구』 21, 1999, 5-31면.
조성운, 「일제하 수원고농의 학생운동과 상록수운동」, 『경주사학』 14, 경주사학회, 1995, 109-136면.

58) 이현희, 같은 논문, 5-31면.

59) 이하 수원고농으로 줄여서 통칭함.

불구하고 민족정신을 지속적으로 유지하고 있었던 것이다. 특히 이 장에서 집중적으로 살펴볼 1939년부터 1941년 사이에 일어난 '한글연구회' 사건도 앞선 시기 독서회 조직 사건 등으로 축적된 사상적 배경이 존재하고 있었다고 볼 수 있다.

조선총독부 검찰의 신문 기록을 통해서 확인되는 '한글연구회' 사건의 계기는 표면적으로는 수원고농 학생들의 축구부 조직과 관련이 있어 보인다. 평소 동료(東寮)와 서료(西寮)로 분리되어 기숙하고 있던 조선인 학생과 일본인 학생 사이의 갈등이 조선인만이 가입할 수 있는 축구부의 조직을 빌미로 문제시되었던 것이다. 물론 이 같은 사건의 이면에는 일본인 학생들의 조선인에 대한 차별과 폭행, 강제적인 학교 당국의 기숙사 통합 등이 존재했으며 조선인 학생들은 '동료'에 거주하며 생존을 위해 단합할 수밖에 없는 상황이었다.

문제는 일본인들의 조직적인 차별에 의한 충돌을 마치 조선인 학생들의 비밀 저항 단체의 조직이라는 시각으로만 그 성격을 변질시켜 처벌한 총독부의 강압적 태도에 있다. 신문 과정에서 조선인 학생들은 과거의 행적은 물론 진술 당시의 표현과 태도까지 모두 왜곡하여 탄압을 당했을 뿐만 아니라 고문에 의한 자백 강요 등도 있었던 것이다. 또한 이 과정에서 학생들이 즐겨 읽었던 소설들은 모두 독립운동을 위한 민족주의적 사상서로 왜곡될 수밖에 없었으며, 그들이 탐구하고 지키고자 했던 한글은 일본제국이라는 국체를 부정하는 근거로 활용되었다. 뿐만 아니라 학교를 졸업한 후 사회에 진출한 상당수의 사람들은 물론 관계가 없었던 주변인조차도 재학생들과의 관련성을 물어 중형을 언도하는 근거로 삼기도 하였다.

수원고농의 '한글연구회' 사건을 정리하면 다음과 같다. 먼저 이 사건의 주요 피의자는 5명이며, 각각의 성명은 박도병(朴道秉), 정주영(鄭周泳 : 창씨명 송도건 宋島健), 민병준(閔丙駿 : 창씨명 宇川甫), 임봉호(林鳳鎬), 김상태(金象泰 : 창씨명 청산수장靑山秀章)이다. 특이한 점은 이들이 집중적으로 신문을 받은 1942년 8월부터 1943년 2월에 걸쳐 있는 기간 동안 이들은 대부분 학생 신분이 아니었다는 것이다. 우선 박도병과 정주영, 민병준, 임봉호의 경우 1937년부터 1940년 3월까지 재학하였고, 김상태는 이들의 후배여서 1년 뒤인 1941년에 졸업하였는데, 사건에 대한 조사는 1년이 한참 지난 뒤에야 본격적으로 이루어졌기 때문이다. 이에 대해 총독부 검사국에서는 이들이 재학시절 조직한 '한글연구회'가 조사 시기에 수원고농에 재학하고 있었던 학생들에게 여전히 영향을 미치고 있었다는 판단을 하였다.

검사의 주장에 따르면 이들은 재학시절인 1937년부터 축구부에 조선인만을 가입시키고, 조선인 학생들이 거주하는 기숙사인 '동료'의 단합을 위해 '동료의식'을 빈번하게 강조하였고, 이 과정에서 민족주의적 사상이 생겨나 조선의 독립을 염원하게 되었으며, 이것이 국체를 부정하는 '한글연구회'를 조직한 배경이라는 것이다. 또한 검사는 이들이 1939년 10월경 조선인 기숙사생들의 모임인 '동료회'를 개최하면서 '한글연구회'에 가입할 인원을 모집하였고, 최초 8명으로 조직이 운영되었다고 판단하였다. 이들은 결국 총독부 검사에 의해 조선독립과 국체 부정, 사상 관련 혐의를 모두 인정받아 징역 3~5년의 중형을 언도받았고, 상고도 강제 포기되었다. 이것이 겉으로 확인되는 수원고등농림학교 '한글연구회' 사건의 현재 공판 기록의 큰 줄기이다.

그러나 이 같은 총독부측 시각의 공판 자료만을 가지고 실제 사건이 얼마나 왜곡되고 조작되었는지, 이들의 실제 행적이 어떤 것이며, 모임이 어떤 성격을 가지고 있었는가는 분명하게 확인할 수 없다. 주지하다시피 일제강점기 후반은 사상과 관련한 극심한 억압이 진행되던 시기였으며, 그 과정에서 수많은 탄압의 결과물로 이 같은 남아있는 것이기 때문이다.

그렇다면 수원고농 재학 및 졸업생의 '한글연구회' 사건은 어떤 실체를 가지고 있는 것인가. 공판 과정에서 제시된 자료와 신문기록, 상고기록, 수색기록 등을 바탕으로 이를 구체화 시켜보기로 한다.

나. 한글연구회의 바탕이 된 한글 문학 텍스트

이 장에서 집중적으로 살펴볼 것은 수원고농 '한글연구회'의 구성원들이 신문 과정에서 언급한 문학 텍스트와 한글 관련 서적, 모임의 성격에 대한 것이다. 먼저 주요 피의자로 분류되어 5년형을 받은 박도병과 정주영, 민병준의 신문 과정에서 나온 내용을 보면 다음과 같다.

1) 문 : 조선어는 폐지하게 되었을 텐데 어떤가.
 답 : 그렇다. 소화 一三년 四월부터 조선어는 폐지되고 서로 조선어로 말하는 것도 금지되었다.
 문 : 어찌하여 조선어가 폐지되었는데도 언문연구회에 가입하였는가.
 답 : 조선어는 오랫동안 조선문화였고 그것을 폐지한다는 것은 조선문화가 없어진다는 것으로 슬픈 일이기 때문이다. 그러므로 영구히 조선어를 보존하고 언문을 연구하면서 조선 민족의식을 앙양하기 위해서였다. (박도병의 1942년 9월 2일 신문조서 중)

2) 문 : 폐지된 것을 알면서 고의로 언문연구회를 조직한 이유는.
 답 : 실은 조선어 폐지는 조선인으로서는 일대 타격이며 조선어는 世宗시대 李朝 五○○년 이래의 조선문화이다. 그러므로 조선문화를 없애는 것은 조선인으로서 참을 수 없었기 때문에 학교당국에 비

밀로 언문연구회를 조직한 것이다. (정주영의 1942년 8월 26일 신문조서 중)

박도병과 정주영의 신문 과정에서 나온 진술인 위의 두 예시문은 이들이 '한글연구회'를 어떤 목적으로 조직했는가를 단적으로 보여준다. 기실 이 신문 내용에 나오는 '조선 문화'와 관련한 언급은 정주영이 조선인 기숙사생 모임인 '동료회'에서 연설한 내용의 일부이며, 이를 피의자들이 공감하였음을 보여주는 예라고 할 수 있다. 밑줄 친 부분을 통해 확인할 수 있는 바와 같이 그들이 '한글연구회'를 조직한 것은 자발적으로 '조선민족의식을 앙양하기 위한' 목적이었다.

이들은 '한글연구회'를 조직한 후 구체적으로 교재를 선정하고 이를 바탕으로 학습을 진행해 나가는데, 이를 위해서 몇 가지 중요한 전제를 제안한다. 그것은 다음의 진술에서 확인할 수 있다.

1) 답 : 교재를 선택하는 것으로 朝鮮語學會 발행의 『한글철자통일안』과 崔鉉培 著 『中等朝鮮諺文法』을 교재로 하여 연구하기로 약속하였다.
문 : 「한글」이란 무슨 뜻인가.
답 : 언문을 조선어로 「한글」이라 말한다.
문 : 언문연구회의 조직 목적은.
답 : 새로 나온 언문철자통일안에 의하여 통일된 언문을 연구하는 것이 목적이다. 또 조선어를 폐지하게 되면 조선 문화가 없어지게 되므로 나는 조선어를 보존하고자 하는 목적에서 언문연구회를 조직한 것이다. ('박도병'의 1942년 9월 4일 신문조서 중)

2) 문 : 그러면 표면은 언문철자통일법을 연구한다고 하면서 이면으로는 조선 민족의식을 앙양할 목적으로 언문연구회를 조직한 것은 아닌가.

답 : 이면으로는 언문연구회 조직 자체가 조선 민족의식의 앙양이므로 부인할 수 없다.
문 : 어떻게 하여 조선 민족의식을 앙양했는가.
답 : 水原고농 재학 중 內鮮人 학생이 구별되어 있어서 자연히 민족의식이 농후해졌다. 때문에 주위 분위기가 이같이 하게 한 것이다.
문 : 조선 민족의식을 앙양하면 어떻게 되는가.
답 : 조선혼이 練成된다. 그것이 조선민족이 독립하는 것으로 된다.

1938년 4월부터 각 학교에서 한글 교육이 폐지되고, 창씨개명을 노골적으로 강요하고 있는 상황 속에서 한글의 존립은 그 기반부터 위태로운 상황이었다. 이들이 1939년부터 '한글연구회'를 조직한 배경은 진술 내용과 같이 '조선 문화'의 상실에 따른 '조선어'를 보존하는 것이며, 그 목표는 '조선 민족의식의 앙양'은 물론 '조선 민족의 독립'이었던 것이다.

중요한 점은 이 같은 '조선 민족의식의 앙양'과 '독립'이라는 궁극적인 목표가 세워지는 데에 있어서 이들의 사상적 배경에 문학 작품과 작가, 창작 등의 열망이 반영되었다는 점이다. 먼저 각 피의자들의 진술을 통하여 이들이 읽은 책과 그 영향 관계를 살펴보도록 한다.

1) 문 : 三월 二九일 일기에 그대는 『흙』이라는 소설을 읽고 있었던 것처럼 인정되는데 그런가.
답 : 그렇다. 李光洙 著 『흙』이라는 소설을 읽은 사실이 있다.
문 : 三월 三○일의 일기는.
답 : 소설 『흙』을 다 읽고 그 감상을 썼다.
문 : 어떠한 감상문을 썼는가.
답 : 저작자는 대단히 세밀하고 또 사실에 가까운 것을 썼다. 농촌의 참혹한 광경을 쓴 것이다. 소설의 주인공인 許崇이라는 자가 농촌 사업을 시작하여 농촌을 위하여 진력한 것은 훌륭하므로 우리들도

崇과 같이 농촌을 위하여 진력하지 않으면 안 된다는 감상문을 썼다. (박도병에 대한 1942년 9월 14일 신문자료 중)

2) 답 : 언문으로 「한글」이라 썼고, 그 의미는 한국어로 직역해 조선어라는 것이다.

문 : 언문연구회 조직 후 언문을 연구할 때 사용한 것인가.

답 : 그렇지는 않다. 水原고농 三년 때 李泰俊이라는 저자가가 저술한 「文章」이라는 월간 잡지에 모집했던 현상소설에 투고 응모할 심산이었다. 그럴려면 조선어 단어를 많이 알 필요가 있으므로 단어를 연구하기 위하여 그 잡기장에 모르는 단어를 신문이나 잡지를 볼 때 베껴 쓴 것으로써 언문연구회 조직 후 언문연구에 쓴 것은 아니다.

문 : 이 시걱은.

이때 압수된 증 제一六호를 제시하다.

답 : 지금 제시한 서적도 내 소유이다.

문 : 이것은 언제 읽었는가.

답 : 水原고농 三년 때 京城에 놀라갔을 때 和信百貨店에서 구입한 것이다. 그것도 재학 중 읽었는데 구입한 것은 소화 一四년 가을이었다.

문 : 어떤 것을 저술하고 있는가.

답 : 현재 조선문학전집 중 단편집(上)으로 조선인 작가 중 유명한 사람이 저술한 단편소설집이다.

문 : 다 읽었는가.

답 : 아니, 朴泰遠의 「距離」까지는 읽었으나 그 뒤는 읽지 못하였다.

문 : 李泰俊 著 「福德房」은 치안방해 및 풍속 문란으로 판매금지 및 압수 처분이 되어 있는데 어떻게 읽었는가. (민병준에 대한 1942년 9월 9일 신문자료 중)

박도병과 민병준에 대한 신문 자료에서 확인되는 진술 가운데에는 '한글연구회'의 구성원들이 당시 한글 소설에서 많은 영향을 받았고, 이것이 조선어를 지키기 위한 모임을 결성하게 된 배경이 되고 있음을 확인할 수 있다. 2번 인용문에서 확인할 수 있는 것처럼 이들은 당시 작가와 잡지, 소설 등에 대해 상당한 관심을 지니고 있었는데, 소설을 창작하고자 하는 목적성도 함께 지니고 있었음을 볼 수 있다. 민병준의 진술에서 언급되고 있는 『조선문학전집』은 1938년 조선일보사에서 간행한 『현대조선문학전집』으로 전 7권으로 출간된 것이며, 박태원의 「거리」와 이태준의 「복덕방」은 단편집 상권에 수록되어 있다.

뿐만 아니라 피의자들의 대부분이 이광수의 문학 작품을 집중적으로 읽었음이 확인되는데, 수필집인 『인생의 향기』와 소설 『흙』은 민족의식의 고양을 위해 이들이 윤독한 대표적인 작품이라 할 수 있다. 박도병의 진술에서 이 작품에 대한 피의자들의 생각이 드러나는데, 그것은 조선 "농촌의 참혹한" 광경을 목도하면서 작품의 주인공 허숭처럼 "농촌에 진력할 것"을 꿈꾸는 것이었다.

일제강점기 후반 학생들을 중심으로 조직된 독서회 관련 사건에서 가장 많이 언급되는 작품은 이광수의 농촌 계몽소설들이다. 그의 작품 『흙』은 근대 초기의 계몽소설에서 다루어지던 교육과 자강에 대한 열망이 좌절된 일제강점기 중반 이후 브나로드 운동의 영향 아래 새롭게 대안으로 제시된 민족 재생의 가능성을 제시하는 작품이다. 이 같은 작품들이 중점적으로 언급되고 있는 이유는 소설 작품 속에서 농촌에서 민족 계몽의 대안을 찾으려고 했거나 타의에 의해 농촌과 생활 속으로 돌아가야 했던 강점기 중후반의 작가들의 상황에 대해 학생 독자들 역시 공감했기 때문이다. '상록회' 사건의 피의자들이 심훈과 이광수의 작품을 활용하여 민족 운동의 사상적 근거로 활용하고, '한글연구회' 사건의 피의자들이 이광수의 작품을 통해 민족주의를 자각하는 방식은 작가와 독자, 더 나아가 강점기 후반의 검열과 탄압의 체계가 결합하여 만들어진 필연적인 결과물인 것이다.

그러나 '상록회' 사건과 수원고농의 '한글연구회' 사건이 차이를 보이는 지점은 유사한 성격의 문학 텍스트를 윤독한 뒤에 서로 다른 방향으로 진행된 실천의 측면이다. '상록회' 사건이 문학 텍스트를 민족주의 사상을 고취하는 용도로 확대하여 활용하였던 것에 비하여, '한글연구회' 사건은 '한글'에 대한 탐구는 물론 '조선혼'과 '조선 문화'를 지키고자 하는 구체적인 실천의 방법을 선택하였던 것이다. 검열과 탄압이 심화된 시기 문학텍스트를 사상서의 대체물로서 이해하고 활용하는 것은 궁극적으로 문학 작품의 주제적, 유목적적 활용에 해당하는 것이고, 이에 따라 작품의 해석 범위와 역할이 제한될 수밖에 없지만, 한글 문학 텍스트를 활용하여 독자들이 한글과 조선 문화를 수호하고 이를 지켜나가겠다고 다짐하는 것은 주제적 목적성은 물론 한글 문학 작품 자체를 조선의 정신이 담긴 문화의 한 부분으로 이해하는 것이기 때문이다.

수원고농 학생들의 '한글연구회'는 이 같은 의미에서 문학 텍스트를 받아들이는 독자들의 보다 심도 깊은 이해가 바탕이 된 조직이라고 할 수 있다. 이들은 민족 차별의 물리적인 사건에서 출발하여 한글 문학의 문화적 가능성을 자각하였고, 이를 바탕으로 한글과 조선 문화를 유지하고 수호하기 위한 목적으로 '한글연구회'를 조직하였다.

이 같은 피의자들의 사상과 행동의 궤적은 다음과 같이 정리해서 설명할 수 있다. 이들은 평소 농촌 계몽과 관련한 문학 텍스트와 조선인들의 비참한 현실을 고발하거나 극복하고자 하는 내용의 문학 작품들을 윤독하였으며, 이를 바탕으로 한글 소설 창작과 투고 등에 관심을 두었고, 창작을 위해서 한글의 올바른 용례 파악은 물론 한국 고유의 문화로

시의 한글의 존재 필요성을 깨날았으며 이를 실천에 옮겨 '한글연구회'를 조직했던 것이다.[60)]

다. 민족운동의 실천 방법론으로서의 문예 창작

1930년대 중반 이후로 들어서면서 한국 문학의 자율적 입지는 앞 시대에 비해 크게 축소되었다. 이는 1935년 카프의 해산 이후 경향 작가들의 강압에 의한 전향과 대중소설의 증가라는 양상으로 이어졌다. 즉 본격적인 억압된 문학의 시대라고 할 수 있을 텐데, 이조차도 검열의 확대에 따른 발표 지면의 축소, 납본부터 연재본, 단행본 출간에 이르기까지 여러 차례로 반복되는 검열 조건 때문에 작가들은 자신의 주체적 창작 의도를 유지하기 힘들었다. 결국 문학 작품은 총독부의 검열에서 살아남을 수 있는 조건으로 발전할 수밖에 없었고, 상황은 조금씩 직접적인 시대 현실을 다루기 어렵도록 변해갔다.

특히 1938년 이후 각 학교에서 한글 교육이 금지되고, 한글 사용이 제한되는 상황은 한글로 창작되는 문학 작품의 입지를 더욱 줄어들게 했다. 이 같은 탄압의 상황 속에서 검열을 피하거나 우회한 한글 문학 작품을 독자들이 접하는 것은 극히 제한적이었을 수밖에 없다. 민족운동을 꿈꾸거나 추진했던 많은 조선인들이 당대의 소설보다 다소 앞선 시대의 작품들이나 대중소설에 대해 관심을 갖게 된 것은 어찌 보면 시대 상황에 따른 당연한 결과인지 모른다. 1930년대 후반의 민족운동 가

60) '한글연구회' 회원들의 실천은 피의자 각각의 졸업 후 처한 상황에 따라 조금씩 다르게 발전했던 것으로 보인다. 이들은 지속적으로 재학생들과 연락을 취해서 조선인의 민족의식을 고취하는 데에 일조하기도 하고, 마을 아동들의 한글 교육을 진행하기도 했기 때문이다. 그러므로 한글 폐지가 선언된 가운데에서 학생 신분으로 이루어진 이들의 민족의식 고취와 반일 의식은 자발적이고 체계적인 단계를 통해 전개되었다고 할 수 있다.

운데 문학 텍스트를 윤독하거나 활용한 경우의 예에서 확인되는 작가와 작품들의 면면이 가지고 있는 특징은 이 같은 시대적 상황을 전제한 상태에서만 올바로 이해되는 내용인 것이다.

1937년을 전후로 하여 발생한 춘천중학교 '상록회' 사건에서 독서회 회원들이 민족주의 사상을 고취하기 위해 활용한 소설 작품들 가운데, 이광수나 김동인의 계몽소설과 역사소설들이 포함되어 있다든지, 윤백남이나 방인근, 노자영 소설 등이 있다는 점은 이 같은 당대 독자들의 태도를 보여주는 예인 것이다.

일제강점기 후반 독자들의 이 같은 독서 양상은 수원고농의 학생들에게노 유사하세 드러난다. 그들은 주로 이광수의 작품을 중심으로 윤독을 진행했으며, 박태원이나 이태준의 당대 소설을 접하기는 했으나 이 작품들은 검열에 의해 금서 처분을 받은 상태였다. 이 같이 제한된 문학 작품의 접근성 때문에 '한글연구회' 회원들은 수상집이나 번역물, 수필집에 상당한 관심을 보였던 것으로 보인다. 신문 소서를 살펴보면 다음과 같은 진술들이 확인된다.

1) 문 : 一○월 一일 일기 뒷면에 "요새 『평화와 자유』라는 책(三千里판)을 빌려 본바 좋은 논문이 많이 게재되어 있었다"란 무엇인가.
   답 : 三千里社에서 출판된 『평화와 자유』를 빌려 읽어 본바 좋은 논문이 많이 게재되어 있었으므로 그것을 일기에 쓴 것이다. (박도병의 1942년 9월 16일 신문조서 중)
2) 문 : 무엇을 썼는가.
   답 : 그것은 李光洙 著 『조선의 현재와 장래』라는 서적에서 발췌하여 기재한 것으로 단체가 위력이 있는 이유라든가, 단체의 실패원인을 쓴 것이다. 『조선의 현재와 장래』라는 서적 중 民族改造論이라는 논문 속에 씌어 있는 것을 발췌한 것이다.

문 : 무슨 목적으로 발췌했는가.

답 : 단체조직에 필요할 때 이용하기 위하여 발췌한 것이다. (박도병의 1942년 9월 30일 신문조서 중)

3) 답 : 三월 二일부터 早起會를 시작한 것과 二월 一九일부터 톨스토이의 『인생독본』을 매일 아침 한 번과 저녁에 한 번, 즉 一일분을 읽기로 한 것과 매일 펜글씨를 습자하기로 결정한 것을 썼다. (박도병의 같은 날 신문조서 중)

4) 문 : 『인생의 향기』라는 서적에는 대체 어떤 것을 저술하고 있는가.

답 : 대체로 저자 李光洙의 개인적인 사상이 씌어 있던 것처럼 기억한다.

문 : 그대는 이 책을 읽고 그 주의에 공명했는가.

답 : 그렇다. 저자의 사상에는 공명하였다.

문 : 이 서적 내용은 조선민족주의가 다분히 포함되어 있는 것 같은데 어떤가.

답 : 그렇다. 나도 이것을 읽고 조선민족주의가 다분히 포함되어 있는 것을 자각하였다. (민병준의 1942년 9월 9일 신문조서 중)

5) 문 : 이 책은.

이때 압수된 책 『인생독본』(증 제五七호)을 보이다.

문 : 무엇을 쓴 책인가.

답 : 톨스토이가 쓴 인생독본으로 기독교의 성서라든가, 서양의 철학자, 사상가가 말한 것을 모은 책이다. (임봉호의 1942년 10월 9일 신문조서 중)

위의 1-5의 인용문에는 수원고농 '한글연구회' 회원들이 주로 읽었던 서적에 대한 내용이 진술되어 있다. 박도병은 진술에서 『평화와 자유』와 『조선의 현재와 장래』, 『인생독본』에 대해 언급하고 있는데, 『평화와 자유』는 잡지 『삼천리』에 수록된 논설을 모은 산문집으로 1932년에 삼천리사에서 간행된 단행본이고, 『조선의 현재와 장래』는 1923년 흥문당에서 간행된 이광수의 산문집이다. 또한 『인생독본』은 톨스토이의 수상집으로서 1930년대에 일본 춘추사에서 1928년 간행된 것을 그가 직접 일문으로 접했거나 번역된 것을 읽었을 것으로 추정된다. 또 다른 회원인 민병준이 언급하고 있는 『인생의 향기』는 1936년에 홍지출판사에서 간행된 이광수의 수필집이다.

이처럼 '한글연구회' 회원들은 문학 텍스트는 물론 수상집이나 수필집, 산문집 등을 통해 자신들의 민족주의에 대한 관심을 확장해나갔다. 그 결과 그들은 민병준의 언급처럼 "조선민족주의"에 공명하였고, "단체조직"을 형성하는 데에 활용했다고 볼 수 있는 것이다.

문학 텍스트가 관련된 일련의 민족주의 사건과 '한글연구회' 사건이 차별되는 이유는 앞서 언급한 것처럼 민족의식의 강화라는 측면까지 문학 텍스트를 활용한 것은 물론 더 나아가 이들이 직접적으로 문예 창작을 시도했다는 측면 때문이다. '한글연구회' 회원들은 산문이나 소설 창작을 통해서 자신의 생각을 적극적으로 표현하고 발표하려고 하였다. 소설 창작에 관심이 있었던 정주영은 실제 소설과 수필 작품을 창작하기도 하였고, 민병준은 소설을 창작하여 잡지에 투고할 계획을 가지고 있었던 것으로 확인된다.

1) 문 : 이 물품을 본 기억이 있는가.
이때 압수된 증 제二호를 제시하다.
답 : 그것은 소화 一六년 九월 초순 江界郡江界邑宮下町 자택에서 내가 쓴 소설 원고이다.
문 : 이전에 소설을 쓴 일이 있는가.
답 : 그런 적은 없다. 이것이 처음이며 아직 완성하지 못했다.
문 : 「열매는 맺히지 않고」란 창작은 어떤 취지로 쓸 작정이었는가.

답 : 실은 木村이라는 가상 인물이 술집에서 일하고 있는 한 여성을 도와 사회에서 훌륭한 여성으로 만들 작정이었으나 결국 그 목적을 달성할 수 없었다는 결론으로 쓸 심산이었다.

문 : 어찌하여 소설을 쓸 생각이 들었는가. 또 중도에 그만둔 이유는.

답 : 江界郡에 근무하는 동료와 함께 술집에 출입하였는데 그곳에 일하는 화류계 여성을 보고 불쌍하게 생각하여 이것을 소설로 써보려고 생각해 시작하였는데 나는 소설을 쓴 경험도 없고 또 쓸 만한 소질도 없음을 자각하고 중지한 것이다.

… 중략 …

답 : 지금 제시한 품목은 내가 水原고농 재학 중 교내 교우회에서 발행하는 회보라는 잡지에 투고하기 위하여 쓴 원고이다.

문 : 언제 어디에서 쓴 것인가.

답 : 소화 一三년 五월 하순 일자 불상 水原고농 기숙사에서 썼다.

문 : 「고뇌」, 「고향」의 원고는 어떤 것을 썼는가.

답 : 「고뇌」는 인간의 삶은 고생뿐이라는 뜻으로 썼고, 「고향」은 고향의 향수를 글로 써서 나타낸 것이다.

문 : 다음의 언문으로 기재한 것은 무엇인가.

답 : 「단장」이라는 제목으로 썼는데 전에 진술한 「고뇌」와 거의 같은 뜻으로 쓴 것이다. (정주영의 1942년 9월 4일 신문조서 중)

2) 답 : 그렇지는 않다. 水原고농 三년 때 李泰俊이라는 저자가가 저술한 「文章」이라는 월간 잡지에 모집했던 현상소설에 투고 응모할 심산이었다. 그럴려면 조선어 단어를 많이 알 필요가 있으므로 단어를 연구하기 위하여 그 잡기장에 모르는 단어를 신문이나 잡지를 볼 때 베껴 쓴 것으로써 언문연구회 조직 후 언문연구에 쓴 것은 아니다. (민병준의 1942년 9월 9일 신문조서 중)

정주영은 산문은 물론 소설 창작을 통해서 자신의 생각을 적극적으로 드러내려고 계획했고 실행에 옮겼던 것으로 보인다. 실제 그는 「열매는 맺히지 않고」라는 제목의 소설을 창작하기도 했고, 「고뇌」, 「고향」, 「단장」이라는 산문을 교우회보에 투고하기 위해 작성하기도 했다. 그가 이 같은 문학 작품들을 저술하려고 한 이유는 진술 내용에 간접적으로 드러나 있다. 그것은 화류계에 있는 조선인 여성을 "불쌍하게 생각하여" 소설을 구상하였고, 이야기의 결말에서는 "사회에서 훌륭한 여성으로 만들 작정이었으나 그 목적을 달성할 수 없었다"는 비극적인 상황에 대한 인식이었다. 결국 정주영이 소설에서 그리고자 했던 내용은 일제강점기 후반 그가 식민지 조선 현실을 바라보며 말하고자 했던 것이라 볼 수 있다. 그의 소설이 비극으로 끝나는 이유는 극심한 일제의 착취에 따른 식민지 조선인의 몰락을 고발하고자 하는 마음에서 비롯된 것이라 생각할 수 있는 것이다.

또 다른 회원인 민병준 역시 소설 창작에 관심이 많았던 것으로 보인다. 그는 1940년 그의 3학년 때에 상허 이태준의 『문장』지에 작품을 투고할 계획을 세우고 있었고, 실제 창작이 이루어졌는가는 확인할 수 없으나 이 같은 소설 창작의 열망은 '한글연구회'에 참여하는 계기가 되었다.

'한글연구회'의 실제적인 조직 결성은 한글 문학 텍스트를 윤독하고 실제 한글 문학 작품을 창작하는 단계를 지난 후에 구체화되었다. '한글' 사용이 제한되거나 금지되는 상황 속에서 '한글'에 대한 연구만으로도 탄압을 벗어나기 어려움에도 이들은 문학 텍스트를 윤독하는 것은 물론 한글을 활용한 문학 작품 창작을 시도하기도 하였다. 이들이 한글을 활용한 문학 작품의 창작에 매진한 이유는 그들의 공판 기록에서도 확인되는 것처럼 한글과 한글로 창작된 문학 작품을 지켜야할 조선의 문화로 분명하게 인식하고 있었기 때문이다. 한글이 사라지면 한글로 창작된 문학도 사라지고 결국 조선 문화와 정신이 쇠퇴할 것임을 그들은 이미 자각하고 있었던 것이다.

그들에게 있어서 '한글'을 연구한다는 것은 단순히 민족어를 지키기 위한 1차적인 목적에 그치는 것이 아니었다. '한글' 자체가 조선 문화이며, 민족의 한 축일 뿐만 아니라 '한글'로 창작된 문학 작품은 그 자체로서 조선의 문화와 정신을 유지하고 수호하는 하나의 분명한 방법론이었던 것이다.

라. 검열 누수와 민족주의 학생 조직 탄압의 양면성

앞장에서 설명한 바와 같이 1930년대 후반에 들어서면서 총독부의 출판과 언론 검열은 도서의 압수나 출판 금지, 삭제 등의 방법을 넘어서서 출판물을 접하거나 활용하는 사람들을 구속하고 억압하는 직접적인 탄압의 방법으로 변화해갔다. 수원고농의 '한글연구회' 사건 관련자에게 중형을 언도한 배경에는 이 같은 직접적인 탄압으로의 태도 변화가 반영된 것이라 볼 수 있다.

특이한 점은 총독부의 출판 검열이 체계적으로 관리되던 1920년대 중반부터 1930년대 중후반까지의 상황과 1940년대를 전후로 한 시기의 실질적인 양상이 차이를 보이고 있다는 것이다. 보다 앞선 시기 『조선출판경찰월보』(1928-1938)나 『불온소년소녀독물역문』(1927) 등을 통해 반일이나 반제국주의적 성향을 지니고 있던 출판물들을 철저하게 관리하던 총독부의 통제 체제가 이 시기에 이르러서 충분하고도 효과적인 결과를 얻고 있지 못했던 것으로 보이는 예가 수원고농 '한글연구회' 사건의 신문 및 공판 자료에 보이고 있기 때문이다.

1) 문 : 『조선의 현재와 장래』라는 간행물은 치안방해에 의하여 발매 금지 및 압수 처분에 회부된 것을 알고 있었는가.

답 : 아니, 학교 도서관에 있었기 때문에 나는 그것이 발매 금지, 압수 처분된 간행물인지 어떤지 몰랐다.

…중략…

문 : 「聖書朝鮮」은 민족의식을 앙양하여 치안을 방해하기 때문에 발매 금지되어 있는 것을 알고 있었는가.

답 : 나는 그런 것은 모른다. (박도병의 1942년 9월 30일 신문조서 중)

2) 답 : 소화 一三년 一二월 일자 불상 水原邑本町四丁目 水鄕堂서점에서 一원 五ㅇ전에 구입하였고 내가 水原고농 재학 중 기숙사에서 한가할 때 읽었다.

…중략…

문 : 이 서적은 치안을 방해하는 것으로써 판매금지, 압수 처분에 회부되어 있는 것을 알고 있는가.

답 : 그런 것은 모른다. (민병준의 1942년 9월 9일 신문조서 중)

3) 답 : 소화 一六년 一월 二二일 水原邑本町四丁目 水鄕堂서점에서 내가 水原고농 재학 중에 一원 五ㅇ전을 주고 샀다.

…중략…

문 : 李光洙가 쓴 「인생의 향기」는 치안방해에 의하여 발매금지, 압수 처분된 것을 알면서 읽었는가.

답 : 그런 것은 조금도 모르고 읽었다. (김상태의 1942년 10월 20일 신문조서 중)

위의 세 예문은 '한글연구회' 회원인 박도병, 민병준, 김상태가 민족주의적 성격의 도서를 어떻게 구하고 접했는가를 보여주는 진술의 일부이다. 특이한 점은 이들이 읽은 서적들은 모두 치안 방해 혐의로 발매 금지와 압수 처분된 것으로 되어 있는데[61), 피의자들은 그 사실을 몰랐다는 점이다.

물론 피의자들이 이 서적들이 행정 처분된 내용을 알지 못한다는 점은 정보의 공개와 습득이라는 측면에서 불가능한 것은 아니다. 그러나 이들이 이 책들을 행정처분이 진행되거나 이미 이루어진 상황 뒤에도 손쉽게 시내의 서점 등에서 구매할 수 있었다는 점은 문제적이다. 게다가 박도병의 경우 총독부가 직접 관리하고 있던 학교 내의 도서관에서 행정 처분된 도서를 빌려 읽을 수 있었다는 점은 일제의 검열 구조에 문제가 발생하고 있었을지도 모른다는 추정을 가능하게 한다.

이는 검열이 비교적 체계적으로 관리되던 1938년 이전에 발생한 춘천중학교 '상록회' 회원들이 출판 금지되지 않은 문학 작품들을 적극적으로 구매하여 윤독하거나 대중소설까지 활용하여 민족의식을 고취하려고 했던 상황과는 많은 부분 대비된다. 서적을 쉽게 구매하고 읽었다는 점은 동일하지만, '상록회' 사건에 관련된 문학 작품들이 출판 금지 등의 행정 처분을 받지 않았던 것에 비하여[62] 이들은 이미 행정처분을 받은 도서들을 통상적인 방법으로 접하고 읽을 수 있었기 때문이다.

이 같은 사실은 일제강점기 후반 총독부가 언론과 출판 관련 검열관을 확대하기는 하였으나 체계적인 관리와 사후 처리는 충분히 진행되지 못하였고, 그 결과 수원고농의 학생들처럼 일반 독자들도 어렵지 않게 사상서로 취급되었던 일부 도서를 접할 수 있게 만들었다는 판단이 가능하게 한다. 즉 외적인 탄압의 조건은 확대되었으나 실질적인 검열과 행정 처분에 따른 관리 누수의 현상이 확대되고 있었던 것이다.

---

61) 현재 확인되는 일제강점기 총독부의 검열 문서에는 이 작품들의 금지 처분 사항이 기록되어 있지 않다.

62) 상록회 회원들이 윤독한 도서는 전체 86종에 달하는데, 이 가운데 일부의 회원들이 윤독한 3종의 도서만이 출판 금지 처분을 받은 것이며, 대부분의 도서는 검열에서 자유로웠다.

일제강점기 후반에 이르러 검열이 과거보다 느슨해졌다는 사실은 바로 앞선 시기의 검열 기록인 『조선출판경찰월보』(1928-1938)의 조선어 출판물 검열 기록의 변화를 보아도 유추가 가능하다. 이 검열 목록에 수록된 조선어 출판물 2,369건 가운데 일제강점기 중반에 해당하는 1928년에 차압된 것이 249종, 1929년 593종, 1930년 532종 등인 것에 비하여 후반기로 넘어가는 1935년에는 78종, 1936년에는 117종, 1937년에는 91종, 1938년에는 52종으로 현격하게 줄어드는 현상을 보이고 있기 때문이다.[63]

이 같은 추이를 보았을 때, 1939년부터 1945년 광복 이전까지의 시기에는 검열 후 행정처분을 받은 출판물의 수는 줄어들거나 극히 제한되었을 것으로 판단할 수 있는 것이다. 출판물에 대한 검열과 행정 처분의 축소는 앞선 시기에 이미 검열되어 출판 금지되거나 압수 처분된 출판물들의 관리가 느슨해지는 결과를 낳았던 것이고, 그 결과 수원고농 '한글연구회' 회원들의 문학 텍스트 윤독도 가능했던 것이다.

그러나 총독부의 이 같은 행정 누수에서 비롯된 아이러니한 상황은 일제강점기 후반 수원고농 '한글연구회' 회원들의 민족주의 비밀결사 사건과 같은 경우에 있어서처럼 비의도적인 의도성, 즉 분명한 목적성을 가지고 금지 처분된 도서를 읽은 것이 아닌 사람들을 혹독하게 처벌하는 근거가 되게 만들었다. 검열의 누수에 따른 탄압의 강화라는 양면적인 결과를 낳았던 것이다.

결국, 일제강점기 후반 수원고등농림학교 학생들의 비밀 결사인 '한글연구회'는 조선인과 일본인 사이의 차별 대우에서 비롯되었으나 연구

---

63) 박헌호·손성준, 같은 논문, 2010, 203면.

회의 회원들은 이를 발전시켜 조선 문화와 한글을 지키고 독립에의 열망을 품게 하는 데까지 이르게 하였다. 이 같은 사상과 행동의 발전 배경에는 한글로 발표된 문학 작품과 도서들이 그 기반이 되었다.

또한 '한글연구회' 회원들은 자신들의 목표와 생각을 실현하는 방법으로 실제 문학 작품을 창작하고 발표하는 적극성을 보여주었고, 이를 활용하여 총독부에 의해 말살되고 있던 '한글'을 지키고자 하였다.

한글의 사용이 제한되고 축소되던 시기에 한글을 활용한 문학 작품의 적극적인 창작과 기성 작품의 윤독 등은 일제의 입장에서는 그 자체로서 위협이 되는 문제였다. 그러나 당시 기성 작가들의 태도 변화와 변질된 작품의 생산, 발표 지면의 축소 등에 의해 한국 문학 자체의 존립도 동일하게 위협되는 상황 속에서 '한글연구회' 회원들의 창작과 윤독, 한글 탐구 등에 대한 실천 행위는 일제강점기 후반 일반 독자들에 의해 한국 문학이 주체적으로 존속할 수 있는 충분한 상징성을 보여주고 있다.

필자가 확인한 수원고농 '한글연구회' 사건의 공판 및 신문 자료에는 이들이 학생 신분으로서 비분강개에 머물러 즉흥적으로 이 같은 비밀결사를 조직한 것이 아니라는 사실이 드러나 있다. 이들은 체계적으로 민족주의 사상을 발전시키고자 하였고, 조선 문화를 지키는 것이 궁극적으로 조선의 독립을 가져올 수 있다는 분명한 판단을 하였다.

수원고농 '한글연구회' 사건은 많은 부분 일제강점기 후반 총독부의 조작과 왜곡에 의한 강압적인 수사 결과이기도 하다. 그러나 이는 '한글연구회' 회원들이 최초 가지고 있던 민족주의와 조선 독립에의 열망, 조선 문화 수호에 대한 열망들을 훼손하지 못하였으며, 강압과 조작은 단지 제국주의 체제 유지를 위해 처벌하기 위한 왜곡 행위에 지나지 않았다. 특히 이 사건은 1930년대 후반부터 전쟁 등과 같은 외부적인 요인에 의해 총독부의 검열과 행정 등에 누수가 발생하고 있는 상황에서 식민지에 대한 강압적 통제의 방법만이 유일한 대안이 되었음을 보여주는 예라고 할 수 있다.

일제가 검열을 통한 언론과 사상 통제를 체계적으로 유지하고자 했던 이유는 조선을 장기간 강제 점유하려고 했던 분명한 의도의 반영이다. 그러나 1930년대 후반부터 시작된 이 같은 검열의 누수에 따른 민족주의 운동의 확대는 몰락하기 시작한 제국의 단면을 냉정하게 보여주고 있다.

3) 공판기록으로 살펴본 일제강점기 후반 문예운동

1930년대 후반부터 광복 이전까지의 시기는 한국 현대문학사에 있어서 암흑기로 분류된다. 일제의 침략 전쟁 확대로 인해 식민지에 대한 사상 검열이 더욱 강화되었고, 이 과정에서 문학 작품들의 입지는 더욱 좁아졌으며, 한글 교육도 금시되어 작가는 물론 독자들에게도 문학이 담당해 줄 수 있는 역할이 극히 한정되었기 때문이다. 이 시기 대부분의 작가들은 한두 번 이상의 감옥 생활과 작품 검열을 당했으며, 이 탄압의 결과는 일제의 선전물 창작에 동원되는 것이었다. 이광수나 김동인, 박영희, 채만식, 최남선 등의 작가들이 보인 일련의 친일 행적의 결과물이 이 시기에 집중되어 있는 것은 강화된 탄압의 결과물이자 사상적 굴복의 예라고 할 수 있는 것이다.

그러나 당대를 대표하는 작가들이 친일의 행적을 보이고, 황국신민을 권장하는 작품들을 양산해냈다고 할지라도 이 결과물만을 가지고 이 시기 전체를 한국 현대문학사에 있어서 모두 지워버려야만 하는 암흑기라고 부를 수만은 없다. 문학사에서 대표적인 작가들만이 한 시대의 문학을 담당해야 하는 것이 아니며, 목숨을 걸고 저항했던 일부의 작가들만 이 독립의 열망을 그려낸 것도 아니기 때문이다.

일제강점기 후반의 한국 문학을 보다 다양한 시각을 가지고 살펴보아야 하는 이유는 무엇보다도 대표성으로만 설명하고 있는 기존의 문학사에 대한 연구 방향이 지닌 일반화의 문제를 극복해야 하기 때문이다. 대표적인 작가와 작품, 행적만으로 충분히 설명되지 못하는 문학사 이면의 문제에 대해 보다 세밀한 시각으로 접근해야만 당대 문학의 실체가 분명해질 수 있는 것이다.

본고는 이 시기 문학을 바라보는 시각을 다각화하기 위해 작가나 작품 중심이 아닌 일반 독자들이 문학 작품을 매개로 하여 진행했던 문예운동에 주목하려고 한다. 여기에는 독자들이 자발적으로 조직하여 활동했던 독서회 운동과 비밀 단체 결성 등을 통한 독립운동이 포함될 수 있다. 일제강점기 각 학교 학생들을 중심으로 조직되었던 독서회는 사상서는 물론 문학서를 활용하여 독립과 반제국에 대한 열망을 키워갔으며, 비밀단체를 조직하여 구체적인 저항의 방법을 추구하기도 하였다.

하지만 그 동안 일제강점기 후반에 진행된 문예운동이나 사상 결사 등에 대한 연구는 문학 연구에 있어서 많은 부분 소외되어왔다. 이는 앞에서 언급한 것처럼 이 시기를 대표성만으로 설명하고자 하는 기존 연구의 시각 때문이기도 하고, 본격적인 연구 대상으로 삼을 실증적 자료들이 충분하지 못했기 때문이기도 하다.

그렇다면 이 같은 자료의 척박함 속에서 이 시기의 문예운동을 살펴볼 수 있는 것은 무엇이 있는가. 본고는 1930년대 후반부터 광복 전까지 조선총독부가 진행한 공판 기록을 중심으로 이 시기 문예운동 관련 탄압의 사례를 살펴보고자 한다. 공판 기록에 대해 주목한 이유는 두 가지 이유 때문이다. 우선 일제강점기 후반 극심한 검열과 탄압 조건 속에서 현존하는 대부분의 문학 텍스트가 정치적 선전물로 기능하는 경우가 많기 때문에 이것만으로는 이 시기 문학의 일부 단면, 즉 검열과 탄압 이후의 결과물만을 볼 수밖에 없다는 점이다. 현존하는 결과물만을 가지고 이 시기 문학과 문학 관련 활동을 볼 경우 당연히 이 시기는 암울한 친일과 변절의 단면만을 살펴볼 수밖에 없으므로 그 이면을 보기 위해서는 주목되지 않았던 다른 자료가 필요하다.

둘째, 어떤 특정한 시기의 문학이 제도를 통한 탄압의 결과물일 경우, 결과보다 그 과정에 주목해야 한다는 점이다. 일제강점기 후반은 주지하다시피 극심했던 억압의 시기였으며, 그 양상과 과정은 당대 조선인들의 삶에 직접적인 영향을 미치고 있었다. 문학 작품을 함께 읽거나 창작하거나 모임을 갖는 것조차 자유롭지 못했던 당대의 상황은 탄압의 직접적인 기록인 사상과 관련한 공판 기록에 고스란히 남아있을 것이기 때문이다.

필자는 이 같은 이유 때문에 일제강점기 후반의 공판 기록 가운데 언론 매체와 문학과 관련한 일련의 기록들을 중심으로 탄압의 흔적들을 확인하고자 하며, 이 가운데에서도 특히 작가나 작품 중심이 아닌 일반 독자들이 피의자가 되어 진행된 문예 관련 공판 기록을 바탕으로 강점기 후반 암흑기의 또 다른 단면을 파악해보고자 한다.

(1) 일제강점기 후반 검열과 언론 탄압의 방향

본고가 일제강점기 후반의 공판 자료에 주목한 이유는 다음과 같다. 우선 문예운동의 경우 상당 부분의 자료가 언론 매체와 잡지, 단행본, 선전물 등을 활용하는 경우가 많기 때문에 실제 탄압의 기록은 주로 총독부의 검열 자료에 근거가 남아있는데, 아쉽게도 1930년대 후반의 검열 자료는 현재 충분치 않다는 점이다. 일제강점기의 검열 자료 가운데 가장 긴 시기 동안 발행되었던 『조선출판경찰월보』는 1928년 9월부터 1938년 12월까지의 기록만이 남아있으며, 신문에 대한 검열 기록은 1920년대 후반에 집중되어 있고[64], 가장 늦은 시기에 발간된 단행본 검열 기록인 『조선총독부 금지단행본목록』도 1941년 1월까지만 기록되어 있어서 이 시기의 검열과 탄압에 대한 구체적인 자료는 부족한 실정이다. 특히 검열 기록의 경우, 검열 후 처분에 대한 기록만이 남아있어서 출판 관련자와 작가, 독자들과 관련한 제반 사항을 확인하기가 어렵다. 일제강점기 후반인 1940년대의 기록으로 유일한 『조선총독부 금지단행본목록』은 일부 단행본에 대한 처분 기록이 간략하게 기록되어 있어서 이 시기 진행된 일제의 탄압과 검열 등에 대한 정보는 충분하지 않은 것이다. 이 같은 이유는 무엇보다도 총독부가 1930년대까지는 검열 관련 기록을 비교적 집중적이고 세밀하게 기록하여 장기적인 식민 지배를 위한 자료로 관리했던 것에 비하여, 후반에 이르러서는 체계적인 검열 체계를 유지하는 것보다 당장의 침략 전쟁과 이와 관련한 수탈에 초점을 맞추어 이에 대한 반발을 직접적인 탄압으로 곧바로 연결하는 방향으로 통치 방식을 변화했기 때문으로 보인다.

한편, 일제강점기의 언론 탄압은 주지하다시피 1907년 이완용 내각에 의해 '신문지법'이 공포되면서 본격적으로 시작되었다. 국권상실 바로 전인 1909년에는 이 신문지법을 강화한 출판법이 공포되어 신문은 물론, 잡지와 단행본까지 출판물 전체에 대한 검열로 이어졌다. 총독부

64) 조선총독부, 『신문지요람』, 1927.
조선총독부, 『신문지출판물요항』, 1928.

가 본격적으로 검열 과정과 결과를 기록으로 남기기 시작한 것은 1926년을 전후로 한 시점으로 추정되는데, 조선총독부 경무국 도서과에서 1927년 11월에 작성한 『불온소년소녀독물역문』의 경우 1926년 10월부터 1927년 10월 사이에 검열 후 행정 처분을 받은 24건의 출판물에 대한 자세한 기록을 담아두었고, 검열 대상 자료의 동향 조사에 해당하는 『언문소년소녀독물의 내용과 분류』는 1928년 9월에 작성되었다.

이 자료들이 주목되는 이유는 두 가지인데, 우선 여기에는 신문을 포함하여 잡지와 단행본에 대한 검열 과정과 결과가 체계적으로 기록되기 시작했다는 것과 이 바로 다음 시기인 1928년부터 이 자료들의 검열 기록 체제가 정비되어 『조선출판경찰월보』로 정착되어 1938년까지 11년 이상 지속되었다는 점 때문이다. 이는 총독부가 식민 지배의 중기에 이르러 조선인의 언론과 사상에 대해 체계적으로 관리하는 단계에 이르렀다는 사실을 보여준다.

특이한 점은 이 같은 검열 기록들은 1939년 이후에는 소략해졌다는 것인데, 이는 일제의 식민 지배 방향이 전환되었기 때문이 아니라 장기적인 지배 체제의 구축을 유지하기 위한 사상 검열이 기존의 방식만으로는 한계에 다다랐기 때문이라고 보는 것이 타당할 것이다.

이 같은 변화된 검열과 탄압의 방식은 앞에서도 언급한 바와 같이 그 정도가 느슨해지는 방식이 아니라 출판 금지 정도의 단계가 아닌 곧바로 공판을 통한 구속으로 이어지는 직접적인 것으로 바뀌어갔다. 『한국독립운동사자료집』에 수록되어 있는 문예운동 관련 공판 자료는 80여 건인데, 이 가운데 절반 이상이 1930년대 이후에 집중되어 있다. 물론 이는 강점기 전체의 공판 자료가 모두 남아있지 않은 상황이기 때문에 단정적으로 말하기에는 어렵기는 하나 우선 남은 자료만으로 판단할 경우 강점기 후반의 몇 년 동안 집중되어 있음을 유추할 수 있도록 한다. 특히 문예운동 가운데 문학 텍스트나 사상서를 활용한 민족운동 결사 관련 사건들이 식민지 시기 중반 이후에 집중되어 있는 것은 이 같은 추정을 뒷받침해주는 예라고 할 수 있는 것이다. 강점기 후반 민족주의적 성격의 문예운동 가운데 대표적인 것은 1937~1938년 사이에 신문이 진행된 '상록회' 사건이며, 본고의 다음 절에서 살펴볼 1941년의 '동심회' 사건도 이에 해당한다.[65)]

공판 자료들을 살펴보기 전에 우선 고려해야 하는 점은 이 사건들이 식민지 상황에서 일제에 의해 상당 부분 조작되었거나 부풀려졌을 가능성에 대한 것이다. 주지하다시피 일제의 식민지 정책은 1930년대에 이르러 탄압 일변도로 경직되었는데, 이 과정에서 이 같은 사건들이 일반 대중과 지식인에 대한 억압과 탄압의 목적으로 조작되었을 가능성도 농후하기 때문이다. 예를 들어 본고에서는 집중적으로 다루지는 않으나 1937~1938년 사이에 진행된 춘천중학교 '상록회' 사건의 경우 38명의 피의자가 수개월에 걸쳐 집중 조사를 받았음에도 실제로 기소 처분된 사람은 11명에 불과하다. 즉 27명의 인원은 단순 가담자나 무혐의인 것이 확인된 점으로 보아 실제보다 상당히 부풀려져 기소 조사된 공포 정치를 위한 사상 탄압이었던 것이다.

그렇기 때문에 이 장에서 다루려는 공판 기록들도 이 같은 문제에서 완전히 자유롭지는 못하다. 상당 부분 조작되어 탄압의 도구로 사용된 경우도 포함되었을 것이기 때문이다. 필자는 이 같은 가능성을 전제한

65) 이 외에도 독서회를 통한 민족주의·사회주의 독립운동에는 1933년의 '동덕여자고보생 독서회 사건'과 1932년 '사회과학연구를 목적한 독서회 사건', 1933년의 '경성여자상업학교 생도의 좌익 독서회 사건', 1938년의 '평택독서회 사건' 등이 있다.

상태에서 공판의 실제 기록들을 분석함으로써 그 성격을 고증해보고자 한다.

나. 문예운동 관련 공판 기록의 특징

현재 일제강점기 문화투쟁으로 분류되어 남아있는 공판 기록은 현재 80건 남짓이다. 이 가운데 강점기 후반 문예운동 관련 공판 기록은 모두 9건이며, 여기에는 잡지 발행과 관련한 언론 탄압의 사례와 독서회 및 문학 관련 모임이나 사건이 포함되어 있다.

먼저 신문이나 잡지 발행과 관련한 사례는 다음과 같은 특징을 보인다.

가) '동심회' 사건

본고에서 집중적으로 살펴볼 '동심회' 사건은 지금까지 문학 연구에서 다뤄진 바 없다. '동심회' 사건은 진남포에 거주하던 2명의 인물이 연관되어 판결 후 처벌된 사건이다. 1944년 당시 22세였던 공장 노동자 손택룡(孫澤龍, 창씨명 부원택룡富原澤龍)과 일용품상이었던 22세 최윤해(崔潤海, 창씨명 수원윤해水原潤海)가 피의자이다. 공판 기록에 따르면 이들은 1943년 12월 29일 평양지방법원에서 '동심회(同心會)' 사건으로 실형을 언도 받았음이 확인되는데, 현재 남아있는 기록은 그 후에 상고한 내용이며, 이 상고에서도 이유 없음으로 기각되고 만다.

그렇다면 이들은 어떤 이유에서 이 같은 처분을 받게 되었는가. 공판 기록에 명시된 내용을 중심으로 이들을 변호한 변호사의 진술을 따라서 손택룡의 행적을 정리해보면 다음과 같다.

1. 손택룡은 원산부에서 노동을 하는 손창근의 2남으로 태어났다.
2. 손택룡은 사립 해성학교 5학년을 가난 때문에 퇴학하고, 일반적인 학식을 얻기 위해서 직장 생활을 하며 학문을 익히고자 하였다.
3. 헌병대에게 검거되어 구타와 고문을 받으며 '일본과 한국'에 차별이 있다고 생각한 일이 있는가 하는 질문에 석방될 것을 예상하고 일부 인정하였다.
4. 1940년 진남포 철공부 주물 견습공으로 함께 취업하고 있던 최윤해와 상식을 얻자고 소설이나 신문을 읽자고 이야기한 바 있다.
5. 1941년 12월에는 최윤해와 만나 소설에 관한 내용을 이야기하다가 돈이 있다면 자선사업을 했으면 좋겠다는 취지의 발언을 했다.

이 내용은 일차적으로는 2심 공판에서 진술된 것이므로 1심에서 손택룡이 어떤 혐의를 받았는가를 변호사의 진술을 중심으로 재정리하면 다음과 같이 변화한다.

1. 손택룡은 원산부에서 노동을 하는 손창근의 2남으로 태어났다.
2. 손택룡은 소학교를 가난 때문에 퇴학하고, '일본과 한국'에 대한 차별에 대해 자각하고는 소설을 읽으며 '조선민족은 애정 없는 일본의 학정 밑에 신음하고 있으나 이로부터 이탈하여 민족의 행복을 획득하기 위해서는 먼저 하층빈민에게 정신적인 동정과 물질적인 구제로서 민족적 의식을 각성 앙양케 함과 아울러 그들 아동들에게 교육을 통하여 민족의식을 주입하고 많은 동지 획들을 꾀하여 객관적 추세의 성숙을 기다려 일거에 봉기하여 조선의 독립을 기하지 않으면 안 된다'는 사상을 품게 되었다.
3. 손택룡은 최윤해와 1941년 12월 최윤해의 집에서 회합하여 '빈민 구제의 한편 무학 아동들을 모아서 교육하고 이들에게 민족사상을 주입지도할 것을 의론'하였다.
4. 1942년 1월 이들은 최윤해의 집에서 '외국으로부터 무기를 입수하여

기회를 보아 일제히 봉기하여 일본과 투쟁함으로써 독립의 목적을 달성하지 않으면 안 된다'라고 협의한 후 이 목적으로 비밀 결사 '동심회'를 조직했다.

5. 1942년 2월 15일경 이들은 손택룡의 집에서 '평천행웅(平川行雄)'을 권유하여 '동심회'에 가입하게 하였다.

위에 인용한 부분은 2심에서 손택룡과 최윤해의 무죄를 주장하는 변호사의 변론을 정리한 내용이며, 아래는 1심 재판부가 유죄로 인정한 내용에 해당한다. 이를 통해서 확인할 수 있는 부분은 우선 손택룡은 소학교를 중퇴한 22세 청년으로 공장에서 일을 하면서 배움에 대한 열망을 가지고 있었고, 이를 위하여 소설과 신문을 열심히 읽었다는 점이다. 최윤해 역시 유사한데, 이들은 같은 공장에서 일을 하면서 '소설'에 대한 이야기도 자주하고, '소설 창작'을 꿈꾸기도 하였던 것으로 보인다. 특히 최윤해는 1940년 5월 경 손택룡의 집에서 한글로 된 소설을 빌려다 읽고는 그 후부터 '문학소실에 취미를 갖게 되었다'고 진술하고 있다.

이들이 '동심회'를 조직하게 된 계기는 손택룡이 '빈곤한 자에게 편의를 제공하고 학비가 없어서 학교를 못가는 어린이들을 교육하고 따라서 자신들도 크게 수양하여 면학하'자는 제의 때문이었던 것으로 진술되고 있다.

이 같은 진술 상의 내용으로 보았을 때, 이들이 조직한 '동심회'는 순수한 목적의 빈민 구제를 목적으로 한 독서 모임이었던 것으로 보이는데 총독부 검찰은 이를 왜곡하여 독립운동을 위한 비밀결사로 둔갑시켰던 것이다. 흥미로운 점은 이들이 최초 지식을 얻기 위해서 읽었던 한글소설을 민족주의 사상을 배양하기 위한 정치적이고 사상적인 목적성이 있는 것으로 판단하였다는 점이며, 이를 바탕으로 조직한 '동심회'는 급진적이고 과격한 독립운동 결사라고 보았다는 점이다. 총독부 검찰은 이에서 더 나가 이들이 '외국으로부터 무기를 입수하여' 봉기한 후 '독립의 목적을 달성'하고자 하였다고 주장하였고 이는 공판 과정에서 모두 인정되어 처벌되었던 것이다.

그러나 이 사건의 이면은 비슷한 시기 춘천중학교 학생들이 중심이 되어 민족운동 결사를 조직한 혐의로 처벌받은 '상록회' 사건과 비교해서 볼 때 조직과 사상적 측면에서 얼마나 차이가 큰가를 확인할 수 있다.

춘천중학교 '상록회' 사건은 1937~38년 사이에 이 학교 재학 및 졸업생들을 중심으로 조직된 비밀결사에 관한 것이다. 당시 이 비밀결사의 구성원들은 중학교 이상의 학력을 가지고 있었던 당대로는 지식인층이었으며, 그 직업군도 다양하여 공무원 및 약사, 교사 등이 포함되어 있었다. 이에 비하여 '동심회' 사건의 관련자들은 소학교를 중퇴하거나 겨우 졸업한 사람들로서 배움이 부족하여 학업에 열망이 있었을 뿐이었다.

또한 '상록회' 사건은 결사의 이름에서도 확인되는 바와 같이 심훈의 소설 『상록수』에 감화되어 농촌 계몽 중심의 민족운동을 결의하였고, 세부 정관까지 마련한 반면, '동심회'는 비록 '한글 소설'을 읽고 감화되기는 하였으나 이는 '민족'에 대한 개념으로 확장되지 않고 자신들의 상황과 유사한 빈민과 어린이들을 돕고자하는 방향으로 소박하게 진행되었다는 점이다. 놀라운 것은 이들에 대한 처벌이 '상록회' 사건에 비해 보다 가혹했다는 점이다. '상록회' 사건에 연루된 사람들이 전체 38명 중 11명만 기소 처분된 것에 비해, '동심회' 사건에서는 연루자 전원이 구속 수감되어 당시 2심 재판 중에도 피의자들은 수형자의 신분이었다는 점이다.

이 같은 왜곡되고도 편파적인 공판은 일제강점기 후반 일제의 탄압의 강도가 더욱 극심해졌다는 것을 보여주는 것일 뿐만 아니라, 왜곡과 고문도 서슴지 않았던 당시 헌병과 검찰의 행태를 보여주는 것이기도 하다. 최초 손택룡과 최윤해의 모임은 아주 우연하게 시작된 것이며, '한글 소설'을 통해 얻은 배움에 대한 열망과 배품에 대한 울림이었다. 그들은 이 과정에서 자신들도 '소설'을 창작할 수 있으면 좋겠다는 생각을 하였고, 이를 통해서 부를 얻을 수 있다면 이를 자신과 같은 어려운 현실에 처한 사람들을 돕고자 하였다.

이 사건이 문학 연구에서 주목되는 지점은 다음과 같이 정리될 수 있다. 우선 일제강점기 후반 '한글' 사용과 교육이 모두 억압되는 상황 속에서 이들은 '한글 소설'을 윤독하였고, 이를 통해 소박하나마 배움과 나눔에 대해 자각할 수 있었다는 점이다. 이는 1940년대에 접어들면서 친일을 통한 타협의 길을 걷고 있던 당대의 작품들에서는 찾아볼 수 없는 가치였을 것이며, 당대의 가장 일반적인 독자들에게 한글 '소설'이 미치고 있던 긍정적인 영향을 유추할 수 있게 한다.

두 번째로는 일제가 당시 한글 '소설'에 대해 가지고 있었던 시각에 대한 것이다. 공판 기록을 통해 확인할 수 있는 것처럼, 총독부 검찰은 최윤해에 대한 선고에서 '한글 소설의 감화'로 '민족적 의식을 각성 앙양'시켰다고 주장한다. 이는 당시 총독부가 기존의 한글로 창작된 소설에 대한 검열을 통한 출판금지와 삭제만으로는 일반 독자들이 소설 작품을 통해 자연스럽게 일어나는 민족의식에 대한 자각까지 막을 수 없었다는 것을 보여주는 것이며, 독자들의 적극적이고 목적성 있는 독서를 통제할 수 없었음을 확인하게 해주는 것이라 할 수 있다.

특히 지식인층이 중심이 되는 '상록회'에 비하여 손택룡이나 최윤해가 결성한 '동심회'와 같은 모임은 총독부의 입장에서는 그 목적성이나 사상적 지향성이 충분하지 못한 것이었기 때문에 보다 강력한 탄압을 진행한 것이라고 볼 수 있다. 지식인들에 대해 집중적으로 관리하던 총독부의 기존 통제의 영역에서 벗어난 '동심회'는 자연스러운 식민지 조선인들의 자각의 씨앗을 보여주는 것이고, 이를 방치할 경우 생겨나는 수많은 일반 대중독자들과 민중들의 가능성이 담보되어 있는 사건이었기 때문이다.

나) 문예 창작 관련 사건

일제강점기 후반 문학과 관련한 공판 기록 가운데, 일반 문학 독자들의 문예 창작과 관련한 일련의 행위가 처벌을 사례는 2건이 확인된다. 우선 1940년 형사공판 제272호로 진행된 사건은 문예 창작 행위가 민족주의를 통한 독립운동 행위로 처벌된 사례에 해당한다.

공판 기록에 따르면 24세의 무직인 천성환(千成煥)은 김종희(金宗熙), 황동현(黃東鉉) 등과 함께 서로 창작한 소설 작품을 윤독하는 과정에서 발각되어 처벌 대상이 되었다. 현재 기록에 남아있는 천성환의 공판 자료를 중심으로 이 과정을 추적하면 다음과 같다.

1. 피고인 천성환은 경성사범학교 보통과에 재학하던 중 1934년부터 조선 문학에 흥미를 갖고 이를 연구하던 과정에서 민족주의 사상에 감염되었다.
2. 천성환은 1938년 6월 26일 김종희, 황동현과 함께 조선 독립의 목적을 달성하려면 한글 문학을 다독 다작하고 이를 일반에게 발표하고 조선인의 민족의식을 앙양할 필요가 있다고 판단하였다.
3. 피고인들은 매 일요일마다 한글 문학을 연구하고 각자의 작품을 비평하기로 하였다.
4. 피고인들을 민족의식을 앙양할 수 있는 소설과 시를 지어 신문과 기타에 발표하기로 하였다.
5. 1939년 8월 10일 경에 다시 회합하여 조선독립운동을 표현한 김종희

의 창작 한글 소설인 『진로(進路)』, 『생활과 동경』, 『문(紋)』과 황동연의 창작 소설인 『그의 과거』를 윤독하고 일반에 발표하기로 하고, 민족의식 앙양에 효과가 있는가를 협의하기로 하였다.

6. 이와 같은 이유로 피고인 천성환을 징역 2년에 처한다.

위의 기록은 천성환의 상고심 공판 내용을 요약한 것이다. 인용문을 통해서 확인할 수 있는 것과 같이, 이들은 한글 소설이 민족의식을 앙양하는 데에 효과적임을 자각하고 적극적으로 창작물을 발표하기로 하였다. 이들은 문예 창작이 민족의식의 앙양과 독립운동에 직접적인 영향을 줄 수 있다고 판단한 것이다. 무엇보다 이 사건이 주목되는 것은 이들이 전문적인 작가가 아닌 대중 독자라는 점이다. 즉 자발적으로 자각한 민족의식을 전파하고 표출하는 방법으로서 문예 창작이라는 방법론을 생각했던 것이다.

이 같은 이들의 판단은 앞에서 간단히 언급한 춘천중학교 '상록회' 사건과 같이 당대에 유행하던 농촌 계몽 소설과 조선 역사를 다룬 소설 등의 독서에서부터 비롯된 것으로 추정된다. 당시 이들이 읽을 수 있었던 소설 가운데 검열을 피해 출간된 작품들에 심훈의 『상록수』와 이광수의 『흙』 등이 존재했기 때문이다.

이들이 문학 작품을 창작함에 있어서 우선 고려한 것은 두 가지이다. 그 하나는 작품은 한글로 창작해야 한다는 점이며, 다른 하나는 창작에서 그치는 것이 아니라 이를 적극적으로 발표함으로써 조선 독자들을 계몽하고자 한다는 것이다. 한글의 사용과 교육이 극히 제한되고 억압받던 시기에 일반 독자들이었던 이들의 창작 행위는 일제강점기 후반 문학 작품이 가질 수 있는 자생적 가능성을 분명하게 보여준다. 전문적인 작가들이 총독부의 검열과 탄압에 의해 위축되거나 변절해야만 하는 상황을 일반 대중 독자들이 자발적으로 극복하고 있는 사례라고 볼 수 있기 때문이다.

이들은 한글로 창작한 소설과 시 작품을 신문이나 잡지에 투고의 형태로 발표하고자 하였다. 그 목적은 또 다른 일반 대중 독자들이 자신들의 작품을 읽고 민족주의적 사상에 감화되기를 바랐던 것이며, 당대의 소설을 읽고 자발적인 감화를 얻은 독자들이 이를 창작으로 승화시켜 또 다른 독자들의 감화와 자각을 의도한 연쇄적인 문예 운동인 것이다.

이와 같은 사례는 천성환 사건 이외에도 존재한다. 다음에 소개할 공판은 1945년에 진행된 박태철 사건이며, 이 사례 역시 문예 창작을 통해 민족의식을 앙양하려고 한 예에 해당한다. 그 공판 기록을 요약하면 다음과 같다.

1. 조선기계 제작소 기술원의 공원이었던 28세 박태철(朴泰哲)은 대구 공립농업학교 재학 시부터 조선독립을 꿈꾸었다.
2. 박태철은 같은 공장의 직원이었던 노명일, 이도열, 덕수종길(창씨명) 등 3인과 각자 한글로 문학작품을 만들어 책자를 만들어 낼 것을 제의하고, 같은 10월 동인들과 동인지명 『목양(牧羊)』이라 이름한 책자 5부를 작성하여 분배하였다.
3. 또한 미국이 북구주를 폭격하여 중요 생산시설을 파괴하고 있으므로 일본은 패전할 것으로 예상하고 조선의 공장을 탈취하여 이를 경영하기로 약속하였다.
4. 이 같은 이유로 피고인을 징역 1년에 처한다.

박태철 사건은 앞에서 살펴본 천성환 사건과 상당 부분 닮아있다. 박태철은 학교 재학 시에 이미 문학에 감화되어 민족의 독립에 대해 열망하고 있었고, 이것을 위해서 공장 동료들과 함께 한글로 문학 작품을 창작하고 이를 윤독하기에 이른다. 문학 작품에 대한 일반 독자로서의 감화와 창작에의 열망, 이를 윤독하고 발표함으로써 다른 독자들에게 감화시키려는 과정이 동일한 궤적을 보여주는 것이다.

물론 이 공판 기록에서 이들이 공장을 탈취하고 경영하고자 했다는 기록이 실제인지 조작된 것인지는 분명하게 확인하기는 어렵다. 그러나 검찰 측에서 증거로 제시한 동인지 『목양』이 실제로 존재하고 있었다는 점을 보았을 때, 이들이 실제 한글 문학 작품 창작을 통하여 민족주의 사상을 고취하고 이를 다른 조선인들에게 확대하고자 했다는 점은 분명한 것으로 보인다.

이 같은 두 사건과 관련한 공판 기록은 일제강점기 후반 일반 독자들의 문예창작을 통한 자발적인 민족운동의 사례를 보여준다. 1930년대 이전의 문학 관련 민족주의·사회주의적 독립운동이 대부분 창작보다는 윤독 중심의 독서회나 비밀결사가 일반적인 것에 비해 강점기 후반에 이르러서는 일반 독자들의 자발적인 문예창작 운동이 생겨났던 것이다.

이 같은 변화의 이면에는 전시 체제와 관련한 변화된 일제의 식민지 정책이 자리하고 있음은 분명하다. 검열을 담당하던 총독부의 도서과 직원 수가 1937년에는 31명이다가 1938년에는 34명으로, 1941년에는 39명으로 늘어나고, 1942년에 이르러서는 41명까지 늘었다는 사실[66]은 변화된 당시의 식민지 정책을 보여준다. 검열을 진행하는 인원의 증가는 무엇보다도 검열 대상의 증가나 강화를 보여주는 것이라고 할 수 있다. 우선, 신문과 잡지의 폐간이 속출하고 단행본의 출판 금지가 빈번하게 진행되는 상황 속에서 전문적인 작가들의 문학 작품 발표 공간은

66) 정진석, 같은 책, 커뮤니케이션북스, 2008, 57면.

줄어들었을 뿐만 아니라 극심한 탄압에 굴복한 작가들이 친일적 성향의 글들을 발표하고 있었다는 사실이다. 이는 기존의 작가들의 이 시기 작품들이 일반 독자들에게 부정적인 영향만을 끼치고 있었을 가능성을 보여주는 것이며, 이에 대한 독자들의 자발적인 의지가 문학 작품 창작을 통한 민족의식의 고취 등으로 나아갔을 것을 예상하게 한다.

또한 검열 인원의 증가는 기존의 작가들뿐만 아니라 일반 독자들에게까지도 영향을 미쳤다고 볼 수 있다. 독서회나 결사와 같이 조직적이거나 다수의 인원이 모여서 형성된 반일·반제국 운동이 아닌 개인과 소규모 모임에도 그 탄압이 진행되었기 때문이다.

그러나 무엇보다도 일제강점기 후반 문예 창작을 통한 반일 독립운동의 흔적은 당시의 독자들이 자발적으로 진행한 것이었다는 점에서 일부의 지식인들이 선도하는 민족 계몽 운동과는 현저하게 다른 성격을 가지는 것이라 할 수 있는 것이다.

다) 기타 문학 관련 사건

이번 장에서 살펴볼 자료는 문예 창작이 직접적으로 연관되지는 않았으나 문학 작품이 민족주의적 사상의 앙양에 영향을 미치고, 이것이 항일운동의 발판이 된 경우의 사례들이다. 먼저 살펴볼 공판 기록은 1944년에 진행된 형사공판 제3698호의 내용이며, 피의자는 당시 충청남도 서천의 공립초등학교 교원이었던 김(金, 25세, 창씨명 金光永憲)과 경성전기주식회사 직원인 신(申, 25세, 창씨명 平川洛鉉)에 대한 것이다.

이들은 판결에 의해 치안유지법과 조선임시보안령 위반으로 각각 징역 2년과 1년 6개월 형을 언도받았다. 이들은 배재중학교 동창으로서 졸업 후 수차례의 회동을 거쳐 조선 독립을 위한 비밀 조직을 결성하였다는 혐의를 받았다. 흥미로운 것은 이들의 공판 기록에서 확인되는 조선 문학에 관한 언급들이다. 그 내용은 다음과 같다.

> 1) 소화 17년 4월 하순 피고인 금광(金光)은 경성부내(京城府內)의 덕수(德壽)국민학교에 있어서의 국민학교 교원의 강습회에 출석하기 위하여 상경(上京)하였을 때, 동부(同府) 종로구 서대문정 1정목의 흥아여관(興亞旅館)에서 피고인 평천 및 전시 금정(金井)과 회담할 때 양인 등에 대하여 "나는 이광수(李光洙), 이기영(李基永), 송영(宋影) 등의 지도를 받아 문학으로써 조선독립을 위해 민중을 지도해 갈 생각이다. 나는 평소부터 순진한 아동을 상대로 그 교육에 종사하는 것을 낙으로 하고 있었으므로 국민학교의 선생이 되어 아동에 대하여 조선인으로서의 자각을 가지도록 그 머리를 전환시킬 것이다"라고 말하였고 이에 대하여 피고인 평천은 "정치를 공부하여 이를 통하여 민중을 지도하고 독립운동을 하겠다"고 말하고,
>
> 2) 소화 17년 6월 중순 피고인 금광은 그의 하숙집인 경기도 수원군 팔탄면 구장리(舊場里) 지전(池田)의 집에서 전시(前示) 금정(金井) 및 평원정헌(平原楨憲)에 대하여 "큐리부인은 과학으로써 폴랜드의 독립을 위해 공헌하였는데, 나도 동 부인과 같이 문학을 연구하여 조선독립을 위해 전력하고 싶다는 취지와 자기가 봉직하고 있는 학교에서는 일본인 교사와의 사이에 봉급에 차별대우가 있어서 불평스럽다"는 취지를 이야기하고
>
> 3) 소화 19년 8월 초순, 피고인 금광은 전시 결혼 문제의 결말을 짓기 위하여 상경하였을 때 전시 함평여관에서 피고인 평천에 대해, 나는 이광수(李光洙)를 방문하였는데, 동인으로부터 시골에 돌아가면 농촌정신대(農村挺身隊)를 조직하도록 권유받았다는데 시골에 돌아가면 농촌정신대를 조직하겠지만 시기가 오면 이를 역용(逆用)하여 조선독립운동을 위해 일어서게 할 작정이라는 뜻을 말하고

위의 공판 내용에서도 쉽게 확인할 수 있는 것처럼 이 사건의 피의자들은 상당 부분 당시의 문학 작품과 작가에게 영향을 받은 것으로 확인된다. 특히 1)의 예문에서 "이광수, 이기영, 송영 등의 지도를 받아 문학으로써 조선독립을 위해 민중을 지도하겠다."는 피의자 김광영헌(金光永憲)의 언급은 일반 독자이자 민중이었던 이들이 당시의 소설가들을 바라보는 시각을 유추할 수 있게 한다는 점에서 주목된다. 그가 언급한 세 명의 작가는 기실 당시만 해도 일제의 탄압에 의해 예봉이 꺾인 상태였던 사람들이다. 이광수의 경우 일반적으로 1938년을 전후로 하여 일어난 '수양동우회' 사건에 의해 친일의 길로 들어선 것으로 알려진 것이 일반적이고, 이기영 역시 1935년 카프 2차 해산 이후 전향 소설 계열의 작품을 발표하고 있었기 때문이다. 이는 송영 역시 유사하다.

그럼에도 불구하고 1944년에 진행된 공판 과정에서 이들의 이름이 독립운동 혐의를 받은 피의자들에게 언급되고 있다는 사실은 인상적이다. 우선 이에 대해서는 몇 가지 추정이 가능하다. 첫째, 당대의 독자들은 이들 작가의 전향 사실과 친일 행적에도 불구하고 그들이 가지고 있었던 민족주의적 혹은 반제국주의적 성향에 대해 회의하고 있지 않았을지도 모른다는 가설이다. 이 같은 점이 물론 이들의 일제 말기 친일 행적 자체에 대한 면죄부가 될 수는 없더라도 당대의 독자들에게 있어서 이들 작가들이 여전히 민족주의적, 반제국주의적 성향으로 인식되고 있었을 가능성을 보여주는 것이라 할 수 있다. 둘째, 이들 작가 자체에 대한 독자들 혹은 민중들의 인식은 일제 말기의 현재성이 반영된 것이 아니라 보다 앞선 시기 치열했던 계몽과 반제국, 반자본적인 고민이 투영된 작품에 초점이 맞추어졌을지도 모른다는 점이다. 이 같은 추정은 다른 사건인 '상록회'의 신문 기록에서도 일부 확인되는데, '상록회'의 구성원들은 작가의 현재성, 즉 당대적 역사관이나 정치적 태도에 영향을 받은 것이 아니라 민족주의적으로 해석될 수 있는 작품들을 적극적으로 찾아서 읽는 적극성을 보인다. 그러므로 이를 통해서 이 사건을 대비적으로 본다면 이 작가들의 당대적 친일 행각보다 과거 작품의 선도성에 대해 독자들이 더 큰 영향을 받고 있었음을 추정해볼 수도 있는 것이다.

이 사건에서 무엇보다 중요한 것은 당대의 일반 독자에 해당하는 피의자들이 문학을 통해서 조선의 '독립'에 공헌하고자 하는 마음을 먹었다는 점이다. 이 사건이 총독부 검찰에 의해 탄압의 대상이 된 이유도 조선 '문학'이 일반 독자와 민중들에게 민족의식을 고취하는 데에 충분한 영향을 줄 수 있다는 사실을 그들이 인지하고 있었기 때문일 것이다. '문학'이 독립운동에 영향을 미치기 위해서는 민족주의적 목적의식이 분명해야만 할 것이고, 이것이 독자들에게 충분한 감화를 일으킬 수 있어야만 할 것이다. 앞서 다룬 문예 창작을 통해 민족의식을 고취하고자 했던 다른 사건의 피의자들과 비록 직접적으로 창작을 시도하지는 않았으나 작가를 열망함으로써 조선 독립에 다가서려고 했던 이 사건의 피의자들이 상당 부분 닮아있는 것은 일제강점기 후반 강력한 탄압 속에서도 조선 민중들이 꿈꾸었던 독립 운동의 또 다른 방향성을 보여준다는 점에서 주목된다. 작품과 작가 모두가 검열과 탄압에 의해 끝없이 위축되던 시기, 문학을 통한 자생적 독립의 가능성을 당대의 독자들은 전문적 작가보다 더욱 실천적으로 열망하고 있었음을 보여주는 예이기 때문이다.

비슷한 시기 또 하나 주목되는 문학 관련 사건으로는 1944년에 진행된 형사 상고심 공판 제11호가 있다. 이 사건의 피의자는 평양에 거주하던 천추승복(千秋承福, 24세), 삼진산번(三津山繁, 29세)인데, 이들은 조선 독립을 위해 문학을 연구하는 모임을 만들었다는 것이 혐의가 되어 실형을 언도받았고, 이에 대해 상고심이 진행되었다. 변호인은 이들에 대해 대부분의 혐의가 고문과 억압에 의한 것이라고 주장하지만, 법원은 이를 받아들이지 않았고 이들은 실형을 언도받았다.

1) 피고인 천추승복은 소화 18년 12월 1일 평양지방법원에서 언도된 형에 대해 상고한다.
2) 이들이 비밀 결사를 조직하여 조선독립을 목적으로 문학을 연구한 것은 실제 공소 사실과 다르다.
3) 이들은 순수한 문학 연구를 목적으로 소화 17년 3월 경 회합을 갖고 천추는 「춘수(春愁)」, 김산은 「옛 추억」 등의 작품을 발표하고 토론하였다.
4) 소화 17년 6월 경에는 풍천은 단편소설 「사랑」, 경본은 「하룻밤의 운명」 등의 작품을 발표하고 토론하였다.
5) 기타 이들의 혐의를 모두 인정하여 8년형을 언도한다.

1심에서 8명의 피의자로 진행된 공판은 현재 상고심 기록만 남아있어서 '천추승복'의 기록만으로 그 내용을 유추할 수밖에 없다. 그럼에도 이 상고심 기록에는 주목되는 몇 가지 사실들이 언급되고 있는데, 이 사건의 피의자들이 실제로 적극적인 창작을 진행했고, 작품 발표를 위해 수차례 회동을 가졌다는 점이다. 공판 기록에 남아있는 이들이 창작한 작품은 전체 28편에 달하며, 그 장르도 소설, 시, 수필, 기행문 등으로 상당히 다양하다. 상고심 공판이 진행될 무렵에 피고인들은 모두 영어의 상태였기 때문에 '무직'으로 처리되어 있지만, 이들은 대부분 평양 근처의 공장에서 일하던 직공들로 보인다.

이를 통해서 유추한다면 이들은 공장에 근무하고 있었던 1941년부터 1943년 사이에 문학 창작 및 비평 모임을 조직했고, 여러 차례 작품을 발표하고 토론했던 것으로 추정된다. 이 문학 발표회 모임이 실제 문학을 통한 조선 독립을 추구했던 것인지의 구체적인 판단은 현재로는 확실하게 내릴 수 없지만, 이들이 문학 작품을 창작하고 서로 윤독하고 발표했던 것만은 분명하다.

이 사건에 대해 검찰과 법원이 내린 결론은 피의자들이 문학 작품을 통해 민족의식을 고양하고 조선 독립에 다가서려고 했다는 것이었다. 8년의 중형을 언도한 이유도 이 같은 모임을 바라보고 있던 강점기 후반 일제의 시각이 그대로 투영된 것이어서 총독부의 당대적 문제의식을 보여주고 있다.

이 사건이 실제로 문학 작품을 통한 민족의식의 앙양이나 조선독립에의 열망을 드러낸 문제적인 것이었는가는 섣불리 단언하여 이야기할 수는 없다. 그러나 앞에서 지적한 것처럼 한글 교육이 금지되고, 조선 문학이 모두 검열되고, 작가들이 탄압되던 시기에 진행된 일반 독자들의 자발적인 한글 문학 작품 발표 및 토론회는 그 자체만으로도 총독부에게 있어서 중요한 탄압의 대상이 될 수밖에 없었을 것은 자명하다. 중요한 것은 일제강점기 후반이라는 시기적 특수성 속에서 이 같은 모임이 단순히 일부의 지식인 독자들에 의해 진행된 것이 아니라 공원, 교사, 무직자, 서기, 학생 등 다양한 독자와 민중들에게 폭넓게 진행되었다는 점에 있다. 왜냐하면 이 같은 사건들의 존재는 강점기 후반 한국 문학이 불모지 같은 상황에 처해있을 때 자발적이고도 적극적인 민중 독자들에 의해 진행된 우리 문학의 가능성을 보여주는 것이며, 작가와 작품으로만 설명되는 것이 아닌 문학사에서 일반 독자들이 담당할 수 있는 역할을 분명하게 보여주는 것이기 때문이다.

라. 항일운동으로서의 문예운동이 가진 의의

일제강점기 후반 한국 문학은 침략 전쟁 체제에 돌입한 일제의 전시 정책 때문에 크게 위축된 상태였다. 언론과 출판 검열 때문에 대부분의 작가들은 작품 발표에 제한은 물론 전향과 변절을 강요받았고, 발표된 작품들은 노골적인 친일의 색채를 지니고 있었다. 이는 이 시기가 한국 문학사에 있어서 변절과 전향, 친일을 제외하고는 특별히 언급하기 힘들게 한 원인이기도 했다.

필자는 이 같은 극단적인 억압의 상황과 조건 속에서 당대의 독자들은 어떤 태도를 취하고 있었으며, 이들의 역할을 무엇이었는가를 고찰하는 것을 목표로 하였으며, 이를 살펴보기 위하여 강점기 후반 일반 독자들이나 민중들이 피의자가 된 문예운동 관련 공판 자료들을 중심으로 분석하여 그 의미에 접근하였다.

그 결과 이 시기 문예운동 관련 공판 기록에서 두드러진 점은 당대의 독자들이 단순히 기성 작가들의 작품들을 활용하여 민족주의적 사상의 고양과 독립에의 열망을 드러냈던 것만이 아니라 적극적인 문예 창작을 통하여 자신들의 생각을 발전시키고 표출하려고 했다는 사실을 확인할 수 있었다.

이는 기존의 문학 작품이 외적인 억압과 검열에 의해 충분히 자신의 역할을 하지 못하고 있을 때에, 독자들이 자발적이고 적극적으로 담당한 문학의 실천적 역할의 측면을 확인하게 하는 지점이라고 할 수 있다. 어느 한 시대의 문학이 작가와 작품에 의해서만 평가되어야 마땅한가의 문제를 문학 연구자들에게 재고하게 하는 지점인 것이다. 일제강점기를 통틀어 가장 문학이 사상적, 정치적으로 변질되고, 역할마저 축소되었던 시기에 일반 민중 독자들이 보여준 창작을 통한 민족의식의 앙양은 문학사 연구에 있어서도 소외되었던 독자들의 역할을 다시 살펴볼 수 있게 하는 근거이자 작가 – 작품 – 독자의 관계성을 확인하게 해주는 단초라고 할 수 있다.

물론 모든 문학이 사상성과 목적성을 위해 종사해야 하는가의 원론적인 질문은 본고의 문제의식으로는 충분히 답하기 어렵다. 그러나 문학이 당대적, 문학사적 의의를 갖기 위해 전제해야 하는 필수 요소 가운데 이와 같은 강점기 후반 적극적인 독자들의 존재는 이분법적으로 한 시기를 쉽게 설명하게 하는 시각을 많은 부분 보완할 수 있게 해줄 것이라 생각한다. 그런 의미에서 일제강점기 후반은 한국 문학이 죽었던 시기가 아니라 독자들에 의해 치열하게 생존했던 시기라고 역설적으로 이야기할 수 있을 것이다.

나가며

조선총독부의 한국 문학 검열은 그들의 식민 통치의 일환이자 가장 강력한 사상 탄압의 수단이었다. 작가의 자기 검열과 회피를 만들어내고, 민중들의 사고를 억압하는 것이야말로 한 개인의 사상의 자유를 떠나 한국인 전체에 치명적인 영향을 미쳤을 것에 분명하기 때문이다.

인간의 사고와 정신에 대한 억압은 단기적으로는 그 영향과 결과가 보이지 않는다. 어느 시대든 자신의 가족과 목숨은 물론 가진 모든 것을 걸고 탄압에 저항한 사람들이 있는가 하면, 탄압과 억압에 적당하게 야합하고 적극적으로 스스로를 굴레 속에 넣으려는 사람들도 분명 존재한다. 그러나 그 탄압이 길어지면 길어질수록 강화되면 강화될수록 전자는 줄어들고 후자는 눈덩이처럼 불어나기 마련이다.

친일의 길을 걸은 후 후회와 반성의 말 한마디를 부끄럽게 남긴 이광수나 채만식과 같은 작가들의 예에서도 볼 수 있는 것처럼, 검열과 탄압의 말로는 정신적인 붕괴이자 트라우마일 수밖에 없다. 그리고 그 주홍글씨는 생각보다 오랜 기간 지워지지 않을 뿐만 아니라 영원히 지워져서도 안 된다.

일제강점기 언론과 문학 관련 검열 자료들을 탐구하면서 놀란 것은 두 가지이다. 그 하나는 일제가 조선을 점령하고 지배하기 위해 얼마나 꼼꼼하고 치밀하며, 체계적으로 준비했는가에 대한 것이고, 다른 하나는 그 같은 검열과 탄압의 상황 속에서 조선인들은 끊임없이 치열하고 처절하게 저항했다는 점이다.

치밀하고 체계적인 검열의 기록은 다행히도 후대의 연구자들에게 그 시기의 문학의 새로운 모습을 발견할 수 있도록 해주는 연구의 풍부한 자원이지만, 그것을 연구해야 하는 입장에서는 결코 반가울 수도 기쁠 수도 없다. 그 이유는 이 시기의 문학을 남겨진 그대로 바라볼 수 없다는 선입견을 만들어주었기 때문이고, 자료의 한계에 의해서 아직도 미진한 부분이 수없이 많이 남아있다는 부채감 때문이다.

최근 후속 연구를 위하여 수집하고 있는 자료 가운데에는, 조선총독부의 치밀한 통제 과정과 검열의 방식이 단지 조선에만 존재한 것이 아니라는 점을 보여주는 증거들과 동일한 식민지 상황을 겪었던 근린국 대만에 대한 일제의 검열 자료, 그리고 메이지 시대 이후부터 일본이 자국 언론과 출판을 검열한 자료 등이 있다. 또한 아직도 충분히 번역되지 못한 사상 검열 자료와 검사국 문서들, 검열 후 출간되었으나 압수되어서 어딘가 존재할 수 있는 많은 문학 작품들도 존재한다. 뿐만 아니라 일제가 1920년대부터 지속적으로 검열하였으나 기록에는 충분히 남아있지 않은 각급 중고등학교의 교지와 문집에 대한 기록들도 일부 확인 된다.

이 많은 자료들을 연구하고 실체를 밝히다보면 서론에서 언급했던 '왜'와 '만일'의 해답을 찾을 수 있을지 모르겠다. 하지만 연구를 하는 입장에서 이 모든 것을 다 찾아서 마주한다 해도 결코 문학 작품이 검열되기 전의 실체는 만날 수 없을 것이다. 그것은 상당 부분 더 이상 확인할 수 없는 영구 미제의 심연 속으로 가라앉아버렸을 것이기 때문이다.

다만 소박한 바람이 있다면, 보다 많은 연구자들이 함께 공유하여 이 시기 한국 문학에 대한 실체적 고증과 탐구를 진행할 수 있기를 바란다. 그리고 조금 더, 던져진 텍스트에만 함몰되어 그것이 가진 활자적 사실에만 가치를 부여하지 않기를 바란다. 지금 내가 읽는 근대의 작품들이 현재의 모습과는 조금은 다른 얼굴을 하고 있을지도 모르니 말이다.

부록

1. 『조선출판경찰월보』 납본목록에서 발견된 소설

NO	제목	내용 해제	형태	작가, 발행자	일시
001	봉제비	경성발행	단행본	吳中黙(오중묵)	1930.06
002	아리랑 후편	경성발행 - 박문서관, 1929.	소설	文一(문일)	1930.06
003	탐정소설 편수미인	- 이소 작 : 영창서관, 1931, 1원. - 편수의미인(번) : 보아고베작, 광문서림, 1949, 213면, 450원.	소설	梁在應(양재응)	1930.07
004	갈대피리 동화집	-	동화집	梁天昊(양천호)	1930.07
005	동화집	평양 발행	동화집	朴潤琴(박연금)	1930.08
006	怪傑 張作霖	경성 발행	소설로 추정	宋完植(송완식)	1930.09
007	번개같은 盜賊	경성 발행	소설로 추정	鄭道永(정도영)	1930.09
008	탈춤	경성 발행	소설로 추정	盧益亨(노익형)	1930.09
009	肅宗大王實記	경성 발행	역사 전기류	金東縉(김동진)	1930.09

010	충성된 청직이	평양 발행 – 충성된청지기 : 방위량 / 평양 광문사, 1930, 연활자본 1권 1책.	강연물	邦緯良(방위량) 선교사 블레어 (William N. Blair)는 나라방을 사용해서 방위량(邦緯良)이라는 이름을 사용하였다.	1930.09
011	첫사랑의시절 映畵小說	경성 발행 – 저자 박누월, 박문서관본, 1930.	소설	盧益亨(노익형)	1930.09
012	인 小說	경성 발행	소설	金東縉(김동진)	1930.09
013	壬午軍亂記	경성 발행 – 미상의 실기 소설 : 임오군란의 내용을 6단락으로 나누어 실기체로 서술함	소설	金東縉(김동진)	1930.09
014	어데로 가나 刷選集	경성 발행	소설 번역 작품	姜義永(강의영)	1930.09
015	단종애사	경성 발행 – 이광수 작, 동아일보, 1928.11.30~1929.12.11(217회 완); 박문서관, 1935.	소설로 추정	高丙敎(고병돈) 1927년 신명서림 대표	1930.10
016	효종대왕실기	경성 발행	역사물	金東縉(김동진)	1930.10
017	옥단춘전	경성 발행	소설	姜殷馨(강은형)	1930.10
018	십생구사	경성 발행 – 홍순필 저작발행, 경성서적업조합, 1926, 50면, 15전; 강하형 저작발행. 대성서림, 1929, 50면, 20전; 세창서관, 1934.	소설	姜夏馨(강하형)	1930.10
019	춘희 영화소설	경성 발행 – 영화소설 춘희는 처음 발견된 작품 – 참조 작품 : 춘희 : 뒤마 피스작, 심향산인 역, 조선일보, 1929.11.19~22(2회 완).	소설 번역 작품	姜義永(강의영)	1930.10

020	젊은이의 노래	경성 발행 - 윤창순 작, 박루월 각색, 영창서관, 1930, 96면, 50전.	소설	姜義永(강의영)	1930.10
021	혁명가의 안해	경성 발행 - 이광수 작, 동아일보, 1930.1.1~2.4(31회 완); 삼천리사, 1930; 숭문사, 1946.	소설	이광수	1930.10
022	무정한 애인	경성 발행 - 작자미상, 박문서관, 1923. - 『박씨부인전(박문서관, 1923)』 권말 신소설 광고에 "연애소설 無情한애인"이라고 제목이 표기되어 있다.	소설	盧益馨(노익형)	1930.10
023	곽해룡전	대구 발행	소설	金基鴻(김기홍)	1930.10
024	강태공전	대구 발행	소설	金基鴻(김기홍)	1930.10
025	김진옥전	대구 발행	소설	金基鴻(김기홍)	1930.10
026	신유복전	대구 발행	소설	金基鴻(김기홍)	1930.10
027	산양대전	대구 발행	소설	金基鴻(김기홍)	1930.10
028	강릉추월	대구 발행	소설	金基鴻(김기홍)	1930.10
029	대원군실기	경성 발행	역사물	金東縉(김동진)	1930.12
102	한음과 오성(실기소설)	경성 발행	소설	盧益馨(노익형)	1930.12
030	愛情의 淚	경성 발행 - 작자미상, 삼문사, 1932, 25전.	소설	姜範馨(강범형)	1930.12
031	長恨의 淚	경성 발행 - 진녹성 작, 삼광서림, 1928, 158면, 80전.	소설	姜範馨(강범형)	1930.12
032	사랑의 꼿동산	경성 발행 - 김홍만 작, 대성서림, 1928.	소설	姜殷馨(강은형)	1930.12
033	一當白 소설	경성 발행 - 윤용섭 저작발행, 세창서관, 1930, 89면, 30전.	소설	尹用燮(윤용섭)	1930.12

034	芳山月	경성 발행 - 작자미상, 세창서관, 86면.	소설	尹用燮(윤용섭)	1930.12
035	一枝花	경성 발행 - 벽계산인 작, 대성서림, 1928, 77면. 35전	소설	姜殷馨(강은형)	1930.12
036	이콜라이 레닌傳	경성 발행	역사물	盧益煥(노익형)	1930.12
037	청춘의 生쌈 小說	경성 발행 납본 목록 -『청춘의 보쌈』으로 추정 - 작자미상, 세창서관, 1935.	소설	尹用燮(윤용섭)	1930.12
038	自動車戀愛	경성 발행 - 노익형 저작발행, 박문서관, 1930, 82면, 25전.	소설	盧益馨(노익형)	1930.12
039	九死一生	경성 발행 - 노익형 저작발행, 박문서관, 1930, 84면.	소설	盧益馨(노익형)	1930.12
040	사랑의 無情	경성 발행	소설	盧益馨(노익형)	1930.12
041	結草報恩 小說	경성 발행 - 유연성 작, 대성서림, 1930. 75면, 30전	소설	姜殷馨(강은형)	1930.12
042	불상한 남매	경성 발행 - 에브너-에센바흐 작, 역자미상, 대성서림, 1930, 35전.	번역 소설	姜殷馨(강은형)	1930.12
043	快男兒 벽창호	경성 발행 - 송경환, 동양대학당, 1930.	소설	宋敬煥(송경환)	1930.12
044	郭汾陽實記	경성 발행	역사물	宋敬煥(송경환)	1930.12
045	엉터리들	경성 발행	소설로 추정	宋敬煥(송경환)	1930.12
046	善竹橋	경성 발행	소설로 추정	高丙敎(고병돈)	1930.12
047	熱情	경성 발행	소설로 추정	姜夏馨(강하형)	1930.12

048	申叔舟夫人傳	경성 발행	소설로 추정	高丙敎(고병돈)	1930.12
049	亂影	경성 발행 - 최독견 작, 조선일보, 1927.9.30~1928.3.7(121회 완)	소설	申玟雨(신민우)	1930.12
050	嗚呼天命 小說	경성 발행 - 월파 작, 영창서관, 1926, 79면.	소설	姜義永(강의영)	1930.12
051	愛人의 淚 小說	경성 발행 - 유석조 작, 영창서관, 1934, 30전.	소설	姜義永(강의영)	1930.12
052	第一江山 小說	경성 발행 - 강의영 저작발행, 영창서관, 1928, 110면, 40전.	소설	姜義永(강의영)	1930.12
053	劉忠烈傳	경성 발행	소설	姜夏馨(강하형)	1930.12
054	淑英娘子傳	경성 발행	소설	宋敬煥(송경환)	1931.01
055	졔마무젼	경성 발행	소설	宋敬煥(송경환)	1931.01
056	靑春紅顔	경성 발행 - 작자미상, 대성서림, 1926, 1원. - 『이팔청춘(대성서림, 1926)』 권말 판권지의 '신간서적광고'에 '戀愛美談 靑春紅顔'이라고 제목이 표기되어 있다.	소설	姜殷馨(강은형)	1931.01
057	明成皇后實記	경성 발행	역사물	金東縉(김동진)	1931.01
058	血淚夢	경성 발행 - 서병수 작, 대성서림, 1926.	소설	姜殷馨(강은형)	1931.01
059	무엇이그女子를그러케맨들엇나	경성 발행	소설로 추정	韓慶錫(한경석)	1931.01
060	설음의 사정	경성 발행 - 백남신 작, 대성서림, 1927.	소설	姜殷馨(강은형)	1931.01
061	말못할 事情	경성 발행 - 영창서관 편, 영창서관, 1935. - 『강명화전(영창서관, 1935)』 권말 '영창서관 발행 신소설 목록'에	소설로 추정	韓榮愚(한영우)	1931.01

		'말못할사정'이라고 제목이 표기되어 있다. 영창서관에서 펴낸『신간도서목록』에 '永昌書舘 編 말못할事情'이라고 표기되어 있다.			
062	落花流水	경성 발행	소설로 추정	姜義永(강의영)	1931.01
063	映畵小說 名金	경성 발행 - 에머슨호작, 윤병조 역, 신명서림, 1920; 경성서관, 1921. - 참고 : 미국 유니버설사의 전 50권짜리 모험활극『The Broken Coin』을 번안한 것이다. 신명서림 본의 표지에 '探偵冒險小說 名金The Broken Coin'이라고 표기되어 있으며, 영화에 나오는 배우들의 사진이 표지와 속지에 실려 있다.	소설, 번역, 번안	姜義永(강의영)	1931.01
064	戀愛小說 참사랑은 이럿타	경성 발행 - 리소하 작, 태화서관, 1931, 51면, 25전.	소설	姜夏馨(강하형)	1931.01
065	趙雄傳	경성 발행	소설	姜殷馨(강은형)	1931.01
066	病든 青春	경성 발행 - 춘성 작, 영창서관, 1931, 80전. -『운명의진주(영창서관, 1931)』권말 서적 광고에 '春城 作 高級名作小說 病든青春'이라고 표기되어 있다. 영창서관에서 펴낸『신간도서목록』에는 '春城 編'이라고 표기되어 있다.	소설로 추정	姜義永(강의영)	1931.01
067	多情多恨	경성 발행 - 성원 작, 영창서관, 1928, 63면, 25전.	소설로 추정	姜義永(강의영)	1931.01
068	美人의 最後	경성 발행 - 작자미상, 덕흥서림, 1934. -『백의미인(덕흥서림, 1934)』권말 판권지 상단의 '京城德興書林新刊	소설로 추정	金東縉(김동진)	1931.01

		書籍廣告'에 '美人의最後'라고 제목이 표기되어 있다.			
069	白衣人	경성 발행	소설로 추정	姜義永(강의영)	1931.01
070	無情花	경성 발행	소설로 추정	盧益馨(노익형)	1931.01
071	小公子 少年小說	경성 발행	번역 소설	姜義永(강의영)	1931.01
072	權益重傳 古代小說	경북 발행	소설	金基鴻(김기홍)	1931.01
073	苦樂의 눈물	경성 발행 - 강하형 저작발행, 태화서관, 1927, 98면.	소설로 추정	姜夏馨(강하형)	1931.01
074	牽牛織女 小說	경성 발행 - 작자미상, 서지불명, 77면.	소설	高丙敎(고병돈)	1931.01
075	起死回生 小說	경성 발행 - 작자미상, 태화서관, 1929. -『만화방창(태화서관, 1929)』권말 광고에 '悲劇小說 起死回生'이라고 제목이 수록되어 있다.	소설	姜夏馨(강하형)	1931.01
076	無情歲月 小說	경성 발행	소설	姜夏馨(강하형)	1931.01
077	無情의 淚	경성 발행 - 박철혼 작, 서지불명.	소설	姜範馨(강범형)	1931.01
078	淑香傳	경성 발행	소설	宋敬煥(송경환)	1931.01
079	古代小說 三國大戰	경성 발행	소설	宋敬煥(송경환)	1931.01
080	劉忠烈傳 古代小說	경성 발행	소설	宋完植(송완식)	1931.01
081	林慶業傳 古代小說	경성 발행	소설	宋完植(송완식)	1931.01
082	韓厚龍傳 古代小說	경성 발행	소설	宋敬煥(송경환)	1931.01

083	나무아미타불 古代小說	경성 발행	소설	宋敬煥(송경환)	1931.01
084	花月夜 小說	경성 발행 - 화주 작, 태화서관, 1931, 58면.	소설	姜○馨(강O형)	1931.01
085	無情 동무	경성 발행	소설로 추정	姜範馨(강범형)	1931.02
086	天下將軍	경성 발행	소설로 추정	尹用爕(윤용섭)	1931.02
087	花氏傳	경성 발행	소설	尹用爕(윤용섭)	1931.02
088	極夜聲	경성 발행	소설로 추정	張錫煥(장석환)	1931.02
089	深靑傳 3판	경성 발행	소설	姜夏馨(강하형)	1931.02
090	丙子胡亂實記	경성 발행	역사물	姜義永(강의영)	1931.02
091	戀愛哀話 片戀 再版	경성 발행	소설로 추정	姜殷馨(강은형)	1931.02
092	신빠드航海記	경성 발행	번역물	朴裕玉(박유옥)	1931.02
093	갈리버旅行記	경성 발행	번역물	朴裕玉(박유옥)	1931.02
094	이소프童話集	경성 발행	번역물	朴裕玉(박유옥)	1931.02
095	여호페나드傳	경성 발행	번역물	朴裕玉(박유옥)	1931.02
096	漁龍傳	경성 발행	소설	宋敬煥(송경환)	1931.02
097	사랑하는그들	경성 발행	소설로 추정	金振玉(김진옥)	1931.02
098	로빈손漂流記	경성 발행	번역물	朴裕玉(박유옥)	1931.02
099	杏花村	경성 발행 - 김송규 저작발행, 광한서림, 1931, 64면, 25전.	소설로 추정	金松圭(김송규)	1931.03
100	林巨丁傳	경성 발행	소설	姜夏馨(강하형)	1931.03
101	戀愛의 淚 (小說)	경성 발행 - 작자미상, 세창서관, 1935.	소설	尹用爕(윤용섭)	1931.03

2. 『조선출판경찰월보』에서 발견된 소설 목록

〈朝鮮出版警察月報 출판금지 처분 소설 작품 목록〉

NO	제목	내용 및 정보	분류	작가, 발행인	수록
001	道僧四溟堂	경성 발행, 일부 제한 9.15일 – 치안 방해 혐의 / 언문 소설	소설	閔杰(민걸) – 산업지광, 월간여성휘보 발행인 – 高裕相 발행	1928.09
002	英雄の涙	내용 생략 – 잡지가 아니고 소설로 보임	잡지	지나 상해서방	1928.09
003	永遠의 無情		잡지	姜義永 발행	1928.11
000	道僧四溟堂	삭세 출판물 11.12일	단행본	고유상 발행	1928.11
004	伏魔殿	경성 발행, 치안부 제한출판물 1.10일 – 경북 어느 부호의 이야기를 다루고 있음	신소설	金昇默(김승묵) 발행	1929.01
005	鳳凰琴		잡지	강의영 발행	1929.01
006	宣祖大王戰亂實記	경성 발행, 치안 위반 – 임진왜란 기사를 다룬 점	소설 언문	李鍾楨(이종정) 발행	1929.02
007	青春의 奪夜(탈야)	익산군 발행, 치안 위반 – 소작료 불납 운동, 지주 타파 내용 문제	소설 언문	許翻(허도) 발행	1929.02
008	永遠의 涙	경성 발행, 치안 위반 – 금전 및 사랑과 관련하여 자결하는 이야기	소설 언문	盧益煥(노익환) 발행	1929.02
009	多情의 涙	경성 발행, 치안 위반 – 법률상 죄가 도덕상 죄가 아니라는 이야기 –『옥단춘전(신구서림, 1931)』 권말 판권지의 '신구서림최신간서적목록'에 '多情의涙'라고 제목이 표기되어 있다.	소설 언문	盧益煥(노익환) 발행	1929.02

010	長恨의 靑春	경성 발행, 치안 위반 - 의사 나석주 사건의 배경을 묘사 불온	소설 언한문	宋完植(송완식) 발행	1929.03
011	朝鮮童畵選集	경성 발행, 치안 위반 - 金魚, 자유사상 풍자 전파 불온	동화 조선문	姜義永(강의영) 발행	1929.05
012	生의 血淚	경성 발행, 치안 위반 - 3·1운동에 대한 이야기 불온 - 민족자결주의 약소민족해방 등 다룸 - 백의 항쟁 다룸	소설 언한문	李斗星(이두성) 발행	1929.06
013	人情	경성 발행, 치안 위반 - 필리핀 학생, 동아시아 무궁화 성심 - 천주 부활 기도 등	단행본 언한문	金永根(김영근) 발행	1929.09
014	長篇小說 村こ闘フ	자세한 내용 없음	단행본 일본어	전국농민 예술연맹	1929.10
015	四季長春 愛情小說	만주 발행, 치안 위반	소설 조선문	高麗共產靑年會 1925년 4월 18일 서울에서 조직된 공산주의 청년동맹 조직	1930.01
016	明成皇后實記	경성 발행, 치안 위반 - 명성황후 시해 관련 역사 소설	역사 소설 언문	姜範馨(강범성) 발행	1930.01
017	童話集 漂流少年	발행처 미상, 치안 위반	단행본 조선문	-	1930.07
018	戀愛行進曲	경성 발행, 풍속 위반 - 풍려장(風呂場)에서 나체의 미인이 남자의 품에 안긴다는 이야기	소설 언한문	鄭道永(정도영)	1930.09
019	曙海短篇小說集(紅焰)	경성 발행, 치안 위반 - 金이라는 富豪가 자기 자식의 病을 치료하기 위해 雇人을 죽여 그 人肉을 藥으로 使用하였다는 문구	소설	崔鶴松(최학송)	1931.02

020	映畵小說 亞細亞의 大動亂	경성 발행, 치안 위반 - 징기스칸의 이야기	소설 언한문	韓鋼(한강)	1931.06
021	(歷史小說) 秋山 李恒黙	경성 발행, 치안 위반 - 조일합방 비판 사유	소설 조선문	朴玄實(박현실)	1932.09
022	狂女	회령 발행, 치안 위반 - 家庭이 파탄되는 農民의 현실 묘사	소설로 추정	許水萬(허수만)	1933.07
023	亞友聲	충주 발행, 치안 위반 - 모순된 사회와 농부의 현실 묘사	소설로 추정	池福文(지복문)	1933.08
024	바람개비 (風車)	경성 발행, 치안 위반 - 노동자의 결사 투쟁 묘사	소설로 추정	姜義永(강의영)	1933.09
025	人夫の死	경성 발행, 치안 위반 - 불공평한 사회와 빈한한 백성 묘사	소설로 추정	姜義永(강의영)	1933.09
026	東方の愛人	경성 발행, 치안 위반 - 小說을 통해 獨立運動家들의 活動을 묘사하고 活動組織의 必要性을 주장	소설	沈熏(심훈)	1933.10
027	怪青年	경성 발행, 치안 위반 - 林虎라는 滿洲 某團員이 軍資金募集을 위해 朝鮮 内 富豪를 襲擊해 現金을 强奪한다는 내용	소설	方仁根(방인근)	1934.02
028	長篇大衆小說 亂影 廣告ビラ (전단)	경성 발행, 치안 위반	소설 광고	대성서림	1934.11
029	天下奇傑 許生과 洪總角	경성 발행, 치안 위반 - 홍길동의 자유 이상국 수립	동화 혹은 소설	李元珪(이원규)	1934.11
030	群像 삼봉이네 집 三峰の家	경성 발행, 치안 위반 - 三峰의 가족이 거주하는 토지에 대한 일본의 수탈과 그들의 분노	소설	韓圭相(한규상)	1935.05

031	暴風前夜	경성 발행, 치안 위반 - 朝鮮의 政治運動과 社會運動 상황을 반영	소설 조선문	咸大勳(함대훈)	1935.07
032	聖母	경성 발행, 치안 위반 - 朝鮮語의 우수성 강조와 해외운동 소식 등 民族主義를 고취하는 내용의 소설	소설 조선문	李泰俊(이태준)	1936.03
033	黑風	경기 발행, 치안 위반 - 勞資間의 階級意識 강조와 淸末 革命思想을 통해 革命意識을 고취	소설 조선문	盧益亨(노익형)	1936.05
034	戀愛小說 妓生의 淚	경성 발행, 풍속 위반 - 秋月香과 李相和가 同宿하는 장면을 묘사	소설	申泰三(신태삼)	1937.01
035	戀은 淚인가	경성 발행, 풍속 위반 - 강간 장면 삭제	소설	曺俊鄕(조준향)	1937.05
036	現代小說 봄을 맞아	작자 미상, 발행소 불명, 풍속 위반 - 筆致가 淫猥煽情的이어서 禁止	소설	-	1937.07
037	(長篇小說) 人生問答	작자 미상, 발행소 불명, 풍속 위반 - 煽情的 場面을 描寫해 禁止	소설	-	1937.07
038	(人情小說) 아름다운 黃菊	풍속 위반 - 男女의 性慾葛藤을 煽情的으로 記述해 禁止	소설	-	1937.07
039	風雲韓末秘錄	경성 야담사 발행, 치안 위반 - 金弘集의 屍體에 대한 殘酷한 描寫로 風敎를 해쳐 削除	역사물	김홍집 야담사 발행	1937.08
040	創作集 人情部隊	발행 불명, 치안 위반 - 人生特級이라는 글을 통해 藝術文化를 빙자하여 民族意識을 앙양	소설	盧子泳(노자영)	1938.02
041	錦囊秘話	경성 발행, 풍속 위반 - 불륜관계의 가정을 저주하고 무산대중을 위한 투쟁 운운하며 전편에 걸쳐 亂倫關係를 저열하게 描述	소설로 추정	崔演澤(최연택)	1938.03

000	아리랑고개	경성 발행, 치안 위반 –'異端의 봄'이라는 글이 韓日合倂 당시의 자신의 祖父의 過激思想 등을 인용하면서 民族意識을 고양시켰다는 이유로 삭제	–	金文輯(김문집)	1938.09
042	아리랑고개	경성 발행, 풍속 위반 –남녀 애정을 다룬 소설	소설	盧益亨(노익형)	1938.09
043	소설가 구보씨의 일일	경성 발행, 치안 위반 –軍人의 態度를 揶揄한다는 이유로 삭제 처분 –제7장 다방에서 군인의 모습을 묘사함에 있어서 안녕 위반	소설	金鍊萬(김연만)	1938.10

3. 『조선총독부금지단행본목록』 수록 목록

〈조선총독부 금지단행본목록 수록 조선 발행 문학–역사물 목록(1928.10–1941.1.31.)〉

NO	제목	주유 해제	발행인 / 작가	처분일	발행연월
01	偉人金玉均	경성 신구서림 치안 방해	吳宗燮(오종섭)	1940	1926
02	永遠의 夢想	경성 창문당 치안 방해	梁天昊(양천호)	1939	1939
03	永遠의 無情	경성 영창서관 치안 방해	姜義永(강의영)	1940	1928
04	繪像 靈蹟實記	경성 천도교총부 치안 방해	丁元燮(정원섭)	1940	1915
05	甲午東學亂	경성 金東縉 치안 방해	彰文堂(株) 김동진	1937	1930
06	奇人奇事錄	경성 崔演德 치안 방해	崔演德(최연덕)	1937	1923
07	月南 李先生 實記	경성 치안 방해	金遉東(김정동)	1940	1927

08	月南李商在	경성 월남사회장의위원회 치안 방해	李時琓(이시완)	1940	1929
09	荒野에 우는 小鳥	경성 창문당서림 치안 방해	梁天昊(양천호)	1940	1927
10	새로 핀 無窮花	경성 창문당서림 치안 방해	梁天昊(양천호)	1940	1915
11	女工의 노래	미상 치안 방해	미상	1930	-
12	四季長春 愛情小說	미상 치안 방해	고려공산당청년회 高麗共産青年會 만주총국 상무위원회 발행	1930	1930
13	蔣介石實記	경성 문화서림 치안 방해	宋憲奭(송헌석)	1939	1915
14	旋風時代	경성 한도(한성도서) 치안 방해	韓奎相(한규상)	1940	1934 초 1938 3판
15	西部戰線은 조용하다	경성 조선야소교회 치안 방해	彼得(피득)	1940	1930
16	魂	경성 한도(한성도서) 치안 방해	鄭然圭(정연규)	1940	1924
17	朝鮮의 얼골	경성 글벗집 치안 방해 현진건의 창작집	玄鎭健(현진건)	1940	1926
18	壬辰名將 李如松實記	경성 덕흥서림 치안 방해	金東縉(김동진)	1940	1933
19	無軌列車	동경 土民社 조선어로 발행 치안 방해 시 작품집	-	1934	1934

20	無窮花 꼿송이	경성 姜義永 치안 방해	姜義永(강의영)	1937	1927
21	無情의 꿈	경성 박문서관 치안 방해	盧益亨(노익형)	1941	1937
22	無情의 설음	경성 영창서관 치안 방해	姜義永(강의영)	1941	1933
23	李朝戰亂史	경성 치안 방해	權秉悳(권병덕)	1939	1935
24	李舜臣實記 (小說)	경성 박문서관 치안 방해	崔瓚植(최찬식)	1940	1925
25	레닌 一生記	경성 치안 방해	姜鳳會(강봉회)	1940	1927
26	露國革命史와 레닌	경성 신생활사 치안 방해	百雅悳 (백아덕-베커)	1939	1922
27	露國革命小史	경성 삼광서림 치안 방해	姜範馨(강범형)	1939	1923

4. 『불허가출판물병삭제기사개요역문』 수록 처분 목록

〈불허가 출판물 병 삭제기사 개요역문(1927.08~1928.08)〉

NO	제목	불허가 및 삭제 요지	발행인, 작가 정보	서지 연도
001	조선역사창가집 (朝鮮歷史唱歌集)	조선의 名勝地와 名人을 稱讚한 朝鮮讚美歌	盧永鎬(노영호)	1927.08
002	조선농인 (朝鮮農人)	고솔의 小作料 등으로 朝鮮 農民들은 점차 몰락하고 있으며 압록강 두만강을 넘어 滿洲로 이주하는 농민들이 증가, 農民들이 地主에게 대항하기 위해서는 단체 혹은 조합이 필요한데, 이를 組合運動이라고 한다는 내용	呂運弘(여운홍)	1927.08

003	효종 (曉鍾)	'藝術運動의 新方面' 및 '朝鮮旅行感想'이라는 글을 통해 藝術運動은 政治鬪爭으로 전환해야 하며 藝術이라는 특수성을 가지고 大衆獲得運動 즉 階級的 敎化運動을 전개해야 한다고 주장하고, 朝鮮의 無産大衆은 征服者의 壓迫과 資本家의 壓迫을 二重으로 받고 있다고 주장	白松溪(백송계)	1927.08
004	동국전란사 (東國戰亂史)	朝鮮 歷史에서 戰亂에 관한 기사를 뽑아 編纂한 것으로 그 내용 중 壬辰倭亂과 관련해서는 倭亂 당시의 虐殺을 상세히 묘사함	姜斅錫(강효석)	1927.08
005	무궁화 (無窮花)	'견고한 正義의 觀念을 培養하자'라는 글을 통해 朝鮮의 社會運動과 文壇運動이 그 방향을 바꾸는 시기에 『無窮花』 역시 農村少年 등에게 새로운 희망을 주기 위해 재정비할 것이라는 내용	李元珪(이원규)	1927.08
006	신인간 (新人間)	朝鮮의 社會制度 改革과 大衆運動 指導者의 자격요건	李敦化(이돈화)	1927.08
007	현대문예집 (現代文藝集)	政治와 經濟에 대한 一考'라는 글을 통해 朝鮮人 經濟 破滅의 주요원인은 최근 朝鮮의 政治的 變動과 관련이 있다는 내용	高光圭(고광규)	1927.08
008	별나라 (星の國)	1895년 프랑스와 오스트리아의 전쟁시 斥候兵으로 적의 動靜을 살피다 사망한 프랑스 소년의 이야기로 愛國思想 고취	安俊植(안준식)	1927.08
009	사조 (思潮)	有産階級이 無産階級을 禽獸와 같이 생각하는 현상은 어떤 사회제도에서 나타나는가를 밝히고 잘못된 제도를 개조, 현재의 文學運動은 프롤레타리아運動과 호응해 프롤레타리아의 해방을 위해 진행되어야 한다는 내용	金永祺(김영기)	1927.08
010	동광 (東光)	無窮花의 의미에 대한 설명 및 愛國歌 소개	朱耀翰(주요한)	1927.08

011	독불장군 (獨不將軍)	壬辰倭亂 당시 四溟堂이 일본에 건너가 風雲造化의 法術로 日本王의 虐待를 물리치고 항목문서를 받아왔다는 이야기	趙在善(조재선)	1927.08
012	사종 (社鍾)	'自力으로 自覺하자'는 글을 통해 현재의 정치적 경제적 불만을 극복하기 위해 외부의 힘이나 영웅의 출현 혹은 요행을 바라지 말고 오직 자신의 처지를 自覺하는 것이 중요하다는 내용	李用三(이용삼)	1927.08
013	사회과학연구통신강좌 (社會科學研究通信講座)	仁下青年會 敎養部에서 회원 교양용으로 발행해 제공한 책으로 無産階級國家의 정부는 전 인민에게 생활보장의 의무가 있으며, 전 인민에게 노동의 기회를 부여해야 한다는 내용과 자본주의국가에서는 노동자들의 노동의 기회를 박탈하고 있다고 서술	閔泳得(민영득)	1927.08
014	노동운동 (勞動運動)	勞動運動 指導者들은 全體勞動者의 승리를 위해 未組職勞動者를 組織하는 것이 중요, 朝鮮은 하나의 지역 내에 産業別組合의 支部와 青年團體 및 기타 그 목적을 함께 하는 단체들이 地方評議會 혹은 地方協議會를 조직하고 이를 토대로 全國的 組織의 결성을 촉진, 勞動組合의 투쟁은 日常的인 經濟鬪爭에서 출발하는 것이고 새로운 프롤레타리아적 秩序를 건설해야할 임무가 있다는 내용	姜禹(강우)	1927.08
015	잡지 함안 (雜誌)咸安	農民生活의 統計를 읽고'라는 글에서 朝鮮米의 유출은 증가하고, 農政의 각 방면에서 産米增殖 自作農創定 棉作擴張 實業教育을 주창하나 조선 농민의 생활은 날로 열악해지고 있다는 내용	申明均(신명균)	1927.08
016	노동운동 (勞動運動)	'勞動者여'와 '狂老婆'라는 글을 통해 勞動運動 고취	姜禹(한우)	1927.08

017	종 제이호 (鐘 第二號)	'無産階級의 教育과 그 前途'와 '無産階級의 藝術'이라는 글을 통해 대다수 無産階級의 교육기관 不備와 절대다수의 文盲을 보며 불합리한 제도와 불공평한 인간사회를 원망하고, 無産者는 계급적으로 단결해 階級을 조직함으로써 無産階級의 예술을 창출할 수 있다고 하면서 새로운 無産階級의 교육이 필요하다고 주장	俞東濬(유동준)	1927.09
018	대중신어사전 (大衆新語辭典)	勞動問題 勞動階級 勞動權에 대한 용어 설명	洪性德(홍성덕)	1927.09
019	조선소년 (朝鮮少年)	'돌아온 者의 悲哀'라는 제목의 詩로 朝鮮民族의 처지를 비유	朴潤元(박윤원)	1927.09
020	조선상업휘보 (朝鮮商業彙報)	'經濟運動에 대한 考究'라는 글에서 朝鮮의 資本家들은 우선 企業에 착수해 다수의 생활을 救濟하고 동시에 經濟的 復興運動의 실현을 도모해야 한다는 내용	金英喆(김영철)	1927.09
021	학창 (學窓)	'『學窓』은 우리들의 큰 벗(友達)'과 '勇敢하게 나가자'라는 글을 통해 少年運動 鼓吹 및 煽動	閔大鎬(민대호)	1927.09
022	소년계 (少年界)	朝鮮의 魂이 비등한 소년용사의 친구에게 지상에 평화의 왕국을 건설하자는 내용의 少年運動의 鼓吹	崔永澤(최영택)	1927.09
023	일당기사 (一堂記事)	金允植 및 李容植 등이 日本政府와 미국 대통령에게 제출한 조선의 독립을 요구하는 내용의 글, 李完用 등이 궁녀를 시켜 고종의 음식에 독을 넣어 고종을 시해한 사건과 三一運動에 대한 서술	金明秀(김명수)	1927.09
024	증보 대동기사 (增補 大東記事) 증보대동기년	乙巳條約 締結 당시의 전후 상황, 헤이그密使事件, 韓日合邦 당시의 정황 등에 대한 서술, 乙巳條約 締結, 閔泳煥 및 趙秉世 등의 自決, 헤이그密使事件, 헤이그平和會義, 李儁의	金炳業(김병업)	1927.09

		憤死, 高宗의 禪位, 韓日合併, 安重根의 伊藤博文 暗殺		
025	불교 (佛敎)	佛敎思想에 비유하여 米穀政策 批判	權相老(권상로)	1927.09
026	동창 (同窓)	現下 勞動者의 形勢를 볼 때 勞動이 과연 神聖한가라는 의문	趙乙男(조을남)	1927.09
027	과격파의 유래 (過激派의 由來)	러시아共産黨의 유래에 대한 내용, 社會民主勞動黨 第二回 大會, 社會民主勞動黨 第三回 大會	辛哲鎬(신철호)	1927.09
028	고려양조 (高麗釀造)	現下 朝鮮人 經濟狀態 破滅의 원인 중 하나는 日本人의 朝鮮 移住라는 내용	劉公民(유공민)	1927.09
029	동조 (同助)	農村의 근본문제를 해결하기 위해 행정가들은 農村振興 農村教育啓發 産米增殖 副業奬勵 등을 외치지만 조선농민들이 경작할 토지를 상실하고 있는 현재 이 모든 것은 무용지물이라는 내용	吳祥根(오상근)	1927.09
030	낙양지 (洛陽誌)	萬東廟 건축에 대해 朝廷에 獻議한 李重明의 上疏와 廟庭碑銘	具瓚書(구찬서)	1927.09
031	백합 (白合)	『白合』의 使命은 自發的으로 우리의 知識을 향상시킬 土臺를 鞏固히 하는 것이라는 내용	발행인 미상	1927.10
032	신인간 (新人間)	地上天國 건설의 新理想은 현재의 불완전한 사회와 불철저한 생활 및 부패한 제도를 新社會 新生活 新制度로 바꾸는 것이라며 사회제도의 개혁을 주장하고, 人間性과 自然主義는 안으로는 인간의 정신적 不自然을 제거하고 밖으로는 사회의 물질적 不自然을 제거함으로써 천국으로 가는 大教化를 베푸는 것이라는 내용	이돈화	1927.10
033	조선상업휘보 (朝鮮商業彙報)	有産階級과 無産階級이 共存共榮하려면 먼저 有産階級의 반성과 무산자에 대한 인격 존중을 먼저 실천해야 한다는 내용	金英喆(김영철)	1927.10

034	소녀계 (少女界)	조국을 떠나 滿洲나 間島로 떠나간 동포를 구제해야 한다는 내용	발행인 미상	1927.10
035	성서강대 (聖書講臺)	20세기의 철학 과학 예술 정치 종교 산업 등은 모두 自己의 救濟를 목표로 하는데 국가간의 전쟁도 중국의 張作霖의 행동도 京城의 高樓巨閣에 사는 사람의 행동도 모두 자신만의 구제를 위한 것이라는 내용	발행인 미상	1927.10
036	조선소년 (朝鮮少年)	希望의 新年을 맞이하자는 내용	朴潤元(박윤원)	1927.10
037	열성어진 (列聖御眞)	楊經理와 刑軍門에 준 宣祖의 御製文	발행인 미상	1927.10
038	'글벗' 문우 (文友)	'同謀(友達)여'와 '兩人의 죽음'이라는 시로 獨立運動 고취와 階級鬪爭 선동	발행인 미상	1927.10
039	별나라 (星の國)	독일이 프랑스를 공격할 때 국경지대의 살던 어린 학생의 이야기 "沈着ナル少年" 소설 제목	安俊植(안준식)	1927.10
040	임진동란 사명당전 (壬辰動亂 四溟堂傳)	壬辰倭亂 당시의 상황과 四溟堂의 大阪城에서의 활동	발행인 미상	1927.10
041	조선농민 (朝鮮農民)	平安北道 龍川에 소재한 不二農場의 小作爭議	발행인 미상	1927.10
042	작의 여행 (雀의 旅行)	'어린 友達여'와 '人은 昔日의 忠僕을 忘하고' 등의 글을 통해 朝鮮의 現實과 少年運動 煽動	발행인 미상	1927.10
043	신인간 (新人間)	朝鮮 救濟의 길은 農民運動에 있는데 天道敎의 역사적 배경이나 투쟁적 훈련을 볼 때 天道敎가 가장 적합하다는 내용	이돈화	1927.10
044	효종 (曉鐘)	思想上으로 본 學生問題'라는 글에서 朝鮮의 學生은 被壓迫階級 被搾取階級에 대한 충실한 투사로서 그 임	백헌(白憲) 주간, 안국동 白光社 발행 잡지	1927.11

		무를 다해야 한다고 주장하고, '平野의 가을을 보며'라는 글에서 수확을 앞둔 가을 농촌을 보면서도 농촌의 현실을 생각하면 농민의 피폐만 생각이 난다는 내용		
045	무궁화 (無窮花)	都市勞動少年과 農村少年이 제휴해 新朝鮮의 주인이라는 표어 아래 용감하게 전진하자는 내용과 農村少年은 農村少年會로 모이자는 내용	李元珪(이완규)	1927.11
046	소년계 (少年界)	1924년 上海에서 중국인 노동자가 살해된 사건이 도화선이 되어 일어난 五州運動에 대한 설명, 조선의 소년잡지는 조선 소년에게 朝鮮語와 文字를 알려주는 大使命을 가지고 있다는 내용	崔永澤(최영택)	1927.11
047	별나라 (星の國)	朝鮮의 주인공으로 희망을 포기하지 말자는 내용	安俊植(안준식)	1927.11
048	동트는 조선 (黎明의 朝鮮)	조선의 비참한 현실 비유한 소설 내용 : 대동인쇄소 사장 남백작(부호)의 아들 남상훈과 여동생 남상순이 피서를 위해 석왕사를 방문 여관에 투숙, 괴한을 만나나 그 괴한을 통해 조선 노동자의 현실 이야기를 듣게 되고, 기독교의 희생정신에 의탁하여 현실을 개혁하자는 비판적인 내용을 담고 있음. 교육 강조.	발행인 미상	1927.11
049	향양초 (向陽草)	豪雄 간디에 대한 글	발행인 미상	1927.11
050	춘광휘보 (春光彙報)	性賣買와 新女性에 대한 생각	발행인 미상	1927.11
051	무궁화 (無窮花)	朝鮮少年을 구제하기 위한 少年運動	李元珪(이완규)	1927.11
052	노농로국혁명 헌법개론 (勞農露國革命 憲法概論)	러시아 三月革命에 대한 내용	발행인 미상	1927.11

053	무릉 (武陵)	無産階級의 자녀에게 교육받을 기회를 제공하기 위해 夜學을 개설한다는 내용	발행인 미상	1927.11
054	소년조선 (少年朝鮮)	사회의 중추로서 농촌소년은 소년회에 입회하고 문맹을 타파하는데 앞장서야 한다는 내용, 月桂樹에 얽힌 카르타고의 장군 한니발과 로마 소녀의 일화	崔順貞(최순정)	1927.11
055	상계타임즈 (商界타임즈)	'産業革命史觀'이라는 글에서 産業革命 이후 富益富 貧益貧 현상의 심화로 階級鬪爭이 나타났다는 내용 서술	발행인 미상	1927.11
056	한빛 (大光)	『한빛(大光)』은 朝鮮의 知識 培養을 목적으로 한다는 創刊辭, 民族과 歷史의 중요성 강조	李灝(이호)	1927.11
057	유장군극량실기 (劉將軍克良實記-壬辰兵亂)	壬辰倭亂 당시의 상황 서술	발행인 미상	1927.11
058	활부녀 (活婦女)	人類의 本能的 自然衝動의 욕구가 解放이기 때문에 婦女解放 역시 필요하다는 내용	金順福(김순복)	1927.12
059	신인간 (新人間)	現下 조선의 현실을 보면 조선인 대다수는 경제적 착취와 정치적 압박을 받으며 살고 있다는 내용	이돈화	1927.12
060	노동야학독본 (勞動夜學讀本)	영국 미국 러시아 등과는 다른 조선의 노동 상황 서술	유길준(兪吉濬)	1927.11
061	조선소년 (朝鮮少年)	朝鮮의 소년소녀들을 위해 朝鮮語 朝鮮文 歷史 등을 교육해야 한다는 내용, 檀君을 통한 朝鮮의 유구한 歷史 강조	朴潤元(박윤원)	1927.12
062	별나라 (星の國)	月桂樹에 얽힌 카르타고의 군대와 로마 소녀의 일화를 통해 애국심 고취	安俊植(안준식)	1927.12
063	동명시보 (東明時報)	세계개조의 기운에 순응해 各人天賦의 생명을 창달하고 고유한 生榮을 발휘하기 위해 『東明時報』를 창간하	강릉에서 발행된 신문	1927.12

		였다는 창간사(初聲), '朝鮮의 經濟的 破滅의 原因'이라는 글에서 경제적 의식의 薄弱과 일본인의 무제한 이주 등이 조선의 경제적 파멸의 원인이라는 서술, '無產階級이 본 法律組織'이라는 글에서 治安維持法은 오로지 지배적 지위에 있는 利用階級을 위한 법률이라고 비판		
064	조선상업휘보 (朝鮮商業彙報)	朝鮮 商人들은 불필요한 소비로 資本增殖을 방해받고 점원 역시 불리한 배당을 받고 있다는 내용, 湖南 및 大邱 地域 商街 巡訪記	金英喆(김영철)	1927.12
065	분투 (奮鬪)	勞動階級의 日常鬪爭은 階級鬪爭의 기본이라는 내용, 경기도 포천군 가산면 방축리에서 피폐한 농촌 진흥을 목적으로 李華組合이 조직되었다는 내용	경성 화광사	1927.12
066	어린이 (少年)	壬辰倭亂 당시 四溟大師, 진주기생 論介, 평양기생 桂月香의 의기와 담력	편저자 방정환(方定煥)	1927.12
067	처녀의 애상 (處女の哀想)	社會主義者로 구속된 가족의 파멸을 묘사한 '悲歌'라는 제목의 소설	발행인 미상	1927.12
068	소년계 (少年界)	民族을 위해 자기의 피와 땀을 바치는 소년이 되자는 내용	崔永澤(최영택)	1927.12
069	노동운동 (勞働運動)	無產大衆에게 문화의 혜택을 어떻게 줄 것인가	李恒發(이항발)	1927.12
070	별건곤 (別乾坤)	言論의 自由가 없는 朝鮮의 현실 비판, 朝鮮總督府의 產米增殖 鐵道網 完成 水產業開發 등 정책 비판, 사라진 光化門에 대한 단상	車相瓚(차상찬)	1927.12
071	성서강당 (聖書講堂)	기독교 복음을 전파하는 일은 약소민족 유태인과 비슷한 조선인이 적격이라는 내용 * 목차에는 성서강당으로 되어 있으나 내용에는 성서강대라 표기됨. 성서강대가 맞는 것으로 보임.	성서 강대사	1927.12

072	동사요감 (東史要鑑)	寺內正毅가 李完用 등과 협의해 정권을 탈취하고 朝鮮總督府를 설치	발행인 미상	1927.12
073	소년조선 (少年朝鮮)	새해를 맞아 世界一週를 몽상하던 소년의 새로운 각오, 장래 국가의 주인공인 조선소년은 자기의 天分을 발휘해 百折不屈의 태도로 나아가라는 내용	丁洪敎(정홍교)	1927.12
074	경제연구 (經濟硏究)	관공리 은행원 등의 中産層의 無階級意識 비판, 통계상 商工業은 장족의 발전을 보이고 있으나 朝鮮人은 오히려 生活難의 고통을 받고 있다는 내용	徐康百(서강백)	1927.12
075	별나라 (星の國)	月桂樹에 얽힌 카르타고의 군대와 로마 소녀의 일화를 통해 애국심 고취	安俊植(안준식)	1927.12
076	생의 성 (生의 聲)	新興文藝의 수립을 목표로 대중의 생활의식을 촉진시키고, 종래의 문화에 마비된 사이비 진리관의 제거에 노력함을 강령으로 한다는 『生의 聲』 雜誌社의 趣旨書	황해도 황주 생의성사	1927.12
077	석하집 (石荷集)	『石荷集』에 실린 壬辰倭亂 당시의 상소문과 韓日協約說에 대한 글	조선 말기의 문신 안종덕(安鍾悳)의 시문집.	1927.12
078	실업계 (實業界)	現下 日本의 國體를 알면 日本의 國民性의 傳統的 歷史를 볼 수 있다는 내용	金東煥(김동환)	1927.12
079	무궁화 (無窮花)	신년을 맞아 少年運動 煽動	李元珪(이원규)	1927.12
080	한빛 (大光)	새해를 맞아 檀君을 追慕, 朝鮮人은 歷史가 있는 民族	李灝(이호)	1927.12
081	신인간 (新人間)	조선인의 경제적 생활을 살펴보면 생산과 소비에서 모든 경제력을 상실하였다는 내용	이돈화	1927.12
082	학창 (學窓)	新年을 맞아 少年運動 煽動	山崎正介 (산기정개)	1927.12

083	가정시보 (家庭時報)	새해를 맞이해 海外에서 漂浪하는 여성 동포들을 위로함	金順福(김순복)	1927.12
084	근세구주사회 운동가평전 (近世歐洲社會 運動家評傳)	레닌 평전	발행인 미상	1927.12
085	새벗 (新友)	이탈리아 少年兵 나팔수의 이야기를 통한 愛國心 고취	高丙敦(고병돈)	1927.12
086	상계타임쓰 (商界타임즈)	노예제 폐지론자이자 노예제 폐지론 잡지인 『解放』을 발간한 로이드 개리슨에 대한 생각, 레닌의 無產階級 獨裁國家 건설 이야기, 레닌이 혁명을 추진할 때 부르짖던 빵을 달라는 말	발행인 미상	1927.12
087	어린이 (少年)	公立普通學校에서 추출된 선생을 비유한 植民地 教育政策 비판	차상찬	1927.12
088	노동운동 (勞動運動)	無產大衆에게 문화의 혜택을 어떻게 줄 것인가	李恒發(이항발)	1927.12
089	종 (鐘)	少年運動의 필요성 역설 및 獨立運動者를 모델로 한 소설 -"勝利ヲ 得ル迄" 소설 제목임. "승리를 얻을 때까지"	발행인 미상	1928.01
090	최영숙의 눈물 (崔英淑의 淚) 戀愛悲劇	三一運動으로 복역하고 출감하는 애인을 동료들과 환영한다는 이야기	발행인 미상	1928.01
091	자활 (自活)	物產奬勵運動에 대한 신념, 朝鮮經濟復活運動에 대한 각계의 견해, 世界各國의 物產奬勵運動 狀況 등 기술	金錫協(김석협)	1928.01
092	자활 (自活)	아일랜드의 獨立運動과 自作自給運動 소개	金錫協(김석협)	1928.01
093	노동운동 (勞動運動)	現行 警察制度와 法에 대한 비판	姜禹(강우)	1928.01
094	혜성 (惠聲)	惠山 青年의 團結 및 實力養成 촉구와 朝鮮經濟問題의 해결방안, 苦鬪라는 제목의 연극 대본	차상찬	1928.01

095	개정화양지 (改正華陽誌)	壬辰倭亂 당시 朝鮮을 도와준 萬曆帝의 공을 칭송	金鼎鎭(김정진)	1928.01
096	소녀계 (少女界)	日本에서 民族差別에도 불구하고 열심히 살아가는 소년이야기	발행인 미상	1928.01
097	노동야학독본 (勞動夜學讀本)	勞動節의 기원과 의미	유길준	1928.01
098	새벗 (新友)	보통학교 졸업생에 대한 당부와 洪景來亂에 대한 소개	고병돈	1928.01
099	백웅 (白熊)	임신한 채로 경찰에 끌려가게 된 가난한 농부의 딸 이야기(연극)와 두만강을 건너는 사람들의 마음을 그린 시 -"女": 희곡 -"片想": 인간의 투쟁을 소재로 다룬 시 -"豆滿江岸의 秋夜": 시	백웅사	1928.01
100	무궁화 (無窮花)	지주의 착취를 고발하는 글 및 在滿朝鮮人에 대한 중국관헌의 압박을 일본의 사주로 설명하는 글	李元珪(이원규)	1928.01
101	열풍 (熱風) 小說	영국군에 저항한 인도의 아지메아聯隊 소속 사치야라는 인도인의 재판과정을 묘사한 소설	발행인 미상	1928.01
102	토등 (土燈)	朝鮮共産黨事件 피의자들이 옥중에서 죽거나 고통을 받고 있지만 호소할 곳이 없다는 이야기	발행인 미상	1928.01
103	조선소년웅변집 (朝鮮少年雄辯集)	朝鮮을 떠나 滿洲로 떠날 수밖에 없는 朝鮮人의 비참한 사정과 朝鮮 少年의 團結과 분투의지를 고취하자는 글	발행인 미상	1928.02
104	별건곤 (別乾坤)	六十萬歲運動은 智識分子들에 의해 전개되었다는 내용과 平壤에서의 妓生들의 시위참여활동 등을 소개	차상찬	1928.02
105	신인간 (新人間)	崔麟에 대한 인물평과 일본의 청소년 군사교육의 실체가 폭로되었다는 내용	이돈화	1928.02

106	한빛 (大光)	滿洲의 옛 강역을 회복하자는 내용과 사회민족에 봉사하는 정신을 학생들이 가져야 한다는 이야기	李灝(이호)	1928.02
107	조선소년 (朝鮮少年)	걸식하는 노파를 도와준 하녀 숙자의 이야기 : 동화 "母樣의 賴ミ"	朴潤元(김윤원)	1928.02
108	별건곤 (別乾坤)	무모한 투쟁에 대한 경계와 모든 인간은 권리를 가지고 태어났다는 것의 우주적 필연성에 대한 글	차상찬	1928.02
109	자력 (自力)	朝鮮은 발전했으나, 오히려 朝鮮人은 궁핍해지고 노예의 상태에 있다는 글	安凞濟(안희제)	1928.02
110	생의 성 (生의 聲)	資本主義의 성장 속에서 처참한 상황에 처한 朝鮮人과 朝鮮農民들의 참상	황해도 황주 생의성사	1928.02
111	무궁화 (無窮花)	자신이 다니는 공장의 사장 딸을 사랑하던 職工少年이 사장의 반대에도 불구하고 階級鬪爭 속에서 이를 극복하게 된다는 소설	李元珪(이원규)	1928.02
112	노동운동 (勞動運動)	女性運動家이자 社會運動家였던 朴元熙에 대한 추도사	姜禹(상우)	1928.02
113	중앙교우회보 (中央校友會報)	六十萬歲運動의 경과와 학생들의 상황, 中央高等普通學校 학생들의 萬歲示威	玄相允(현상윤)	1928.02
114	학창 (學窓)	독일군에 포위당한 파리성의 용감한 프랑스 소년 이야기 -"애국미담불란서의 위(愛國美談佛蘭西의 爲	閔大鎬(민대호)	1928.02
115	현대부인 (現代婦人)	女性解放이 실현되어야 하고 더불어 그 해방은 勞動問題의 해결과 보조를 같이한다는 주장	이정화 (현대부인사 주간)	1928.02
116	노농로서아의 교육 (勞農露西亞의 教育)	소비에트연방의 교육정책과 프롤레타리아 독재하의 국민교육에 대한 소개, 러시아共産黨 第八回 大會, 러시아革命	발행인 미상	1928.02

117	백웅 (白熊)	中國에 망명하였다가 죽은 革命家에 대한 추도와 革命家 부인에 대한 감상	백웅사	1928.03
118	조선농민 (朝鮮農民)	朝鮮農民社의 社規와 활동방침	李晟煥, 崔斗善, 車相讚, 金起田, 趙基栞, 金明煥, 田畯成	1928.03
119	계우 (桂友)	유태인의 역사와 근면성을 본받자는 글과 독립운동의 길에 들어선 P라는 주인공의 삶을 그린 소설 -"疑問의 小包": 자유 평등 등에 자각한 소년 p가 독립운동에 참여하는 내용	權悳奎(권덕규)	1928.03
120	소년조선 (少年朝鮮)	돼지와 양 및 소와 백정을 소재로 일본의 침략을 비판하는 동화 2편 -豚와 羊과 羔 -牛와 白丁	崔順貞(최순정)	1928.03
121	인종의 침묵 (忍從의 沈黙)	白衣民族과 京城勞動者의 비참한 상황	발행인 미상	1928.03
122	마르크스 사상의 진상	空想的 社會主義 이래의 社會主義思想 변천과정과 맑스주의의 논리	발행인 미상	1928.03
123	새벗/신우 (新友)	새 학기를 맞이하여 약자의 설움을 벗어나기 위해 열심히 공부하자는 내용	高丙敦(고병돈)	1928.03
124	하동청년 (河東青年)	『河東青年』의 창간취지와 가족 친구 관계를 극복함으로써 새로운 운동윤리를 창출하고 運動線을 재조직하는 청년을 모델로 한 소설 -"소설 동천홍": 좌익 투쟁 윤리 확립 등의 내용이 수록되어서 치안 방해로 삭제	하동청년동맹	1928.03
125	단탁 / 단택 (檀鐸)	檀君이 物質文明의 폐해를 극복할 수 있게 할 수 있을 것이라는 글과 物質文明의 폐해를 저주한다는 글	신진문화사	1928.03
126	소공독본 (小供讀本)	독일군에 저항한 프랑스 소년의 이야기	발행인 미상	1928.03

		-"國歌"(불란서 소년 이야기), "白鳥村(동화)"		
127	무궁화 (無窮花)	연못을 독점하려다 죽은 물고기 우화와 階級意識에 눈떠가는 소년이야기 -"鮒魚と泉(붕어와 샘)", "愛情深ィ勞動少年"	李元珪(이원규)	1928.03
128	창작시대 (創作時代)	노동자 농민 중심의 전체적 社會運動의 필요성을 논하는 글 및 自由戀愛 실현을 위한 社會革命의 선결적 필요성과 階級鬪爭의 필연성을 논한 글	발행인 미상	1928.03
129	유물사관해설 (唯物史觀解說)	社會主義體制의 작동원리 및 社會主義者의 실천방향	唯物史觀解說, 「히만고-터」 原作 朴世光 譯	1928.03
130	루씨학우 (樓氏學友)	女權伸張을 위해 경제적 운동에서부터 단계적으로 노력해야 한다는 졸업생에 대한 당부	원산 루씨여자 고등보통학교 교우회 발행	1928.03
131	현대부인 (現代婦人)	資本主義制度의 극복을 통해 여성문제도 해결될 것이라는 주장	이정화 (현대부인사 주간)	1928.03
132	토등 (土燈)	억압적 세상에 저항하는 남자의 이야기와 韓末 義兵 출신으로 獨立運動에 몸 바친 홍영감이라는 노인의 이야기 -"乙南의 父", "母子", "北國의 夜"(홍영감이야기)	발행인 미상	1928.03
133	불교 (佛敎)	일본 보통선거에 불교계가 진출한다는 소식	權相老(권상로)	1928.03
134	신인간 (新人間)	馬賊과 中國官憲에 핍박받으며 사는 長白縣의 朝鮮人 이야기	李敦化(이돈화)	1928.04
135	한빛 (大光)	朝鮮人의 朝鮮史를 연구하여 國粹를 되살려야 한다는 주장	李灝(이호)	1928.04
136	생의 성 (生の 聲)	獨立運動으로 옥사한 박군의 이야기와 지주를 죽이고 도망한 청년에 대한 소설 -"朴君の死ンダ日" -"愛着"	황해도 황주 생의성사	1928.04

137	세계미담보옥집 (世界美談寶玉集)	조국을 위해 희생한 애국소년들의 일화	발행인 미상	1928.04
138	별나라 (星의 國)	普通教育도 제대로 받지 못하는 교육실정과 졸업 후에도 갈 길이 없는 조선인 졸업생들의 비참한 현실에 대한 고발	安俊植(이준식)	1928.04
139	조선소년웅변집 (朝鮮少年雄辯集)	朝鮮이 부활하기 위해서는 근면과 단결의 정신이 필요하다는 주장	발행인 미상	1928.04
140	동화약보 (同和藥報)	거미를 잡은 벌의 이야기 -"足長蜂の 話"	閔仁復(『同和藥報』 발행인)	1928.04
141	경성청년동맹 발기선언서 (京城青年同盟 發起宣言書)	노동청년 중심으로 단일하게 통일된 청년대중단체의 조직을 주장	발행인 미상	1928.04
142	朝鮮の 春 조선의 봄 (學生詩集)	비참한 노동자와 고향을 떠난 외로운 마음 및 선구자의 의지를 다룬 시 -"斷腸の笛", "可愛相ナモノ(가애상한 것)", "行進曲"	발행인 미상	1928.04
143	소년계 (少年界)	장래의 신조선을 만들어갈 소년들에 대한 부모의 태도	崔永澤(최영택)	1928.04
144	학창 (學窓)	취학난을 비롯한 조선사회의 비참한 현상	閔大鎬(민대호)	1928.04
145	과학세계 (科學世界)	국제적 생존경쟁에서 살아남기 위해서는 과학기술지식의 보급이 중요하다는 주장	申洪均(『科學世界』 발행인)	1928.04
146	계 (別乾坤)	조선역사상 가장 훌륭한 인물들에 대한 소개와 조선민족은 문화력이 우수하다는 글	차상찬	1928.04
147	불교 (佛教)	大邱慈惠病院과 大邱驛을 본 소감으로 시혜적인 병원도 실은 착취적 기관이라는 비판	權相老(권상로)	1928.04
148	노동운동 (勞動運動)	勞動運動의 역할과 전세계 약소민족의 단결을 주장하는 글	李恒發(『勞動運動』 발행인)	1928.04

149	사명당젼 (四溟堂傳)	壬辰倭亂 당시 四溟堂의 활약	발행인 미상	1928.04
150	새벗 (新友)	해외의 조선소년의 의무가 막중하다는 글	高丙敦(『새벗(新友)』 발행인)	1928.04
151	무궁화 (無窮花)	닭장의 닭을 통해 조선인의 처지를 비유한 동화와 독일과 프랑스 소년의 애국심을 다룬 글 – 동화 "鵃鷄の冒險" – 소설 : "眞の勝利"	李元珪(이원규)	1928.04
152	청뢰 (晴雷)	靑年運動의 政治運動으로의 전환과 民族的單一黨의 건설을 위해 無産靑年이 주도하는 靑年運動組織을 조직해야 한다는 주장을 담은 창간취시서	김해 청년회 발행의 벽보 신문	1928.04
153	한빛 (大光)	人義를 숭상하고 남을 침략하지 않는 조선민족의 정신	李灝(이호)	1928.04
154	자력 (自力)	勞動解放과 婦人解放이 일치함을 주장하는 글	安凞濟(安熙濟, 『自力』 발행인)	1928.04
155	여성의 성 (女性의 聲)	보편적 인긴으로서의 女性解放과 男女平等 주장	발행인 미싱	1928.04
156	메이데이를 맞이하는 무산계급의 사명	메이데이의 의미와 유래를 설명한 글	발행인 미상	1928.05
157	신인간 (新人間)	韓末 孫秉熙의 활동과 一進會와의 관계	李敦化(이돈화)	1928.05
158	어린이 (少年)	소년운동의 방침과 소년노동자의 비참한 삶	차상찬 관여	1928.05
159	조선농민 (朝鮮農民)	朝鮮農民會의 결의사항과 농민들의 실태	李晟煥, 崔斗善, 車相讚, 金起田, 趙基栞, 金明煥, 田畯成	1928.05
160	조선상업휘보 (朝鮮商業彙報)	조선인 소상인들의 상황과 소상인 보호를 주장	金英喆(김영철)	1928.05

161	신동화전선 (新童話戰線)	피터란 어린 주인공을 통해 資本主義의 폐해를 풍자하고 共産主義를 선전하는 동화 -“マッチの話”, “水瓶の話”	발행인 미상	1928.05
162	백웅 (白熊)	資本主義社會의 모순을 경험하고 혁명을 일으킨다는 꿈 이야기 -“夢の日記”	백웅사	1928.05
163	진리의 성 (眞理の城) (童話)	금전은 진리 앞에 무너진다는 내용으로 階級鬪爭을 풍자한 동화	금철(琴澈) 譯 : 方琴澈	1928.04
164	절제생활 (節制生活)	소년 등을 교육하는데 있어 절제생활의 교육이 가장 중요하다는 주장	吳基善(『節制生活』 발행인)	1928.05
165	여시 (如是)	文藝家는 민중의 입장에서 민중을 위하여 민중 속으로 들어가야 하는 것이 근본정신이라는 주장	李鍾律(『如是』 발행인)	1928.05
166	현대부인 (現代婦人)	목차에는 32페이지 수록으로 되어 있으나 실제 내용에는 없음.		1928.05
167	생의 성 (生の聲)	조선민족의 파멸을 막기 위해 노력하겠다는 각오와 자본주의모순에 대한 고발	황해도 황주 생의성사	1928.05
168	동방문예 (東方文藝)	친일 잡지사와 그 기자의 횡포를 고발	발행인 미상	1928.05
169	창조 (創造)	취해서 술집여자나 자신이나 모두 노예라고 주정하는 남자의 이야기 -“夜半の雜感”, “kの一夜”	발행인 미상	1928.05
170	신인간 (新人間)	韓末 孫秉熙의 활동과 一進會와의 관계	李敦化(이돈화)	1928.05
171	조선농민 (朝鮮農民)	자아충실을 위한 갱생운동을 벌여야 한다는 주장	李晟煥, 崔斗善, 車相讚, 金起田, 趙基栞, 金明煥, 田畯成	1928.05
172	가정시보 (家庭時報)	女性運動에는 계급적 자각이 먼저 필요하고 無産階級運動과의 상호협조가 중요하다는 주장	金順福(『家庭時報』 발행인)	1928.05

173	조선소년 (朝鮮少年)	滿洲에서 핍박받는 朝鮮人들에게 실력양성이 필요하다는 것을 계몽하는 소설과 소년들의 분발을 촉구하는 글 - 涙の功課"(短篇小說)" - 치안방해 - 고국을 그리워하고, 소년들의 각오를 촉발하는 내용 ** 중외일보에 연재되었음 : 이명식 "눈물의 공과" - 1928.07.09~14(13일 제외) (5회 연재) : "소년 소설" 표기 있음. - 조선 땅을 밟아보지 못한 소년의 이야기	李明植(이명식)	1928.05
174	무릉 (武陵)	조선인은 기아 속에서 먹기 위해 투쟁할 수밖에 없으며, 허영심이 있는 이상 사회의 투쟁은 계속될 수밖에 없다는 내용	발행인 미상	1928.05
175	임진병화 절대명기 계월향전(壬辰兵火 絕代名技) 桂月香傳(小說)	壬辰倭亂 때 名妓 桂月香이 金應瑞와 함께 왜장 小西行長을 죽이고 자결하였다는 이야기	발행인 미상	1928.06
176	자본주의의 발달 (資本主義の發達)	資本主義 주요 법칙과 프롤레타리아의 존재 그리고 자본주의 제도의 모순으로 나타나는 失業과 恐慌 등에 대한 설명	발행인 미상	1928.06
177	조선주보 (朝鮮週報)	大衆과 環境 개선을 위해 흘리는 눈물의 價値와 無産階級으로서의 覺醒을 朝鮮女性에게 촉구하고, 朝鮮同胞들이 해외 곳곳에서 참혹한 상태에 빠져있음을 강조	李根燮(『朝鮮週報』 발행인)	1928.06
178	언론집회결사 자유획득 (言論集會結社 自由獲得)	朝鮮民族은 일제히 궐기하여 기본권인 言論集會結社의 自由를 획득해야 한다고 주장	발행인 미상	1928.06
179	인도혁명과 간디 (印度革命とガンヂ)	印度의 혁명가 간디가 英國 식민지인 인도의 현실을 깨닫고 非暴力 無抵抗主義로 民族解放運動을 지도함	발행인 미상	1928.06

180	어린이 (少年)	京城에서 느낀 빈부차별을 어머니에게 편지로 씀, 순박한 마을사람들이 근대문물로 변해가는 내용의 동화, 미국독립전쟁 때 정찰병을 돕다가 죽게 되는 로버트라는 소년의 이야기 -"鐘ガ鳴ラネバ"(종이 울리네)	차상찬	1928.06
181	한빛 (大光)	新羅의 勃興이라는 내용과 金玉均이 社會改革을 하기 위한 革命運動에서 외세에 의존한 태도를 비판함	李灝(이호)	1928.06
182	새벗	소녀의 몸으로 나라를 지키려 했던 리우가 척후병에게 부상을 입어 죽게 된 이야기 -"勇敢ナル少女"	高丙敦(『새벗(新友)』 발행인)	1928.06
183	과학세계 (科學世界)	科學의 發達로 자유와 평등 그리고 現代文明의 발전을 가져왔으나 새로운 경쟁과 사회모순을 낳고 있음	申洪均(『科學世界』 발행인)	1928.06
184	말세론 (末世論)	유태인이 국가를 잃은 후에도 민족정신을 보존하여 발전하였으며, 露西亞의 민족자결주의에 의해 민족을 규합하여 독립을 도모함, 朝鮮에 赤化運動의 기운이 나타남	발행인 미상	1928.06
185	한빛 (大光)	도태에 빠져있는 조선사회의 오래된 舊習을 비판	李灝(이호)	1928.06
186	노동운동 (勞動運動)	東亞日報社에서 추진하던 文盲退治運動이 社會主義運動으로 불온하다고 禁止시켰으나 文盲退治는 반드시 필요한 權利임을 강조	李恒發(『勞動運動』 발행인)	1928.06
187	연애심리학 (戀愛心理學)	性慾과 性交에 대한 설명 기타 : 風俗壞亂	발행인 미상	1928.06
188	별나라 (星の國)	운동과 문학에 특수한 재능을 가졌던 중국 소년 陳虞欽이 南京路事件으로 죽게 된 이야기, 上海日本領事館에 체포된 先生을 구하기 위해 학생대표들이 영사관 방문	安俊植(안준식)	1928.06

189	제삼편유물사관해설 (第三編唯物史觀解說)	資本主義 발달에 階級矛盾이 점차 심화되므로 이를 극복하기 위한 社會主義的 新社會 건설이 필요함	唯物史觀解說, 「히만고-터」 原作 朴世光 譯 동아일보 1927.9.15 기사	1928.06
190	별건곤 (別乾坤)	宦官과 결혼한 여자가 성욕의 충동을 이기지 못하고 간통 한 사건에 대한 誌上審判廷 기타 : 風俗壞亂	차상찬	1928.06
191	현대부인 (現代婦人)	특수한 환경에 처한 사람으로서의 고통과 여성으로서의 고통을 가진 존재로서 자기 존재인식을 올바로 할 것을 주장	이정화 (현대부인사 주간)	1928.06
192	백치 (白雉)	아름다운 말과 마음 내신 無言의 행동과 돌과 같은 堅固한 마음을 지녀야 한다는 것과 사형집행을 앞둔 한 사형수의 심정을 서술	평양 중심의 신구문인	1928.06
193	세계동화걸작전집 (世界童話傑作全集)	한 마을에 걸식하는 이를 박대했던 부자가 있었는데 이들에게 재앙이 내려지고 걸식하던 이가 서로 사랑하고 단결하는 새로운 마을을 만들게 된다는 이야기	高長煥(고장환)	1928.06
194	여시 (如是)	丁酉再亂 시기 朝鮮의 試鍊과 戰鬪狀況], 丁酉再亂	李鍾律(『如是』 발행인)	1928.06
195	사회진화의 과정 (社會進化の過程)	私有財産制度의 발달은 다시 共産制의 再來를 초래할 것이고 이를 위해서는 의식적인 社會改造가 필요함	발행인 미상	1928.07
196	사회생리학개설 (社會生理學槪說)	목차에는 『사회생리학개관』으로 되어 있음. 『社會生理學槪說』. 社會生理學의 의의와 여타 社會科學과의 관계 그리고 인간의 욕구와 價値說 및 分配論을 설명	발행인 미상	1928.07

197	협동조합운동의 실제 (協同組合運動の實際)	資本主義制度의 결함을 보완하기 위한 자구책으로서 協同組合運動이 시작되었고 新興諸國들이 모두 협동조합에 의해 경제적 기초를 형성하고 있음	協同組合運動社 發行	1928.07
198	조선소년 (朝鮮少年)	가난에 못이겨 조국을 버리는 심정, 유복한 어린 시절을 보내던 福實은 아버지가 행방을 감춘 후 근근히 생계를 이어가다가 北間島로 떠난다는 내용 -"조국을 떠나는 심정", "복실이의 눈물"(한글 제목) "祖國チ去リナガラ", "涙??殘??福實"	朴潤元(박윤원)	1928.07
199	조선기독교보 (朝鮮基督教報)	선교사들이 조선인에 대해 차별대우를 하기 때문에 조선인들이 선교사를 배척함, 유태인들이 정부건설계획 중 猶太聖地復興事業을 계획함	발행인 미상	1928.07
200	성서강대 (聖書講臺)	政治 自由와 經濟 自由 뿐 아니라 生死의 自由가 진정한 人格의 自由이며 영원불멸한 것임	발행인 미상	1928.07
201	별건곤 (別乾坤)	朝鮮의 商工家들은 단결해야 하며 우리 물산의 수출에 노력해야 함을 주장하고, 일본유학의 어려움을 지적	차상찬	1928.07
202	신문춘추 (新聞春秋)	巴里 유학생활과 在佛 동포들의 실정을 소개하고, 일본여자의 음란함을 지적한 글 소개	金乙漢(『新聞春秋』 발행인)	1928.07
203	동창회보 (同窓會報)	풍년에도 불구하고 농민들은 기근을 벗어나지 못하므로 동창회원들은 부르주아 의식의 탈피와 운동의 조직화를 추진할 것을 독려함	발행인 미상	1928.07
204	조선유람가 (朝鮮遊覽歌)	朝鮮 疆土를 禮讚함으로써 잃어버린 마음의 秘珠를 찾고자 한다는 내용	崔南善(최남선)	1928.07
205	한성도서출판시보 (漢城圖書出版時報)	현재 朝鮮은 新人의 出現을 절실하게 바라고 있다는 내용	한성도서	1928.07

206	신소년 (新少年)	師範學校 試驗에서 財産調査 때문에 낙방한 억울한 사연을 친구에게 편지로 전함, 자신이 해야 할 일을 아는 것이 진정한 愛國이라는 내용의 교훈	申明均(『新少年』 발행인)	1928.07
207	경제 (經濟)	恒産이 없으면 恒心이 없다는 儒敎의 어구가 朝鮮同胞의 현실을 그대로 말해 줌	발행인 미상	1928.07
208	계우 (桂友)	人類를 위해 죽는 위대한 희생을 주장함, 理想을 實現시키기 위해 犧牲한 위대한 인물들을 칭송함	權悳奎(『桂友』 발행인)	1928.07
209	신인간 (新人間)	하와이 동포사회에 天道敎가 일층 심화되고 있음을 소개함, 朝鮮의 現實은 亂麻와 같이 정치 경제 도덕의 부패가 심함	李敦化(이돈화)	1928.07
210	토등 (土燈)	無産者의 自覺을 위해 敎養事業이 중요함을 강조함, 饑饉에 허덕이는 고통 호소	발행인 미상	1928.07
211	소년조선 (少年朝鮮)	龍成은 社主인 아버지가 직원과 임금을 가지고 다투는 장면을 보고 자기 발아래 신음하는 자의 소리를 통해 자신의 과거를 힐책하는 꿈을 꾸게 된다는 내용 -"龍成の夢"	崔順貞(최순정)	1928.07
212	새벗 (新友)	닭이 개미집을 허물자 개미들이 합심하여 닭을 물리친다는 내용의 동화 -"蟻の宮殿"	高丙敦(『새벗(新友)』 발행인)	1928.07
213	신력 (身力)	조선농민의 생활이 어렵기 때문에 해외 이주를 할 수 밖에 없는 상황이라는 사실과 滿洲産 粟 수입이 조선농민에게 직접 도움이 되지 못한다는 것, 農村子弟敎養의 어려움 등을 서술	발행인 미상	1928.07
214	청년운동의 사명 (靑年運動의 使命)	無産靑年運動은 이론의 실천적 일상적 투쟁에 유효한 운동으로서 전 프롤레타리아 운동의 중요한 부분임을 강조	발행인 미상	1928.08

215	비련의 곡 (悲戀の曲)(小說)	三一萬歲運動을 배경으로 한 悲戀의 曲이라는 소설	발행인 미상	1928.08
216	조선주보 (朝鮮週報)	勞動者들의 처지에 대해 분개하는 내용의 소설 -"叔父ト兄弟"	李根燮(『朝鮮週報』 발행인)	1928.08
217	조선주보 (朝鮮週報)	여성의 쾌감 결핍이 간통사건 발생의 원인이라는 내용 기타 : 風俗壞亂	李根燮(『朝鮮週報』 발행인)	1928.08
218	가정시보 (家庭時報)	人生의 活路에 대한 질문 및 私設會社가 운영하던 버스회사를 관청에 이관하여 운영한다는 내용	金順福(『家庭時報』 발행인)	1928.08
219	별건곤 (別乾坤)	여자기숙사에서 벌어진 비밀스러운 연애사건을 목격한 내용 기타 : 風俗壞亂 -"여자기숙사의 비밀"	차상찬	1928.08
220	별나라 (星の國)	나라에 대한 애정이 깊었던 어린 장사 乭伊가 전투에 나가 용감하게 싸운 이야기 -"幼イ壯士乭伊"	安俊植(안준식)	1928.08
221	성서강대 (聖書講臺)	나라가 없더라도 信仰의 길로 돌아오면 행복하게 된다는 내용	聖書講臺社發行	1928.08
222	신소년 (新少年)	朝鮮의 少年은 조선의 미래를 이끌어갈 주역이라는 글과 공장 감독관이 저지른 만행에도 불구하고 경찰로부터 무죄로 풀려난 데 대한 부당함에 반항한 준선이라는 소년의 이야기 -少年小說 "俊善の罪"(소년소설 준선의 죄)	申明均(『新少年』 발행인)	1928.08
223	룡천검 (龍泉劍)	朝鮮社會 모순을 개혁하기 위해 東學이 일어나게 된 배경과 영향	史鉉必(『龍泉劍』 발행인)	1928.08
224	한빛 (大光)	朝鮮에서도 생활지도에 필수적인 경제적 투쟁을 조장하고 기성관념을 파괴하여 生新한 관념을 부식하는 프로文學이 고조되고 있음	李灝(이호)	1928.08

225	백목강연 (百牧講演)	基督教人의 方向轉換으로 새로운 사회를 탄생시키는 고통을 이겨내자는 내용	발행인 미상	1928.08
226	조선청년의 활로 (朝鮮青年の活路)	朝鮮青年 思想界에 民族主義思想이 강하게 자리 잡고 있고 이것이 世界思想으로 발전해 나갈 수 있음을 주장	崔相鉉(『朝鮮青年의 活路』 발행인)	1928.08

5. 『언문소년소녀독물의내용과분류』 수록 처분 목록

〈언무 소년소녀독물의 내용과 분류 해제(소화 2년 12월(1927.12)~소화 3년 8월(1928.8))〉

NO	제목	내용	발행인, 작가 정보	서지 연도
		민족주의적 독물(民族主義的 讀物)		
001	새벗 (新友)	洪景來가 성장할 당시의 사회가 四色黨의 貴族들에 의해 국가의 정치가 부패하고 파탄에 이르렀음을 지적하는 내용 처분 사유 : "조선의 역사적 인물의 상양(賞揚 : 찬양함)" 제목 : 史談 "洪景來樣"	高丙敦(고병돈)	1928.09
002	조선소년 2권 1호	4261년 전 檀君이 처음 朝鮮을 기원하여 倍達民族이 평화롭게 살 터를 마련하고 文化를 세운 해가 戊辰年임을 논하는 내용 처분 사유 : "조선의 위대성을 드러냄" 제목 : "조선 창조의 군주, 단군을 추억하다."	朴潤元(박윤원)	1928.09
003	조선소년웅변집	獨逸은 世界大戰에서 패망 후에도 전 국민의 근면함으로 다시 복구하게 되었다는 내용 처분 사유 : "조선의 위대성을 드러냄."	발행인 미상	1928.09

004	별나라 12월호	로마가 카르타고에게 패전했을 때 마레라는 소녀가 카르타고의 장군에게 승리의 상징인 월계수 꽃을 뺏기지 않고 로마의 승리를 기원하며 자살한 일화 처분 사유 : "외국인을 통해서 조국을 위한 희생을 강조한다는 점" 제목 : "羅馬의 勇女"	安俊植(안준식)	1928.09
005	소공독본	독일국가 피아노 연주를 강요하며 압박한 독일군을 죽이고 자신도 그들에게 죽임을 당한 프랑스 소년 이야기 처분 사유 : "외국인을 통하여 조국을 위한 희생을 강조한다는 점" 제목 : "國歌"	발행인 미상	1928.09
006	세계미담보옥집 1	이탈리아가 오스트리아의 지배 하에 있을 때 어린 소년이었던 죠셉은 조국의 독립을 결심하고 秘密結社를 조직하는 등 노력을 기울인 결과 이후 獨立戰爭을 일으켜 이탈리아의 완전한 독립을 이루었다는 내용 처분 사유 : "외국인을 통하여 조국을 위한 희생을 강조한다는 점" 제목 : "조국을 위하여"	발행인 미상	1928.09
007	세계미담보옥집 2	프랑스 마을을 점령한 獨逸軍이 촌장에게 3명의 인질을 요구하자 자원자 중 알버트가 목숨을 걸고 최후까지 싸워달라는 유서를 남기고 자결하자 주민들이 결사 항전하여 독일군을 물리쳤다는 내용 처분 사유 : "외국인을 통하여 조국을 위한 희생을 강조한다는 점" 제목 : "고귀한 희생"	발행인 미상	1928.09
008	세계미담보옥집 3	敵國에 군사비밀서류를 팔아넘긴 아버지를 고발한 아들의 이야기 처분 사유 : "외국인을 통하여 조국을 위한 희생을 강조한다는 점" 제목 : "충열의 작은 용사"	발행인 미상	1928.09

009	무궁화 5월호	나라가 패전하더라도 民族意識과 愛國心을 잃지 않아야 진정한 승리라는 내용 처분 사유 : "외국인을 통하여 조국을 위한 희생을 강조한다는 점" 제목 : "진리의 승리"	李元珪(이원규)	1928.09
010	새로운 벗 4권 7호 - 신우? -	여자 몸으로 나라를 위해 일하고 싶어 했던 리우라는 소녀가 적의 동태를 봉화로 알리다가 적의 척후병에 의해 죽게 되었다는 내용 처분 사유 : "외국인을 통하여 조국을 위한 희생을 강조한다는 점" 제목 : "용감한 소녀"	발행인 미상	1928.09
011	별나라 6월호	운동과 문학에 특경수한 재능을 지닌 陳虞欽이라는 소년의 불행한 죽음 처분 사유 : "외국인을 통하여 조국을 위한 희생을 강조한다는 점"	安俊植(안준식)	1928.09
012	어린이 6권 4호	美國獨立戰爭 당시 척후병을 도와주다 영국군에게 죽음을 당한 로버트라는 소녀의 이야기 처분 사유 : "외국인을 통하여 조국을 위한 희생을 강조한다는 점" 제목 : "御前ハ英雄デアル"	편저자 방정환(方定煥)	1928.09
013	신소년 6권 7호	공부를 게을리하는 아들에게 아버지가 자기가 해야 할 일을 잊지 않는 것이 진정한 愛國이라는 교훈을 주는 이야기 처분 사유 : "조국을 위한 희생을 강조한다는 점" 제목 : "진정한 애국자"	申明均(『新少年』 발행인)	1928.09
014	백웅 창간호	豆滿江岸의 秋夜라는 詩 처분 사유 : "조선인의 현재 지위와 비관과 절망을 드러낸다는 점" 제목 : "두만강안의 추야" (시) * 국경 강안의 적막한 밤에, 적막한 시골집에 개 짖는 소리 들리고, 백성	백웅사	1928.09

		은 안다 공포의 습관과 불행한 과거를, 현재 생각만 떠 가네 정도로 해석되는 시이다.		
015	백웅 창간호	國境을 넘는 사람들이라는 民謠詩 처분 사유 : "조선인의 현재 지위와 비관과 절망을 드러낸다는 점" 제목 : "국경을 넘는 사람들" (민요시)	백웅사	1928.09
016	소년조선 제 3호	돼지와 양과 염소의 운명을 다룬 동화 처분 사유 : "조선인의 현재 지위와 비관과 절망을 드러낸다는 점" 제목 : "돼지와 양과 염소(혹은 새끼 양)"	丁洪敎(정홍교)	1928.09
017	소공독본	白鳥村이라는 제목의 동화 처분 사유 : "조선인의 현재 지위와 비관과 절망을 드러낸다는 점" 제목 : "白鳥村"	발행인 미상	1928.09
018	별나라 3권 4호	卒業하는 朝鮮 少年들이 上級學校로 진학하지 못하고 방황하게 될 것을 염려하는 내용 처분 사유 : "조선인의 현재 지위와 비관과 절망을 드러낸다는 점"	安俊植(안준식)	1928.09
019	학창 2권 3호	조선 소년들에게 취학난에 대해 낙담하지 말라고 말하면서 민족의 장래를 위해 열심히 일할 것을 강조하는 내용 처분 사유 : "조선인의 현재 지위와 비관과 절망을 드러낸다는 점" 제목 : "소망"	閔大鎬(민대호)	1928.09
020	무궁화 5월호	鷄舍에 갇혀 자라는 닭과 농부의 대화로 억압받는 삶과 자유를 얻기 위한 용기를 말하는 동화 처분 사유 : "조선인의 현재 지위와 비관과 절망을 드러낸다는 점" 제목 : "鷄의 冒險"(닭의 모험) 동화	李元珪(이원규)	1928.09
021	소년조선 3월호	소들이 白丁의 屠殺을 막기 위해 회의하는 내용의 동화	丁洪敎(정홍교)	1928.09

번호	제목	내용	저자	일자
		처분 사유 : “조선인의 현재 지위와 비관과 절망을 드러낸다는 점” 제목 : “소와 백정” 동화		
022	별나라 12월호	굶주린 양 세 마리가 살기위한 방도에 대해 대화하는 동화 처분 사유 : “위정자를 질시하고 반감을 드러낸다는 점” 제목 : “生途ヲ探”ッテ”(劇)	安俊植(안준식)	1928.09
023	조선소년 2권 1호	노상방뇨를 하다 경찰관에게 들킨 변호사의 임기응변 처분 사유 : “위정자에게 질시하고 반감을 드러낸다는 점” 제목 : “滑稽ナ辯護士”	朴潤元(박윤원)	1928.09
024	처녀의 애상 – 단행본 소설 –	아무 혐의도 없이 경찰에게 끌려간 후 가족들이 모두 自殺 또는 憤死해 한 가족이 파멸되었다는 내용의 소설 처분 사유 : “위정자를 질시하고 반감을 드러낸다는 점” 제목 : “처녀의 애상” 속 “悲歌”라는 제목의 소설	발행인 미상	1928.09
025	별나라	學生들에게 모욕적인 언사를 한 일본인 교사를 同盟休校를 통한 항의로 辭職하게 했다는 내용 처분 사유 : “위정자를 질시하고 반감을 드러낸다는 점”	安俊植(안준식)	1928.09
026	어린이	學校에서 追出된 선생님에 대한 한 학생의 회고 처분 사유 : “위정자에게 질시하고 반감을 드러낸다는 점” 제목 : “축출된 선생님에 대한 추억”(어떤 소년의 고백)	방정환	1928.09
027	무궁화 3권 2호	雪野의 戰이라는 제목의 글로 한나라가 타국인을 寒冬에도 불구하고 국외로 추방하자 이에 대한 同胞救濟의 情況을 서술한 글	李元珪(이원규)	1928.09

		처분 사유 : "위정자를 질시하고 반감을 드러낸다는 점" 제목 : "雪野의 戰"		
028	백웅 창간호	망명객이 국경을 넘어 모국으로 몰래 잠입하는 광경을 담은 나는 보았다 라는 제목의 시 처분 사유 : "위정자를 질시하고 반감을 드러낸다는 점" 제목 : "나는 보았다"(시)	백웅사	1928.09
029	무궁화 3권 4호	평화로운 연못에 새롭게 나타난 흰 붕어로 인한 갈등을 다룬 붕어와 연못이라는 제목의 이야기 처분 사유 : "위정자에게 질시하고 반감을 드러낸다는 점" 제목 : "鮒魚와 泉", 동화	李元珪(이원규)	1928.09
030	별나라 3권 4호	學校敎育制度가 부유한 계급만을 위한 제도임을 비판함 처분 사유 : "위정자를 질시하고 반감을 드러낸다는 점" * 졸업생에게 당부하는 글	安俊植(안준식)	1928.09
031	소년조선 2권 5호	조국을 등지고 중국 땅에서 고생하는 조선동포들을 소년들의 손으로 구하여야 한다는 내용 처분 사유 : "위정자를 질시하고 반감을 드러낸다는 점" 제목 : "涙의 工課" * 단편소설 표지 있음	丁洪敎(정홍교)	1928.09
032	별나라 6월호	선생이 上海 일본영사관 순사에게 구속되자 학생들이 집단 항의를 벌인다는 내용 처분 사유 : "위정자를 질시하고 반감을 드러낸다는 점"	安俊植(안준식)	1928.09
033	조선소년 2권 6호	유복한 어린 시절을 보내던 복실은 아버지가 행방을 감춘 후 군인들에 의해 집은 全燒되고 근근히 생계를 이어가다가 北間島로 떠난다는 내용	朴潤元(박윤원)	1928.09

		처분 사유 : "위정자에게 질시하고 반감을 드러낸다는 점" 제목 : "涙ノミ殘ツタ福實"		
034	별나라 3권 7호	어린 壯士 토리라는 소년의 동화 처분 사유 : "위정자를 질시하고 반감을 드러낸다는 점" 제목 : "어린 장사 돌이"	安俊植(안준식)	1928.09
사회주의적 독물(社會主義的 讀物)				
035	백웅 창간호	片想이라는 제목의 시로 투쟁심을 강조함 처분 사유 : "계급의식을 환기시키는 점" 제목 : "片想", 시	백웅사	1928.09
036	무궁화 3권 2호	태양은 공평하게 비추시만 인간사회는 불공평한 계급차별이 존재한다는 내용 처분 사유 : "계급의식을 환기시키는 점" 제목 : "日記短想"	李元珪(이원규)	1928.09
037	조선소년 2권 2호	부모 없이 하녀 일을 하던 淑子라는 소녀가 불쌍한 노파에게 온정을 베풀다가 쫓겨난다는 내용 처분 사유 : "계급의식을 환기시키는 점" 제목 : "母様ノ 賴ミ"(동화)	朴潤元(박윤원)	1928.09
038	무궁화 3월호	공장 노동자의 아들 孝男과 공장주의 딸 銀順이 사랑하는 사이지만 효남의 아버지가 이를 반대한다는 내용의 鬪爭과 사랑이라는 제목의 소설 처분 사유 : "계급의식을 환기시키는 점" 제목 : "투쟁과 사랑"	李元珪(이원규)	1928.09
039	조선의 봄 - 단행본 시집 - - 학생 시집 -	斷腸의 笛이라는 제목의 시 처분 사유 : "계급의식을 환기시키는 점"	발행인 미상	1928.09

		제목 : "斷腸의 笛", 시 * 공장 노동자의 삶과 기적소리를 빗대어서 심정을 표현한 시.		
040	진리의 성 – 단행본 동화 –	眞理의 城이라는 제목의 동화 처분 사유 : "계급의식을 환기시키는 점" 제목 : "진리의 성"(동화) * 방금철의 중외일보 연재 동화임	금철(琴澈) 譯 : 方琴澈	1928.09
041	조선소년 2권 5호	뜨거운 여름을 이겨내듯이 소년들은 자기를 구속하는 환경을 극복하는 힘을 기르도록 격려 처분 사유 : "계급의식을 환기시키는 점" 제목 : "여름과 우리들"	朴潤元(박윤원)	1928.09
042	소년조선 8호	자산가의 아들인 龍成이 아버지와 노동자 간에 임금 때문에 다투는 모습을 보고 꿈을 꾸었는데 자기 발아래 있는 사람의 목소리를 듣는다는 내용 처분 사유 : "계급의식을 환기시키는 점" 제목 : "龍成의 夢"	丁洪敎(정홍교)	1928.09
043	신소년 6권 8호	공장 직공들에게 온갖 만행을 저지르는 공장 감독관이 경찰에 의해 무죄로 방면되자 俊善이라는 소년이 분노한다는 내용 처분 사유 : "계급의식을 환기시키는 점" 제목 : "俊善의 罪"	申明均(『新少年』 발행인)	1928.09
044	백웅 창간호	딸이 낙태를 하려고 한 사실을 경찰과 의사에게 추궁당하는 장면의 희곡 처분 사유 : "현대사회조직의 불합리를 지적하는 내용" 제목 : "女" (劇 : 희곡)	백웅사	1928.09

045	무궁화 3권 2호	柳敬子의 글을 읽고 독자가 인간사회의 계급 차별에 대해 깨달았다는 내용 처분 사유 : "현대사회조직의 불합리를 지적하는 내용"	李元珪(이원규)	1928.09
046	조선소년웅변집	少年少女들에게 朝鮮心이라는 궁전을 짓자는 내용 처분 사유 : "현대사회조직의 불합리를 지적하는 내용" 제목 : "조선소년"	발행인 미상	1928.09
047	조선의 봄 – 단행본 시집 – – 학생 시집 –	可哀相한 것이라는 제목의 詩 처분 사유 : "현대사회조직의 불합리를 지적하는 내용" 제목 : "가애상한 것", 시	발행인 미상	1928.09
048	소년계 5월호	사회에서 아동을 보호해야 한다고 하면서도 생지옥 같은 환경에서 아동들이 노동하고 있다는 내용 처분 사유 : "현대사회조직의 불합리를 지적하는 내용" 제목 : "給仕의 募集"	崔永澤(최영택)	1928.09
049	어린이 5월호	職業少年들이 겪는 虐待와 悲哀는 朝鮮의 비애이지만 많은 동지의 격려의 글을 읽고 새로운 용기를 가지라는 내용 처분 사유 : "현대사회조직의 불합리를 지적하는 내용" 제목 : "職業少年等의 贈品"	방정환	1928.09
050	어린이 5월호	조선의 소년이 공감하는 다섯 가지 哀訴 처분 사유 : "현대사회조직의 불합리를 지적하는 내용" 제목 : "조선의 소년이 공감하는 다섯 가지 애소"	방정환	1928.09
051	신동화전선	성냥이 인간사회의 불평등을 이야기하는 내용 처분 사유 : "현대사회조직의 불합리를 지적하는 내용"	발행인 미상	1928.09

		제목 : “マッチノ話”, 동화. * 어떤 사람은 산속 별장에서 살고, 어떤 사람은 초가집에서 사는 등 인간사회는 불평등하다는 이야기.		
052	신동화전선	水瓶이 부유한 자를 위해 노동하는 노동자들의 삶을 이야기하는 내용 처분 사유 : “현대사회조직의 불합리를 지적하는 내용” 제목 : “水瓶의 話”	발행인 미상	1928.09
053	조선소년 2권 6호	근면해도 빈궁한 자의 삶과 부유한 자의 삶을 비교하면서 고국의 떠나게 되는 사연을 설명함 처분 사유 : “현대사회조직의 불합리를 지적하는 내용” 제목 : “고국을 떠나게 된 사연”	朴潤元(박윤원)	1928.09
054	신소년 6권 7호	財産調査에서 가난하기 때문에 師範學校 入學試驗에 떨어진 억울한 사연을 친구에게 편지로 전하는 내용 처분 사유 : “현대사회조직의 불합리를 지적하는 내용	申明均(『新少年』 발행인)	1928.09
055	소년계 3권 1호	소년소녀들에게 土産의 泥棒을 討伐하자는 내용 처분 사유 : “혁명운동을 장려하는 내용” 제목 : “조선의 소년소녀여.”	崔永澤(최영택)	1928.09
056	신우(새벗)	인자한 왕이 다스리던 평화로운 나라를 이웃나라가 탐내 침입하자 모두가 최후까지 결사항전의 자세로 싸운다는 내용 처분 사유 : “혁명운동을 장려하는 내용” 제목 : “鳥ガ飛ンデ往ツタ所ヘ”, 동화.	高丙敦(『새벗(新友)』 발행인)	1928.09
057	신우(새벗)	이탈리아를 사랑하는 소년이 愛國心이란 무엇인가를 말함 처분 사유 : “혁명운동을 장려하는 내용”	高丙敦(『새벗(新友)』 발행인)	1928.09

		제목 : "愛用, 少年鼓手의 話", 동화.		
058	조선소년웅변집	少年少女들에게 朝鮮心이라는 궁전을 짓자는 내용 처분 사유 : "혁명운동을 장려하는 내용"	발행인 미상	1928.09
059	무궁화 3권 4호	소년직공인 명철은 사회에서 계급차별의 모순을 깨닫고 다른 직공들에게 목숨을 걸고 생활을 위해 세계평화를 위해 싸울 것을 강조함 처분 사유 : "혁명운동을 장려하는 내용" 제목 : "愛情深イ勞動少年", 아동소설. * "애정 많은 노동소년, 아동소설. 공장소설 직공인 명철은 양복을 입은 일본인 신사와 차별을 당하고 직공들의 조직을 만들어 세계 평화를 위해 싸우자고 함.	이원규	1928.09
060	조선의 봄 - 단행본 시집 - - 학생 시집 -	行進曲이라는 제목의 시 처분 사유 : "혁명운동을 장려하는 내용" 제목 : "행진곡", 시. * 암울한 토굴 속에서 살고 있지만 인내하고 전진하여 나가자는 내용을 담고 있는 시.	발행인 미상	1928.09
061	신우(새벗) 4권 9호	개미집을 닭이 짓밟아 모두 부숴버리자 개미들이 힘을 합쳐 닭을 물리친다는 내용 처분 사유 : "혁명운동을 장려하는 내용" 제목 : "蟻의 宮殿"(개미의 궁전) 동화	高丙敦(『새벗(新友)』 발행인)	1928.09
주의 명시 없이 양자 어느 것으로도 이용할 수 있는 독물				
062	조선소년 2권 1호	신년을 맞아 소년소녀들에게 조선어와 글 역사 사고를 잊지 말 것을 당부하는 내용 처분 사유 : "단결의 미덕을 알리거나 촉구하는 내용"	朴潤元(박윤원)	1928.09

		제목 : "신년에 소년제군에게 알림"		1928.09
063	조선소년웅변집	조선소년들에게 戰線에서 적과 전투함에 있어 단결하자는 내용 처분 사유 : "단결의 미덕을 알리거나 촉구하는 내용"	발행인 미상	1928.09
064	조선소년웅변집	비참한 朝鮮의 현실을 극복하기 위해 조선의 소년들에게 힘을 기르자는 내용 처분 사유 : "단결의 미덕을 알리거나 촉구하는 내용"	발행인 미상	1928.09
065	조선소년웅변집	소년들에게 힘을 기를 것과 단결할 것을 강조하는 내용 처분 사유 : "단결의 미덕을 알리거나 촉구하는 내용"	발행인 미상	1928.09
066	어린이 6권 4호	순박한 마을사람들이 近代文明에 의해 변해가는 모습을 그린 내용 처분 사유 : "단결의 미덕을 알리거나 촉구하는 내용" 제목 : "鍾ガ鳴テネバ", 동화.	방정환	1928.09
067	소년계 3권 1호	孫中山은 어렸을 때부터 큰 奮發心을 가졌기 때문에 커서 나라의 혁명을 일으키는 위대한 인물이 되었다는 내용 처분 사유 : "소년소녀의 큰 각성과 노력을 촉구하는 내용" 제목 : "天下ニ難事ナツ" * 중국 손문 선생의 일대기를 통해 각성 촉구	崔永澤(최영택)	1928.09
068	소년조선 창간호	金貴男이라는 소년이 정월에 世界一周를 하는 꿈을 꾸고 자신도 새로운 사고와 새로운 결심을 가진다는 내용 처분 사유 : "소년소녀의 큰 각성과 노력을 촉구하는 내용" 제목 : "オ正月準備ニ世界一周", 아동소설.	丁洪教(정홍교)	1928.09

069	소년조선 창간호	少年들에게 자기가 가진 天分을 발휘하라는 내용 처분 사유 : "소년소녀의 큰 각성과 노력을 촉구하는 내용" 제목 : "天分ヲ發揮セヨ"	丁洪敎(정홍교)	1928.09
070	별나라	無力한 在來의 少年時代를 탈피해서 프롤레타리아 少年文藝運動으로의 전환이 절대 필요하다는 내용 처분 사유 : "소년소녀의 큰 각성과 노력을 촉구하는 내용" 제목 : "小供諸君ニ"	安俊植(안준식)	1928.09
071	무궁화	新年에는 낡은 정신을 버리고 총체적인 고통을 격퇴할 용기를 길러 진정으로 반가운 새해를 맞이해야한다고 少年들에게 강조 처분 사유 : "소년소녀의 큰 각성과 노력을 촉구하는 내용"	이원규	1928.09
072	학창 제4호	新年을 맞는 少年少女들에게 사회를 위한 大決心을 촉구하는 내용 처분 사유 : "소년소녀의 큰 각성과 노력을 촉구하는 내용" 제목 : "신년에 소년소녀 제군들에게 당부함"	閔人鎬(민대호)	1928.09
073	소녀계 2권 2호	힘을 모아 猛進奮鬪하면 勝利가 온다는 내용 처분 사유 : "소년소녀의 큰 각성과 노력을 촉구하는 내용" 제목 : "친구들에게"	張貞心, 毛允淑 등	1928.09
074	소녀계 2권 2호	海外에서 民族差別과 貧賤差別에 대항하여 活躍하고 있는 姜大權이라는 少年의 美談 처분 사유 : "소년소녀의 큰 각성과 노력을 촉구하는 내용" 제목 : "만리 해외에서 활동하고 있는 백의 무산소년에 대한 미담"	위와 동일	1928.09

075	신우(새벗) 4권 3호	學校生活을 시작하는 三月의 의미 처분 사유 : "소년소녀의 큰 각성과 노력을 촉구하는 내용"	高丙敦(『새벗(新友)』 발행인)	1928.09
076	무궁화 3권 2호	朝鮮에 있는 소년들은 조선을 지켜야 할 주인이라는 내용 처분 사유 : "소년소녀의 큰 각성과 노력을 촉구하는 내용" 제목 : "朝鮮ニ居ル友達へ"	이원규	1928.09
077	조선소년웅변집	少年들에게는 부자유한 생활을 탈피해야할 책임이 있다는 내용 처분 사유 : "소년소녀의 큰 각성과 노력을 촉구하는 내용" 제목 : "우리들의 책임은 다음과 같다"	발행인 미상	1928.09
078	신우(새벗) 4권 4호	신학기를 맞아 조선의 소년소녀들은 新社會를 건설해야 할 중대한 책임을 가진다는 내용 처분 사유 : "소년소녀의 큰 각성과 노력을 촉구하는 내용"	高丙敦(『새벗(新友)』 발행인)	1928.09
079	신우(새벗) 4권 4호	新學期를 맞는 少年들에게 난관을 돌파하고 장애물을 배제할 決心과 勇氣를 가지라고 격려하는 내용 처분 사유 : "소년소녀의 큰 각성과 노력을 촉구하는 내용" 제목 : "決心ト勇氣" "결심과 용기"	高丙敦(『새벗(新友)』 발행인)	1928.09
080	소년계 5월호	어린이날을 맞는 소년들에게 국가와 사회를 총체적으로 짊어지고 나아갈 주역임을 강조 처분 사유 : "소년소녀의 큰 각성과 노력을 촉구하는 내용"	崔永澤(최영택)	1928.09
081	학창 2권 3호	少年들은 朝鮮 運命의 指針을 회전할 원동력이자 책임자임을 강조 처분 사유 : "소년소녀의 큰 각성과 노력을 촉구하는 내용" 제목 : "조선소년제군들"	閔大鎬(민대호)	1928.09

082	신우(새벗) 4권 6호	海外에 있더라도 少年의 義務는 중대하다는 내용 처분 사유 : "소년소녀의 큰 각성과 노력을 촉구하는 내용" 제목 : "海外少年의 義務"	高丙敦(『새벗(新友)』 발행인)	1928.09
083	무궁화 5월호	5월 첫 번째 日曜日의 어린이날에 대한 내용 처분 사유 : "소년소녀의 큰 각성과 노력을 촉구하는 내용"	이원규	1928.09
084	어린이 5월호	어린이날을 맞아 소년운동자들은 웃을 줄 알아야 하고, 울 줄 알아야 하며, 분개할 줄 알아야 한다는 세 가지 교훈 처분 사유 : "소년소녀의 큰 각성과 노력을 촉구하는 내용" 제목 : "소년들에게 우리들이 당부하는 세 가지 공부할 것"	방정환	1928.09
085	어린이 5월호	어린이 날 노래 처분 사유 : "소년소녀의 큰 각성과 노력을 촉구하는 내용" 제목 : "少年デーノ歌". 동요. * 동요. 어린이날 노래. 무궁화 화원 3천리 안에서 원기 있게 성장하는 우리의 동지들 등의 내용을 담고 있음.	방정환	1928.09
086	새로운 벗 4권 7호	白衣無産少年들에게 각성하고, 건설하며, 단결하라는 내용 처분 사유 : "소년소녀의 큰 각성과 노력을 촉구하는 내용" 제목 : "조선의 친구들에게"	발행인 미상	1928.09
087	어린이 6권 4호	京城에 온지 1개월 후에 어머니에게 보내는 편지 처분 사유 : "소년소녀의 큰 각성과 노력을 촉구하는 내용"	방정환	1928.09
088	신소년 6권 8호	소년들은 조선의 소년이며, 조선은 소년들의 조선이라는 내용	申明均(『新少年』 발행인)	1928.09

		처분 사유 : "소년소녀의 큰 각성과 노력을 촉구하는 내용" 제목 : "조선과 소년" * 우리는 조선의 소년이며, 삼천리 강산, 단군 역사 등의 내용.		

6. 『불온소년소녀독물역문』 수록 처분 목록

〈불온소년소녀독물역문 해제(소화 2년 11월, 1927년 11월 발행)〉

NO	제목	내용	발행인, 작가 정보	서지 연도
001	人間一生의 經濟學	처분일 : 1926년 10월 27일 - 학교와 사회에서 階級矛盾을 느낀 龍出이라는 주인공과 선생의 대화 - 치안방해 불허가 처분	발행인 미상	1927.12
002	少年界 4월호	처분일 : 1927년 03월 14일 - 第一回 懸賞雄辯 - 도탄에 빠진 나라와 민족을 구하기 위해서는 나폴레옹와 셰익스피어와 같이 勇士와 文士를 겸비한 인물이 필요하다고 주장 - 치안방해 불허가 처분	崔永澤(최영택)	1927.12
003	少年界 3월호 추가	처분일 : 1927년 04월 09일 地主를 위해 굶주리는 小作人의 삶에 분개한 小作人의 아들 吉龍이 地主를 공격한다는 내용 - 소설 제목 : "吉龍의 悲哀" - 치안방해 불허가 처분	崔永澤(최영택)	1927.12
004	별나라 2권 5호	처분일 : 1927년 04월 13일 - 새 시대의 주역인 소년소녀들에게 워싱턴과 같은 復興家가 되라는 격려의 글 - 치안방해 삭제 처분	安俊植(안준식)	1927.12

005	어린이 3월호	처분일 : 1927년 04월 15일 - 죠셉(쥬세페 가리발디)의 어린시절 오스트리아에 지배를 받으면서 받았던 설움에 대한 일화 - 제목 : 愛國美談 '伊太利의 勇少年' - 치안방해 삭제 처분	편저자 방정환(方定煥)	1927.12
006	소년계 3월호 추가	처분일 : 1927년 04월 20일 - 第二回 懸賞雄辯大會 演說 - 행복한 삶을 얻기 위해서 단결과 근면을 강조함, 조선의 소년소녀들에게 우리의 글과 말 그리고 정신을 배양하자고 주장 -'제2회 현상웅변대회연설기사' 등 1편 - 치안방해 불허가 처분	崔永澤(최영택)	1927.12
007	신인간	처분일 : 1927년 04월 22일 - 소년지도자들에게 舊道德 舊倫理를 버리고 新思想 新智識을 樹立하여 소년운동을 이끌어가자고 주장	李敦化(이돈화)	1927.12
008	별나라 2권 2호	처분일 : 1927년 04월 22일 - 러시아와 폴란드 간의 전쟁 때 폴이라는 폴란드 소년 나팔수가 러시아군이 쳐들어 온다고 경고하는 암호를 불렀다가 죽음에 이른 일화 - 제목 : 애국미담 '소년 나팔수' - 치안방해 삭제 처분	安俊植(안준식)	1927.12
009	별나라 2권 6호 추가	처분일 : 1927년 05월 23일 - 李商在의 서거를 애도하며 나라와 민족을 위해 몸 바친 선생을 배울 것을 강조 - 치안방해 삭제 처분	安俊植(안준식)	1927.12
010	『東亞日報』 「實行에 徹底하라, 兒童保護者會를 보고」	처분일 : 1927년 06월 01일 - 학교교육에서 차별받는 조선인 학생들을 보호하려는 학부형들이 교장의 횡포를 차단하기 위해 郡當局의 月謝金 직접 징수와 朝鮮語敎育	발행인 미상	1927.12

		확대 요구 등을 결의, 兒童保護者會 定期總會 開催, 朝鮮人 本位의 教育 實現 强調 - 치안방해 기사 삭제 및 차압 처분		
011	東亞少年 제 1호	처분일 : 1927년 06월 03일 - 公道와 大勢의 先鋒에서'라는 제목의 글 중 - 百折不撓의 大覺悟로써 최후의 一日까지 健鬪하지 않으면 안 되는 것은 勿論 - 이라는 부분 삭제 - 치안방해 일부 삭제 및 제한 후 허가	김진구(金振九) 주간	1927.12
012	學海 창간호	처분일 : 1927년 06월 13일 - 어느 나라 天子의 명령을 이웃나라에 가서 실행한 勇男과 소년대의 활약에 관한 내용의 동화 - 제목 : 동화 '용감한 소년' - 치안방해 불허가 처분	閔大鎬(민대호)	1927.12
013	신인간 2권 6호	처분일 : 1927년 06월 28일 - 少年運動의 조직화와 지도에 대한 의견, 全國少年指導者大會 - 치안방해 불허가 처분 - 저자 韓元彬	韓元彬(한원빈)	1927.12
014	조선소년 1권 1호	처분일 : 1927년 06월 28일 - 朝鮮의 少年運動을 장려하기 위하여 잡지를 창간하였다는 취지의 권두언, 순사보다 더 높은 경찰관이 되어 가엾은 사람을 돕겠다는 대화를 담은 동화 - 제목 : '고향을 떠난 두 명의 아이' : 아이 갑과 을의 대화 - 치안방해 삭제와 제한 조치	朴潤元(박윤원)	1927.12
015	별나라 2권 7호	처분일 : 1927년 07월 13일 - 北間島에서 고향으로 돌아오는 심정을 담은 내용 - 제목 : '북간도를 떠나 돌아오는 임순' - 치안방해 삭제 처분	安俊植(안준식)	1927.12

016	소년계 2권 8호	처분일 : 1927년 07월 19일 - 獨佛戰爭 시기 부상당한 프랑스 장교를 도와주던 소년이 독일군에게 희생당한 愛國美談, 獨佛戰爭 - 제목 : 미담 '愛國의 淚(눈물)' - 치안방해 삭제 처분	崔永澤(최영택)	1927.12
017	『中外日報』 「朝鮮學生과 夏期休學」	처분일 : 1927년 08월 01일 - 朝鮮의 참담한 현실 및 진로에 대한 과학적 인식과 自暴自棄的인 民衆의 態度를 진작시켜 전민족의 대동단결을 일궈낼 것을 독려하는 내용 - 치안방해 삭제 처분	중외일보사	1927.12
018	무궁화 2권 9호	처분일 : 1927년 08월 06일 - 朝鮮의 社會運動과 文壇運動의 방향이 변했지만 『無窮花』가 새로운 방향을 향해 나간다는 것을 환영하는 취지의 글 - 치안방해 삭제 처분	李元珪(이원규)	1927.12
019	『東亞日報』 「普通學校同窓會問題」	처분일 : 1927년 08월 20일 - 地方에서 상당한 세력을 가지고 있는 普通學校長이 同窓會 會長을 맡는 것에 대해 문제제기를 하고 동창회 개혁을 주장, 淳昌 公立普通學校 同窓會 開催 - 글 제목 : '보통학교 동창회문제' - 치안방해 차압 처분	동아일보사	1927.12
020	조선소년 1권 3호	처분일 : 1927년 09월 03일 - 돌아오는 자의 悲哀라는 제목의 글로 여기서 어머니는 朝鮮을 가리킴 - 제목 : '돌아오는 자의 비애' - 치안방해 삭제 처분	朴潤元(박윤원)	1927.12
021	학창 창간호	처분일 : 1927년 09월 07일 - 학창은 우리들의 큰 벗, 용감하게 나아가라는 내용 - 치안방해 삭제 처분	閔大鎬(민대호)	1927.12

022	소년계 2권 9호	처분일 : 1927년 09월 07일 – 소년들에게 집을 짓는 목공으로 또는 재판장으로 또는 전장의 투사로서 조선을 위한 소년 용사가 되자고 주장 – 치안방해 삭제 처분	崔永澤(최영택)	1927.12
023	『朝鮮日報』 「吉州高普와 警察干涉」	처분일 : 1927년 09월 28일 – 교장이 자식이 전염병으로 죽자 학생들을 동원하여 사택을 소독시키는 등의 일을 자행하자 이에 대해 학부형회 등에서 항의하였으나, 경찰이 오히려 학부형회를 해산시키는 등 경찰권을 남용한 것에 대해 경찰의 사법권 침해라고 주장 – 치안방해 차압 처분	조선일보사	1927.12
024	『中外日報』 「學校鬪爭(二)」	처분일 : 1927년 10월 12일 – 의식적 반동화 資本主義 階級支配를 용이하게 하는 데 복무하는 학교교육을 비판 – 치안방해 차압 처분	중외일보사	1927.12

찾아보기

문한별

현 선문대학교 국어국문학과 교수. 고려대학교에서 학·석·박사를 마치고 민족문화연구원에서 연구교수를 거친 뒤 선문대학교에서 2014년부터 재직하고 있다. 대표 저서로 『한국근대소설양식론』, 공저로 『한국의 근대 문화장의 동역학』, 『근대계몽기 단형서사 문학 연구』, 『동아시아 개념연구 기초문헌 해제』, 『김유정의 문학광장』 등이 있다. 주요 논문으로는 「이중 검열에 의한 이태준의 장편소설 '성모'의 의미 변화」, 「일제강점기 민족운동과 문학 텍스트의 연관성 고찰」, 「신자료를 통해서 살펴본 일제강점기 출판 검열의 단면」 등이 있다.

民族文化研究叢書 149

검열, 실종된 작품과 문학사의 복원

2017년 5월 1일 초판 1쇄 펴냄
2018년 10월 12일 초판 2쇄 펴냄

저 자 문한별
발행인 이형대
발행처 高麗大學校 民族文化研究院

등록 1964년 9월 28일 제6-18호
주소 서울특별시 성북구 안암로 145
전화 02-3290-1610~4
팩스 02-926-8385
http://riks.korea.ac.kr

ISBN 978-89-7155-169-1 94810
978-89-7155-073-2 (세트)

정가 22,000원

이 도서의 국립중앙도서관 출판예정도서목록(CIP)은 서지정보유통지원시스템 홈페이지(http://seoji.nl.go.kr)와 국가자료공동목록시스템(http://www.nl.go.kr/kolisnet)에서 이용하실 수 있습니다.(CIP제어번호 : CIP2017008914)